扬州博物馆 编

江 淮
文化论丛

第五辑

文物出版社

图书在版编目（CIP）数据

江淮文化论丛. 第五辑／扬州博物馆编. —北京：
文物出版社，2020.7

ISBN 978 – 7 – 5010 – 6475 – 5

Ⅰ. ①江…　Ⅱ. ①扬…　Ⅲ. ①文化遗产—中国—文集

Ⅳ. ①K203 – 53

中国版本图书馆 CIP 数据核字（2019）第 290005 号

江淮文化论丛（第五辑）

编　　者：扬州博物馆

责任编辑：智　朴　崔　华
责任印制：张　丽

出版发行：文物出版社
社　　址：北京市东直门内北小街 2 号楼
邮　　编：100007
网　　址：http：//www.wenwu.com
邮　　箱：web@ wenwu.com
经　　销：新华书店
印　　刷：北京京都六环印刷厂
开　　本：787×1092　1/16
印　　张：24.25
版　　次：2020 年 7 月第 1 版
印　　次：2020 年 7 月第 1 次印刷
书　　号：ISBN 978 – 7 – 5010 – 6475 – 5
定　　价：108.00 元

目　　录

"开门办馆"是博物馆可持续发展的重要路径

徐忠文

内容提要：博物馆是为社会及其发展服务的公益性事业单位，它代表全体社会民众保管集体的历史记忆，其资源是属于社会大众的，基于此，博物馆的可持续发展必定离不开社会大众以及他们积极的参与。让大众走进博物馆，走近属于他们的历史，并为之付出自己的思想和力量，是博物馆自身发展和社会需求相契合的必然结果。"开门办馆"既是社会大众的需求，更是博物馆可持续发展的路径。

关键词：博物馆　可持续发展　开门办馆

中国现代意义上的博物馆事业发展了110多年，经历过20世纪50~60年代和80~90年代的两次建设高峰，至21世纪十多年的第三次建设加速期，在藏品研究、科技保护、馆舍建设、陈列展览及社会教育等方面都有了飞速发展，与世界博物馆的发展不断接轨，在开放力度和社会服务等方面甚至超越了博物馆事业发达的国家。经数度飞速发展，在国家体制的优势支持下，目前中国博物馆界面临着如何再次提速发展，并与社会高度接轨的思考和实践，以保持博物馆的可持续发展。为此，笔者经过多年的实践认为，"开门办馆"是博物馆可持续发展的重要路径。

一、博物馆的公众性是"开门办馆"的先决条件

博物馆的性质是公益性的，资源（藏品）是公众性的，事业是服务于社会大众及其发展的。博物馆是为社会集体收藏、保管、研究、陈列自身历史记忆，通过历史遗存结合历史事件，总结并汲取人类发展历程的经验教训，为开辟更加和谐的发展之路进行知识储备，是不以营利为目的的公益性组织。无论从什么角度讲，博物馆的藏品都具有公众性，从小的视角是属于国家全体民众的，从大的视角审视是属于全人类的。

中国政府本着对博物馆事业的深刻理解，免费开放了大部分国有博物馆。这种视野是世界性的，是站在人类整体发展的高度"鸟瞰"未来，以地球村的姿态来做博物馆事业。免费开放是中国博物馆事业在社会服务方面迅速领先于世界博物馆的重要举措，其影响力是持久而深远的。

基于以上认识，中国博物馆在"开门办馆"方面具备先决条件，解决了社会力量参与博物馆事业发展的种种门槛，让大众积极走进博物馆，让有意愿并有能力的志愿者走进博物馆的各个业务岗位，贡献和实践必然成为一种社会自觉。

新华社于 2016 年 3 月 17 日全文播发了 3 月 16 日第十二届全国人大四次会议表决通过的《中华人民共和国国民经济和社会发展第十三个五年规划纲要》，其中第六十八章《丰富文化产品和服务》中提出"鼓励社会力量参与公共文化服务。继续推进公共文化设施免费开放"。习近平总书记在 2016 年 4 月 12 日全国文物工作会议召开前对文物工作作出重要指示："各级党委和政府要增强对历史文物的敬畏之心，树立保护文物也是政绩的科学理念，统筹好文物保护与经济社会发展，……广泛动员社会力量参与，努力走出一条符合国情的文物保护利用之路。"更进一步明确作为公共文化设施的博物馆的发展方向。

二、博物馆"开门办馆"的可行性

博物馆志愿者的广泛性是博物馆"开门办馆"的试金石和成功范例。长期以来，尤其是 21 世纪以后，志愿者的身影就活跃在博物馆的讲解、引导以及各项社会活动中，他们的构成来自社会各个岗位，以在校学生、退休人员居多，成为博物馆内一朵永不凋谢的鲜花和靓丽风景，为"富强、民主、文明、和谐、自由、平等、公正、法治、爱国、敬业、诚信、友善"社会主义核心价值观的树造起到了引领作用。

从另外一个角度看，各馆翻开自己的馆藏账目，都能看到大量捐赠者为丰富馆藏做出了不可替代的贡献。捐赠者文化在国内外都是一个传统亮点，捐赠者人群具有社会广泛性，是高素质、高境界、讲奉献人群的代表。同时，博物馆的岗位也具备开放的广泛性。传统意义上的志愿者大都在宣传教育和社会活动等岗位，实际上博物馆的征集、收藏、保护、研究，包括管理等众多岗位都可以向社会相关人群开放，实现观众从参观博物馆到参与博物馆的转变，这样的博物馆必将是充满活力和可持续发展的，也是实现博物馆公益性的法门之一。

现在自上而下推进的博物馆法人治理结构，广泛试点的博物馆理事会制度，其中一个目的就是让社会各界人士参与到博物馆的管理之中,让本就是服务社会发展的博物馆广泛吸纳社会大众的意愿,了解服务对象对博物馆的期许。原本相对封闭的体制和机制,在管理上就能增添活力,形成活水源头。从这个角度看,"开门办馆"也是符合时代潮流,更符合博物馆发展规律的举措。

三、博物馆"开门办馆"的实践和效果

"博物馆是一种(与学校、图书馆、档案馆有所不同)公共文化与教育设施,其主要职能为收集、保存与展示有关人类与自然史的实物证据,并以馆藏与外借其他藏品为依据(这是博物馆特有的功能),主要通过展览向社会公众传递有关人文和社会科学以及自然科学知识。"①博物馆在发挥公共文化服务机构的职能时,仅依靠自身的藏品资源、研究能力和宣传教育是远远不能满足社会需求的,所以"外借"就成为壮大博物馆力量,满足社会需求的较好的途径和方式。

在策划展览时,扬州博物馆和国内其他博物馆一样,通过与国内外博物馆合作办展、借展及互换展览的形式,弥补了馆藏的不足,丰富了临展内容和形式,形成了社会大众每年期待的文化盛宴。如近年来与故宫博物院、南京博物院、上海博物馆、内蒙古博物院、天津博物馆、浙江省博物馆以及新疆、甘肃、宁夏、重庆等地博物馆(院)合作,举办地域特色鲜明的文化系列特展,受到广大观众的欢迎和赞许。同时,扬州博物馆也面向社会藏家,组织专家组鉴别后,策划形成了社会组织和个人的瓷器、铜镜、玉器、钱币、家具等收藏特展,让博物馆进一步融入社会,强化了博物馆这个平台的社会性、大众化。

在展览策划过程中,扬州博物馆进一步加快"开门办馆"的步伐,在社会上经过多年考察、筛选,特聘了数名有能力、有资源、有原则、有信誉的策展人。近五年通过他们的努力,办成十多个与扬州有关联、有影响的各类文物精品展,取得了很好的社会反响,强化了扬州博物馆属于扬州、属于大众的意识,社会认同感进一步提升。

在收藏方面,近年扬州博物馆加强了和地方上的省级、全国级乃至世界级的古琴、剪纸、刺绣、评话、戏曲、玉雕、传统糕点制作等非遗传承人的合作,宣传和展示他们的技艺和作品。组织了"非遗零距离"系列活动,请非遗传承人走进博物馆,举办讲座,与观众互动,既满足了社会了解学习非遗文化的愿望,也为非遗传承人的选拔提供了一个传授平台。同时,扬州博物馆还组织扬州刺绣、剪纸等非遗大师的作品在江苏省内甚至全国范围内的其他博物馆进行交流展示,进一步扩大扬州非遗的影响

力，让传统文化焕发新的活力，此举也得到这些非遗传承人的广泛认可。近几年，很多非遗传承人将近千件作品捐赠给扬州博物馆，并以博物馆人自居，发挥着保护、传承地方文化的作用。这方面的工作还有很大的空间，是"开门办馆"的新亮点和新特色。

在研究方面，扬州博物馆聘请了一批研究本地历史文化和中国雕版印刷文化的专家学者为名誉研究馆员，加入到馆内日常和专题课题的研究，从而促进和全面提升扬州博物馆研究力量，弥补了研究人员编制少、结构不合理等基层博物馆的短板。依托这些力量，扬州博物馆连续六年举办了"东亚雕版国际研讨会"并出版文集，使中国雕版印刷的研究及保护工作不断深入，近五年还举办了"阮元""扬州八怪""马可·波罗""古代铜镜""城市溯源""维扬明式家具"等各类主题的研讨会，社会上特聘的专家在其中发挥了极大的作用，有力推进了扬州博物馆研究能力的整体提升。

扬州博物馆的人才培养方面也在"开门办馆"的理念支持下取得突破性进展。为了提升年轻同志的业务能力，馆内为年轻同志安排了"一对一"或"一对二"的"师带徒"制度，并设立"文物鉴定兴趣小组"。同时，单位投入一定的资金，在社会上精心挑选了馆内短缺的专业"师傅"，采取"师带徒"的形式进行人才培养。经过三四年的实践，收效十分明显，年轻同志迅速成长，业务能力得到针对性的提高，有一些研究成果发表，甚至获奖。

"开门办馆"是博物馆可持续发展的重要路径，也是博物馆融入社会的方式方法，更是博物馆履职尽职、服务社会发展的金色钥匙。"文物是国家的'金色名片'，每一件文物都是中国好故事的讲述者"[2]，"金色名片"装在博物馆这个"金色盒子"里，需要"开门办馆"这把"金色钥匙"去打开。

作者单位：扬州市文物局

注释

① 郭小凌：《作为文化景观之一的博物馆》，《中国文物报》2016 年 5 月 6 日。

② 杨雪梅：《让历史文物"活"起来》，《中国文物报》2016 年 3 月 22 日。

"请进来" VS "送出去"

——以扬州博物馆社教活动为例

王潇潇

内容提要：近年来，扬州博物馆愈发受到社会各界的关注。如何让沉睡在博物馆库房中的文物"活"起来，将馆藏文物资源最大限度地转化为公共文化成果，成为目前博物馆工作面临的新问题新挑战。此时，就需要我们牢牢把握高质量发展这个根本要求和鲜明导向，勇于解放思想，不断锐意进取，打造社会公众满意的博物馆。

关键词：博物馆　引进　社会资源　校本课程

1880 年，美国学者詹金斯（Jenkins）在其《博物馆之功能》一书中明确指出："博物馆应成为普通人的教育场所。"目前，在许多重视文化遗产工作的发达国家，将博物馆纳入国民教育体系已经成为普遍行为，同时建立起了长效机制。我国的第一所博物馆——南通博物苑成立伊始，就以传播知识、教育公众为己任，著名的教育家蔡元培先生认为："博物馆是重要的社会教育机构。"今日看来，当时国人对博物馆功能的理解已十分准确。

如今，随着博物馆事业的蓬勃发展，国内外博物馆界对其功能定位也愈加明确，除了收藏保护、科学研究、陈列展示等传统职能，为社会提供公众教育逐渐成为博物馆的核心职能，并不断被社会广泛认可。要更好地发挥博物馆的社会教育职能，必须不断创新服务方式，提高服务质量。本文将对扬州博物馆社教活动实例进行分析，探讨社教工作新方法、新思路。

一、"请进来"——博物馆与社会教育机构的双赢模式

扬州博物馆现有社会教育人员 14 名，其中 7 人需完成日常讲解任务。馆内常设 10

项文博互动体验项目，面向公众开放。此外，平均每月组织10余次主题活动，每周进校园开展校本课程教学活动，等等。人力、物力的不足在这个时候就充分显现出来，成为社教工作发展的绊脚石。

如何解决这个难题呢？扬州博物馆长期以来秉承"开门办馆"的理念，鼓励优质的社会资源参与本馆的日常工作。此前就曾经为博物馆志愿者举办过个人收藏展，也聘请了一批知名文化学者为"博物馆之友"，为博物馆的工作出谋划策。那么，在社教工作这块，我们也可以采用这样的模式，与社会教育机构达成合作，弥补人力、物力上的缺失。2014年初，扬州博物馆在策划低龄儿童（4～6岁）社教活动时，了解到乐高教育活动中心刚刚进驻扬州地区。乐高不仅是闻名全球的儿童玩具，乐高积木搭建课程更是创意无穷，提倡让孩子们在"玩中学"，通过动手建构学习相关知识，寓教于乐。如果将博物馆藏品与乐高积木有机结合，培养儿童感知博物馆的兴趣，吸引学龄前儿童走进博物馆，将会成为博物馆社教活动的创新举措。

带着这个目的，博物馆宣教部工作人员与乐高教育活动中心扬州地区的负责人进行了初步接洽，乐高方面对这样的合作模式十分认可。接下来，通过多次深入交流，最终确定在扬州博物馆建立"乐高活动角"，定期开展"乐高积木创意搭建"活动。乐高教育活动中心根据博物馆提出的要求进行"高级定制"，以乐高积木为载体，对历史文物知识进行解读、再创作。为了保证活动能够长期有效地开展，双方首先签订合作协议，扬州博物馆委托乐高教育购买积木、定制桌椅，具体课件制作和授课由乐高教育活动中心义务完成，活动宣传、观众报名及解释权归扬州博物馆所有。

2014年1月，"乐高积木创意搭建"活动正式启动，每月一期，活动主题有馆藏文物系列：如汉代铜香薰、汉代环保灯、战国铜剑等，历史文化系列：如宋代官帽、生肖文化等，还有节日主题：如端午节、中秋节、国庆节等等。活动自举办至今，受到了社会各界的肯定，场场爆满，已经成为扬州博物馆的品牌社教项目，曾受邀在江苏省博物馆社教年会上进行经验介绍。

"乐高积木创意搭建"活动的开展，是博物馆引进优质社会教育资源达成双赢的成功典范。一方面，博物馆通过"请进来"的方式，解决了人力、物力的不足，也没有带来额外的财务负担。乐高教育活动中心多年丰富的儿童教学经验，让参与的孩子能够十分有效地接收知识，完成搭建任务，保证了活动效果。另一方面，当时的乐高教育活动中心刚刚进入扬州，市场还未完全打开，通过与博物馆的良好合作，积累了人气与口碑，有力地推动其事业的进一步发展。

二、"送出去"——馆校合作激发创新思维

近年来，习近平总书记对文化遗产工作、教育工作发表了一系列重要讲话。国家文物局、教育部曾联合下发《关于加强文教结合、完善博物馆青少年教育功能的指导意见》，强调要认真贯彻落实习近平总书记关于文化遗产工作、教育工作的一系列重要讲话精神，引导广大中小学生了解中华优秀传统文化，积极践行社会主义核心价值观，实现博物馆青少年教育资源与学校教育的有效衔接，探索构建具有均等性、广覆盖的中小学生利用博物馆学习的机制，使之成为广大青少年学生的"第二课堂"，培养他们的民族自信心和爱国主义精神，促进他们全面发展，成为社会主义事业建设者和接班人，馆校合作就是在这样的大背景下产生的。

近年来，扬州博物馆充分发挥资源优势和引领带动作用，有效整合教育资源，与学校的课堂教学、综合实践活动有机结合，采用"送出去"的方式，增强博物馆青少年教育的针对性。作为馆校合作试点学校之一，扬州博物馆率先在扬州育才小学西区校开展了校本课程的教学，为低年级和高年级的学生同时开设了"古代雕版印刷"校本课程。博物馆根据学校实际，以雕版印刷的技艺简介、文字的起源与发展、雕版印刷的物质基础、雕版印刷的技术前提、雕版印刷的工艺流程为体系，通过16个课时详细介绍雕版印刷的起源、历史发展与现状。每一次课程，都有现场观摩、课堂游戏和动手体验等互动环节。尤其是体验部分——捶拓体验、造纸体验、刷印体验、装订体验，完全复制了博物馆内"互动演示区"的项目。同时在课程设计时，阐明了雕版印刷对现代文明的影响，突出中华文化有根有源，是社会主义核心价值观的源泉所在。

"古代雕版印刷"校本课程的教学活动增强了校方开发利用博物馆资源的意识，也实现了博物馆教育资源与学校课程的有机结合。学生们能够较为系统地了解雕版印刷的起源、发展和现状，并通过每一节课中的动手实践，基本掌握了雕版印刷传统技艺的操作方式，形成对雕版印刷这项世界级非物质文化遗产的整体认识。进一步拓展学生的知识领域，提高综合素质，发展实践能力。动手实践活动还增强了学生合作解决问题的态度和能力，让学生获取亲自参与探究的积极情感体验，培养学生乐于探究的心理品质。

2016年，"古代雕版印刷"校本课程入选江苏省青少年教育功能提升项目，今年，该课程入选江苏省"十佳青少年教育课程优秀教学设计"，并将代表江苏省参加中国博协2015~2017年度中国博物馆青少年教育课程优秀教学设计的角逐。

近年来，扬州博物馆在社会教育工作中虽然取得了一些成绩，但对照先进博物馆仍有一定差距，今后，博物馆将继续以改进创新工作的实际进展来检验解放思想大讨论的成效，以社会公众对博物馆的评价认可来衡量解放思想大讨论的成果，在解放思想大讨论的活动中形成示范效应，为建设"强富美高"新扬州贡献扬州文博人应尽的一份力量。

作者单位：扬州博物馆

谈地方博物馆的文创之路

夏维凯

内容提要：博物馆文创作为文博事业的一部分日益受到重视，地方博物馆如何根据自身特点，确立文创工作的思路，在为公众提供文创产品的同时，自我造血，减少对国家财政补贴的依赖，实现可持续发展，品牌建设是其中一条可行途径。

关键词：地方博物馆　文创产品

博物馆文创产品是博物馆依托馆藏资源为社会提供的公共文化服务，是博物馆开发的文化创意产品，让公众在参观之余，能买到值得回味的纪念品，满足他们想"把博物馆带回家"的愿望。当然，从广义上来说，博物馆的展览和活动也是文创产品。博物馆文创产品的创作源泉是以博物馆藏品、陈列展览为主的非物质资源，这些资源都具有一定的历史文化代表性。当它们被物化为博物馆文创产品进入商品流通领域、带来一定的经济收益的同时，博物馆承载的历史文化信息也就跨越了时间空间范畴，影响力不拘于一馆一地，有了扩大化的可能，更有利于博物馆履行社会教育服务等职能。而博物馆义创产品区别于市面流通商品的最大特点，一为文化内涵，二就是品牌。品牌既增强了博物馆文创产品的吸引力，又增加了产品的附加值。

一、博物馆文创的新形势

2015 年，《博物馆条例》正式实施，明确鼓励博物馆挖掘自身藏品内涵，与文化创意、旅游产业相结合，开发衍生产品，增强博物馆自身发展能力，这为博物馆文创产品的破题带来了福音。2016 年国务院发布《关于进一步加强文物工作的指导意见》，强调大力发展文博创意产业；同年国家出台《关于推动文化文物单位文化创意产品开发若干意见的通知》。不久，文化部、国家文物局确定或备案了 154 家文化文物单位文化创意产品开发试点单位，其中包括国博、故宫博物院、上海博物馆、南京博物院等近百家博物馆。2018 年 7 月 6 日中央全面深化改革委员会第三次会议指出，加强文物保护利用改革，对于我国文化遗产保护传承具有重要意义。要把确保文物安全放在首要位置，聚焦文物保护的重点难点问题，加强制度设计和精准管理，注意盘活文物资源，在保护中发展，在发展中保护。

业内外普遍认为，"博物馆文创的春天"来了。在政策支持和资本推动下，全国各地的博物馆文创迎来快速发展期。根据前瞻产业研究院发布的《2018～2023 年中国博物馆行业市场前瞻与投资战略规划分析报告》，故宫博物院截至 2015 年底，共计研发文化创意产品 8683 种，其中在 2013～2015 年期间，研发的文化创意产品累计 1273 种。与此同时，故宫的文创收入也从 2013 年的 6 亿元增长到 2015 年的 10 亿元。另根据《上海市博物馆年报 2017》数据，截至 2017 年底，全市博物馆开发的文创产品总数超过 1.2 万种，2017 年新开发文创产品 1085 种，文创产品年销售额 4921.84 万元。其中，仅上海博物馆就实现了 3862 万元销售额，尤其是上海博物馆配合"大英博物馆百物展"设计开发的文创产品成为年度热点。

二、地方博物馆发展文创产业的意义

根据国家文化和旅游部发布的《中华人民共和国文化和旅游部 2017 年文化发展统计公报》，2017 年末全国共有各类文物机构 9931 个。其中，博物馆 4721 个，占 47.5%，包括综合类、社会历史类、革命史类、军事类、名人类、艺术类、自然类、民俗类等多种类型。目前全国共有 2800 多个县市区，几乎每个县市区都拥有一家或数家向社会公众免费开放的地方博物馆，占博物馆总数量的 6 成。由此可见，地方博物馆是博物馆事业的基础单位，是我国文化建设阵地的前沿阵地，也是传承中华文明和传播先进文化的重要基地之一。

与处在媒体焦点的网红博物馆不同，地方博物馆的文创动态在主流媒体报道中鲜见。这并不是博物馆同仁们不作为，地方博物馆虽然所占比重最大，但其机构设置并不像大博物馆那样齐全，内部分工不可能太细化，少有专门人才去负责文创的工作。同样是依赖政府补助的博物馆，地方博物馆专项补助少，也基本没有社会企业的捐助，想进行文创但难以承受风险，文创之路并不好走。

但是博物馆发展文创产业已然是未来发展的趋势。主管部门设定的考核标准，已让文创成为各家博物馆的行政工作之一。现行的 2016 年版国家二、三级博物馆评估定级细则，设定了总分值为 1000 分的评估项目，其中"文化创意产品研发和经营"一项分值就有 40 分。在国家大力支持促进文保单位进行文创开发、推动"文物活起来"的背景下，对传统文化优质资源非常感兴趣的各类资本，纷纷将视线投向了原本门庭冷落的博物馆，社会对更高层次的文化消费需求也越来越强烈，人们到博物馆不再是看看就好，参观完成之后还会产生购买文创产品的意愿。

三、地方博物馆发展文创产业的作用

博物馆业内已经知道发展文创是大势所趋，地方博物馆没有国家和省级博物馆动作大，除了人力、物力、财力等方面的限制之外，依然有很多顾虑。但是从笔者在实际工作中的体会来看，地方博物馆发展文创一定是利远大于弊。

（一）带来经济收益，减轻国家补贴压力

2008 年博物馆全面免费开放以后，博物馆年观众量比免费开放前平均增加 50%，有些省份和博物馆观众增量达到免费开放前的几倍。如江苏省 2007 年博物馆观众 1585 万人次，免费开放后，2008 ~ 2010 年分别为 3220 万人次、3928 万人次和 4557 万人次。虽然有各种专项资金补助，但是面对免费开放带来的汹涌人潮，原有场馆会不堪重负，博物馆商店这个"展厅"，既能分流人群，也能给博物馆带来一些现金补贴。

有的博物馆会顾忌资金不能回笼，但从实际工作中来看，只要能控制产品开发品类和数量，准确定位，肯定可以保证收益。举个市级博物馆的优秀范例，根据苏州博物馆官网报道，2013 ~ 2015 年，苏州博物馆文创产品销售额实现了翻倍增长，2015 年销售额达 706.6 万元，2016 年销售额达 900 万元。其中淘宝网店销售额 60 万元，相较 2015 年同比上涨 128%。2017 年，苏州博物馆承接参观游客 240 万人次，文创产品销售额达到 1400 多万元。几乎每年都有 40% ~ 50% 的增幅。苏州博物馆文创负责人蒋菡在接受新京报记者采访介绍，博物馆一开始并没有文创部门，卖品部归属博物馆办公室内管理，有工作人员 2 名，一为仓管，一为设计。博物馆重视文创之后，组建班组，扩充人手。2016 年成立独立部门，现有运营人员 9 人，导购等兼职人员 20 余人，开发有 1000 多款文创产品。

再以扬州博物馆为例，扬州博物馆的文创产品服务起步于 20 世纪 90 年代，当时"收藏热"刚刚兴起，产品策略针对艺术品市场，以销售古旧物品和社会热点收藏品为主，定位接近于文物商店，旨在获取经济收益，补贴行政支出。2005 年，博物馆新

馆建立，新的环境带来了新的思路。当时居民的收入水平逐渐提升，对于礼品的需求慢慢旺盛。针对于此，博物馆开发了具有博物馆气息的收藏类文化产品：如景德镇生产的仿霁蓝釉白龙纹梅瓶，有 3 种规格，适合不同需求；仿汉玉璧与仿"宜子孙"玉璧，便于携带；利用馆藏古籍版片制作的古籍线装书，配合工艺流程演示，适于收藏、赏读；仿"清乾隆豆青釉里红倒流壶、公道杯"等赏玩佳品，休闲雅致。这类产品为博物馆取得了很好的社会和经济效益，但是价格较高，流通数量也较少，宣传及服务属性不明显。自 2008 年免费开放之后，博物馆定位越来越倾向于面对社会公众的文化娱乐休闲场所，收藏类产品渐渐不受欢迎了。展览是博物馆的主要文创产品，免费开放之后，观众的文化需求越来越多，标准也越来越高，为适应社会文化服务的多元化需求，博物馆调整文化产品策略，配合展览开发较为轻便的文创产品，以馆藏文物为参考对象开发重点文创产品。2017 年文创销售额 83 万元，在承担博物馆 10 名合同制营业员工资支出之外，略有盈余，能够用于下一年度的文创产品开发。

（二）锻炼人才，增强博物馆文创力量

博物馆业内普遍反映文创领域人才缺失，博物馆文创需要懂得创意、设计、营销的多元化人才。但是作为公益类文化文物单位的博物馆，其实是传统文化研究人才的聚集地。博物馆人搞研究、做文化在行，但是做产品、搞营销，那是绝对外行。虽然博物馆近年已经在人才招聘中有所倾向，但作为只有公务员 60%～70% 年收入的事业单位，很难对专业人才有吸引力。

从另一个角度说，博物馆文创确实需要专业设计和营销人才。但是一个不了解文化、不熟悉历史的人才，很难营造出博物馆文创应有的内涵，甚至可能在产品开发中对原有文化内涵产生曲解。有博物馆在通过文创大赛选拔作品时发现，有些参赛者并未真正了解博物馆文化内涵，只是将各种元素简单地拼接，如果设计孵化出来投入市场，反而会引起普通民众对相关历史文化的误解。"从藏品中获得灵感"，博物馆文创产品开发必须立足于博物馆独具特色的收藏品，突出故事性或与众不同的文化内涵，注重挖掘藏品背后的故事，这样的产品对观众才有吸引力，产生良好的社会和经济效益。

（三）发挥特色，履行文化传播职能

地方博物馆的藏品虽在数量上无法与国家级或省级馆相比较，但内容充满了浓郁的地方个性和民族文化底蕴，特别是与本地非物质文化遗产相关的文物藏品，与地方历史有着千丝万缕的关系，其独特性也是一些大馆所缺失的。作为一个讲故事的地方，如何挖掘自身的地域特色、非遗项目、文化习俗和精神需求，并将这些文化元素注入文创产品中，是博物馆文创的关键。

四、地方博物馆的文创需要品牌建设

（一）为什么是品牌建设

早期博物馆商店中所销售的文化产品大都属于商品范畴，也不存在品牌的概念。其实，博物馆所销售的商品无形中都具备博物馆的备注，让公众更为信赖。近年来，我国博物馆的文创产品化和市场化运作取得了较大进步，相关的产业也在逐步发展。在全国范围内，很多博物馆都建立了文创产品商店，并从多种渠道引进充实所销售商品。目前，故宫博物院、国家博物馆、上海博物馆等成立了具有独立法人资格的馆属企业，专门从事博物馆文创产品的开发。从总体现状来看，博物馆从收购本地区的旅游纪念品到奔赴全国采购知名地方特色商品，从定制馆藏文物复仿制品到开发带有博物馆元素的文化创意产品，从自顾自地开发少有人问津的高端文化产品到开发兼具实用性与艺术性的文创产品。中国博物馆逐渐理解"顾客的需求才是第一位的"，摸索到了博物馆文创产品开发的正确方式。

国家文物局博物馆与社会文物司科技处副处长吴寒曾在国家文物局主办的"2017年文化创意产品开发与运营培训班"上表示，文博创意产品主要分复制仿品、素材再造产品、二次元文创产品和虚拟现实结合产品四种。"我们的'小目标'是到2020年打造一批博物馆文化创意产品品牌，对于已有品牌的博物馆和创意企业，力争打造经典、标志性的文创产品。"

欧美国家的博物馆很早就开始了IP开发的实践。大英博物馆天猫旗舰店正式上线，不到一个月的时间，店铺粉丝数已经超过13万，大部分产品被抢空。而作为国内的"网红博物馆"，故宫博物院各款"萌萌哒"的文创产品，吸足了市场眼光，2017年其文创产品销售额超过10亿元。

但是IP开发经验却不一定适合地方博物馆，毕竟小型博物馆的参观人数没那么多，在网络上也没有那么多的粉丝。但是相比较大型博物馆成千上万的文创产品数量，几百款产品就足以给观众留下深刻的印象。

（二）怎么做好地方博物馆文创品牌

品牌建立的过程是一系列产品策略的过程，品牌化的建构也就是一系列在消费者心中建立形象的过程。

1. 注重历史、贴近生活

腾讯文创的文章《我国博物馆文创与发达国家差距在哪》讲到：博物馆文化产业生态圈是一片巨大的蓝海。但目前靠"卖萌"激活博物馆文化创意产业的方向仍然太局限，一味卖萌无法满足所有消费群体的需求，注重讲故事与传承、达成遵循历史文化准确性与贴近生活的平衡，成为博物馆文创发展的重要方向。

2013 年，故宫将文创产品的主导权收回至故宫之后，定制了一套围绕故宫 IP 开发产品的"三要素"原则，即元素性、故事性、传承性。所有文创产品必须突出故宫的元素，每件产品要能讲出背后的故事与寓意，且易于公众接受，每件产品以传播文化为出发点，让几百年的故宫文化与现代人的生活对接，通过"用"让普通人真实感受到故宫文化的气息。

2. 让文创戴上互联网的翅膀

2016 年 12 月 6 日，国家文物局官方网站发布了由国家文物局、国家发展和改革委员会、科学技术部、工业和信息化部、财政部共同编制的《"互联网 + 中华文明"三年行动计划》。计划提出的主要任务有推进文物信息资源开放共享，调动文物博物馆单位用活文物资源的积极性，激发企业创新主体活力，重点开展互联网 + 文物教育、文物文创、文物素材再造、文物动漫游戏、文物旅游，以及渠道拓展与聚合等工作，形成一批具有广泛影响和普遍示范效应的优秀产品与服务，有力促进大众创新、万众创业。

故宫博物院最早、也最为成功试水了"互联网 +"。早在 2013 年，故宫就上线了首款 App《胤禛美人图》，不到两周下载量超过 20 万，并与阿里和腾讯合作，推出游戏、表情包以及各类周边，在展品中加入各种高科技。凭借传统文化的大 IP，在"互联网 +"的支持下焕发出新的生机。而后国家博物馆、苏州博物馆、陕西历史博物馆、四川博物院、河南博物院等数十家博物馆也开通了官方线上店铺。根据故宫博物院文创部公开的最新数据，2017 年故宫文创线上淘宝网店收入近 5000 万。

地方博物馆的游客数量有限，但是有独特的历史文化特色，有只能在博物馆才能买到的文创产品，通过建立淘宝店铺和微信商店的方式，可以跨越时间和空间的距离，培养自己的粉丝群体。大型博物馆有自己的"IP"，地方博物馆也可以有自己的"品牌"。

3. 制定自己的品牌策略

博物馆文创工作不能乱闯，特别是地方博物馆，资源有限，禁不起折腾。博物馆的文创产品品牌策略，应是一整体性的规划，以最少的成本达到最大的成效。积极整合现有的社会资源，善于利用馆内的人力，逐步建立起博物馆文创产品在观众心目中的良好形象。比如故宫博物院最为出名的是"萌萌哒"系列产品，上海博物馆推出的特展"大英博物馆百物展——浓缩的世界史"吸引了38万人次观展，同时文创产品销售异常红火，苏州博物馆的文创产品走的是江南小清新风，"明四家"系列文创产品在网络上颇受欢迎。

博物馆文创产品好比是博物馆"最后一个展厅"，产品开发不仅有利于博物馆宗旨的弘扬、有利于博物馆社会教育功能的发挥、有利于博物馆社会影响力的提升和人民群众精神文化需求的充分满足，更能为博物馆文化事业的发展提供一定的资金保证。相信通过开发更多美观、实用、经济，具有丰富文化内涵的文创产品，博物馆将更有效地利用丰富的物质和非物质文化遗产，树立博物馆文化品牌，为公众提供更好的文化服务。

作者单位：扬州博物馆

参考文献

［1］李钦：《浅析如何发挥基层博物馆在文博事业中的作用》，《文艺生活·中旬刊》2017年第2期。

［2］王晓玲：《浅论地市级博物馆文化创意产品的开发与销售——以益阳市博物馆为例》，《博物馆学文集12》，2017年。

［3］张春宇：《试论博物馆如何应用文物资源研发文化产品》，《淮海工学院学报》2011第2期。

［4］张春：《传播历史文化 发挥博物馆的社教功能——浅谈基层博物馆的公共服务》，《文物世界》2017第3期。

［5］孙中华：《博物馆文化产品开发中的问题及对策》，《中国文物报》2011年4月13日。

"泱泱汉风——仪征出土汉代文物精华展"的思考

许　凯

内容提要：丰富多彩的巡展是吸引观众多次走进博物馆的重要法宝，也是博物馆之间交流的主要途径之一，因此，办好巡展对树立博物馆形象，扩大博物馆影响力，实践文化惠民具有重要的实现意义，也是博物馆自身业务提升的重要途径。

关键词：巡展　布展　泱泱汉风

自江苏省开展馆藏文物系列巡回展活动以来，省内各地方博物馆送展、借展活动愈加频繁，馆际交流日益密切。以仪征博物馆为例，每年至少要接五到六个来自其他兄弟博物馆的巡展，如徐州博物馆的"汉室遗珍——徐州汉代出土文物展"、淮安博物馆的"青铜独秀——淮阴高庄战国墓出土青铜器精品展"、常州博物馆的"天高任鸟飞——世界珍奇鸟类展"等，都取得了很好的社会反响。与此同时，仪征博物馆的"月是故乡明——仪征出土文物精品展""明镜照古今——仪征博物馆馆藏古代铜镜特展""泱泱汉风——仪征出土汉代文物精华展"几个巡展项目也在省内跑了十几站。巡展活动的密集开展，占用了大量馆内相关业务人员，以及陈列、保管部门的大量时间和精力，但从长远来看，巡展活动对相关人员业务能力的提高，以及加强馆际交流等方面是大有裨益的。

笔者从仪征博物馆近年来参加的巡展活动出发，以"泱泱汉风——仪征出土汉代文物精华展"为案例，对基层博物馆开展巡展活动的基本流程做了简要的总结归纳，并就其中需要注意的问题进行一些探讨。

一、前期准备工作

首先，仪征博物馆要为"泱泱汉风——仪征出土汉代文物精华展"准备一份详尽的巡展材料，内容包括陈列大纲、借展文物清单、重点文物照片、辅助图版等。陈列大纲包括前言、单元说明、重点文物介绍、结束语；借展文物清单应包括文物编号、名称、数量、年代、现状、尺寸、级别、图片等，如有二级以上文物，需报省文物局备案；重点文物照片和辅助图版主要给借展单位提供形式上的参考。要尽可能多的向借展方提供展览的相关资料，如文字说明、参考资料，可供制作展板的高清文物图片等，便于借展单位根据自家展厅的现实条件和对展览内容的理解进行形式设计。

其次，在各博物馆确定借展意向之后，明确馆际之间具体策划、筹办此巡展的联系人，统筹安排档期，排好时间表依次进行巡回展。一般来说，联系人的角色由各馆陈列部的工作人员承担，通过电话、传真、网络聊天工具来商讨展览的具体事务和细节。

最后，由仪征博物馆和借展方两馆之间签订借展协议，确定借展事宜。一般以"国有博物馆馆藏文物借用合同"为蓝本，对借展双方的权利和义务逐条做详细的解释，主要包括所借文物的件数、用途、期限、点交地点、运输方式、产生费用的承担方式以及如若产生纠纷的解决方式等等。合同需双方单位法人签字，加盖公章，以确保其法律效力。合同附件还包括安全保障方案，这一般由借展单位保卫部门提供，主要说明文物的运输方式和安保措施，以及展出条件、展厅的安全防范、消防措施等。

二、文物的点交和运输

巡展文物的点交在双方所签协议中商定地点进行，通常由双方专业人员共同完成。根据点交清单仔细核对文物现状，双方可以在点交时拍摄文物现状照片，以备展览结束后文物归还时查验。文物点交时至少需3人同时进行且分工明确，一人负责逐件从囊盒中取出文物；一人负责与借展方点交人员共同确认文物现状；每件文物点交完毕后，另一人负责将文物归入囊盒，装入专业文物运输箱内。点交完毕后用海绵、泡沫板、报纸等包装材料填充文物运输箱多余空间，以确保其运输途中的安全。点交装箱结束后由工作人员加贴封条，按照箱体结构依次装车。

省内巡展基本都采用公路运输方式，路程用时在2~6小时以内。运输车辆由借展方联系，一般以2吨左右的小型箱式货车为主。借展方派出至少一名工作人员随车押运，剩余人员乘坐另外一辆车尾随其后。押运途中车速不宜过快，还要及时避开凹凸不平路段以保障文物安全。同时双方人员应时刻保持通讯畅通，提高警惕，密切防范突发情况的发生。车辆安全抵达借展方博物馆后，应及时将所有文物运输箱运送至展厅或库房，还要确保其在监控探头的范围之内。

三、文物布展

布展的方式由双方共同商议决定。仪征博物馆外出巡展频繁，前期准备充分，对于本馆文物也比较熟悉，在开箱后将文物从囊盒取出时，能较为快捷地根据借展方的布展方案找到相应的文物，针对文物特点选择展览道具、文物在展柜中的高低位置、前后对应关系、灯光投影等，最大限度地彰显文物展品的艺术特色和内涵。同时也要充分尊重借展方的意见，欣然接受对方专业人员的指导。在合作布展过程中互相尊重，秉承文物"安全第一"的原则，进行一系列布展工作。布展结束后，根据借展文物清单核对展柜内文物件数，确保万无一失。最后由仪征博物馆工作人员对展柜进行加贴封条。

四、资料整理

巡展结束后，随着文物归还点交工作的完成，最后还要进行资料整理和归档。不仅包括用于巡展的文字和图片资料，还包括整个巡展过程中的工作照，如点交现场、布展现场、展厅照片等，还有报纸等媒体报道巡展的新闻稿扫描件、与巡展有关的微博、网页截图、观众留言等。

基于巡展的流动性，巡展资料的整理归档对下一家接展单位会有很大的帮助，在很大程度上节省其相关工作人员在资料搜集整理上耗费的人力物力，薪火相传，彼此互助，也会为各地方博物馆更好地开展巡展活动贡献一份力量。

巡展活动自开展以来，一方面缓解了优秀展览资源地域分配不均的问题，一方面也降低了展览的制作成本，让巡展在有限的经济投入基础上获得最大化的社会效益，以适应博物馆免费开放后社会大众日益增长的精神文化需求。

作者单位：仪征博物馆

考古学视野中魏晋南北朝时期的广陵城

汪　勃

内容提要：本文概述了在扬州蜀岗古城遗址相关考古发掘工作中找到的与魏晋南北朝时期广陵城相关的城圈和城壕、城门和道路或车辙等遗迹现象，结合相关文献记载，从考古学的角度考察了魏晋南北朝时期广陵城的范围、形制等概貌，认为魏晋南北朝时期的广陵城基本沿袭了汉广陵城；结合考古勘探资料，推测当时广陵城内外的主要道路体系，并谈及与广陵城相关的南北交通路线，指出魏晋南北朝时期的广陵城在同时期的交通体系中已经逐步发展成为"四会五达之庄"，奠定了扬州作为东南地区南北交通路线上咽喉之地的基础。

关键词：魏晋南北朝　广陵城　范围　道路

魏晋南北朝时期处在秦汉、隋唐这两个中国历史上强盛的大一统时代之间，这两个时代留下了大量特色鲜明的遗迹和遗物。考古学对秦汉、隋唐时期的遗迹和遗物研究较多，对相关遗迹时代属性的推定较为明确，而魏晋南北朝时期广陵城[①]所处地理位置使其文化属性相对较为复杂，因此就一些遗迹、遗物的时代准确判断尚有难度。不过，基于地层之间的关系，能够获知汉－隋之间关联遗迹的相对早晚关系，再结合出土遗物和文献记载，就可以判定出其大致时代。扬州蜀岗古代城址（以下略为蜀岗古城）位于今江苏省扬州市区北部蜀岗之上，其内涵至少包括楚汉魏晋南北朝时期广陵城、隋江都宫城和东城、唐子城、南宋堡城和宝祐城等，从蜀岗古城的城墙和城壕、城门和道路等相关遗迹的发掘结果来看，魏晋南北朝时期广陵城的范围或与汉广陵城相同，城内道路体系或亦基本沿袭了前代。

—

蜀岗古城沿革较长、城圈构成较为复杂，考古工作从一开始就聚焦在解明各个历史时期的城圈范围及其沿革的问题上，故而在城圈上开展的发掘最多。1978 年，南京博物院在北城墙东段上发掘了 7 条探沟（YDG1～7）[②]。扬州唐城考古工作队于 1987和 1989 年在城圈上发掘了 7 条探沟（分别为位于西城墙上的 YZG2、城圈西北拐角处的 YZG1、北城墙上的 YZG3 和 YZG5、东城墙南段上的 YZG4、中间南北向城墙上的YZG6 和 YZG7）[③]。2006 年在铁佛寺以东的唐子城东南拐角处、崔致远纪念馆南侧的城圈西南拐角处进行了发掘[④]；2011 年开始至今在蜀岗古城范围内开展了较多的考古发掘，涉及战国至南宋时期蜀岗古城城圈的有南城门西北隅[⑤]、北城墙西段东部城门（YSTG3 和 YSNWM）[⑥]、北城墙东段西部城门（YSNEM）[⑦]，YZG1 的外拐角部分（YS-TG2 等）、北城墙中段与东段连结位置（YSTG4A、YSTG4B 及其间探方）、北城墙东段上两处豁口（YSTG5A、YSTG6A）、城圈东北外拐角（YSTG7A）[⑧]以及 YSTG4A 西侧城壕、西华门外主城壕（YSTG1A～C）、北城壕东段（YSTG5B、YSTG6B、YSTG7B）、东城壕（YSTG7C、YSTG7D）[⑨]等。另外，还有一些仅涉及南宋时期宝祐城城墙和城壕的遗迹，如宝祐城的北城墙东段中部和城圈东北拐角（YSTG8）、东城门北侧城墙及其外（东）侧壕桥、城圈东南拐角以及城墙外围 3 处土垄、西城门外挡水坝（YSTG1F）以及瓮城墙（YSTG1D、YSTG1G）和瓮城壕（YSTG1E1～3）、北门外西侧城壕等[⑩]，这些遗迹本身虽与魏晋南北朝时期的广陵城无关，然而需要注意的是，南宋时期城门、城墙、挡水坝等的选址对于早期城内道路的忖度或有价值。

城墙的发掘结果表明，蜀岗古城的西城墙北部、城圈西北拐角处、北城墙西段上的夯土墙体均可分为战国、汉、六朝[⑪]、唐、宋等五期，北城墙东段上东、西两处豁口处的遗迹仅有汉、六朝、唐、宋等四期，六朝时期的修缮痕迹多见于汉代墙体内侧。

西城壕中部的发掘结果表明，其东半侧不晚于北宋时期，西半侧为南宋时期的拓宽部分，不过基于西城壕或与蜀岗古城战国广陵城西城墙相关，且当为人工开挖而成的认识，推测该段城壕的上限不早于战国时期；北城壕西段与西城壕相同，或始于战国楚广陵城时期，中段和东段或是在西汉时期扩建"附郭东城"部分开挖而成的；东城壕的南段和中段或与楚广陵城甚至更早期的城池相关（其时代当早于西汉），而北段当同因西汉扩建"附郭东城"时开挖而成；南城壕相关的发掘，仅在相当于唐代下马桥位置处进行过，且并未明确该壕沟的时代，笔者蠡测其或与春秋时期吴国开凿的邗沟相关[⑫]。另外，根据上述多处相关地点的发掘资料，可大致推测出蜀岗古城北半部分历史时期的水位：汉代之前约在 13.5 米左右，汉唐之际多不超过 13.7 米并没有明显变化，南宋时期约在 14.5 米。另外，西城壕西侧的半环形瓮城外（西）侧亦有壕沟，为南宋时期开挖，与广陵城无关；并且，位于蜀岗城址中部的宋宝祐城东、北城墙外侧的城壕，确与南宋时期城池修建有关，尚无证据表明其或与较早期的城池相关。

城门和道路的相关发掘资料也表明，魏晋南北朝时期广陵城的基本形制或亦与前代近似。城门是沟通城内外交通的关键节点，通过城门的道路在城内亦多为主干道，而且门道方向一般与城内道路方向相关，从城门或与之相关的遗迹着手可以观察到城内道路的概况。

蜀岗古城相关考古发掘揭露出的城门遗址中，与魏晋南北朝时期广陵城相关的有3座，即北城墙西段东部城门遗址、北城墙东段西部"北门"遗址、南城门遗址。另外，从蜀岗古城考古调查勘探的结果来看，"西华门"以及东城墙上的3处豁口（编号 EO1～EO3）[13]或亦与广陵城的城门遗迹相关。

北城墙西段东部城门遗址（YSNWM）包含不晚于汉代的木构水涵洞、汉至晚唐杨吴时期的陆城门东边壁和水窦、南宋时期的水关和陆城门等遗迹，其中六朝时期的陆城门东边壁方向5度，南部边壁的西侧残存有东西残宽1.2、南北存长1.6米的路面（YSNWML1），路面与后文介绍的十字街西南隅南北向道路 YSA0405TG4CL1 基本在南北一线上。需要注意的是，该城门处城墙方向为88度，或与同期城内相关道路的方向略有差异。

北城墙东段西部城门遗址（YSNEM）是一座由墩台、门墩、门道、马道等构成的汉～南宋时期的城门遗构，门道内有叠压着的3期道路（自上而下编号L1～3），其中与魏晋南北朝时期广陵城相关的是第二期遗构及同期门道（YSNEML2）、出土的砖面模印有"北门""北门壁""城门壁"文字的城砖和人面纹瓦当等建筑构件。第二期遗存是在前期基础上修缮而成，门道方向约3度，门槛石两侧的门枢石之下填垫有"北门壁"城砖。门洞边壁用长38、宽19、厚15或18厘米的土坯垒砌而成，部分地方残存着平贴在边壁面上的瓦片，门洞东西向纵截面现呈略向门道中部内弧的形状。排叉柱础石之上的排叉柱坑部分有修缮痕迹，其中排叉柱坑边的填缝砖宽15、厚5厘米，砖的平面上有类似陶拍拍打而形成的绳纹。门道北口、门墩南侧残存有砖砌包砖墙、砖铺散水面等，用砖长38、宽19、厚8厘米，砖面上亦有模印文字"北门""北门壁""城门壁"。门墩南侧有修补前期门墩的夯土，叠压在第一期门墩南侧之上的地层堆积上。门道北口外的东侧以及其他较多地方残存包砖墙、或砖墙在后世被掏掉而形成的掏砖槽，其下均无基槽。第二期遗存使用的文字砖直接叠压在前期遗存之上，砖上文字书体被推测为晋隶[14]，砖的尺寸、质地、纹饰、字体等方面与扬州城出土汉砖、南朝及其后用砖皆不相同，推测第二期遗存的上限或为东晋时期。

　　蜀岗古城南城门遗址（YSNEM）位于南城墙中段中部，是南朝广陵城、隋江都宫城、唐子城、宋代堡城和宝祐城南城墙上的城门。已经考古发掘的是门址的西北部分和门道以南，揭露出了城墙、道路（其中 L3 从上至下可分为 A、B、C、D 四层，分别与第二、三、四、五期的门道相关，或与第一期遗存无关）、柱础坑、散水等遗迹，从早至晚可分为第一至第五期遗存（发掘出来的第一期遗存是城墙而非城门，或为汉代夯土墙体）。第二期遗存包含 L3D、加筑夯土（夯 2）、散水（散水 3）等。L3D 较薄，从夯 3 北边线略南一直延伸至第四期遗存门槛石以北，与散水同样被一层较薄的灰色土叠压，L3D 与夯 1 北侧边的交叉位置上可见白石灰黏合剂痕迹，从其残存形状、与 L3B 的关系等来看此处或为门槛痕迹；夯 2 位于第一期夯土墙体北侧，见于打破第一期夯土的破坏坑的壁面上；散水 3 残存两处，分别见于夯 2 之上、夯 3 以北。第三期遗存由 L3C、夯土墙体外侧包砖基槽等构成。L3C 路土内夹杂红烧土块，东西向包砖基槽较之夯 3 向南缩进了约 1 米；门道宽约 4.15 米，方向 178 度。既有发掘结果表明，第二期遗存是在第一期夯土墙体上开设的城门，门道方向 178 度，门道北口边线与第一期遗存的夯土墙体北边线在同一位置；第三期遗存亦为门道遗存，其北口与第二期的相同。

　　曹魏文帝黄初六年（225 年）"冬十月，行幸广陵故城，临江观兵，戎卒十余万，旌旗数百里"[15]，孙吴五凤二年（255 年）广陵郡守方渡江修城在江北与曹魏对峙。《三国志》中说五凤二年"使卫尉冯朝城广陵"[16]，然而《资治通鉴》中却说其"功卒不成"[17]，因此推测广陵城在属孙吴时期或并未修筑。扬州地方志中的记载多袭录《吴志》，如《雍正扬州府志》中载："三国时郡治移淮阴，故城犹在。后属吴，又属魏，皆议重建不果。"[18]从相关文献记载来看，《三国志》中的广陵故城就在江北，距离汉代最近的蜀岗古城修城记录有孙吴时期的，然而蜀岗古城出土的人面纹瓦的确切时代尚难判定，迄今尚未发现有孙吴时期的修缮迹象。魏晋南北朝时期广陵城遗址出土砖的规格及其上文字与位于江南镇江铁瓮城、南京石头城·建邺城·建康城的有一定的区别，而瓦当面上的人面纹、莲花纹等亦具有江南文化的特征，这或是由于广陵地区位处江淮之间，地域文化上更易接近于北方，而又多被南方政权掌控的原因。

　　东晋时期与广陵相关的修筑记录有 2 次，一次是大司马桓温太和四年（369 年）"十二月，遂城广陵而居之"[19]，"发州人筑广陵城，移镇之"[20]，《资治通鉴》中说所发之"州人"为徐、兖州民[21]；另一次是太元十年（385 年）太傅谢安镇广陵时期，于步丘（今扬州江都）筑垒曰"新城"而居之，筑棣于新城北，即邵伯棣（江都邵伯），当在今新城之东北隅[22]。亦即是说，第二次修筑或与广陵城无关。北城墙东段西部城门遗址第二期遗存或始建于东晋时期，因其废弃于杨吴时期之前，且排叉柱坑内可见修缮痕迹，故推测南北朝时期亦曾使用或有修缮。

刘宋"文帝元嘉八年（431 年），始割江淮间为境，（南兖州）治广陵"㉓。《南史》《宋书》中有较多关于刘宋广陵城的记载，如"大明元年（457 年）秋，（竟陵王刘诞）又出为南兖州刺史，加都督。诞知见猜，亦潜为之备。至广陵，因魏侵边，修城隍，聚粮练甲"；"广陵城旧不开南门，云开南门者不利其主。诞乃开焉"；"大明二年（458 年），发人筑广陵城"；大明三年（459 年），刘诞据广陵城叛乱，孝武帝命沈庆之率兵讨伐，"于桑里置烽火三所"，"若克外城，举一烽；克内城，举两烽；禽诞，举三烽"，沈庆之率众攻城，"克其外城，乘胜而进，又克小城"㉔。从上述文献来看，刘宋广陵王刘诞于孝武帝大明二年（458 年）修广陵城并开设南门，至少有内、外两城。刘宋时期开设南门的原因，或是因蜀岗之下长江北岸线已南移；至于"不利其主"的说法或当为附会之说。另外，《宋书》中还记载，大明三年（459 年）"庆之移营白土，去城十八里。又进新亭……庆之进营洛桥西，焚其东门……庆之塞堑，造攻道，立行楼土山，并诸攻具……诞饷庆之食，提挈者百余人，出自北门，庆之不问，悉焚之"㉕，提及与刘宋广陵城相关的白土、新亭、洛桥、东门、北门等名称，洛桥或即刘宋广陵城东门外之过壕桥梁。结合上述记载来看，蜀岗古城南城门第二期遗存或是刘宋广陵王刘诞于孝武帝大明二年（458 年）所开之南门，北城墙东段西部城门（即"北门"）此时确曾使用。

据《南史》记载，梁武帝天监二年（503 年）之后，长沙王萧业都督南兖州刺史，"傚人作甓以砌城，武帝善之"㉖。"甓"即砖，萧梁时期扬州城亦有修缮，且是用砖甃城。可见，南城门遗址第三期遗存或与萧梁时期用砖修缮过的南门相关。城门用砖包砌的现象，亦见于北城墙西段东部城门汉至隋唐时期陆城门门道和南宋水关边壁、北城墙东段西部城门东晋至南宋时期门道，当与江淮之间雨水较多有关。

至于北城墙西段东部城门遗址第三期遗存以及 YZG1～YZG5、YSTG6 等处找到的介于汉和隋唐时期之间的缺乏确切推测依据的相关遗迹，暂且将之划归六朝时期。

蜀岗古城相关考古发掘中找到的道路或车辙之类的遗迹中，推测与魏晋南北朝时期广陵城相关的，城内有 4 处、城圈外有 3 处。另外，在城内勘探到的 3 处道路迹象（编号 EL2、EL3、EL8）、在城外东城墙北段北部城壕外（东）侧勘探到的道路迹象（编号 EL10）㉗虽尚待考古发掘验证，蠡测或亦与魏晋南北朝时期广陵城的道路体系相关。

城内发现的 4 处道路，即十字街西南隅的东西向道路、十字街西南隅的南北向道路、雷塘路中部东侧道路[28]、十字街东北隅的汉晋时期瓦铺路面。

十字街西南隅东西向道路叠压着的上、中、下三层道路（从上至下分别编为YSA0404TG4AL1、L2、L3），其中L3为砖铺道路，方向87度，路面西高东低倾斜约5度。L3虽然仅揭露出局部，用砖铺砌的年代或在隋唐时期，然而从其距离生土面较近且一直沿用至南宋时期来看，推测该道路上限或不晚于隋代，或与魏晋南北朝时期的广陵城内道路体系相关。

十字街西南隅南北向道路（YSA0405TG4CL1）存厚0.30~0.45米，残存多道车辙，路面宽度当大于揭露出来的7.5米。揭露出来的路面时代为南宋时期，其向北的延长线与北城墙西段东部城门遗址（YSNWM）中南宋晚期柱排、汉~唐门道东边壁的连线角度分别为355、357度，与宝祐城东城墙的偏角较为接近。推测其下或附近可能有通往YSNWM、与YSA0404TG4AL3向西的延长线形成十字路口的更早时期的道路遗迹。

雷塘路东侧南北向道路（YSC0108TG4CL1）残存11道车辙，车辙呈西南-东北方向，方向约10度，路面上6道辙宽0.15~0.35、深0.10~0.20米，路面下5道车辙打破生土。该道路当与北城墙东段西部"北门"有关联，加之该道路之下即为生土面，车辙直接打破生土，故推测该道路或与魏晋南北朝时期广陵城内的南北向主干道相关。

十字街东北隅东西向瓦铺路面（YSC0105T6C）方向96度[29]，路面开口于第3层（宋代地层）之下，东西向残存长3.2、宽0.7米，向西2.75米南折部分残长0.35、宽0.22米，南边有侧立砖铺线道。侧立砖的一侧平面有网格纹，原为边长35或36、厚3厘米的方砖。

在城圈外找到的3处车辙，分别位于北城墙东段西侧豁口城壕以北、城圈东北外拐角城壕以北、城圈东南外拐角和唐罗城北墙连结位置的南部[30]，均打破了生土。

北城墙东段城壕以北东西向道路的时代不早于唐代，有2处遗迹可以佐证该条道路的存在。在北城墙东段西侧豁口城壕以北的探沟（YSTG5B）内找到了不早于唐代的东西向车辙6道，层面海拔15.61米；在城圈东北外拐角城壕以北的探沟（YSTG7B）内找到了不早于唐代的东西向车辙3道，层面海拔14.45米；YSTG5B和YSTG7B中车辙的方向虽然不尽相同，但这两处东西相距352米的车辙连线的角度为87度，与北城墙东段和YSA0404TG4AL3的方向是一致的。

城圈东南外拐角和唐罗城北城墙连结位置南部南北向道路的时代为汉至六朝时期，略呈东北-西南方向的道路，路面宽约3.6米，其上残存宽10~15、深5~10厘米的 8 道车辙。

东城墙北段北部城壕外（东）侧勘探出来的南北向道路迹象（EL10）或与北城墙东段城壕外（北）侧东西向道路关联，是城址东半部分外围北段的道路。

另外，在城址中部南北向南宋时期夯土墙体上的 YZG7 内发掘到的第 4 层灰土，有路土性质，可能是六朝时期的地面[31]。

从上述蜀岗古城相关城墙和城壕、城门和道路的发掘资料结合文献记载来看，从汉广陵城奠定基础直至唐子城乃至杨吴时期，蜀岗古代城址外围的城圈、城壕和城内主体形制或并无太大变化，魏晋南北朝时期广陵城的范围、形制等主要是沿袭了汉广陵城的城池。

二

综合分析前文介绍的与广陵城内外道路体系相关的城门、道路或车辙等遗迹的位置和走向，可以将相关道路分为城内、城外两大类。城内道路，又可分为南北向、东西向两类，刘宋以后形成的经由城址中部南北两座城门的南北向道路或即隋唐时期蜀岗古城的中轴线。

首先，是关于城内中部的南北向道路和中轴线的问题。因广陵城开南城门不利其主的说法，汉广陵城或确无南城门，且此时城内尚未明确出现中轴线的概念，因此汉广陵城内或确无中轴线。不过，从汉广陵城有北城门的考古资料来看，当时城内应有直通北城门的南北向道路。考古资料结合文献记载来看，竟陵王在广陵城开设了南门，南门的开设位置当与上述"北门"的位置相关，推测南门开设之前，广陵城内并无贯通城内南北的中轴线，然而在城内北半部分接近中间当有南北向干道，大致相当于今堡城南路—雷塘路东侧南北向道路—北门一线；随着刘宋开设南门，该轴线延伸到蜀岗南城门构成了中轴线，即 YSNEML3C～D—YSC0108TG4CL1—YSNEML1～2，其方向约为 2 度 26 分，其间距离约 1620 米。隋代营建江都宫城，或按照都城规制修建，在理念上必然首先确定中轴线及其方向，而广陵城原有的格局，又必然会影响到江都宫城的规划。因此，江都宫城的中轴线及其方向就会有或制定新的规划并付诸实施，或迁就原有形制因地制宜地规划并改造等两种可能性，从考古发掘资料来看，最终是选择了后者，中轴线为 YSNEML3B—YSC0108TG4CL1—YSNEML2。

其次，是位于城内西半、东半部分的南北向道路。西半部分的南北向道路即十字街西南隅南北向道路（YSA0405TG4CL1 之下或有较早期道路）—北城墙西段东部城门遗址（YSNWML1），该道路或从汉代一直使用到南宋晚期。YSNWM 汉代和六朝时期的陆城门东边壁的角度约为 4~5 度，不晚于杨吴时期的水窦的角度为 358 度。至于东半部分的南北向道路，迄今并未发现明确的遗迹，然而因城址东半部较大且北城墙东段较长，推测若无城门则甚为不便，并且从北城墙东段西侧豁口（YSTG5A）的发掘结果和勘探出来的道路迹象 EL2 来看，可能也有南北向道路，蠡测其或与 YSTG5A 西侧及 EL2 相关。

上面推测的 3 条南北向主要道路，构成了广陵城的南北向纵轴。那么，城内东西向横轴的情况又当如何呢？广陵城内东西向道路的情况或相对复杂，中部的东西向条道路目前只能基于宋宝祐城相关历史地图、城门和道路等的状况来推测，广陵城时期的城内道路是否如此并不清楚，然而若从轴线的角度来考虑的话，暂将之作为一条东西向轴线较为妥当。管见以为，广陵城城内的东西向道路横轴至少亦有 3 条。

首先是横穿城内中部的东西向轴线，3 处遗迹或分别与其西半部、中部东侧、东半部西侧有关，勘探资料或与其东半部东侧相关。笔者以为，该轴线不在东西一线之上的原因，是由于蜀岗古城沿革较长，城址的东南部分、西半部分、东北部分的始筑时代不同。

《嘉靖惟扬志》"宋三城图"中宝祐城内中部有十字形路口，而《嘉庆重修扬州府志》"附宋三城图"中宝祐城内的东西向道路是错开的。从宝祐城西城门外挡水坝、东城门外壕桥、西南隅东西向道路的发掘结果来看，宝祐城内东西向的干道与《嘉庆重修扬州府志》"附宋三城图"中描绘的较为接近。西华门外挡水坝遗迹的发掘结果表明，今堡城西路至迟在南宋时期已经存在。该挡水坝不晚于南宋，方向 87 度；从考古勘探资料来看，城内西半部中部的东西向道路或位于城址西半部的中间，即在"西华门"—十字街中心一线，魏晋南北朝时期的道路或亦与之相关。

十字街东北隅 YSC0105T6C、C0205T1B 内的东西向人字形瓦铺路面和挡边砖，或许与城内中部东西向道路的位置和方向有关。宝祐城东城门外（东）侧壕桥基础虽为南宋时期的遗迹，位于上述西半部东西向道路向东延长线的北侧约 120 米，然而目前尚不能排除其亦与南宋之前城内中部东西向轴线东半部分西侧相关的可能性。另外，在城内东半部偏南之处勘探到的道路迹象 EL3 或与东城墙南端豁口或 EO2 有关，或原有道路。

其次，是位于城内南半部的东西向道路，即十字街西南隅东西向道路 YSA0404TG4AL1~L3。南宋时期的 L1 角度为 83 度，当与宝祐城南侧东门相关；隋唐时期的 L3 角度为 87 度，蠡测 L1 或是在魏晋南北朝时期道路的基础上铺砌而成的。

最后，是东北隅"附郭东城"部分的东西向道路。蜀岗古城东城墙北段中部的地貌特征有向外（东）侧凸出、状如瓮城的形状，在此亦勘探出来到城门迹象 EO3，因此推测通过 EO3 或茅山公墓中间有出城道路。

关于城圈外的道路，目前找到的均在城址东半部分外围。北城墙东段城壕以北东西向道路，在北城墙东段西侧豁口城壕以北探沟 YSTG5B、东北外拐角城壕以北探沟 YSTG7B 内找到的东西向车辙，其时代为不早于唐代，推测与北城墙东段以北城壕外（北）侧道路相关；在东城墙北段城壕外（东）侧勘探出来的南北向道路迹象 EL10，或与北城墙东段城壕外（北）侧东西向道路关联，是城址东半部分外围北段的道路。另外，城圈东南外拐角以南略呈东北－西南方向的汉至六朝时期的道路或与连结蜀岗古城以南居住区的道路相关。春秋以来，随着长江北岸线的逐渐南移，蜀岗南缘以南的土地不断向南扩展，居住区和商业区或亦随之渐增，由于蜀岗古城地势及其城门、城壕的存在，连结岗下与岗上的道路只能通过城址西侧、蜀岗南门、城址东侧这三处位置，因此在城圈东南外拐角以南发现汉至六朝的道路亦不足为奇。

三

江、河、湖、海等自然环境的变化，特别是海岸线位置、内河水位的变化及运河的开凿等，给江淮地带的陆地范围和人类的生产生活以及战争方式带来了巨大的影响，不同历史时期的主要交通方式是与当时的自然环境、人类活动相适称的。扬州城战略地位极为重要，北有高邮湖和邵伯湖，南为长江，东向延蜀岗而行，可通过邗沟北上淮安，西北经陆路可至盱眙，西南有六朝古都石头城、建邺城、建康城，南则与孙吴铁瓮城、南朝的丹徒或京口隔江而视。

从吴王夫差开邗沟北上争霸的事件来看，当时广陵城向北的交通路线或以向北的水路交通为主，相关战争是善于舟楫的南方势力向北挺进。西晋王浚伐吴胜利后水师还都、东晋祖逖北伐和刘裕北征、刘宋文帝北伐等，向北方皆由水道经广陵北进，邗沟的作用很大[32]。而曹魏南下到广陵、北魏武帝南侵等多走陆路，当与北方军队以步军、马军为主有关。

魏晋南北朝时期广陵城的城门、城墙、城壕、城内外的道路体系等城池范围和主要形制或基本承袭了汉广陵城，只是在局部有修建或修缮，在刘宋时期开设了南城门。在南北朝时期的交通体系中，广陵城已经逐步发展成为"四会五达之庄"，奠定了扬州作为东南地区南北交通路线上咽颐之地的基础。隋邗沟的开凿和隋唐大运河的开通，使得扬州终于成为位处长江与江南江北大运河交汇点上的节点城市，成为南、北交通路线上的重要枢纽之一。

崇墉雉堞成黄埃，峻隅濬洫已颓夷，蜀岗古城现已成"土遗址"。随着考古人"土中找土"的执着，广陵城的面貌亦渐露端倪，刘濞之乱、曹魏南下、刘宋北伐和拓跋焘南侵、刘诞之乱这段躁动不安却终陷荒芜衰败的战乱历史令人不堪回首。广陵散曲终后又有"抽琴命操，为芜城之歌"者，然此地依旧兵燹频仍。江都兵变、唐末军阀混战、后周伐南唐、宋金战争、宋元战争、扬州十日等纷繁不绝。战争，是交通路线快速发展的重要推手，因其需要能够迅速调度人员和物资等的路线。吴王开邗沟、隋文帝、炀帝开隋邗沟和大运河等，开始多因战事的需要。也正因为如此，历史上的邗城、广陵城、江都城、扬州城，既是南方政权防守北方攻略的江北桥头堡，也是北方政权南下时需要先行攻取的重点城市之一，在大一统时期则因其四会五达、运河咽颐的地理位置而成为中央政权经略东南地区的重镇。

作者单位：中国社会科学院考古研究所

注释

① 汉晋时期只有一座广陵城，而南北朝时期在河南息县还曾有过另一座广陵城，本文仅涉及位于今扬州蜀岗之上的广陵城。息县的广陵城，即《陈书》中所载之太建五年（573 年）九月"左卫将军樊毅克广陵楚子城"、太建六年（574 年）正月"广陵金城降"之广陵。关于两座广陵城及扬州城的沿革问题，参见中国社会科学院考古研究所、南京博物院、扬州市文物考古研究所编著：《扬州城遗址考古发掘报告（1999~2013 年）》，科学出版社，2015 年，第 1~16、272~287 页。

② 南京博物院：《扬州古城 1978 年发掘简报》，《文物》1979 年第 9 期。

③ 中国社会科学院考古研究所、南京博物院、扬州市文物考古研究所编著：《扬州城——1987~1998 年考古发掘报告》，文物出版社，2010 年，第 12~27 页。

④ 崔致远纪念馆南侧的城圈西南拐角处为扬州市文物考古研究所发掘，资料尚未发表；铁佛寺以东的唐子城东南拐角处，参见《扬州城遗址考古发掘报告（1999~2013 年）》，第 89~102 页。

⑤ 2011 年的蜀岗南城门遗址南缘的发掘结果，参见《扬州城遗址考古发掘报告（1999~2013 年）》第 86~89 页；蜀岗南城门西北隅的发掘结果，参见《蜀岗古城遗址南门考古重大发现》，《扬州晚报》12 月 9 日 A5 版。由于整个扬州城遗址的南城门不止一座，而蜀岗古城或仅有一座南城门，故定名为"蜀岗南城门遗址"；并且，由于该城门在不同历史时期名称不尽相同，文献中又有"南门"之名，因此本文中"南城门"的内涵包括不同时期的该城门，而"南门"一名只是特定时期的特定称谓。此定名方

式，亦适用于"北城门""北门"。

⑥ 汪勃、王睿、王小迎：《扬州蜀岗古城址的木构及其他遗存——从一个地点的考古发掘认识扬州城的1700年历史》，《中国文物报》2015年1月27日第4版专题。

⑦ 国家文物局主编：《2017中国考古重要发现》，文物出版社，2018年。

⑧ YZG1的外拐角部分、北城墙中段与东段连结位置、北城墙东段上两处豁口、城圈东北外拐角，参见《扬州城遗址考古发掘报告（1999~2013年）》第20~54页。

⑨ YSTG4西侧城壕的发掘资料尚未发表；西华门外主城壕中部、北城壕东段和东城壕北部的发掘资料，参见《扬州城遗址考古发掘报告（1999~2013年）》第54~60、52~54页；西城壕南段、北城壕东段的相关资料，参见中国社会科学院考古研究所、南京博物院、扬州市文物考古研究所、洛阳市文物钻探管理办公室编著：《扬州蜀岗古代城址考古勘探报告》，科学出版社，2014年，第182~184页；汪勃：《扬州城遗址考古发掘与研究》，《扬州城考古学术研讨会论文集》，科学出版社，2016年，第54、55页。

⑩ 宝祐城的北城墙东段中部和城圈东北拐角、城圈东南拐角以及城墙外围3处土垒、北门外西侧城壕等发掘资料尚未发表；西城门外挡水坝遗迹参见《扬州城遗址考古发掘报告（1999~2013年）》第63~86页；瓮城墙和瓮城壕的资料，参见中国社会科学院考古研究所、南京博物院、扬州市文物考古研究所扬州唐城考古工作队：《扬州宋宝祐城西城门外瓮城墙和瓮城壕的发掘》，《东南文化》2017年第2期。

⑪ 扬州蜀岗古代城址相关考古发掘资料，与东晋南朝时期相关的遗迹现象，由于缺乏准确的断代依据，尚不能明确具体是属于东晋或南朝刘宋、萧梁哪个时期的，加之笔者不知有曹魏和北朝大修广陵城的文献记载，故而愚见以为暂且将之笼统地划归于六朝时期较为妥当。

⑫ 汪勃：《扬州城遗址蜀岗上城垣城壕之蠡测》，《江淮文化论丛》第二辑，文物出版社，2013年。

⑬ 中国社会科学院考古研究所、南京博物院、扬州市文物考古研究所、洛阳市文物钻探管理办公室编著：《扬州蜀岗古代城址考古勘探报告》，科学出版社，2014年，第142~143页。

⑭ 清光绪年间陆心源辑的《千甓亭古砖图释》中，辑录自铭为"甓"或"壁"的两晋纪年砖有数十例，有些砖铭也是阴文戳记，且字体和蜀岗古城北城墙所见砖铭"北门壁"十分相近，由此推定扬州城遗址北城墙有阴文戳记"壁"字的砖为东晋时期桓温筑城时留下的遗迹。参见纪仲庆：《扬州占城址变迁初探》，《文物》1979年第9期。

⑮ ［晋］陈寿撰、［南朝宋］裴松之注：《三国志》卷二魏书二文帝纪第二，中华书局，1959年版，1973年第5次印刷，第85页。

⑯ ［晋］陈寿撰、［南朝宋］裴松之注：《三国志》吴志卷三，中华书局，1959年版，1973年第5次印刷，第1152页。

⑰ 《资治通鉴》卷七十六魏纪八："秋七月，吴将军孙仪、张怡、林恂谋杀孙峻，不克，死者数十人，全公主滕朱公主于峻，曰与仪同谋，峻遂杀朱公主。峻使卫尉冯朝城广陵，功费甚众，举朝莫敢言，唯滕胤谏止之，峻不从，功卒不成。"

⑱ ［清］尹会一纂修、程梦星等纂：《（雍正）扬州府志卷之五城池》《扬州文库地方志类》影印本，广陵书社，2015年，第四六页上。

⑲ [唐] 房玄龄等撰：《晋书》之本纪"帝纪第八"，中华书局，1974 年，第 214 页。

⑳ [唐] 房玄龄等撰：《晋书》之"桓温传"，中华书局，1974 年，第 2577 页。

㉑《资治通鉴》卷一百二中有："十二月……大司马温发徐、兖州民筑广陵城。"

㉒ 李廷先：《唐代扬州史考》，江苏古籍出版社，2002 年，第 13 页。[清] 李斗撰：《扬州画舫录》，卷四之"新城北录中第四"，第八二页中有："晋宁康三年（375 年），谢安领扬州刺史，建宅于此。至太元十年（385 年），移居新城。"中华书局，1960 年第 1 版，1997 年第 2 次印刷。

㉓ [梁] 沉约撰：《宋书》，志第二十五"州郡一南兖州"，中华书局，1975 年，第 1053 页。

㉔ [唐] 李延寿撰：《南史》卷十四"竟陵王诞"，中华书局，1975 年，第 397 ~ 399 页；[梁] 沉约撰：《宋书》卷七十九"文五王竟陵王诞"，中华书局，1975 年，第 2035 页。

㉕ [梁] 沉约撰：《宋书》，卷七十七之列传第三十七"沈庆之"，中华书局，1975 年，第 2002 ~ 2003 页。

㉖ [唐] 李延寿撰：《南史》卷五一"梁宗室上"，中华书局，1975 年，第 1265 页。

㉗ 中国社会科学院考古研究所、南京博物院、扬州市文物考古研究所、洛阳市文物钻探管理办公室编著：《扬州蜀岗古代城址考古勘探报告》，科学出版社，2014 年，第 147、148、152、153 页。

㉘ 十字街西南隅的东西向道路和南北向道路、雷塘路东侧南北向道路等 3 处道路遗迹的发掘资料，参见《扬州蜀岗古代城址内三处道路遗迹的发掘简报》，《国家博物馆馆刊》2018 年第 9 期。

㉙ 发掘报告中遗漏了 YSC0105T6C 东西向瓦铺路面的方向。

㉚ 蜀岗古城北城墙东段西侧豁口城壕以北、城圈东北外拐角城壕以北、城圈东南外拐角和唐罗城北墙连结位置、瓦铺路面的发掘资料，参见《扬州城遗址考古发掘报告（1999 ~ 2013 年）》，第 37 ~ 39、48 ~ 52、94、106 ~ 107 页。

㉛ 中国社会科学院考古研究所、南京博物院、扬州市文物考古研究所编著：《扬州城——1987 ~ 1998 年考古发掘报告》，文物出版社，2010 年，第 32 页。

㉜ 李廷先：《两晋和南北朝时期的扬州——扬州古代文化丛谈之三》，《扬州师院学报（社会科学版）》1981 年第 3 期。

扬州蚕桑汉墓出土舆轿初步研究

束家平　刘　刚

内容提要：2007 年 8 月，扬州市西郊蚕桑砖瓦厂在取土制坯的施工过程中发现一座汉墓，墓中出土了大量珍贵文物，其中彩绘漆舆轿保存完好，是国内早期（汉及汉以前的历史时期）轿子不可多得的实物资料，对其探究有助于厘清我国早期轿子的形制与演变。舆轿即现今俗称的轿子。通过文献记载的内容，结合出土实物、图像资料的分析，可以推断舆轿是因登山行进之需而产生，初期作为翻越山岭的特殊乘坐交通工具，只在山岳地区使用，后来逐渐扩散传播到平原地区。

关键词：舆轿　轿子　演变

2007 年 8 月，江苏省扬州市西郊蚕桑砖瓦厂在取土制坯的施工过程中发现一座汉墓（编号蚕桑 3 号墓，2007YXCM3），扬州市文物考古研究所对该墓进行了抢救性发掘，前后历时两个多月。清理出陶器、铜器、玉器、漆木器、骨角器、金器等各类文物 1000 余件（套），精美罕见文物较多，其中彩绘漆舆轿保存完好，是国内早期（汉及汉以前的历史时期）轿子不可多得的实物资料，对其探究有助丁厘清我国早期轿子的形制与演变。

蚕桑 3 号汉墓地处扬州西郊的丘陵地带，这一带是以汉代墓葬为主的地下古墓葬埋藏区。蚕桑 3 号汉墓是一座西汉时期长方形竖穴土坑木椁墓（夫妇合葬），坑口长 11.0、宽 5.3 米，椁室长 9.5、宽 4.58 米，方向 97 度。由主墓室和外藏椁两部分组成，主墓室由前室、棺室、南侧厢、北侧厢、后厢五部分组成，舆轿放置于南侧厢底层。舆身作长方形屋宇状（图 1~3），两面坡顶，屋檐以铜铰链与额部相连，额下配置三块彩绘木板作"墙"，中间木板是一块小的立板，两侧木板分别为长的横板，墙板之间、墙与额、墙与舆身底部均以榫卯嵌合（图 4），两端为"人"字形山墙（图 5），屋顶与山墙作子母口吻合，墙与山用四个"L"形转角嵌接，长方形平底，四半

图 1　扬州蚕桑汉墓舆轿（斜面）

图 2　扬州蚕桑汉墓舆轿（侧面）

图 3　扬州蚕桑汉墓舆轿（端面）

图 4　扬州蚕桑汉墓舆轿侧面图

图5　扬州蚕桑汉墓舆轿端面图

蹄足，底四端出舆杆，无抬杠。四围闭合，无门，两侧屋面脊顶处不连，可启闭（图6），以便乘坐者出入。周身鬃褐色漆，彩绘朱色、浅灰色云气、龙、凤、豸、犬、兔、瑞兽、几何纹等，楠木质。通长67.5、宽24、高29厘米。该舆轿工艺精湛，结构奇巧，纹饰细腻流畅，画面生动，体现了汉代极高的手工业生产水平。现场发掘时，从舆身内清理出1件平

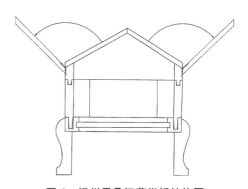

图6　扬州蚕桑汉墓舆轿结构图

躺的木俑，残长29、宽7.8厘米，面目腐朽、性别不清。在南侧厢与舆轿伴出的随葬品有漆盘、耳杯、盒、案、笥、厢、木俑、马俑、木梯；铜鼎、壶、钫、釜等，都是与日常生活息息相关的用物。

二

舆轿即现今俗称的轿子，那么轿子最早产生于何时？肇始于何地？又是什么样的结构形状？根据已有的文献记载与实物资料可觅得些许蛛丝马迹。

关于轿子类，文献记载称其始见于夏朝初期。《尚书·益稷》记载大禹治水途中使用了各种交通工具："予乘四载，随山刊木。"《史记》也记载大禹"乘四载"，以"开九州岛，通九道，陂九泽，度九山"[①]。后人解释这"四载"是："水行乘舟，陆行乘车，泥行乘橇，山行乘檋。"[②]"檋"就是最原始的轿子，但具体样式目前无从可考。《史记·河渠书》曰"山行即桥"，《癸巳类稿·轿释名》曰远远望去"状如桥中

空离地也"，这是由于登山使用轿子时，要负在一前一后两个人肩上。上古时"轿""桥"二字相通，东汉许慎《说文解字》中并未录入"轿"字释义。

轿子的称谓繁杂多样。清俞正燮《癸巳类稿·轿释名》说："古者名桥，亦谓之辇，亦谓之茵，亦谓之辒，亦谓之辒辒，亦谓之异车，亦谓之担，亦谓之担舆，亦谓之小舆，亦谓之板舆，亦谓之笋舆，亦谓之竹舆，亦谓之平肩舆，亦谓之肩舆，亦谓之腰舆，亦谓之兜子，亦谓之篙，而今名曰轿，古今异名同一物也。"辇，会意字。从车，两"夫"（男子）并行，拉车前进，本义指古时用人拉或推的车，《说文解字》："辇，挽车也。"四川乐山麻浩崖墓南壁画像砖模刻了一幅"挽辇图"③，图左二人乘车，车为直辕棚车，右一人挽车。早在夏朝，人们就制作使用辇了，《今本竹书纪年疏证·夏后氏帝癸》："十三年，迁于河南。初作辇。"《后汉书·井丹传》："桀乘人车。"《通典》卷六十六："夏氏末代制辇。"辇的本义是车，但在秦汉之际及以前，它应该是车、轿类的总称。车都是有轮子的，轿是无轮的，严格地说乘坐人的部分才称为舆。段氏《说文解字》："舆，车舆也。……不言为舆而言为车者，舆为人所居。可独得车名也。"但史书记载中多把车也称为舆，实际准确地说，应该是辇去掉轮子才可名舆。《通典·职官》云："古谓人牵为辇，……秦始皇乃去其轮而舆之。"早期辇的乘坐是没有明显的贵贱等级之分，《诗·小雅·黍苗》曰："我任我辇，我车我牛。"至秦汉之后，辇成了皇帝及太后的专乘工具，《汉书·李广苏建传》中记述了苏武之兄苏健挽扶汉景帝下车，因折断了车辕拔剑自杀之事，"前长君为奉车，从至雍棫阳宫，扶辇下除。"

秦以前的主要交通工具是马车，自汉之后才陆续有了乘坐轿子的记载，文献记载中多以辇名。《后汉书·祭祀上》记汉光武帝登山封禅："至食时，御辇升山。"《封禅仪》云："国家御首辇，人挽升山，至中观休，须臾复上。"两段文字的记述明确印证了"御辇"是人抬的轿子，因带轮的车是无法登临山岳的。《汉书·陈余传》云："上使泄公持节问之舆舆前。"唐代颜师古注曰："舆舆者，编竹木以为舆形，如今之食舆矣。"舆舆就是用竹木制作成的轿子。东汉班固的《西都赋》："乘茵步辇，惟所息宴。"注引应劭《汉宫仪》："皇后婕妤乘辇。"后来帝王也乘坐。步辇乃是去掉了轮子的小车，由人用木杠抬着前行，形同于轿。三国时，魏文帝曹丕的《校猎赋》里也提到了这种轿子："步辇西园，还坐玉堂。"延续至唐朝，仍以步辇称为轿子，唐代大画家阎立本《步辇图》细致地描绘了唐太宗安坐步辇之上，6名娇小的宫女抬辇款款前行。

"舆轿"一词始出于汉代。《汉书·严助传》中有会稽太守严助"舆轿而隃（逾）

岭，挖（拖）舟而入水"的记载，这也是轿以单字词首见于史书。唐颜师古注解为："服虔曰：'轿音桥，谓隘道舆车也'。臣瓒曰：'今竹舆车也，江表作竹舆以行是也'。"汉时的舆轿不过是行山路的代步交通工具。那时平地交通工具使用带轮的车子，但在崎岖不平的山路上，笨重的轮车就无能为力了。于是先民干脆把车轮卸掉，单把车厢抬升起来向前行进。由于此类过山的舆轿多是用竹编成，轻便易举，所以其时又有"竹舆""篼舆""编舆""篼"等名称。《汉书·张耳传》云："上使泄公持节问之篼舆前。"颜师古注："篼舆者，编竹木以为舆形，如今之食舆矣。""食"含有享受的意思。由此提法也可以想见上层贵族坐轿子时那种舒服而得意的感觉。无论是怎样的名称，指的都是同一种交通工具——轿子。

舆轿在宋代以前多单称"舆"，分肩舆、腰舆等类。"肩舆"之名始出于魏晋南北朝。《后汉书·井丹传》曰："就起，左右进辇……至晋有肩舆。"《晋书·谢安传》："万之妻父也，为扬州刺史。万尝衣白纶巾，乘平肩舆，径至听事前。"《晋书·王凝之妻谢氏传》："举厝自若，既闻夫及诸子已为贼所害，方命婢肩舆抽刃出门，乱兵稍至，手杀数人，乃被虏。"《资治通鉴》胡注："肩舆，平肩舆也，人以肩举之而行。"由此可观，舆轿之肩舆、腰舆之异，是因抬轿者着力点位置的不同而得名，轿杠担于肩部是为肩舆，手提轿杠至腰部是为腰舆。

三

秦汉及之前舆轿的实物资料较为少见，探讨我国早期轿子不得不提到河南信阳博物馆的肩舆复原件。1978 年河南固始侯古堆一座春秋战国时期的墓葬陪葬坑中清理出三乘木质舆轿[④]，两件损毁严重，一件（坑 116 号出土）经复原后可以看出其原貌

（图 7）[⑤]：它由底座、边框、立柱、栏杆、顶盖、轿杆和抬杠等部分组成。底座呈长方形，顶盖仿四面起坡的房顶形式，四周扁竹围栏，围栏上应覆盖帷幔，底铺竹篾座席。前开小门，供乘者出入，轿杆捆绑在底座边框上。轿厢长 134、宽 94、高 133 厘

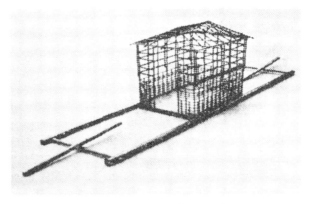

图 7　信阳固始侯古堆一号墓出土舆轿（复原）

米，坑 115 号出土的肩舆与该复原件大小尺寸、结构、形式基本相同⑥，也是四面坡
式顶。坑 91 号肩舆⑦形体较小，制作极精，结构复杂，更加美观，可惜破损较严重，
故完整结构、全貌不详，但基本轮廓是清晰的，也是由底座、围栏、立杆、盖顶、舆
杆、抬杠等部分组成。底座是正方形，上铺竹席，长宽各 90 厘米。盖顶为伞形顶，顶
中竖圆形中轴，飞出盖顶，下悬舆中，未及底座。舆身较小，无门，围栏较低，四面
均可进入轿内。舆内没有附加座位，当是席地而坐，如此大小的肩舆应该是墓主人生
前的实用品。可以说固始侯古堆的三顶木质舆轿是以后各式肩舆的滥觞。从舆轿周全
的设计、完备的结构来分析，当时制造舆轿的技术已相当成熟，以现在的标准来衡量
已经是一件很成熟的产品了。而在它以前，必然还应有一段较长的孕育完善的过程。
它们是目前国内出土最早的肩舆。同时也说明《尚书》《史记》记述的夏禹坐轿越山
的传说是完全有可能的。

云南晋宁石寨山汉墓出土的铜贮贝器上装饰舆轿与轿夫的形象。M20∶1 杀人祭
铜鼓场面盖铜贮贝器⑧、M12∶2 铜鼓形铜贮贝器均有立体堆铸的舆轿⑨，其中 M20∶1
为二人抬肩舆，舆杠置于肩部，舆内坐一人；而 M12∶2 是四组四人抬肩舆（图 8），
舆内各坐一人，皆为妇女，作长方兜形，有两根抬杠，没有帷幔和顶盖，乘轿者"席

图 8 云南晋宁石寨山汉墓铜贮贝器上舆轿

地而坐"，四个短衣跣足的轿夫肩抬前行，从轿身上的斜方格纹推测，应当是用竹篾编织而成。此类舆轿的形制与汉代文献中的"竹舆""筍舆""编舆""筍""兜子"等更为贴近，与清代汪汲《事物原会》"汉高祖始作竹兜"的考证相吻合。石寨山铜贮贝器上的舆轿折射出我国古代早期轿子形制、用法、用途的重要信息。由于该墓是汉代古滇人之墓，这种舆轿当属滇人所用的物品，与同期关中、中原等地区汉民族所用的舆轿是否制式相同，有待进一步考证。

东晋画家顾恺之根据西汉末年刘向所编《列女传》创作了《女史箴图》（图9），是图现存第二段为"班姬辞辇"，画中汉成帝与班婕妤同乘一驾肩舆，轿上笼罩网幛，夏日可避蚊虫，轿前置轵，乘者倚轵而坐，轿夫为前六人后二人。这种八人抬的轿子又名"八捆（钢）舆"或"八扛舆"，是一种高等级肩舆，当时只有皇亲王公才能乘坐。此形轿制制复杂，外表尽显奢华，当是舆轿之最高等级。

图9 东晋顾恺之《女史箴图》舆轿形制

山西大同北魏司马金龙墓出土的屏风上有一顶木板漆画肩舆图[10]，舆身为方形大木椅，周围穿结成斜方格围栏（图10）。前边围栏较低，可以出入，后边围栏较高，可作倚靠。其上张"八"字形布篷，布篷宽大，遮罩到前后轿夫。布篷上边置圆形伞盖，画有盖弓，周边有垂苏。舆底侧有两根舆杆前后伸出，但舆杆是和底座相连。四人抬肩舆，前后各两人，抬法异于固始侯古堆与晋宁石寨山的肩舆，此轿无抬杠，而是轿夫直接肩抬舆杆四个顶端。汉成帝坐舆内，婕妤跟随其后，婕妤前上方墨题"成帝班捷（婕）仔（好）"。1957年河南邓县学庄发现了南北朝时期的模印肩舆纹彩色画像砖[11]，和司马金龙墓木板漆画中的肩舆造型基本相同，抬法亦相同，但舆身作厢形，四围齐高，较矮，肩舆底座四角下有腿，这样便于抬者起肩，座者出入也更加便捷。

图10 山西大同北魏司马金龙墓木板漆画肩舆图

四

纵观大汉帝国，无论皇室贵族，还是平民百姓，皆崇尚"事死如生"的丧葬习俗，死后厚葬生前的生活用品和特制的明器，明器也是根据实用器模仿制造，而非凭空臆造。显然扬州蚕桑汉墓出土的舆轿是明器，但它所反映的当时的舆轿基本信息是真实可靠的，只是在一些细节与实用器有所差异，如该舆轿在顶脊开启作门，让乘者出入，实用器是不可能这样设置的，肯定是在舆身的一端开门，或直接敞开。通过蚕桑3号墓的墓葬结构、规模、出土器物的分析研究，推测墓主人很可能是某一代广陵王的公主及驸马。蚕桑汉墓的彩绘舆轿与信阳春秋固始侯古堆大墓坑115、坑116号舆轿的形制相似，舆身均作屋宇状，虽然时代不同，但均体现了当时极高的工艺制作水平，是相当成熟的舆轿制品，反映了乘坐者很高的身份地位。而云南晋宁石寨山铜贮贝器上的舆轿则比较简陋原始，与蚕桑汉墓的舆轿虽是同时代的产品，却有很大的差异。晋宁石寨山古墓群墓主人大部分都是滇王及其亲族[12]，和蚕桑3号墓墓主身份地位相近，两者舆轿形象的迥异很可能是地区文化的差异，亦或是发展阶段的不一，有待进一步的探讨。《女史箴图》上的绘画舆轿、司马金龙墓的木板漆画舆轿、邓县学庄画像砖上的彩色模印舆轿都是魏晋南北朝的人根据同一题材所作的汉成帝和班姬坐轿的形象，其舆轿的形制、抬轿的方式究竟是汉代的，还是魏晋的作者以本朝的物品形象叠加到前朝事件上的创作，仍需斟酌考量。

将扬州的舆轿与信阳舆轿、《女史箴图》描绘的帝王之乘轿、司马金龙墓的舆轿、晋宁铜器上的舆轿一起放在本文中叙述，不是要进行考古类型学的比较分析，当然它们因时代差异、等级不同、数量有限，也不可能进行考古类型学的观察，只是想通过上述的实物与图文资料，尽可能多地呈现出汉代及汉代以前早期舆轿的形状、结构、用途等详细信息，有助于探究解明舆轿的起源问题。通过《尚书》《史记》《汉书》等文献记载的内容，结合出土实物、图像资料的分析，可以推断舆轿是因登山行进之需而产生，初期作为翻越山岭的特殊交通工具，只在山岳地区使用，后来逐渐扩散传播到平原地区。

至于舆轿是从车舆演变发展而来，还是有着自身独立的演进发展体系，仍需要大量汉代以前舆轿实物资料的出现来进行比对、分析、研究。

作者单位：扬州博物馆、扬州市文物考古研究所

注释

①② 《史记·夏本纪》，中华书局，1962 年。

③ 唐长寿：《四川乐山麻浩一号崖墓》，《考古》1990 年第 2 期。

④⑧⑨⑫ 固始侯古堆一号墓发掘组：《河南固始侯古堆一号墓发掘简报》，《文物》1981 年第 1 期。

⑤⑥⑦ 郭建邦：《试论固始侯古堆大墓陪葬坑出土的代步工具——肩舆》，《中原文物》1981 年第 1 期。

⑩ 山西省大同市博物馆、山西省文物工作委员会：《山西大同石家寨北魏司马墓》，《文物》1972 年第 3 期。

⑪ 河南省文化局文物工作队：《邓县彩色画像砖墓》，文物出版社，1959 年。

百济时代遗址出土漆器的漆器法调查

[韩] 李容喜

内容提要：本文以出土的韩国百济时期漆器为研究对象，通过切片显微分析、扫描电子显微镜与能量分散式分析等手段对其制作工艺进行分析，为揭示韩国古代漆器的传承与发展提供帮助。

关键词：韩国　百济时期　漆器　工艺

一、前　言

百济时代的历史遗物中有不少涂漆文物，其中 1971 年韩国忠清南道公州武宁王陵出土的漆木棺、王的头枕和足座颇具代表性。此外，现存遗物还有石村洞百济古坟中出土的锯齿纹漆盘、原州法泉里的朱漆残片、大田月坪山城的漆器杯、扶余双北里遗址的漆器箱子和漆器碟子，以及近期公州公山城中出土的札甲形状马甲和漆皮铠甲等。以古代遗迹中出土的遗物为对象的漆技法，对于理解当时的技术传播与变迁过程、材料的流向等方面提供了必要的信息。研究漆器制作技术中最为核心的漆器法虽有很多种方法，但最常用的方法是光学显微镜观察和微视镜分析法，即用 2 ~ 3 毫米的小碎片来观测漆的层状结构、构成物质等漆器主要特点。另外，利用 X 线透射与摄影法或 SEM – EDS（扫描电子显微镜 – 能量分散式分析仪）或荧光 X 线分析仪等进行科学调查，也有助于确认底漆中混入的材料种类和彩色漆中使用的颜料。本文以公州武宁王陵、首尔石村洞和江原道原州法泉里的百济古坟、扶余陵山里寺址、大田月坪山城、公州公山城等地区出土的百济遗迹出土漆器的漆器法为对象进行调查研究，并简略整理其特征。

二、漆器的样式

百济时代的漆器，以基础材料或制作样式可以分为四类：1. 木心漆器：使用简单的方式直接涂漆在木器表面；2. 木心苎被漆器：在木器表面覆盖织物，然后在其上面涂漆；3. 陶胎漆器：在土陶器的表面进行涂漆；4. 漆皮漆器：在皮上进行涂漆等。

（一）木心漆器

百济时代的木心漆器主要代表有武宁王陵出土的涂漆木棺、王的头枕及足座、首尔石村洞百济古墓中整理发现的锯齿纹漆盘、扶余陵山里寺址出土的黑色漆器盖子、大田月坪山城出土的漆器杯等。这些木心漆器分为有底漆层和无底漆层两种。用透视显微镜观察武宁王陵涂漆木棺和漆器足座及月坪山城出土的漆器杯的漆膜断面，得知漆渗入到木材表面却无底漆层（图1～4）。这种在木器表面直接涂漆的方式，就是最

图1　武宁王陵出土漆器足座

图2　武宁王陵出土漆器足座的漆断面
（透视显微镜拍摄）

图3　大田月坪山城出土漆器杯

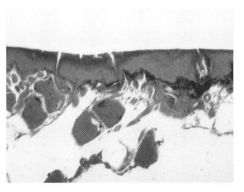

图4　大田月坪山城出土漆器杯的漆断面
（透视显微镜拍摄）

简单的古代漆器技法。包括光州新昌洞农耕遗址（公元前 3～2 世纪）中出土的漆器在内，三韩时期的大部分漆器几乎都是以这种方式来涂漆的（图 5、6）。

 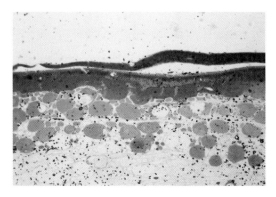

图 5　光州新昌洞遗址出土波形纹漆器　　　图 6　光州新昌洞遗址出土波形纹漆器的漆断面
　　　　　　　　　　　　　　　　　　　　　　　　　（透视显微镜拍摄）

　　与其不同，首尔石村洞百济古墓出土的锯齿纹漆盘和扶余陵山里寺址出土的漆器盖子中能够确认到木器表面和其上面漆层之间的底漆。其中，石村洞的锯齿纹漆盘是在木炭细粉或混合碳化物的底漆表面依次涂上纯漆料和红色颜料（Fe_2O_3）混合的朱漆，以此来表现图案（图 7、8）。而扶余陵山里寺址出土的漆器盖子上可以观察到漆断面最下面有涂漆和黏土矿物混合的层面，由四个层面构成的黄褐色漆层覆盖其上（图 9、10）。

　　武宁王陵的涂漆木棺和与其同时收集的棒状漆器棍子，同其他木心漆器一样使用了比较简单的涂漆技法。但是，在光学显微镜下仔细地观察漆断面后可以看出，古人曾用黑色颜料即烟煤混在涂漆中制作出黑色漆，涂上之后，其表面再涂没有混杂烟煤的涂漆（图 11～13）。这种黑色漆技法普遍出现在昌原茶户里 1 号墓（公元前 1 世纪

图 7　石村洞百济古墓出土　　　图 8　石村洞百济古墓出土锯齿纹漆盘的漆断面
　　　　锯齿纹漆盘　　　　　　　　　　　　（半偏光拍摄）

～公元 1 世纪）的漆器和蔚山茶云洞三韩时代遗址中出土的漆器上，这种涂漆技法能使让漆的颜色更深，并提高漆涂层的隐蔽力（图14、15）。

图 9　扶余陵山里寺址出土漆器盖子

图 10　扶余陵山里寺址出土漆器盖子的漆断面（半偏光拍摄）

图 11　武宁王陵出土木棺材

图 12　武宁王陵出土木棺材的漆断面（透视显微镜拍摄）

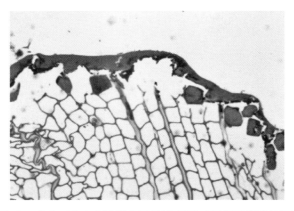
图 13　武宁王陵出土漆器棍子的漆断面（透视显微镜拍摄）

图 14　昌原茶户里 1 号坟出土桶形漆器

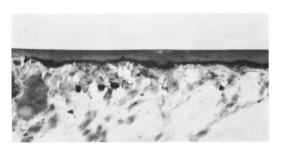

图 15　昌原茶户里 1 号坟出土桶形漆器的漆断面
（透视显微镜拍摄）

（二）木心苎被漆器

百济时代的木心苎被漆器中，已经对原州法泉里百济古墓出土的朱漆残片和破损成为碎片状态的武宁王陵出土的朱漆器物进行了科学研究。其中，武宁王陵出土朱漆器物因为缺失部分太多，无法得知整体形状，但是可以推定其原本为底部有矮底足的小碗状器物。此漆器容器是用胡桃楸的木心制作，表面覆盖丝绸后再进行整体涂漆。用透视光显微镜、SEM-EDS（扫描电子显微镜-能量分散式分析仪）调查漆片，可以看出，以骨粉和土粉混合的漆为底色进行厚涂之后，又依次涂装了纯漆料和辰砂（HgS）混合的朱漆（图 16~19）。乐浪古墓出土的漆器（1~3 世纪）（图 20~25）、原州法泉里百济古墓出土的朱漆残片（4 世纪）（图 26~28）、庆州月池（雁鸭池）中出土的统一新罗时期的漆器中也能确认到漆中混合着底漆（骨灰漆）（图 29~34）。

图 16　武宁王陵出土朱漆漆器片

图 17　武宁王陵出土朱漆漆器片的漆断面
（偏光 拍摄）

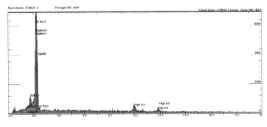

图 18　朱漆 SEM-EDS spectrum［Hg，S］

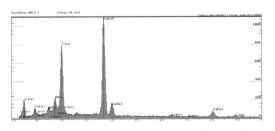

图 19　骨粉 SEM-EDS spectrum［Ca，P］

图 20　贞柏洞 19 号乐浪古墓出土漆盘

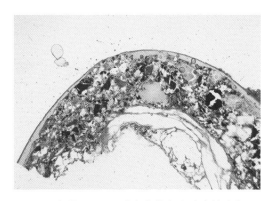

图 21　贞柏洞 19 号乐浪古墓出土漆盘的漆断面
（透视显微镜拍摄）

图 22　乐浪 4 号坟出土漆耳杯

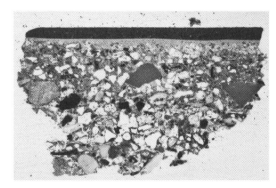

图 23　乐浪 4 号坟出土漆耳杯的漆断面
（透视显微镜拍摄）

图 24　乐浪 4 号坟出土漆耳杯的漆断面
（SEM 拍摄）

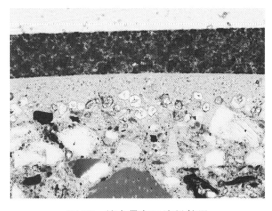

图 25　扩大骨灰层淀粉粒子
（透视显微镜拍摄）

图 26　原州法泉里百济古坟
出土朱漆残片

图 27　原州法泉里百济古坟出土朱漆残片的漆断面
（透视显微镜拍摄）

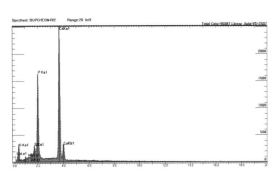

图 28　骨粉 SEM – EDS spectrum［Ca，P］

图 29　庆州月池（雁鸭池）出土漆器大碟

图 30　庆州月池（雁鸭池）出土漆器
大碟的底盘

图 31　庆州月池（雁鸭池）出土漆器大碟的
漆断面（透视显微镜拍摄）

图 32 庆州月池（雁鸭池）出土花形漆器

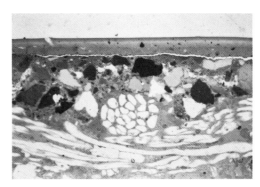

图 33 庆州月池（雁鸭池）出土花形漆器的
漆断面（透视显微镜拍摄）

（三）漆皮铠甲

公州公山城出土的札甲形态马甲和涂漆铠甲是迄今为止所调查的唯一的百济时代漆皮遗物。用光学显微镜观察马甲的漆断面，可以看出重叠着四个只有纯粹涂漆构成的漆层（图 35、36）。与此相反，涂漆铠甲呈现出涂漆和颗粒状的淀粉粒子、骨粉等混合的漆层交错复杂的状态（图 37～39）。从中推测淀粉应起到了填平以骨粉构成的骨灰层的细小凹凸从而使其表面平整的作用。

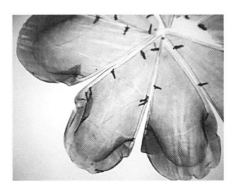

图 34 庆州月池（雁鸭池）出土花形漆器
（**X** 线透视拍摄）

图 35 公州公山城出土漆皮马甲

图 36 公州公山城出土漆皮马甲的漆断面
（透视显微镜拍摄）

图37　公州公山城出土涂漆铠甲

图38　公州公山城出土涂漆铠甲的漆断面
（透视显微镜拍摄）

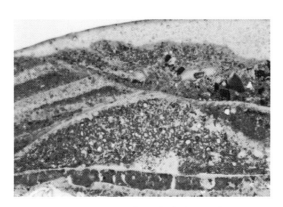

图39　公州公山城出土涂漆铠甲的漆断面
（透视显微镜拍摄），群集的颗粒状粒子为淀粉

三、结　语

　　仅限于本次调查对象的情况来看，百济时代的漆器以简单样式的木心漆器为主，其中一部分漆器发现了漆料中混合着黑色颜料即烟煤的黑色漆技法。这种从古代传承下来的技法使漆色更加黝黑，并起到提高漆涂层隐蔽力的效果。这种漆器在样式、技法等方面可以说是完全继承了三韩时期的漆器风格。与此相反，百济时代的木心苎被漆器是在木器表面上覆盖织物后，再用漆料中混合骨粉的骨灰来做底漆。骨灰漆料起源于中国汉代漆器的底漆，三国初期从乐浪或者中国传入以后，经过新罗和统一新罗时期逐渐成为了传统的漆器技法。此外，被称为漆皮漆器的公州公山城出土的涂漆札甲是在皮表面上反复交叉地涂上漆料和骨粉、漆料和淀粉混合物，用这种方式弥补了基础材料的弱点。涂漆铠甲的漆层中看到的淀粉粒子混入层，虽然未曾在新罗和统一

新罗时期的漆器中得以确认，但是已经在平壤梧野里乐浪木棺、乐浪 4 号坟漆耳杯等多数乐浪漆器中有所发现。

作者单位：韩国国立中央博物馆保存科学部

参考文献

［1］［韩］李容喜、金昌锡、郑光镛、韩成喜：《水渗漆器的保存》，《保存科学研究》第 14 辑，韩国：国立文化遗产研究所，1993 年。

［2］［韩］李容喜、冈田文男、安炳灿：《关于国古代漆器的下地中混合的骨粉（韩·日保存科学共同研究）》，韩国：国立文化遗产研究所，1994 年。

［3］［日］冈田文男：《古代出土漆器的研究》，日本：京都书院，1995 年。

［4］［韩］金京洙、刘蕙善、李容喜：《乐浪漆器的漆器法调查Ⅰ》，《博物馆保存科学》第 4 辑，韩国：国立中央博物馆，2003 年。

［5］［韩］李容喜、金京洙：《武宁王陵出土遗物的涂漆技法调查：百济斯摩王武宁王陵发掘之后的 30 年足迹》，韩国：国立公州博物馆，2011 年。

［6］［韩］金洙哲、李光熙、申盛弼：《武宁王陵木棺材及漆器数种与漆器法研究：武宁王陵出遗物分析报告书》，韩国：国立公州博物馆，2007 年。

［7］［韩］李容喜、刘蕙善、金京洙：《茶户里遗址出土漆器遗物的漆器法特征研究》，《考古学志》特刊，韩国：国立中央博物馆，2009 年。

［8］［韩］李容喜、刘蕙善、金京洙：《格物武宁王陵：武宁王陵出土木器漆遗址的涂漆及彩色技法研究》，2011 年。

楚墓出土漆木酒具盒略论

谢春明　陈　程

内容提要：20 世纪 80 年代至今，楚墓出土大量精品漆木酒具盒。酒具盒多出土于楚国贵族墓葬中，既是反映楚人现实生活形态的实用器，又是体现楚贵族等级身份的漆木礼器。楚墓出土酒具盒作为楚漆器之精粹，造型独特，纹饰精美，设计巧妙，反映出楚人的审美情趣，寄托了楚人的信仰和追求。

关键词：楚墓　漆木器　酒具盒

春秋战国时期，楚国为长江流域最大的诸侯国，楚人在此创造了辉煌灿烂的楚文明。发达的髹漆工艺是楚文化的特色之一。楚墓出土了大量流光溢彩的漆木器，漆木"酒具盒"是楚漆器中较为特殊且具有深厚文化意蕴的器类之一。战国楚墓出土的漆木"酒具盒"造型别致、工艺精湛、纹饰精美，体现了楚人精湛的髹漆工艺、巧妙的绘画艺术，反映出楚人上层贵族的生活状况，展现了楚人审美情趣和信仰追求。

一、文献所载"酒具盒"

楚墓出土盒状漆木器，"一般为斫木胎，椭圆形，由盖和器身两部分以子母扣合而成，内装成套杯多件，有的或装有壶、盘或其他饮食器具"[①]。考古界将这样成套的饮食器具称为"酒具盒""酒具箱""耳杯盒"。从出土器物的组合情况来看，这类器物盒常置有漆壶、扁壶、耳杯、漆盘等器物，多为饮食用具，并与杯、壶等器物组合使用，很显然这类漆木器物与杯、壶、盘等饮食用具有关联，其名称为"酒具盒"，是现代学者根据其功用简单而定的。在出土及传世文献中，对"酒具盒"的记载有"具器"和"栝答"两种说法。

（一）具器

"具器"在出土文献中多有记载。江陵凤凰山 168 号汉墓 35 号简："具器一合，杯十枚，有囊"[②]。湖北云梦大坟头 M1 物疏简："具器一具"[③]。陈振裕先生指出，"具器"应该为墓中出土的耳杯盒[④]。《汉书·何武传》载："（何）寿为具召武弟显"，颜注："具谓酒食之具也"[⑤]。因此，"具器"应是盛"酒食之具"的容器。而"具器"装置的饮食器具也是有讲究的。如马王堆 1 号汉墓遣册："漆画小具杯廿枚，其二盛有酱、盐，其二郭（椁）首，十八郭（椁）足"，"漆画具杯栖二合"[⑥]。酱、盐都是调味料，说明具杯已有放置酱、盐的功能，其中酱杯即杯之一种。又如凤凰山 10 号汉墓遣册 6 号牍记载："柯一具"[⑦]。"柯"即閜，释为"大杯"的意思[⑧]，"柯一具"即大杯一套。这里的"具杯"即成套的杯，为酒食餐具用杯。因此，具器即成套的酒食器具，所盛之器物包括酱杯、盐杯、閜以及酒壶酒盘等其他饮食器具。

（二）栖笞

马王堆 1 号墓中所出漆杯，遣册称为"漆画具杯栖二合"。"杯"即漆木耳杯，"栖"在《说文》中称为"笞"，"笞"即古代盛杯盘之类的竹器。而《方言》卷五称"笞"为"栖笞"，郭注："盛栖器笼也"。江陵凤凰山 168 号汉墓出土 62 号简记载："笞十二枚"。这里的"笞"即为竹器笞[⑨]。有学者认为这种装杯的木胎漆器即"栖笞"，"漆栖笞是从竹器演变而来，发展至战国已出现漆木栖笞，至秦汉更为普遍。"[⑩]用以专门装置耳杯的木胎"栖笞"在汉代很普遍，如江陵凤凰山 168 号汉墓出土的漆木栖笞（耳杯盒）以及马王堆 1 号墓出土的木栖笞（图 1、2）。

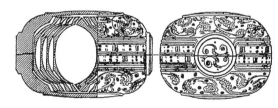
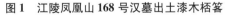

图 1　江陵凤凰山 168 号汉墓出土漆木栖笞　　　图 2　马王堆 1 号墓出土木栖笞

放置酒食之具的漆木盒器物是由竹器发展而来，逐渐演变为木器，有专门放置漆木"耳杯"之用的称为"栖笞"，这类器流行于汉代。此外，不仅容纳杯，而且存放有壶、盘等全套饮食器具的器物，则称为"具器"，指的是成套的饮食器具，这类器流行于战国。根据器物形制组合情况，本文所阐述之"酒具盒"应为"具器"，是用以装置漆木杯、漆木壶、漆木盘等多件套器物组合的饮食器具。

二、楚墓出土精品酒具盒

楚墓酒具盒是楚漆木器中的精品之一，20 世纪 80 年代至今，楚墓出土酒具盒数量较多。其中荆州江陵县纪城 1 号墓、湖北荆门包山 2 号墓、湖北九连墩 2 号墓、荆州天星观 2 号墓、荆州江陵雨台山 56 号墓、荆州望山桥 1 号墓出土的酒具盒，器物完整精美，造型别致，漆艺精美，纹饰与图案巧妙，都是楚墓出土漆木酒具盒的典型代表。

1. 兽面纹酒具盒，出土于荆州江陵县纪城 1 号墓（图 3）。盒由整木挖雕而成，呈圆角长方形，两端各有一短柄，盖与器身相扣合。器身分为三个大格，放置酒壶 1 件和耳杯 3 件。整体浮雕兽面纹，通体髹漆，外黑内红，通长48.8、宽20.5、高15 厘米[11]。

图 3 纪城 1 号墓出土兽面纹酒具盒

2. 变形螭纹酒具盒，出土于湖北荆门包山 2 号墓（图 4）。盒由整木雕成，呈抹角长方形，盖与器身以子母口扣合，盖内设两横隔板，将其分为四段，放置耳杯两套共 8 件、木胎漆酒壶 2 件、漆盘大小各一件。整体浮雕变形螭纹。内髹红漆，外髹黑漆。通长 71.5、宽 25.6、高 19.6 厘米[12]。

图 4 包山 2 号墓出土变形螭纹酒具盒

3. 龙首纹酒具盒两件，分别出土于湖北九连墩 2 号墓和荆州望山桥 1 号墓（图 5、6）。九连墩 2 号墓出土龙首纹酒具盒，盒由整木制成，呈圆角长方形，盖与器身以子母口扣合。盒内分为四段六格，放置漆盘、漆壶和耳杯。整体浮雕龙首纹，内髹红漆，外髹黑漆，通长 78、宽 26、高 21.5 厘米[13]。望山桥 1 号墓出土龙首纹酒

图 5 九连墩 2 号墓出土龙首纹酒具盒

图 6 望山桥 1 号墓出土龙首纹酒具盒

具盒，盒由整木制成，呈圆角长方形，盖
与器身以子母口扣合。整体浮雕龙首纹，
身、盖内皆髹红漆，外髹黑漆。通长
74.2、宽 23.5 厘米[14]。

4. 猪形酒具盒三件，分别出土于荆州
天星观 2 号墓、雨台山 56 号墓以及望山
桥 1 号墓（图 7~9）。天星观 2 号墓出土
猪形酒具盒，呈长椭圆形，盖与器身相扣
合，在其头部有 4 个铜环嵌入盖内为捉
手。整体浮雕猪形，器内放置耳杯数件。
全器外壁以黑漆为地，用红、黄、银灰、
棕红等色绘龙纹、凤纹、云气纹以及乐
舞、狩猎场景。内髹红漆，外髹黑漆，通
高 28.6、长 64.2、宽 24 厘米[15]。雨台山
56 号墓出土猪形酒具盒，呈长椭圆形，盖
与身相扣合，两端为雕刻猪形，通体髹黑
漆，用红、黄为彩绘辅色，通长 43、宽
15、高 20 厘米[16]。望山桥 1 号墓出土猪形

图 7　天星观 2 号墓出土猪形酒具盒

图 8　雨台山 56 号墓出土猪形酒具盒

图 9　望山桥 1 号墓出土猪形酒具盒

酒具盒，呈长椭圆形，盖与器身以子母口扣合，两端对称呈猪吻部形状，深弧腹，四
足呈奔跑状，盒为浮雕猪形，内髹红漆，外髹黑漆，通长 46.3、宽 14.8、高 10.9
厘米[17]。

上述楚墓年代都集中于战国早中期，战国楚墓出土的酒具盒多见于楚国贵族墓葬
中。这些酒具盒既是反映贵族生活形态的实用器，又是与漆方壶、漆簋、漆盘、漆豆、
漆俎、漆案等漆器相关的漆木礼器，从器物上也全面体现出实用与审美相结合的楚漆
器文化特点。酒具盒在形状大小、漆木质地、内部结构、纹饰图案、髹漆工艺上表现
出高度的一致性，这与楚文化的制作工艺、艺术审美无法割裂。

三、酒具盒纹样组合及图像解读

战国楚墓出土漆木酒具盒作为重要的漆木饮食器具之一，表现出楚漆器在纹饰、
图案与制作工艺上的鲜明特点，体现出楚装饰艺术的魅力，是楚漆木器文化和饮食文

化的重要载体。

（一）纹样组合丰富多变，有机统一

战国时期，楚国"漆器装饰纹样，总体可归纳为动物纹样、植物纹样、自然景象、几何纹样以及人类社会生活纹样五类"⑱，漆木酒具盒的组合纹样多以动物纹样为主体装饰，其他纹样为周边衬托。战国楚墓出土酒具盒纹样具备主饰纹样与衬托纹样组合的特点（表1）。

表1　战国楚墓出土酒具盒纹样组合情况

具器名称	出土墓葬	主饰纹样			衬托纹样			组合方式
		名称	类型	所在部位	名称	类型	所在部位	
兽面纹酒具盒	纪城1号墓	兽面纹、兽足	动物纹	两端及四角	圆圈方格纹、卷云纹、圆圈方格纹带	几何、自然纹	项盖、盖沿、器沿	十字交叉、彩绘浮雕
螭纹酒具盒	包山2号墓	变形螭纹	动物纹	盖两端近口沿	十字方格纹、云纹、方格及云纹带	几何、自然纹	盖面、近口部，底足	纹饰套饰、彩绘浮雕
龙纹酒具盒	九连墩2号墓	龙纹（首、足）	动物纹	两端及四角	卷云纹	自然纹	盒盖、盒身	彩绘浮雕
龙纹酒具盒	望山桥1号墓	龙纹（首、身、足）	动物纹	两端、盒身、盒内、四角	方格纹、云纹	几何、自然纹	盖面和盒身两侧	彩绘浮雕
猪形酒具盒	雨台山56号墓	猪形（首、身、足）	动物纹	两端、盒身、四角	卷云纹、涡纹	自然纹	盒身	红、黄漆彩绘浮雕
猪形酒具盒	天星观2号墓	猪形（首、身、足）	动物纹	两端、盒身、四角	龙纹、凤纹、云气纹	动物纹自然纹	盒身	红、黄、银灰、棕红浮雕
猪形酒具盒	望山桥1号墓	猪形（首、身、足）	动物纹	两端、盒身、四角	凤鸟纹	动物	通体	红漆浮雕

纪城1号墓出土兽面纹酒具盒，盒盖面两端浅浮雕兽面纹。兽面纹之间有卷云纹带、圆圈方格纹带，呈纵横"＋"字型分布，纵向为卷云纹饰，横向为圆圈方格纹带。盒身四角各有一兽足浮雕，盒盖与盒体口沿部位均同样装饰圆圈方格纹带与之卷云纹垂直，使得整个盒面纹饰呼应，形成整体（图10）。

包山2号墓出土变形螭纹酒具盒，两端各浮雕一螭头形，口沿部为变形螭纹，以螭嘴为柄，盖面为十字方格纹带，方格纹内雕云纹，底部浮雕螭足，变形螭纹其实是龙纹的一种变体（图11）。

九连墩2号墓和望山桥1号墓出土龙纹酒具盒，盒两端雕刻为龙首纹，龙首、嘴、眼、鼻、耳各部均浮雕，两端中各为一龙嘴型柄。盖面和盒身两侧浮雕方格纹或者卷云纹，盒内雕刻龙身鳞片，外侧下部两端浮雕云纹龙足。

雨台山56号墓出土猪形酒具盒，盒两端浮雕猪首状，嘴、眼、眉、耳均为浮雕，盒下浮雕伏卧四足，以红、黄漆绘卷云纹、涡纹（图12）；天星观2号墓出土猪形酒具盒，盒盖两端各浮雕猪首形，形状相同，皆长圆嘴，眼睛圆鼓，耳后立，猪眼、眉、角、耳部均为浮雕，身有四足，红、黄、银灰、棕红等色绘龙纹、凤纹、云气纹（图13）；望山桥楚墓猪形酒具盒，盒两端为浮雕猪吻形，深弧腹，四足呈奔跑状。髹红漆，通体饰黑、黄凤鸟纹。

酒具盒纹样组合在搭配上分为主饰纹样和衬托纹样。以主饰纹样为主体，展现酒具盒的整体形象，以衬托纹样为修饰，展现酒具盒的丰富细节。主饰纹样以兽面纹、螭纹、龙纹、猪首形等动物形象为主，衬托纹样则为云纹、圆圈方格纹、方格纹等自然纹样或几何纹样，通过主饰纹样与衬托纹样的巧妙组合，在器物的各部分均匀分布，呈现出装饰多变、不拘一格、形态万方、有机统一的楚漆木器纹饰风格。

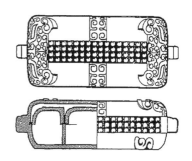

图10　纪城1号墓出土兽面纹酒具盒纹饰

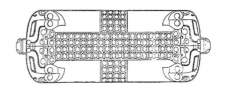

图11　包山2号墓出土变形螭纹酒具盒纹饰

图12　雨台山56号墓出土猪形酒具盒纹饰

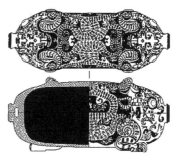

图13　天星观2号墓出土猪形酒具盒纹饰

值得说明的是，酒具盒外以彩绘髹漆工艺为主，主饰纹样是动物形象，这就直接奠定了整个酒具盒的形象基础。但是不论主饰纹样还是衬托纹样，都作为漆木器的浮雕工艺加以展现，这一点区别于漆画纹。

（二）漆画反映楚人的社会生活，写实性强

从酒具盒的漆画工艺看，楚漆器多以黑、红为主调色，辅之以黄、银灰、棕红等色，形成彩绘漆画。漆画是古漆工艺的一个重要文化现象，最早的漆画主题之一是灵物或者神物，如漆画上彩绘的龙、凤等神灵动物。而发展到战国中期，画风主题则有所转变，开始"超越神灵的范畴，将画题落到现实人间，在神灵的图像世界里描绘人间世事，叙述自己的生活"[19]。这类写实性漆画在战国楚墓大量出土，画面内容以社会生产、生活为主题，包括有宴饮图、狩猎图、礼乐图、武士演武图、迎宾图、车马人物出行图等，都与战国时代贵族生活息息相关。特别是在战国中期的漆器群中，有一类是"人类社会生活的场面，包括有河南信阳长台关1号墓锦瑟上的狩猎图和乐舞图，信阳长台关2号墓的车马出行图以及湖北江陵天星观2号墓出土酒具盒上的乐舞与狩猎场面，采用的都是写实的装饰手法"[20]。

狩猎、宴饮是古代生产、生活的重要内容之一，也是战国漆画所表现的重要主题之一，这样的场景在战国漆木器上有很多。天星观2号楚墓出土猪形酒具盒上的宴饮、狩猎图则是战国漆画的代表性作品之一，较信阳长台关1号墓出土锦瑟上的狩猎图和乐舞图更为巧妙、具体。首先，彩绘纹样与图画较好地结合在同一器物上。盒浮雕猪形，盒身绘有单首双身龙四条，龙首伏于盒足上方，绕于器盖、器身中部；龙尾八条并列蜷曲于四角内，两端龙首附近皆绘凤鸟纹、卷云纹，在龙纹、凤鸟纹之首尾空隙间展现八幅宴饮、狩猎图（图14～21）。其次，宴饮、狩猎图能有机联系，形成统一主题。第一幅画面为一栋两层建筑，上层为一人似举戈而舞，下层两人相对，一人似握剑起舞，一人席地而坐，双手前伸，似击节为乐，应为宴饮乐舞图。第二幅画面绘一只野兽在行走，其前、后上方各有一只飞鸟，为飞禽走兽图。第三幅画面为一驭者手拿马策，面对双马，二马后身隐没在建筑内，另一人作驱赶状，这种准备出行场面，应该为策马出行图。第四幅画面绘一狩猎者手拿猎具作追击状，追赶猎物，为狩猎图。第五幅画面为四驾马车，车上为一御者，手执马鞭，策马而行，为驷驾图。第六幅画面绘一人牵一匹棕红色的骏马，马作嘶叫状，为驯马图。第七幅画面绘四人，前面有三人，两前一后，似抬着一长形猎物，另有一人随其后，为猎获图。第八幅画面绘两只野兽在追逐，为走兽图。

图 14　宴饮乐舞图　　　　　　图 15　飞禽走兽图　　　　　　图 16　策马出行图

图 17　狩猎图　　　　　　　图 18　驷驾图　　　　　　　图 19　驯马图

图 20　猎获图　　　　　图 21　走兽图

　　这些画面包括宴饮、乐舞，狩猎，策马等场景，形式、风格有很大不同，通过时间的联系来解读图像，有两种可能：第一种是先举行宴饮乐舞，然后出行狩猎；第二种是先外出狩猎，满载而归，然后举行宴饮乐舞庆祝[21]。通过酒具盒的方便携带，将狩猎场景与宴饮功能联系起来就更为贴切了。值得说明的是，图中描绘的御马场景为四驾马车，暗示了画中主人的地位。《逸礼·王度记》记载："天子驾六马，诸侯驾四，大夫三，士二，庶人一。"按照礼制，驾驷者为诸侯。说明此画面揭示的主人身份有可能为诸侯级别。已知天星观 2 号墓墓主为女性，是天星观 1 号墓墓主邸阳君番乘夫人。1 号墓墓主等级正是楚国封君级别，与此画面揭示的驾驷情况一致，这组酒具盒正是反映墓主身前地位和等级的器物，展示了战国贵族狩猎、宴饮的生活场景，通过小场景将人物的动作及整个狩猎经过表现完整，极富写实性。

四、酒具盒的工艺与文化

随着考古发现，楚漆器不断展现其魅力，备受社会关注，广受赞誉，"楚漆器是中国思想界百家争鸣背景下的一种'区域'文化现象，在造型、色彩、纹饰方面，均是对前代艺术的大胆超越。"[22]楚酒具盒既是漆木器中的实用饮食器具，同时也是一种艺术品，其漆画、雕刻、纹样等工艺都反映楚人的审美情趣，寄托楚人的信仰和追求。

（一）制作工艺大气端庄，审美与实用兼具

从楚文化的漆器上，"可以感受到很有生命力的文化精神。楚漆器无论是在其雕刻艺术还是纹理艺术处理上，都表现出丰富的想象力和创造力"[23]，这也正体现了楚人的审美艺术。从楚墓出土的精品酒具盒制作工艺上看，有一些值得思考的共性：首先，髹漆工艺精美，富有层次感。盒内髹红漆，外髹黑漆，并着有黄、灰绿、金、银等色作为彩绘，增强了漆木器的视觉感，体现了楚人对于红、黑色的喜好。其次，酒具盒作为实用器具，结构设计巧妙。器盒均由整木制成，呈圆角长方形，盖与身以子母口扣合，在盒内设置横隔板，将空间分段划格。这不仅能够充分利用盒内的空间，还能使内部器具与盒身紧密贴合，避免摩擦损坏。最后，酒具盒口沿部位的浮雕可增加摩擦，便于开盖，不仅美观，更加实用。

（二）雕刻造型灵巧精湛，体现楚人的信仰追求

楚酒具盒在浮雕工艺上都以龙形、瑞兽、猪形表现，其纹样多以龙凤云鸟纹等为主。楚酒具盒所呈现的绚丽色彩，以及浪漫与写实兼具的图画主题，都反映了楚人浓厚的信仰追求。首先，楚人尊龙崇凤，龙凤的主题在楚漆木器上多有体现。其次，猪形酒具盒又展现了楚漆木器象形的特点。双首猪形酒具盒不仅展现了对称的几何美学原理，同时又揭示猪可能是作为楚人的一种信仰而存在。双首猪形在上古典籍中被誉为神兽，《山海经·海外西经》记载："并封在巫咸东，其状如彘，前后皆有首，黑"[24]。有研究据此认为，这种双首猪形之物为古代神兽，名为"并封"[25]。猪是农家饲养的六畜之一，被视为财富的象征，为人们所追求。猪同时被称为"乌鬼、乌羊、黑面郎"，是民间信仰中用于祭祀鬼神之物。可见猪形酒具盒的形象或与楚人重鬼神、

好巫风的信仰追求有着关联。

楚酒具盒是楚漆器特色器具之一，也是楚漆器文化之精粹。其造型优美，纹饰华丽，设计巧妙，具有极高的审美价值和实用价值，其背后蕴含的深厚楚文化因子，更是值得我们孜孜以求并加以探寻的。

作者单位：华中师范大学楚学研究所、荆州博物馆

注释

① 洪石：《战国秦汉漆器研究》，文物出版社，2006 年，第 35 页。

② 陈振裕：《江陵凤凰山一六八号汉墓》，《考古学报》1993 年第 4 期。

③ 文物编辑委员会编：《文物资料丛刊》（4），文物出版社，1981 年，第 16 页。

④ 陈振裕：《云梦西汉墓出土木方初释》，《文物》1973 年第 9 期。

⑤ ［汉］班固：《汉书》，中华书局，1962 年，第 3483、3484 页。

⑥ 湖南省博物馆、中国科学院考古研究所：《长沙马王堆一号汉墓》（上册），文物出版社，1973 年，第 145 页。

⑦ 弘一：《江陵凤凰山十号汉墓简牍初探》，《文物》1974 年第 6 期。

⑧ 张德芳：《甘肃省第二届简牍学国际学术研讨会论文集》，上海古籍出版社，2012 年，第 534 页。

⑨ 陈振裕：《江陵凤凰山一六八号汉墓》，《考古学报》1993 年第 4 期。

⑩ 孙机：《汉代物质文化资料图说》，上海古籍出版社，2011 年，第 308 页。

⑪ 梁柱、陈文学、田桂萍：《湖北荆州纪城一、二号楚墓发掘简报》，《文物》1999 年第 4 期。

⑫ 湖北省荆沙铁路考古队编：《包山楚墓》（上），文物出版社，1991 年，第 132 ~ 133 页。

⑬ 山西博物院湖北省博物馆编：《荆楚长歌：九连墩楚墓出土文物精华》，山西人民出版社，2011 年，第 115 页。

⑭ 贾汉清等：《湖北荆州望山桥一号楚墓发掘简报》，《文物》2017 年第 2 期。

⑮ 丁家元、邓启江：《湖北省荆州市天星观二号墓发掘简报》，《文物》2001 年第 9 期。

⑯ 陈振裕：《楚秦汉漆器艺术·湖北》，湖北美术出版社，1996 年，第 273 页。

⑰ 贾汉清等：《湖北荆州望山桥一号楚墓发掘简报》，《文物》2017 年第 2 期。

⑱ 曹玮主编：《南国楚宝精彩绝艳：楚文物珍品展》，三秦出版社，2013 年，第 11 ~ 27 页。

⑲ 邵学海：《艺术与文化的区域性视野》，湖北人民出版社，2013 年，第 159 页。

⑳ 陈振裕：《战国秦汉漆器群研究》，文物出版社，2007 年，第 162 页。

㉑ 陈昆、邵学海：《荆楚绘画》，武汉出版社，2014 年，第 36、37 页。

㉒ ［晋］司马彪撰、［梁］刘昭注补：《后汉书》（第 12 册），中华书局，1965 年，第 3645 页。

㉓ 陈池瑜：《美术学研究论丛》（第 2 集），长江文艺出版社，1998 年，第 81 页。

㉔［清］郝懿行、笺疏著：《山海经译注》，上海古籍出版社，2014 年，第 264 页。

㉕ 成都华通博物馆、荆州博物馆编：《楚风汉韵：荆州出土楚汉文物集萃》，文物出版社，2011 年，第 96 页。

江苏仪征联营西汉墓出土漆六壬式盘考

刘　勤

内容提要：江苏仪征刘集联营西汉墓出土的式盘，与汉代通行的式盘形制不一样，其造型如地盘，没有天盘一类可以运转的构件，与早期式图的构造相似。通过与周家台秦简、马王堆帛书记载的式盘样式及双古堆六壬式盘、磨咀子六壬式盘等出土实物进行比较分析，认为它是西汉早期六壬式盘的一种较原始形式。墓主身份为西汉早期都广陵诸侯国的一名高级武官，结合随葬的长矛、弩等实用兵器分析，此六壬式盘应为墓主人生前军事战略上所用。

关键词：西汉　式盘　式图　六壬式盘　军事工具

2006 年 3 月，仪征市博物馆在江苏省仪征市刘集镇联营村赵庄组抢救性发掘一座西汉墓，此墓虽严重被毁，但出土了一件保存较好的木胎漆器，上有五行、天干、地支、二十八星宿等内容，极为珍贵。当时认识有限，定名为"占卜盘"[①]（图 1）。今根据已发现的汉代式盘及业界学者的相关研究，再对此器物的性质和用途进行考证，认为其应为西汉早期式盘[②]。在此基础上，笔者将其与已发现的秦汉时有代表性的式图、六壬式盘进行分析比较，认为是西汉早期六壬式盘的一种原始形式。如有不当，还请批评指正。

一、关于式和式图、式盘、六壬式盘

"式"，或作"栻"，本是一种模仿宇宙结构的工具，糅合阴阳五行与天文历法，用于古代天文占候及占验时日吉凶。

战国时期，式已流行于世，到了汉代，式和卜筮结合，使用更为广泛。其中，表示时空坐标体系的图画为式图，日者使用的操作器具为式盘。式盘的起源与式图

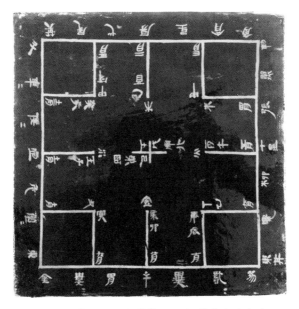

图1 江苏仪征刘集联营 10 号汉墓出土占卜盘

的发展有着密不可分的关系，具有共同的来源，都是式占模拟宇宙的产物。虽是两种不同的材质，但同为日者使用。日者是中国古代观察天象、占卜推断近期吉凶祸福的人，又称天官，天文郎。《墨子》中记载："墨子北之齐，遇日者。日者曰：'帝以今日杀黑龙于北方，而先生之色黑，不可以北。'墨子不听，遂北至淄水。墨子不遂而反焉。日者曰：'我谓先生不可以北。'"正如今人刘瑛在《〈左传〉、〈国语〉方术研究》中云："择日术是选择时日吉凶、岁月禁忌的数术，通晓此类数术的人称为日者。"

式图一般画于帛书或简牍上，如湖南长沙子弹库楚墓出土帛书中基于六壬式的式图、湖南长沙马王堆汉墓出土帛书中的《式图》、湖北荆州周家台秦简中的《二十八宿占图》、湖北随州孔家坡汉简中的《日廷图》等皆属式图。

式盘最早的文献记载见《周礼·春官·太史》："大师，抱天时，与大师同车"，郑司农云："大出师则大史主抱式，以知天时，处吉凶。"

《史记·日者列传》曰："今夫卜者，必法天地，象四时，顺于仁义，分策定卦，旋式正棋，然后言天地之利害，事之成败。"司马贞的《史记索隐》曰："式即杙也。旋，转也。杙之形上圆象天，下方法地，用之则转天纲加地之辰，故云旋式。"西汉末年，王莽用杙推断吉凶，即由天文郎主行其事。《汉书·王莽传》曰："天文郎按杙于前，日时加某，莽旋席随斗柄而坐。"

秦汉时期的墓葬出土了不少式盘，如湖北江陵王家台秦墓 M15 式盘，安徽阜阳双古堆汝阴侯汉墓 M1 式盘、甘肃武威磨咀子汉墓 M62 式盘、朝鲜乐浪遗址王盱墓式盘等。所用的式术方法有多种，如六壬式、太乙式、遁甲式等等，这类占卜与天文历算有很大关系。从文献记载和出土实物可知，汉代式盘多为内圆外方的结构，其大多是用于六壬及遁甲占术的六壬盘和太一九宫占盘，且以六壬盘为主。

六壬盘，六壬是指六十甲子中壬有六个（壬申、壬午、壬辰、壬寅、壬子、壬戌），称为六壬。式盘中地盘以北方子为首，北方壬癸水，壬为阳水，癸为阴水，故以六壬为名。作为一种择日的占卜器具，式盘必须具备记日的特征，如十二月份、十天干、十二地支、二十八星宿等，形成相互配合的整体概念，透过旋式来判断吉凶。其形式是模仿盖天说的宇宙结构，上有圆盘象征天穹，中心为北斗，四周是二十八宿和由星象表示的十二月神；下有方盘以象征大地，有与二十八星宿对应的星野和表示日月行度的天干地支。整个操作模仿历术推步，用天盘左旋（模仿"天左旋而地右转"），视斗柄和月神在地盘上指示的辰位进行推算③。

二、联营占卜盘应为西汉早期六壬式盘的一种形式

江苏仪征刘集联营 10 号汉墓出土的占卜盘，木胎，正方形，边长 21、厚 2 厘米。内外髹深褐色漆，盘面以朱漆绘双方框纹，中心绘十字纹，对称四边，内框四角绘"⌐"纹呈四个小正方形。盘上朱漆隶书文字五层，从内到外排列五行、天干、地支、十二月、二十八星宿，中心为"戊己土"，第一层和第二层为五行和八干：东方甲乙木，南方丙丁火，西方庚辛金，北方壬癸水。第三层为十二地支，第四层为十二月，第五层为二十八宿，每边七宿，分别为奎、娄、胃、昴、毕、觜、参，代表西方白虎；角、亢、氐、房、心、尾、箕，代表东方苍龙；斗、牛、女、虚、危、室、壁，代表北方玄武；井、鬼、柳、星、张、翼、轸，代表南方朱雀。其中天干、十二月呈顺时针排列，地支、二十八宿呈逆时针排列（图 2）。

下面将其分别与已发现的秦汉时有代表性的式图、六壬式盘进行分析比较。

（一）式图

1. 湖北荆州周家台秦简《二十八宿占图》（图 3），绘制年代为秦代。由一幅式图及相应文字组成，式图呈内外两个同心圆，内圈以"＋""⌐"纹绘二绳、四钩，分列十天干、十二地支，外圈分二十八等分，分列二十八时称、星宿、五行。根据天文学八分方位与时节的关系，用八等分圆的方法可以划分出"四正""四维"八个方向，

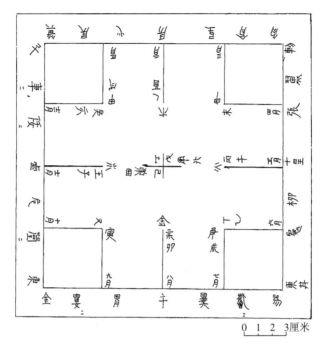

图2　江苏仪征刘集联营 10 号汉墓出土占卜盘（摹图）

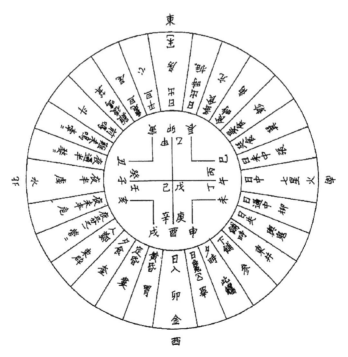

图3　湖北荆州周家台秦简《二十八宿占图》

"四正"即正东、正南、正西、正北，"四维"即东南、西南、西北、东北，其中四正方向又称为"二绳"即东西、南北，还有一种十二分方位，即十二分等分圆周，用子、丑、寅、卯等十二地支来代表十二个方位，称为"十二辰"。八分方位与十二分方位的对应关系如《淮南子·天文训》所述："子午、卯酉为二绳，丑寅、辰巳、未申、戌亥为四钩。东北为报德之维也，西南为背羊之维，东南为常羊之维，西北为蹄通之维。"二绳、四钩的图案广泛见于秦汉式盘、博局纹铜镜以及日晷等出土文物上④。联营占卜盘亦是如此，内框以"＋""⌐"纹绘二绳、四钩，分列十天干、十二地支，五行、十二月，外框绘二十八星宿。两者中心均绘"戊、己"两天干，《汉书·百官公卿表》"戊己校尉"，《注》引师古："甲乙丙丁庚辛壬癸皆有正位，唯戊己寄治耳。……一说戊己居中，镇覆四方。"联营占卜盘中心绘有"戊、己"两天干和五行的"土"，这是因"戊、己"属土，而周家台秦简式图以"戊己"隐喻了五行中的"土"。两者除形状上不同，内容与结构均相似。

2. 湖北随州孔家坡汉简《日廷图》（图4），绘制年代为西汉初。分成三幅图，均以"＋""⌐"纹代表二绳、四钩，内容包括天干、地支、十二月、五行及与吉凶休咎有关的文字。缺少二十八宿，构图简单。

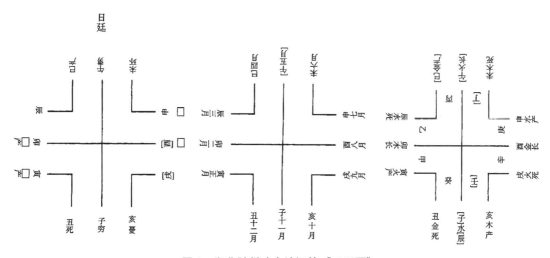

图4　湖北随州孔家坡汉简《日廷图》

3. 湖南长沙马王堆帛书《式图》（图5），绘制年代为西汉初。呈正方形，中心未绘二绳纹，四周以"⌐"纹绘四钩，中心书"戊己"两天干，从内到外分三层，第一层书十二月、第二层为八天干和十二地支、第三层书二十八星宿。联营占卜盘绘二绳、四钩纹，中心书"戊己土"，从内到外分五层，分别为五行、天干、地支、十二月，二十八宿，与马王堆帛书《式图》在形状与内容上均相似，但结构上更为明晰，布局十分规整有序。天干、十二月呈顺时针排列，十二地支、二十八星宿呈逆时针旋转，与马王堆帛书《式图》完全一致。

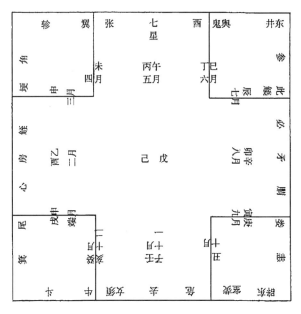

图 5 湖南长沙马王堆帛书《式图》

由上可见，联营占卜盘与式图有异曲同工之处，可谓是《二十八星宿》《日廷图》《式图》等的集大成者，与早期式图的构造相同。

(二) 六壬式盘

1. 湖北江陵王家台秦墓 M15 式盘⑤，绘制年代为秦代。木质，近方形，长 16、宽 14、厚 0.9 厘米。一边有一长方形握手，一面外周墨书二十八宿之名，内中四边分书"金""木""水""火"，正中书"土"，其外写有月份。另一面阴刻"一"和"└"符号。这件式盘与以往发现的汉代式盘作外方内圆的布局并不相同，内容也相对简单。联营占卜盘与其形制相同，内容上增加天干、地支两部分。

2. 安徽阜阳双古堆汝阴侯汉墓 M1 六壬式盘⑥（图 6），绘制年代为西汉初。天盘直径 9.5 厘米，盘中心绘北斗七星，外有两圈篆文，分别书十二月和二十八宿，皆逆时针排列。地盘边长 13.5 厘米，正中心有一微突起的圆形，直径 9.5 厘米，正中有一小圆孔，与天盘上圆孔相接。在中心圆外，有两个用朱线绘成的正方形隔成三层，内层是八干四维，中层是十二支，皆顺时针排列，外层是二十八宿，逆时针排列。四维为"天虚己，土斗戊，人日己，鬼月戊"。联营占卜盘上内容与其相似，唯少北斗七星和四维。

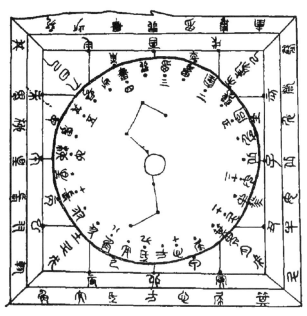

图 6　安徽阜阳双古堆汝阴侯汉墓 M1 六壬式盘（摹图）

3. 甘肃武威磨咀子汉墓 M62 六壬式盘⑦（图 7），绘制年代为西汉末。天盘直径 6 厘米，刻同心圆两圈，中心圈内镶北斗七星。第二层隶书阴刻十二月将：微明、魁、从魁、传从、小吉、胜先、大一、天冈、太冲、功曹、大吉、神后。外层篆书阴刻二十八宿，皆逆时针排列。地盘边长 9 厘米，中心有穿孔，与天盘的中心相联接。有两个用朱线绘成的正方形隔成两层，内层篆书阴刻十天干（缺戊己）、十二地支，顺时针排列。子、卯、午、酉四字围刻界格，以示二绳。外层二十八宿，每边七宿，排列同天盘。盘中心有四条辐射状双线与四角相联。天盘中的斗杓、斗柄指天罡，是汉代标准的天盘、地盘式样。联营占卜盘内容上除了缺少北斗七星，此外有十二月将名与十二月的区别，可见西汉末已出现十二月将的名称。

综上分析，联营占卜盘布局和式图相似，形制上虽然没有天盘、地盘，但内容上涵盖了六壬式盘相关要素，如前所述"具备记日的特征，如十二月份、十天干、十二地支、二十八星宿等，形成相互配合的整体概念"，它比湖北江陵王家台秦墓 M15 式盘复杂，但比安徽阜阳双古堆汝阴侯汉墓 M1 六壬式盘、甘肃武威磨咀子汉墓 M62 六壬式盘简单，从时代顺序上可看出式盘演变的过程，应是西汉早期六壬式盘的一种较为原始的形式。

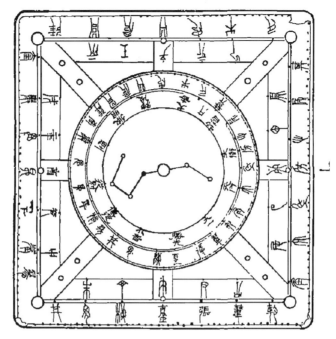

图7　甘肃武威磨咀子汉墓 M62 六壬式盘（摹图）

三、联营式盘为墓主人生前使用的军事工具

汉代流行各种迷信，如占龟、占筮、占星、看相、求仙等风盛一时，汉文帝、景帝及至武帝期间，更进一步把候星封禅和各种方术、巫蛊之术发展成为汉初的文化特质。式和卜筮相结合，使用更为广泛，式盘成为重要的占卜工具。那么，联营式盘的用途是什么呢？

联营 10 号墓位于江苏省仪征市刘集镇联营村赵庄组，是扬州地区一处重要的西汉早期墓葬埋藏区，目前已抢救性发掘了十三座土坑竖穴木椁墓葬，其中联营 1 号墓、4 号墓⑧、12 号墓⑨、13 号墓均为一室四厢形制，出土了鼎、盒、壶、瓿釉陶礼器组合、彩绘陶俑、龙纹玉佩、漆苓床、"臣戚"双面木印等珍贵文物，为西汉早期诸侯国高等级贵族墓地。

联营 10 号墓虽被毁严重，但葬具和随葬器物的年代特征仍较明显。该墓为竖穴土坑木椁墓，内填青膏泥，木椁用料宽大，随葬品中铜镜为蟠螭纹镜，三弦钮，主地纹层次分明，具有战国晚期楚镜的风格。从墓中随葬的弩、箭镞、矛、殳等兵器来看，墓主人应为男性。弩制作精良，上有鎏金纹饰，长矛刃口锋利，应为墓主生前应手兵器，墓主身份当为西汉早期都广陵诸侯国的一名高级武官。

　　式盘与军事活动有着密切联系。汉代一切军事活动都深受术数与兵阴阳学的影响和支配，战争不仅表现为激烈的武装冲突，同时也是术数的诡谲对抗。《汉书·艺文志》中有经典的描述："阴阳者，顺时而发，推刑德，随斗击，因五胜，假鬼神以为助者也。"表明占卜等方术巫法在汉代军事活动中大行其道。宋代祝秘的《六壬大占》有一篇六壬兵机三十占，是六壬式用于军事上的记载，如"大将居方取亥宜"，即指安营方位的决定。又如《宋史·艺文志》中刘启明的《六壬军帐赋》，内有"昏漂失路，执式天盘""泥陷之地，天是指处以堪行"等句，可知式盘又作为方向盘。刘集联营 10 号墓中出土的式盘，结合随葬的长矛、弩机等实用兵器，此式盘应为墓主人生前军事战略上所用。

　　汉代广陵国是全国著名的漆器制造中心，历年来扬州地区出土的漆木器种类繁多，造型多样，然而式盘却是第一次发现，为研究古代星相学、兵阴阳学等增添了新的实物资料。

作者单位：仪征博物馆

注释

① 仪征市博物馆：《江苏仪征刘集联营西汉墓出土占卜漆盘》，《东南文化》2007 年第 6 期。

② 黄儒宣：《式图与式盘》，《考古》2015 年第 1 期。

③ 王育武：《汉代式术与堪舆》，《华中建筑》2007 年第 7 期。

④ 武家璧：《含山工版上的天文准线》，《东南文化》2006 第 2 期。

⑤ 荆州地区博物馆：《江陵王家台 15 号秦墓》，《文物》1995 年第 1 期。

⑥ 殷涤非：《西汉汝阴侯墓出土的占盘和天文仪器》，《考古》1978 年第 5 期。

⑦ 甘肃省博物馆：《武威磨咀子三座汉墓发掘简报》，《文物》1972 年第 12 期。

⑧ 仪征市博物馆：《仪征刘集联营 M1～M4 发掘简报》，《东南文化》2017 年第 4 期。

⑨ 仪征市博物馆：《江苏仪征联营三座西汉墓的发掘》，《中国国家博物馆馆刊》2017 年第 8 期。

仪征博物馆藏三方石碑与十二圩盐运考

刘 勤

内容提要：清同治十二年（1873 年），江苏仪征十二圩设两淮盐务总栈，两淮海盐在这里集散，运销皖、赣、湘、鄂等地，十二圩从江滩地成为两淮盐务汇集转运的重镇，被誉为"盐都"。仪征博物馆藏有三方有关当时十二圩盐帮活动情况的石碑，其中"仪征上湘盐帮船户水手章程"碑，反映了曾国藩与曾国荃兄弟与两淮盐务及湘乡盐帮的关系，为研究两淮盐务及十二圩盐运历史提供了重要的实物资料。

关键词：盐都十二圩 十八帮 两淮盐务 曾国藩

仪征博物馆藏有三方清末至民国年间石碑，一方为"仪征上湘盐帮船户水手章程"石碑，一方为"星焕公所义山实贴"石碑，一方为"楚黄公所勒石永定"石碑，三碑记述了清末至民国时十二圩地区活跃的盐帮活动情况，为我们研究两淮盐务及十二圩盐运历史提供了重要的实物资料。

一、三方石碑的发现与释读

1. "仪征上湘盐帮船户水手章程"碑（图 1）

2018 年 3 月于江苏省扬州市经济技术开发区朴席镇三联村先锋组征集。

碑石质，呈长方形，碑身宽 60、高 171 厘米，碑座缺失。

碑身阴刻楷体字，共 11 行，满行 35 字，计 556 字，碑表面风化。该碑为清光绪十年（1884 年）所立。碑文如下：

太子少保署理两江总督部堂管理两淮盐务一等威毅伯曾，颁示仪征上湘盐帮船户水手章程七条，各宜凛遵毋违。

一、水手公置义田义地公屋，为每年秋初举行盂兰会及扶持疾病起见，尚属善举，仍准照旧办理，屋内亦准悬挂上湘星焕公所匾额，惟该公所须择举老成公正之人充当首事，认真经理并宜随时稽查，毋许屯留匪类挑唆是非之人，以免口角致启畔端，为首士者尤不得任意徇情碍面，听其猖獗，如违禀官查究。

一、水手工食钱向遵曾文正公定章，空船每月给钱一千五百文，重船每月给钱二千文，嗣后仍宜遵照旧章秉公给发，不得扣除伙食，任意扣减。

一、星沙会馆创自嘉庆初年，向由同乡公举董事，经理一切及祀神祭扫等事，以专责成。嗣后不许另立水手经管名目，以杜敛费诸弊。

一、船由湘开行驾来之，水手到圩后如皆照常安分守己，船户自不得故意开发，若有自愿辞工或因口角参商，亦准船户不分

图1　"仪征上湘盐帮船户水手章程"碑

本帮外帮之人，另行雇请，水手亦不得阻挠把持，如违禀官究办。

一、号商运盐每包除水脚之外，另有引头，每包银一分六厘，船户催头每人钱四千文，原为行江甘苦共尝起见。凡属在船水手须分别先后久暂，酌量派给，毋使偏枯。

一、合帮人众遇有事故，自应鸣知董事，请公平正直之人理论，必待理论不服，方可禀官听候讯断，不得猖发茶帖，邀众喧哗，扰嚷致干，重究。

一、在船水手如有病故及失足溺毙者，船户仍应守照旧章，酌给棺木超度钱

十六千文，搬柩钱十六千文。其行李衣服交该亲属收领，至于搬柩与否听伊自便，与船户无涉。若或溺毙尸首无着，则另加钱八千文，均归该亲属收领，以资超度，不得籍尸图赖，致累船主。

右仰通知，光绪十年三月十九日，仪征少卿王志义镌。

该碑文记述了光绪十年（1884 年）官方颁布的对湖南上湘盐帮船户、水手约定的七条章程，涉及帮会资产管理、运费工钱、人员管理、纠纷处理、亡故处理等规定，章程中对船户、水手的利益和责任作了明确的规定，是一件具有行政约束力的官方石碑。碑中所述"太子少保署理两江总督部堂管理两淮盐务一等威毅伯曾"，以及长方形印"江南江西总督关防"，标明此章程由时任两江总督曾国荃签署。曾国荃（1824～1890 年），湘军主要将领之一，清朝著名大臣曾国藩的九弟。同治三年（1864 年），加太子少保，封一等伯爵。光绪十年（1884年）署礼部尚书、两江总督兼通商事务大臣。

2. "星焕公所义山实贴"碑（图2）

2010 年 5 月于江苏省仪征市十二圩红旗村委会东侧电灌站旁发现。

碑石质，呈长方形，碑身宽53、高 170 厘米，碑座缺失。

碑身阴刻楷体字，共 17 行，满行 35 字，计 556 字，碑表面风化。该碑为中华民国元年（1911 年）所立。碑文如下：

仪征县民政长陈为

出示严禁：事据侨圩湖南湘乡航帮星焕公所经管王金溪等报称，情因帮大人众，死丧时有，距乡迢迢，临时来使，急于殡归。自盐栈改设时，即在圩近沙河地方置有洞大地，段立案设为星焕义山，以备或薨或停之便，迄今计塚二千□，皆由公所按塚监立石

图 2   "星焕公所义山实贴"碑

碑，刻死者姓名以为标识。□备有后□者得据□殡归其山系。历□许朝发看守，人无或异。忽於前阴历四月初，义山石碑被人盗□伍十余块，□□人许朝发□若罔见所闻，其侄许德荣稍明事理，以居近咫尺□涉嫌疑，驰来公所□□□□□当行登山，所看属实，诛堪切齿，即著朝发唤该处地保，面同□□并□□，事出□□非虽易人□察，而且查□无□。经管等亦曲体人情，姑暂饮恨，仍托□侄德荣密□□□，稍后窃贼交其叔朝发看守，其来公所报知，经管等比至许家，诰朝发胆将窃贼私改，方□□之时，既若痴若□□之不问而□□之，后又为鬼为蜮，擅行私放，显系与□串通□窃，此□行狼鼠小偷□□□□□□□□□□于极点。盗碑势必破家，惊死戕生，与□□同□记一经□无由□□□□□□□□□据即欲祭扫，□□与灭，塚同人道，大□天理难容，因法宜严惩□出示严□□□□□□□。批示外合行出示，严禁为此。示仰诸色人等，一体知□□知义山石碑，标识姓名□□□□□□人邱墓之所在，法律上自应□护，岂能任意偷窃，自示□□。如再有偷窃该义山石碑，以□践踏情事，一经报告定即拘提到案。

　　按律惩办其□□□切切特示

　　中华民国元年七月十五日示发星焕公所义山实贴告示

　　"义山"在《辞海》中释文即"公共的墓地"。"义"为公共的，"山"为坟墓，《水经注·渭水三》："秦名天子冢曰山，汉曰陵"。"义山"此名现仍沿用，尤其在东南亚一带华人习俗中仍保留。如马来西亚华人称安葬死者的墓地为义山，是不计较私利、义务性管理华人的丧葬场所①。该碑文记述了十二圩湖南湘乡航帮星焕公所因帮大人众，帮中人客死异乡，在十二圩近沙河地设公墓，使同乡死者得以入土为安，因石碑被盗而由官方出示严禁的事实。从碑文中可知，湘乡帮自盐栈改设即两淮盐务总栈1873年迁设十二圩，至1911年，38年间已有2000多帮人埋在公墓，帮中人数众多由此可见一斑，该帮派的实力不可小觑。

　　3. "楚黄公所勒石永定"碑（图3）

　　2004年江苏省仪征市房管局在十二圩清理公房时发现，碑嵌于十二圩河西街五号（沿江大堤北侧）房屋的墙壁上。

　　碑石质，呈长方形，碑身宽61、高137厘米，碑座缺失。

　　碑额篆刻"楚黄公所勒石永定"八字。正文为楷书，共21行，计529字。该碑为中华民国十四年（1925年）所立。碑文如下：

　　　　溯自前清光绪元年岁次乙亥，我帮人父老随航商盐务，咸集于仪邑十二圩，

图3 "楚黄公所勒石永定"碑

地点爰立金凤楼为楚黄公所。旧址分立东、西、中三处码头，凡我帮人有所栖止而集议焉。辛卯年冬民间失慎，致北楚如。旋经帮人等肇造公所于中码头。若合符节，帮中上下咸安悉。赖神明默佑，同人等议立条规，备文为案。因思经费为艰，承蒙业董俊贤，首倡捐酌，置基地一方并市房五间。其地址列后。又经周君捐置高沙田若干亩，年收租金以备不足。同人等恐世远年湮，用敢勒石注明以昭永远。俾我帮后之来者，得知前人之创始匪易也。是为序。

高沙田　泗源沟坊　西东至张刘姓田埂为界　北南至塘沟心为界　内有周曹氏坟七塚

仪邑南门外王庄田一块，计七亩五分丈入在契载明内　有周曹氏坟一塚

仪邑大会馆基地　上下宽八丈五尺　长二十五丈　西边地一方长宽四丈五尺

南门外芦洲一方　长十丈抵路长十四丈五尺　十二圩西东码头属本公所管业

本公所基地　西东至本公墙脚王□码头为界　南北至刘艾姓为界　东西以本公所墙脚为界

镇湘码头市房两进四间　前后至街河心为界　东西以本公所墙脚为界

又市房五间　东西抵万顺王姓墙脚为界　前后至河街心为界

永兴街市房三间　西东至赵艾姓为界　南北至河街心为界左右墙脚均属本公所

中新街市房一间基地一方　前后至街河心为界　东西至本□为界后有三架梁一间

	林万元	赵西筹	
	叶国友	冯万年	李祚元
经理	张中建	汪明法	萧洪发
	左庆魁	雷金亭	张老四
	曹德志	杜志恺	杨罗意
	陈发祥	马遗松	吴开山

楚黄为湖北省黄州府（今湖北黄冈市）别称，楚黄公所属于楚黄帮，为十二圩黄州商人的同业会所。碑文中记述了光绪元年（1875年）楚黄帮人因盐务航运而聚集于仪征十二圩，在金凤楼建立帮派会所，用于聚会议事。辛卯年冬（1891年）失火被焚，民国十四年（1925年）再造公所的史实。而此碑发现处应为当时楚黄公所再建的地址。

二、碑文反映两淮盐务与盐都十二圩的兴盛史

从这三方石碑的记述中，我们可管窥立碑所在地仪征十二圩当时的历史状况。三方碑反映的事件虽不同，却从不同侧面反映了清末至民国时十二圩盐运兴盛、帮会众多的盛况。

十二圩位于江苏省仪征市城区东南，南濒长江，原来是长江冲积淤涨之沙滩，在明末清初时旧江口（现旧港）与黄连港口（现黄泥港）之间的江面，经江流冲刷淤沙沉积而逐步形成。清康熙年间，地方政府招标开垦芦洲，人们垦滩谋生，筑圩而居。《光绪重修两淮盐法志》中记载"吴人谓堤曰圩，十二圩本名普新洲（亦名补新洲），民筑圩而居，以次第析之曰十二圩，统其数也。今尚有头圩、二圩诸名，而亡者数圩。又有所谓十三圩者，盖稍易其旧也"②（图4）。《辞海》对十二圩的注释是：在江苏省仪征县西部，旧为淮盐运销总汇，现仍为长江北岸重要市镇。

那么，十二圩缘何由一个江边小滩涂发展为人口众多、盐务发达的重镇呢？时间追溯到清同治十二年（1873年），当时的淮盐总栈在瓜州，因长江主流北斜，冲刷江岸，瓜州沿江坍塌甚剧，危及盐务总栈安全，清朝政府为淮盐运销之课税大计，不得不考虑设新址迁栈。几经查勘，选定仪征东南十二里江心礼祀洲（现世益洲）北岸的补新洲、永兴洲一带地势为宜，于是淮盐总栈迁至十二圩，初名"仪征淮盐总栈"，后定名为"两淮盐务扬子总栈"，随同移设十二圩的有淮南监掣同知署、淮南盐引批验所等机构（图5、6）。

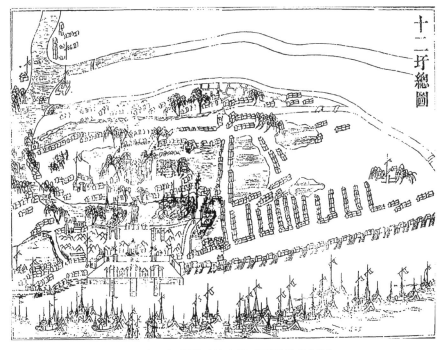

图4　十二圩总图（清光绪《两淮盐法制》）

两淮盐务是封建时代国家财政收入的一大来源，据有关资料统计："道光年间全国九大盐区，总产盐量为五百八十万引（当时每引为九百六十斤），而两淮盐产量即达一百八十万引，占全国总产量的百分之三十一以上。九大盐区总课税额为库平银九百八十万两，而两淮盐课税额为六百一十万两，占总课税额的百分之六十二以上。"由此可见两淮盐课税收之巨，实为当时清廷命脉攸关。当时的盐运使多向清廷奏称"两淮盐课，当天下租庸之半，损溢盈虚，动关国计"。

自清同治十二年（1873 年）在十二圩设两淮盐务总栈，两淮海盐在这里集散，运销苏、皖、赣、湘、鄂等地。据《两淮盐志》记载："光绪年间淮南盐因停

图5　两淮盐务扬子总栈官署旧址

图6　"光绪戊申年"铭较准

灶似虽锐减，但每年运往十二圩淮盐总栈转运外销之南盐仍有四十万引之多。"若再加北盐，其数字之庞大可见。淡旺年平均估算，每年经十二圩淮盐总栈转运外销之盐，约在四百万担以上，而年税收约二千万银元。

盐务带动了各行各业的发展，十二圩沿江经常停泊着近千艘船只，运务繁忙，镇上房屋栉毗，商业繁荣，人口最多时有 14 至 15 万人，十二圩从江滩地成为两淮盐务汇集转运的重镇，被誉为"盐都"（图7~9）。

三、碑文反映"盐都" 十八帮的兴盛史

盐商分场商和运商，场商在盐场收购食盐，运到十二圩堆储销售，运商在十二圩购盐运销各口岸，因而聚集在十二圩的船工水手常有三四万人。要想在十二圩这个鱼龙混杂的码头上立稳脚跟绝非易事，起初，清朝政府将这些移居者归为化外之民，使得移民缺乏政府的帮助，只好自力救济，通过各种关系结社照应。来自沿江各省的船主与船工为了维护自身利益，按地区归口归帮，成立自己组织，共同对外，这些江船团体总称十八帮③。以地缘因素建立起操共同方言的地缘组织的会馆应运而生。这些

图7　十二圩江面上运盐江船

图8　轮船起卸盐包

图9　从码头通盐场的铁轨

会馆以为同性质之帮人谋福利为宗旨，不仅是帮众聚会、议事的地方，也负责帮众丧葬等事宜。十八帮就是一个个建立在乡谊基础上的小社会④。

《光绪重修两淮盐法志》中记载："自设栈，裨贩逐利者日集沿江，泊船处立码头，分为十三帮。岸上纵横设肆，建公所，造神祠，迤逦断积至旧港。"这些江船团体肇始为十三帮，随着盐运的发展壮大，后又称为十八帮，而其鼎盛时实际不止十八帮，如湖南一省就有衡兴帮、长沙帮、湘乡帮、永州帮、安益帮、郴帮、辰帮七个帮。湖北帮有楚黄、汉阳、黄陂、襄河、清圻五个帮，江西有三个，安徽有三个，江苏有四个，因其习惯沿袭仍统称十八帮。十八帮既有总的会馆，又有各自的江船会馆，称公所，每个帮又分大公所与小公所，大公所是船主活动中心，小公所是船工活动中心。

仪征博物馆藏的三方石碑涉及到两大帮派：湘乡盐帮和楚黄盐帮。

1. 湘乡盐帮

第一方碑"上湘盐帮"，文中提及："水手公置义田义地公屋，为每年秋初举行盂兰会及扶持疾病起见，屋内亦准悬挂上湘星焕公所匾额"，第二块碑"星焕公所"，文中提及："事据侨圩湖南湘乡航帮星焕公所经管王金溪等报称"，从这两方碑文中可见其有着内在关联。上湘盐帮，应是当时十二圩江船团体"十八帮"中的龙头老大湖南湘乡帮（今湖南湘乡、湘潭一带），其会馆为星沙会馆，为船主活动中心，而星焕公所则为船工活动中心（图10）。文中提到"情因帮大人众，……自盐栈改设时，即在圩近沙河地方置有涧大地，段立案设为星焕义山，以备或薨或停之便，迄今计塚二千囗，皆由公所按塚监立石碑"，可见此盐帮确实是帮派实力雄厚，帮大人众。

图10　湘乡会馆旧址

2. 楚黄盐帮

第三方碑"楚黄公所"，楚黄公所即是湖北黄州盐商的会所，称为楚黄盐帮。碑中记载，"溯自前清光绪元年岁次乙亥，我帮人父老随航商盐务，咸集于仪邑十二圩，地点爰立金凤楼为楚黄公所"。反映该帮自1875年即因盐务而聚集于十二圩，有帮派聚合议事的会所及东、中、西三处码头，有市房十三间，有高沙田、王庄田、芦洲等田宅基地，即便原有的会所被焚，也能集资复建，是一个实力非常雄厚的盐帮。

四、碑文反映曾氏兄弟与湘乡盐帮的关系

湘乡盐帮为何成十八帮中老大，从碑文中可窥端倪。第一方碑由时任两江总督曾国荃颁布，为一盐帮颁布规定细则，可谓事无巨细，面面俱到。文中提及："水手工食钱向遵曾文正公定章，空船每月给钱一千五百文，重船每月给钱二千文，嗣后仍宜遵照旧章秉公给发，不得扣除伙食，任意扣减。"曾文正公即曾国藩，曾国藩与曾国荃对此帮的影响显而易见。曾氏两兄弟与湘乡盐帮有何关联？这要从曾国藩与两淮盐务及其湘乡情结谈起。

1. 曾国藩与两淮盐务改革

两淮作为清代最大的食盐销售地和盐税来源地，一直备受统治者关注。太平天国运动兴起后，长江顿阻，淮南几乎片引不行，淮北盐运也大受阻碍，清政府顿失两淮每年五六百万两的税入。至同治三年（1864 年），江路复通，时任两江总督的曾国藩欲整顿盐务时，两淮盐政已破败至极。

两淮盐制的紊乱及盐税收入的剧减，对清王朝财政经济的影响是极为重大的。两淮盐务的管理是两江总督的专职，因此，一旦时局出现转机，清政府尤其是两江总督，必然要把整顿两淮盐务作为一个优先考虑的问题提到议事日程上来。咸丰十年（1860年）八月，曾国藩就任两江总督后，为增加盐税收入，解决湘军响饷问题，即提出了整顿两淮盐务的建议。同治二年（1863 年），曾国藩制定了四个淮盐运销章程，于同治三年（1864 年）正式实行。同治九年（1870 年）七月至十一年（1872 年）二月，曾国藩回任两江总督后，又对两淮盐务提出了若干措施。同治以后直至民国初期的两淮盐制，基本上以曾国藩所定章程为依据。为加强对场盐的管理，曾国藩还于同治四年（1865 年）在瓜洲设立淮盐总栈 ，由他委任官员"督同值月栈商驻栈经理"[5]。同治十二年（1873 年），淮盐总栈搬至仪征十二圩。《盐都纪盛》书中称，据民间初年十二圩父老传说，最初提出将盐栈迁往十二圩者，是曾国藩。

2. 曾国藩的湘乡情结

曾国藩，晚清重臣，湖南湘乡人。他曾说过："国藩居湘乡之地，为湘乡之民。"可以说，湘乡文化造就了曾国藩，他以生为湘乡人而自豪。

一方水土养一方人。湘乡古为蛮荒之地，是官员流放之所，恶劣的生存环境造就了此地乡民坚韧强悍、忠义血性、奋勇拼搏的性格特质。湘乡人做事有一句口头禅："要么莫做，一做就要争先，遭到困难，拼死也要做完。"曾国藩在率领湘军与太平军

作战初期，屡战屡败，多次濒临绝境。然而，湘乡人具有一种"打脱牙齿和血吞"的隐忍精神，他们把困厄看作身处逆境，磨练自己的机遇，愈挫愈勇，屡败屡战。同治五年（1866年）十二月，曾国藩在写给沅弟的信中说："谚曰'好汉打脱牙和血吞'。此二语是余生平咬牙立志之决，……以及岳州之败、靖江之败、湖口之败，盖打脱牙之时多矣，无一次不和血吞之。"

在湘乡，凡自家居所方圆十余里范围内的人，都可以称为"屋门口人"，湘乡人无论在什么地方，只要能挂上的"屋门口人"，平日即守望相助、互通有无，如遇"屋门口人"与外地人争斗，则不问曲直必助之，虽至破财伤生而不顾[6]。曾国藩创建湘军充分利用"屋门口人"和"急公好义"的湘乡民风特点，湘军编队时，以一族或邻里之人，聚成一队，这样临阵作战时，彼此互相援助。湘乡人特有的地方情谊，使湘军如虎添翼，军队的凝聚力、战斗力得到了极大增强。所以从湘乡走出的湘军军人，个个能征善战，奋勇争先，湘乡倔强强悍的民风成为湘军的军魂。

由此可推，湘乡人到了十二圩，为了在如此复杂的环境中生存发展，结成了以地缘为核心的湘乡盐帮，其民风乡情发挥了重要作用，而曾国藩、曾国荃先后任两江总督，署理两淮盐务，其湘乡情结深重，对其家乡盐帮有所侧重亦是情有可原的了。

岁月沧桑，斗转星移。随着盐都十二圩的没落，十八帮也随之解散殆尽。如今的十二圩盐都盛景已成历史，只能从遗留下的图片和为数不多的实物中追寻当年的印记。

作者单位：仪征博物馆

注释

① 中国河洛文化研究会编：《从马来西亚华人义山的保存看华人如何在海外维护中华文化》，《河洛文化与台湾文化》，河南人民出版社，2011年。

② ［清］王安定：《光绪重修两淮盐法志》，上海古籍出版社，1995年。

③ 沈捷：《盐都纪盛》，东扬仪字准印证33号，1993年。

④ 薛平、朱宗宙、黄继林、帅国华：《滨江名镇：盐都十二圩》，广陵书社，2007年。

⑤ 周志初：《曾国藩与两淮盐务》，《扬州师院学报（社会科学版）》1987年第4期。

⑥ 谭运良、谭华：《曾国藩与湘乡》，湖南人民出版社，2009年。

从徐方到邗城

印志华

内容提要：中华民族是一个由多民族融合的伟大民族。作为扬州古代先民的徐淮夷族，是中华民族的重要组成部分。他们在扬州这块沃土上建立古"干国"后，又产生了"邗城"和"邗沟"，为扬州留下了近五千年的文明史。由于资料的匮缺，扬州从徐方到邗城的时间转折问题仍扑朔迷离，有些关键问题难以确定，也难以形成一个完整的信息链。

关键词：徐淮夷　商周　邗城　邗沟

关于江苏扬州的历史，最早有明确纪年的记载是鲁哀公九年（前486年）秋，吴城邗沟通江淮。扬州始通江淮开港埠。再向前，文献中曾有"吴干之战"的记载。在古干国之前，扬州隶属于徐淮夷部族联盟。

目前，扬州隶属于徐淮夷部族的研究资料有两则：在1994年版的《仪征市志·大事记》中有："周穆王年间（前10世纪左右）徐国势力伸展到沿江丘陵地区，国君之子封于義。"另一则是：1983年5月在原仪征县曹山乡永丰村林业队出土了一方"宋故奉议许君墓志铭"，志中载："君讳宗孟，字世京，姓许氏，世为宣州宣城人，……以崇宁四年（1105年）四月初一日，终于公舍，享年五十一，……以其年七月二十五日葬于真州（府）扬子县甘露乡義城之原"。仪征孙庆飞先生在《義城考》中提出義城"处于曹山乡永丰村、永庆村、三八村和万村北部四村相交处，……即现在的大庆路以西，万年大道以东，真州路以北，宁通一级公路以南范围之内，……城为方形，周长六华里。……在此范围内曾发现过版筑夯土城墙和几何印纹的陶器残片"，并说此处是"徐方国都城義城的遗址"①。

一、徐方与干国

徐淮夷在金文和文献典籍中又有：徐方、徐国、徐族、徐宅、徐戎、徐土、徐夷、徐人等多种称谓。如周宣王三十九年（前 789 年），周宣王率周王朝的精锐六师讨伐徐方。《诗·大雅·常武》中记载："如雷如霆，徐方震惊。……徐方既同，天子之功。四方既平，徐方来庭。"可见，徐方是较常用和较正式的名称。方，是商代和西周初期对周围少数部落氏族的称呼，如：鬼方、土方、人方、虎方、羌方、祭方等。

徐族的起源很早，其发源地有迁徙说和土著说二种。何光岳先生在《徐族的起源和南迁》②一文中提出：徐族发源于赢姓始祖的燕山一带，最早是由燕族派生出来的一支部族。后迁移至河北玉田县，再迁至山西榆次，转至河南温县，在河南嵩县的三涂山，因徐得名，商代末年方迁山东藤县附近。何光岳先生的研究成果，可以说是迁徙说的代表了。

土著说当以李白凤先生的研究为代表，在其《徐夷考》③一文中提出：徐夷居住在淮河以北，微山湖以南的徐州（铜山县）一带，他们有大致不变的居住范围、文化传统、物质基础。徐旭生先生在《中国古史的传说时代》④一书中提出：徐族原在山东曲阜附近立国，后因鲁国的胁迫才从山东迁徙到淮水之滨。在《帝王世纪》中有"皋陶生于曲阜"的记载，这为徐族是土著部族增添了注脚。

考古界的苏秉琦先生从考古的角度对照上述资料进行了综合研究，他首肯了徐族为土著部族的观点。他提出：如果把山东的西南一角、河南的东北一块、安徽的淮北一块与江苏连接起来，这个地区出土的新石器时代遗存确有特色，这可能与徐夷、淮夷有关⑤。根据已发表的考古成果，我们得知在苏鲁豫皖一带存在有北辛文化、青莲岗文化、大汶口文化以及龙山文化等历史文化遗存。根据碳 14 测定年代：北辛文化距今 6700～5600 年，大汶口文化距今 6500～4300 年，龙山文化距今 4800～3800 年。也就是说早在六千年前，徐淮诸夷等部族就栖息在这片土地上。考古资料研究表明，徐族有过悠久显赫的历史，创造过灿烂的物质文化。

从文献典籍梳理结果分析，徐族的历史渊源和脉络还是比较清晰。据《路史·国名记乙》记载："徐，少昊后，赢姓国。"《说文解字》中解释："赢，帝少昊之姓也。"说明徐人是少昊的后裔，少昊即少皞也。据《礼记·月令》记载："以太皞（伏羲）、炎帝（神农）、黄帝、少皞、颛顼为上古五帝。"《帝王世纪》中却称："少昊、颛顼、高辛（帝喾）、唐尧、虞舜为上古五帝。"

　　传说在大禹时期，徐族的部族首领叫伯益，他跟随大禹治水，发明了凿井取水技术，深受大禹的器重，大禹曾指定伯益为他的继承人。"禹死，子启杀原定的继承人伯益，嗣位。"⑥

　　到了夏王朝末年，徐族在其首领费昌的率领下，举族投奔商君，共举反夏讨桀的大旗。公元前 16 世纪，夏桀为商汤所败，死于鸣条（今河南长垣西南，又说在今山西运城安邑镇北）。据宋代史乐《太平寰宇记》引《都城记》曰："伯益有二子，长曰大廉，封鸣俗氏，秦为其右；小曰若水，别为费氏，居南裔为诸侯。至夏代末年，其君费昌去夏归商，佐汤伐桀，有功入为卿士，汤封费氏之庶子于淮泗之间徐地，以奉伯益之祀，复令为伯，使主淮夷。"伯益作为大禹继承人的地位被启取代后，启仍封伯益的子嗣为诸侯，担任朝廷要职。直到费昌时才去夏归商，成为商王朝的开国元勋。商王把位于淮水、泗水间的徐地封给费昌的子嗣为方国，建立宗庙，祀奉伯益为先祖，享有处理、主宰诸淮夷的权力。这使徐国的建立明确到商初立国之时。直到春秋亡国时，徐族人一直都生活在以淮河为中心的东南沿海地区。贺云翱先生研究亦认为："徐国之民，乃淮河中下游的土族民族。"⑦

　　夷，古代对东方各族的泛称，亦称东夷。因东方诸夷族系较多，所以又有九夷之称。东晋郭璞《尔雅注》云："九夷在东"，这就把古代诸夷的活动范围确定下来了。

　　扬州地处淮南江北海西头，大陆的最东端，正处于九夷的部族范围内。所以扬州的先民们当为九夷部族的一支，应该隶属于古徐国的辖境。

　　在商王朝统治中心的东方居住着人方、虎方和东方诸夷，商朝早期各方与朝廷相安无事、朝贡有序。商帝武丁前后（约前 13 世纪）不断对外用兵，掠夺东南各方和诸夷的人口、物产和财富。在出土的商代青铜器铭文和《竹书纪年》中，都有商王朝征伐人方、虎方和淮夷的记载。帝乙和他的儿子纣王帝辛更是"为虐于东夷"，掠夺财物，俘夷为奴。作为主宰诸夷的徐族人在这些征伐中也是难免其灾。商王朝的横征暴敛，终于引发了东南诸夷的武力反抗，最终导致了"纣克东夷而殒其身"的下场。

　　舜时受封于邰（今陕西武功西南）的姬姓周族人（尊后稷为始祖），到古公亶父时（约前 12 世纪）从幽迁徙至岐山脚下的周原⑧，到周武王姬发时在孟津（今河南孟县西南）会盟八百诸侯，在东南诸夷的配合下，牧野一战，推翻了商王朝，建立起周王朝。到周成王时，因朝廷权力的纷争，周王朝内部风云迭起，分封在东方的周室王裔管叔、蔡叔、霍叔等人，联合商朝残余势力代表黜王武庚和东方诸夷中的徐、奄、蒲姑等方国进行武装叛乱。在周公、召公的指挥下，经过两年的战争，周王朝终于平定了这场叛乱，杀武庚和管叔，囚蔡叔于郭陵。使奄、蒲姑二国受到灭国毁社的惩罚，徐族人亦丧城失地，败退至淮水之滨（今江苏洪泽湖北岸一带）。为防止东方诸夷对中原的侵犯，朝廷在中原以东地区，从北向南分封了齐、鲁、宋、陈、蔡、楚等诸侯国，形成了南北向的战争隔离带，作为周王朝的东侧屏障，以防东南诸夷作乱。

周公东征后，周王朝吸取了三叔之乱的教训，采用了安抚和分封的策略，使整个社会有了休养生息、发展经济、安居乐业的时机。徐族人虽败退淮水之滨，仍与周王朝保持着臣属关系，但又以相对自主的身份，盘踞在淮河中下游。利用"淮夷蠙珠暨鱼，其筐玄纤缟"，物产丰饶，资源充足的优势，迅速发展壮大起来。形成"泗上十二诸侯"和江淮间众多方国的建立，史称"朝贡者三十有六国"，古干国应该在此时应运而生。《史记·周本纪》载："成康之际，天下安宁，刑四十余年不用。"相传到周康王时，徐人已经开始称王了。

周穆王时（约前 10 世纪），徐国首先打破了这种平静。他们利用周穆王西巡狩猎时，率九夷伐周，西进至河上。周穆王得知后非常震惊，大呼"淮夷敢伐内国"⑨。他一面命楚君率军御徐，一面结束西巡，东归救国。《史记·秦本纪》载："造父以善御幸于周穆王，得骥、温骊、骅骝、騄耳之驷，西巡狩，乐而忘归。徐偃王作乱，造父为穆王御，长驱归周，一日千里以救乱。"经过几度争战，周穆王不得不承认徐国在东方诸夷中的宗主国地位，双方达成盟约。《左传》记载了昭公四年，"穆有涂山之会"。《韩非子·五蠹》也记载了徐偃王与周穆王在涂山会盟："徐偃王处汉东，地方五百里，行仁义。割地而朝者三十有六国。"涂山会盟后，徐国取得了宗主国的权力，与周王朝的关系明显缓和，形成了百年和合之势。

到西周末年，周厉王、宣王不断发动掠夺诸淮夷的战争，重压下的徐国和诸淮夷也一直没有停止过反抗。"厉王无道，淮夷入寇，王命虢仲征之，不克""王征南，伐南淮夷""宣王既亡南国之师，仍料民于太原"⑩等一类的文字，常见于典籍和铜器铭文的记载中。《诗·大雅·常武》是周宣王征伐徐国最真实的写照。其结果是徐国按时朝贡，承诺永不反叛，周宣王凯旋而归。

周平王迁都洛阳，历史进入了春秋时期。各诸侯国或因方针谋略的需要，或因经济利益的驱使，相互之间时而结盟联姻，时而征战不休，出现了"春秋无义战"的混乱局面。这时位于南方的楚国逐渐强盛起来，显露出争霸中原、欲为盟主的雄心。在徐国的西南方与楚国之间散布着许多偃姓的小方国，如舒、舒龙、舒庸、舒蓼、舒鸠等。史称"群舒"。这些小方国势单力薄，不足以抗强楚。而远在北方的齐鲁等国为了各自政策谋略上的需要和扼制楚国军事扩张的目的，于鲁僖公二年（前 657 年）出现了"徐人取舒"的局面。取，《公羊传》释为："其言取之何，易也。""徐人取舒"

就是群舒易帜，奉徐国为宗主国。这些松散的小方国在徐国的统一指挥下，凝聚为一个军事联盟，成为齐鲁等国抗楚御吴的工具。徐国所筑的義城应始于此时期⑪。徐国和群舒的军事联盟，引起了楚人的警觉，他们趁联盟尚未牢固，就发动了对群舒的蚕食征伐。《春秋》鲁僖公十五年（前645年）："春正月，楚人伐徐。"当年冬，楚人败徐于娄林（今泗洪县西北），徐国损失惨重，一蹶不振。楚国解除了后顾之忧，开始北上争霸，徐国才有了喘息之机。到了楚穆王（前625～前614年）、楚庄王（前613～前591年）时期，楚国北上争霸受挫，兵锋又东指徐国和群舒。先后灭掉与徐有盟约关系的江（今河南正阳县）、蓼（今河南固始县）、宗（今安徽庐江县）等许多赢姓和偃姓小国。鲁宣公八年（前601年）："楚为群舒叛故，伐舒蓼，灭之。楚子疆之，及滑汭，盟吴越而还。"至此，徐国在西南的盟国全为楚灭，徐国失去了宗主国的权势，其势力完全退出江淮中南部，偏守淮河下游一隅之地。而楚灭群舒后，其势力范围达到六合一带。仪征的義城处于吴楚交界之处。因为在《左传》鲁襄公十四年（前559年）记载有："楚康王元年，（楚）子囊攻吴至棠，吴人不出。"说明公元前559年时，徐人早已退出淮南江北一带。而吴人不出所据守的城池，最有可能是義城。因为義城在楚的棠邑以东仅数十里之遥，两国以此为疆界的状态一直保持到伍子胥奔吴时期。

地处长江下游南岸的吴国，到第十九代吴君梦寿时开始称王（前585年）。《左传》鲁成公七年（前584年）："楚子重，子反杀申公巫臣之族，巫臣为晋使吴，教吴车战。吴始伐楚、伐巢、伐徐。"吴涉足江淮地区的野心由来已久，早在齐桓公（前685～前643）之前，吴国不甘心偏于江南一隅，为实现北上争王争霸、逐鹿中原的战略目标，发动了对江北古干国的战争，意在夺取古干国之地，建立江淮间的立足点，聚兵屯粮，历史上称"吴十之战"。据《管子·小问》记载："昔者，吴、干战，未龀者，不得入军门，国子摘其齿。遂入，为干国多。"古干国，是一个有待研究的问题。"干"在《说文》中解释为："邗，从邑，干声，国名。"其他未见解释。"干"的本意是冒犯，冲犯。在《左传》襄公二十三年记载有"干国之纪"。唐代杜甫《兵马行》："牵衣顿足拦道哭，哭声直上干云霄。"都作冒犯或冲犯讲。后来假借引申为"岸"的意思。《诗经·魏风·伐檀》云："坎坎伐檀兮，置之河之干兮。"这里的"干"即"岸"的意思。说明干国是建立在河岸或江岸边的一个城邑，十分符合干国连江襟海的地理位置。这次战争遭到干国的坚决抵抗，干国赢得了胜利，说明到齐桓公时期，干国还是存在的。到楚人伐群舒时，吴人趁机渡江取干国，下義城，与楚展开了争夺江淮的战争。徐人在吴楚两国的夹击之下，难以自保，只能退出淮南，固守淮河流域了。吴、楚本无疆域之交，楚灭群舒后，势力扩张到棠（今六合），而吴灭干取義后，在江北的势力西进到義城以西一线，与楚始有疆域之交。这说明在公元前601年至前559年之间，干国和義城已经纳入了吴国的版图。

徐夹在吴楚争霸的漩涡中难以自主，或受楚威逼伐吴，或受吴恩泽反楚。到仪楚为徐王前后，由于"徐子吴出"和徐吴策略合作需要等原因，徐吴修好。随着吴国的日益强盛，地处"梁宋吴楚之冲，齐鲁汴洛之道"的徐国，已成为吴王北上争霸的绊脚石了。吴王最终找到一个机会灭掉徐国，彻底打通北上争霸的道路。公元前515年，吴王僚十二年，吴公子掩余和烛庸奉令帅师伐楚，吴公子光在伍子胥的帮助下发动宫廷政变，刺杀吴王僚，光即位后称吴王阖闾。在前线作战的吴公子掩余和烛庸闻讯后，掩余逃亡到徐国，烛庸逃亡到钟吾国。阖闾命徐国和钟吾国执二人归吴，二国国君却放走他们，使其投楚。楚昭王封吴二子在舒地。吴王阖闾大怒，遂于公元前512年攻克舒地，杀掩余和烛庸二子。同年攻下钟吾国，活捉其国君。回师时吴人利用筑堤蓄水破徐都，徐君章禹率妻儿降吴。《左传》载："遂伐徐，防山以水之。己卯，灭徐。徐子章禹断其发，携其夫人以逆吴子。吴子唁而送之，使其迩臣从子。"从此，徐国退出了历史舞台。

扬州在商周时期隶属徐国，被称为徐方。尚有两则文献可佐证。《汉书》载建安二年（197年），曹操以陈登为广陵太守，临别执其手曰："东方之事，便以相付。"陈登就任广陵太守后，吴引军渡江北上。陈登遣陈矫求救于曹操，矫曰："鄙郡虽小，形便之国也。若蒙救援，则吴人挫谋，徐方永安，崇德养威，此王业也。"曹操闻陈矫言后，出兵伐吴救广陵，使广陵城免去了一次兵灾。

另一则是魏文帝曹丕于黄初六年（225年）率军伐吴时，作《临江观兵》云："兴农淮泗间，筑室都徐方。"据孙庆飞先生考证，魏文帝曹丕于真州城子山（后称为曹山）检阅军队，准备渡江伐吴时作了这首诗[12]，并解释是因曹丕在马上看见徐方修建的都城遗址后，有感而发。

上述讨论说明在先秦时期，扬州一直隶属于徐淮夷集团，而又常常被称为徐方。周康王前后，在徐地的长江北岸建立了"干"这个方国。春秋中叶即公元前601～559年间，为吴王梦寿所吞并，江北淮南"吴尽取之，是以始大"。扬州始归属于吴国。

二、邗城与邗沟

春秋时期，周天子势衰，中原列国和所谓蛮夷戎狄各国互相侵并，战事连绵，这就促使各诸侯国在江湖要隘修建了许多军事城堡，筑城的记载不绝于经传。《吴越春秋》和《越绝书》中也有吴、越两国的筑城记载。如常州武进的淹城，苏州的阖闾城、吴城、越城，扬州的吴邗城等。

在扬州西北的蜀冈上有一座古城池遗址。经历代学者的研究以及多次实地考古调查，基本确定了蜀冈上的古城池是吴王夫差十年（公元前486年）所筑的邗城遗址。楚广陵城、秦广陵城、汉广陵城、魏晋南北朝时的广陵城、隋宫城、唐子城和宋宝祐城都在沿用此址，宋亡以后才逐渐荒废。

"邗城"是扬州历史上第一座有历史文献记载的城池，邗城遗址的调查和研究，对于研究扬州先秦历史至关重要。南京博物院和江苏省文物管理委员会及扬州博物馆的考古工作人员，曾经分别于1956年8月、1961年5月、1963年6月、1969年5月和1972年4月，先后对邗城遗址和扬州境内的邗沟遗迹作了多次调查，发现了多处与此有关的文化遗存，取得了比较丰硕的实物资料和研究成果。

1. 最早记载了邗城的文献是《左传》鲁哀公九年（公元前486年，即周敬王三十四年、吴王夫差十年）条："秋，吴城邗沟通江淮。"此"邗"乃是今扬州历史上第一个名称。起初，邗城属吴。吴在邗地筑城开沟，连通江淮。周元王三年（公元前473年），越灭吴，此时距吴筑邗城已有十四年，未见有越修邗城或于邗另筑新城之事。

2. 《史记·越世家》云：楚威王七年（前333年，即周显王三十六年），伐越，"尽取故吴地"，此后邗城属楚。《史记·六国年表》云：楚怀王十年（公元前319年，即周慎靓王二年），"城广陵"。广陵是继邗之后见于史籍的今扬州的另一名称。楚城广陵，上距吴筑邗城已有167年。

3. 西晋杜预在《春秋左传集解》中说："于邗沟筑城穿沟，东北通射阳湖，西北至末口入淮，通粮道也，今广陵邗江是。"此注中之"邗江"，即邗沟。邗沟引长江水流向东北的射阳湖（宝应县东），再转向西北至末口（淮安县北）入淮水。

4. 北魏郦道元在《水经·淮水注》中说："中渎水，首受江于广陵郡之江都县，……旧江水道也。昔吴将伐齐，北霸中国，自广陵城东南筑邗城，城下掘深沟，谓之韩江，亦曰邗溟沟。"此注中"自广陵城东南筑邗城"仍为谬误，后世所引用者皆未脱其窠臼。

5. 北宋乐史在《太平寰宇记》中说，邗城的位置"在州之西四里蜀冈上"。此"州"为扬州"宋大城"，即当时的州城。乐史的判断是正确的。

三、邗城的考古调查和研究

邗城遗址位于今扬州市区西北的蜀冈南沿。蜀冈山脉由西绵延向东，经六合、仪征，进入邗江区和扬州市境，在扬州境内的一段已成尾闾。从尾闾向北至淮水间，多为泻湖所在，如武广湖、陆阳湖、樊良湖、博支湖、射阳湖等。后经人为贯连上述诸湖而成为邗沟也。

邗城遗址位于蜀冈的尾闾之上，地理位置十分重要：西可抗强楚，北上可争霸中原，东临大海，南跨长江，可入吴腹地。邗沟连接江淮，贯穿其境，实为一处军事重地。所以，吴王在此筑城开沟，戍军囤粮。邗城城址范围东至汉陵苑东侧的大陆庄，西止观音山，南起梁家楼子，北迄尹家桥。从邗城遗址地表遗迹看，有内外两重城垣，内城、外城下皆有城濠环绕。其平面略呈长方形。内城垣南北长 1400 米，东西宽 1100 米，周长约 5000 米。外城垣南北长 1600 米，东西宽 1400 米，周长约 6000 米。泥土夯筑的残壁断垣至今隐约可见，内外城濠还有数段残存依稀可见。邗城南无城门，北有水门，东西设有二城门，此规制与已发掘的泰州市姜堰县西周天目山城址和丹阳市珥陵镇西周葛城城址相似，具有较明显的时代特征⑬。

1956 年，在邗城象鼻桥一带的城垣下发现有以几何印文陶为主的文化堆积。在邗城东侧的萧家山、黄巾坝等地也有几何印文陶和原始青瓷器出土。几何印文陶纹饰多为米字纹、回纹、席纹，另外，还有三棱形箭镞和镬、锸、凿、斧等青铜工具⑭。

20 世纪 70 年代初，笔者曾随朱江、陈达祚两位先生调查邗城遗址。在蜀冈南沿的大陆庄见到过双城垣和双城濠遗迹。大陆庄位于象鼻桥东侧，有一条陡峭的小路自南向北直通大陆庄。在蜀冈南沿小路的西侧有一大片水芹菜田，隔路与象鼻桥南河道相望，小路的东侧有一条小河向东延伸，据先生们介绍，这是邗城的外城濠。沿小路北上，登上蜀冈南沿，即邗城外城垣。再向北有一道很深的沟坎，小路从沟底通过。小路的东西两侧皆有小河，水面约有 5~6 米宽。向西的河道可通象鼻桥河，向东的小河，东去不远就逐渐淤没了，该小河在大陆庄的东南角折向北。从地面迹象看，在大陆庄的东侧有一南北向的条状低洼带，在低洼带的北段有两座水塘存在。低洼带的西侧地势较高，形成南北一线的庄台，低洼带上只有农田没有房屋，说明这里以前很可能是河床遗迹。应是邗城的内城濠。沿着河底陡峭的小路爬上北岸，即到了大陆庄。

1984 年，扬州唐城南门遗址的发现引起了国家文物局的高度重视。1987 年，由中国社会科学院考古研究所、南京博物院和扬州市文化局组建扬州唐城考古队，对扬州城遗址进行了全面科学的考古勘探和发掘。2010 年，该队将多年来的考古研究成果编辑成《扬州城：1987～1998 年考古发掘报告》⑮（以下简称《报告》）。《报告》中明确提出蜀冈上最早的古城遗址不是吴王夫差十年（前 486 年）所筑的邗城，而是楚怀王十年（前 319 年）所筑的广陵城，邗城位置另有他处。这一考古成果的公布，使已成定论的历史问题出现了大的逆转。邗城到底在哪里，成了史学界和考古界必须重新研究的课题了。

在 1987～1989 年的工作中，扬州唐城考古队在古城遗址（宝城西河湾村）的西城墙上，开挖了一条东西向的解剖探沟，编号为 YZG2，《报告》以该解剖沟南壁地层剖面为例，阐述了西城墙地层堆积的土质、土色、厚度及地层中包含物的变化。

根据地层情况，《报告》在探沟的小结中写道："地层堆积分析，西城墙有五期城墙建筑，一期是战国时期城墙，城墙下压着战国时期灰坑，这一地层叠压关系，为其他三面城墙的始筑年代提供了可靠根据。"其主要依据是在西城墙夯土层底下发现的一座灰坑，灰坑内出土了灰陶豆、几何印文硬陶片、原始青瓷片和一枚铜贝（蚁鼻钱）⑯。

《报告》在最后结语中写道："通过对蜀冈上城墙的解剖发掘，从目前资料分析，蜀冈上发现的最早城址应是战国时代的广陵城。……这与《史记·六国年表》楚怀王十年（前 319 年）'城广陵'是一致的。"确定了蜀冈上最早的城址为楚怀王所修筑的广陵城后，邗城又位于何处呢？《报告》中又指出："沈家山这个地点很可能为古邗城位置。"沈家山位于蜀冈古城址以东约 1500 米，海拔高度 15 米（古城址西部为海拔 20 米，东部为海拔 15 米）。"2009 年这一带被规划为住宅小区，在大规模拆迁和平整地面时发现许多汉唐墓葬，并挖出不少陶质井圈。……挖出陶质井圈的地点为沈家山，正好在广陵城的东南方位，即蜀冈东端的高地上。"

如果把沈家山作为邗城遗址来考虑，那么有些问题是值得探讨的。《报告》中写道："邗城为春秋晚期修筑的城。13 年后，春秋时代结束。所以邗城存在时间很短，但该城后为战国时人居住，所以出土大量战国遗物。"邗城建城 13 年后，春秋时代结束，吴邗城为越人所占，这时邗城未废，也未见越人有另筑新城的记载，越人只能沿居邗城。公元前 333 年，楚威王灭越后，楚人仍居邗城。直到公元前 319 年，楚怀王十年时，才在邗城以西新建了楚广陵城，原邗城被废弃。从吴城邗（公元前 486 年）到楚城广陵（公元前 319 年），在这长达 167 年的历史中，原邗城除了给我们留下几只陶井圈外，就没有留下什么其他遗物吗？

据了解，沈家山前后共出土 18 只陶井圈，其时代上到战国，下至西汉，也未发现早于战国的其他物质遗迹。在历史时期，兴建一座城市必须具备许多物质条件，如城垣、城门、城濠、道路、桥梁、仓储、宗教文化设施场所、官衙、宫殿、城市给排水道、市场、作坊等。而在沈家山这个区域内除发现 18 只陶井圈外，上述诸多的物质遗存都未见到任何蛛丝马迹。也就是说，沈家山不具备一个城池遗址应具备的物质基础条件，所以它也不可能是邗城故址。从沈家山所处的地理位置和所发现的遗物来分析，它位于蜀冈的尾闾之上，北倚蜀冈、南临长江、东控邗沟入江口，只能是一个非常理想的戍军之处或商业居民点。

春秋时期，各诸侯国为了保境、卫君、安民，纷纷兴建城池。正如《管子·度地篇》云："筑城以卫君，造郭以守民。"在这个时期，吴国也大兴筑城之风，邗城应该是在这种形势下而兴出。由于这些城池都带有军事战略性质，特别注意攻防之势，许多城池都修建成双重城垣和双重城濠，少数城池修筑成三重城垣和三重城濠。在上古冷兵器时期，每一道城垣和城濠都是难以逾越的障碍。所以，邗城在建筑时采用了双重城垣和双重城濠的建制，既反映了邗城建筑时是符合当时城池建筑的规范，同时更显现出邗城建筑时的时代特征。

蜀冈上古城址的肇始年代的确认依据，主要是在西城墙夯土层下发现的一座灰坑（YZH1）："灰坑中出土许多兽骨、铜贝（蚁鼻钱 1 枚）和泥质灰陶片，可复原 3 件豆，相中两件形制相同。"其中最具有断代依据的信物就是那一枚铜贝（蚁鼻钱），还有就是几何印纹硬陶片和原始青瓷片了。原始青瓷是瓷器原始阶段的制品，主要流行于商代到战国时期。几何印纹硬陶是商周时期流行于我国南方地区的一种陶制品，陶质坚致，表面拍印多种几何图案纹饰，流行下限至东汉时期。这两种陶瓷器因流行时间跨度较大，难以对城址的确切年代进行定性，而蚁鼻钱能否作为定性的主要依据呢？

春秋战国时代，楚人独用贝，贝面上铸有"各一朱"或"各六朱"，因三字连写，笔画象一只蚂蚁，俗称蚁鼻钱。铜贝最早出现在商代晚期，在安阳大司空村发掘的两座商墓中均出土无字铜贝。"春秋时期，由政府统一铸造的仿铜贝蚁鼻钱通行楚人控制的南方，自成体系，与北方的刀币分庭抗礼。"[17]楚庄王时期（公元前 613～前 591年）因蚁鼻钱"币轻"，"在大宗交易特别是国际贸易中很感支付不便"，而进行过一次货币改革，造成"市乱"而失败。"最终解决这个问题的是'黄金铸币'郢爰的出现，它与蚁鼻钱同时流通，主要承担了大宗交易特别是国际贸易的支付任务"[18]。

"郢爰"应该是这次货币改革的产物。公元前 278 年，郢都失守后，楚迁都于陈（河南淮阳）。在出土的楚国金币中除了"郢爰"外，还有"陈爰"，应是楚迁都到陈以后所铸。所以春秋时期楚国流通的贷币主要以"郢爰"和"蚁鼻钱"为主。如果从楚庄王货币改革，使用"蚁鼻钱"开始，到秦灭楚（前223年），"蚁鼻钱"被秦圜钱所取代，它在中国历史上流行了约370年。以上资料说明"蚁鼻钱"在春秋早中期就已经出现了，不能只看到"郢爰"和"蚁鼻钱"，就自然而然地认定它是战国时期的楚国货币，从而混淆我们对事物真实性的判断。春秋早期，吴楚两国没有边界联接，春秋中期始有边界联接。吴王夫差筑邗城前，楚之棠邑距邗城甚近，邗城处于吴楚疆域相交之处。这枚"蚁鼻钱"完全可以通过战争掠夺或商品贸易，流通到吴国的邗城境内，又遗落到灰坑中。所以，这枚"蚁鼻钱"的出现不能证明蜀冈上古城址始筑于战国时的楚怀王时期。如不能证明此城是楚怀王所筑，那楚以前在此筑城的就只有吴城邗了。

以上的论述归纳起来主要有六点：

1. 从蚁鼻钱的产生和使用历史分析，不能完全确定古城址始筑于战国时楚广陵城。

2. 沈家山作为邗城新选址的理论，各方面的证据都没有，更没有建设一座城池所具备的各种物质遗迹做佐证。

3. 蜀冈古城址周边地区目前还未发现新的疑似邗城城址遗迹，它仍是邗城故址的最佳所在地。

4. 邗城所处的地理位置，无论从军事、经济、交通、政治上都十分重要，历代朝廷不会轻易另选新址。

5. 新筑一座城池要花费巨大的财力和人力，即使朝廷有能力，也要看新城池是否比旧城池具有更大的发展空间，是否足以取代旧城池，否则朝廷也不会轻易为之。

6. 据《扬州城遗址蜀冈上城垣城濠蠡测》一文介绍[19]，2011年，中国社会科学院考古研究所在蜀冈上的扬州唐子城、宋堡城范围内进行了较为全面的考古调查和勘探，采集到大量新的信息，"获得了一些春秋至隋代蜀冈上城址的线索"。他们结合对唐子城东城YZG4城墙夯土的分析研究，认为YZG4的第一期夯土层"当与战国乃至更早的扬州蜀冈上城址有关"。蜀冈上古城址是战国时楚广陵城所在地，目前已无争议，而比战国更早的城址，那就是春秋时吴王夫差所筑的邗城了。该文章在综合了文献资料和考古调查勘探的研究后，对蜀冈上的古城址进行了蠡测，作者认为："蠡测若成立，则该小城或即邗城，其南边、东边的城濠或即古邗沟。……蜀冈东缘的水系是可以直接与雷塘水系相连的。"最后明确提出："楚怀王十年（前319年）就邗城故址增修广陵城，有子城和金城两重。"以上诸多方面的探讨表明，扬州城北蜀冈上古城的第一期城址为吴王夫差所筑的邗城遗址，第二期方为楚怀王所筑的广陵城遗迹。

四、邗沟新论

吴王夫差在开凿邗沟前曾做过比较详细的勘探、调查工作，确定了人工开渠的路线和方式。为了利用江淮间低水位的天然湖泊为水柜和运道，夫差采用了纡远曲折的开凿方法，凿渠串湖成为邗沟开凿的特点。他最大限度地缩短人工开渠的长度，减少劳动强度，达到事半功倍的效果，这也是邗沟在短时期内得以开凿成功的原因。清代刘宝楠在《宝应图经》中称，人工开凿的串连湖泊间渠道为"夹耶"。

在北魏郦道元《水经注·淮水》篇中，关于邗沟入江口岸的位置和北上行经路线的记载，主要有以下几条：

1. 县有中渎水，首受江于广陵郡之江都县，县城临江。应劭《地理风俗记》曰：县为一都之会，故曰江都也。县有江水祠，俗谓之伍相庙也。

2. 昔吴将伐齐，北霸中原，自广陵城东南筑邗城，城下掘深沟，谓之韩江，亦曰邗溟沟，自江东北通射阳湖。《地理志》所谓渠水也。西北至末口入淮。

3. 自永和中，江都水断，其水上承欧阳埭，六十里至广陵城。楚汉之间为东阳郡，高祖六年为荆州，十一年为吴城，即吴王刘濞所筑也。

4. 城东水上有梁，谓之洛桥。中渎水自广陵北出武广湖东，陆阳湖西，两湖东西相直五里，水出相间，下注樊良湖。

根据上述资料的描述，清代学者刘文淇绘出了从吴王夫差开邗沟到清道光时邗沟河线变化走势图十幅。从第一幅《吴沟通江淮图》看，邗沟从长江北岸经洛桥向北，穿过武广湖与绿阳湖之间直达樊良湖，这段河线走的完全是直线。而樊良湖向北，为了连接博支湖、射阳湖，河线是随着湖的位置在不断变化走向，这符合吴王夫差当时开凿邗沟的既定方案，即连接江淮间的湖泊以成沟，通粮道。而从樊良湖向南，邗沟避开武广湖和陆阳湖，走直线使江水直接连通樊良湖，似乎违背了吴王夫差既定的开河方案，这与当时凿渠串湖成沟的情况明显不相符。吴王夫差是利用江淮间的湖泊相连成沟，通粮道北上争霸，武广湖和陆阳湖是邗沟北上必经之路，又是遇到的第一座湖泊，夫差没有理由绕开武广湖和陆阳湖，取其直线，这既增加了河线的长度，又徒增劳力。同时，每一个湖泊既是运道也是补水的水柜。从图势上看，从樊良湖出，为了连接博支湖，河线完全偏向东北。从博支湖出，为了连接射阳湖，河线又完全偏向西北。如依樊良湖以南的开河势态，樊良湖向北可以绕开博支湖走直线河道，以达射阳湖。然而，邗沟接下来的走势就更能说明问题。为了给邗沟入淮选择最佳交汇点和少在淮河中逆水航行，河线又偏向西北，这说明当时的河线走势是经过精心设计的，取其利，避其弊。

从郦道元的文字记载和刘文淇的"吴沟通江淮图"分析，我们似乎可以重新理解郦道元的这段文字。当江水从洛桥经过，北上到武广湖南，入武广湖，然后从武广湖东出，入陆阳湖西，两湖东西相直五里，水出其间。这水道不是南北向而是东西向连接两湖间，水道长五里。然后从陆阳湖西北出接樊良湖，这样的河线既合理又符合吴王夫差开邗沟的初衷，否则，郦道元不会在这段文字上赘言的。所以，笔者认为刘文淇的"吴沟通江淮图"存在着理解上的问题。只因为理解上判断失误，才导致了"吴沟通江淮图"的失实。

1957 年 3 月，在扬州市江都县绿洋湖（陆阳湖）围垦造田工程中，出土青铜剑一柄、青铜矛三支。据调查者研究，"此组铜兵器之中铜剑的形制和以往出土的吴王元剑、吴王光剑、错金纹越王剑的遗制是一致的或相似的。……它们极似春秋时代吴国的文化遗物"[20]。

陆阳湖出土的吴国铜兵器，是否可以成为上述河线走势的一个实证呢？以上仅是笔者个人的理解与看法。供方家参考和辩证。

作者单位：扬州市文物考古研究所

注释

① ⑫ 孙庆飞：《義城考》，《仪征杂志》2011 年第 3 ~ 4 合期。

② 何光岳：《徐族的起源和南迁》，《安徽史学》1984 年第 2 期。

③ 李白凤：《东夷杂考》，齐鲁书社，1981 年。

④ 徐旭生：《中国古史的传说时代》：文物出版社，1986 年。

⑤ 苏秉琦：《略论我国东南沿海地区的新石器时代考古》，《文物》1978 年第 3 期。

⑥ 沈起炜：《中国历史大事年表》，上海辞书出版社，1983 年。

⑦ 贺云翱：《历史与文化》，中国人事出版社，1996 年。

⑧ 沈起炜：《中国历史大事年表》，上海辞书出版社，1983 年。

⑨ ⑩《后汉书·东夷传》。

⑪《仪征历史寻踪——義城考》，《仪征文博》2015 年。

⑬ 南京博物院：《重构与解读——江苏六十年考古成就》，南京大学出版社，2009 年。

⑭⑳ 陈达祚、朱江：《邗城遗址与邗沟流经区域文化遗存的发现》，《文物》1973 年第 12 期。

⑮⑯ 中国社会科学院考古研究所、南京博物院、扬州市文物考古研究所：《扬州城：1987～1998 年考古发掘报告》，文物出版社，2010 年。

⑰⑱ 郭仁成：《楚国经济史新论》，湖南教育出版社，1990 年。

⑲ 扬州博物馆：《江淮文化论丛》第二辑，文物出版社，2013 年。

扬州中国雕版印刷博物馆藏原苏州
图书馆书版状况调查

田　野

内容提要：扬州中国雕版印刷博物馆目前珍藏了 10 多万片明清古籍版片，其中相当一部分来自苏州图书馆。时任苏州图书馆馆长的蒋吟秋写有《江苏官书局及其书板》，详细记录了他在职时期雕版流通情况，十分珍贵。通过文章和版片目录的整理比对及其他资料，可以更好地了解扬州馆藏雕版来源及现状。

关键词：扬州中国雕版印刷博物馆　苏州图书馆　雕版　蒋吟秋

扬州博物馆新馆及扬州中国雕版印刷博物馆座落于江苏扬州新城西区，风光迷人的明月湖西侧。2003 年 8 月经国务院批准成立，历经三年建设，于 2005 年 10 月正式对外开放。扬州中国雕版印刷博物馆目前珍藏了 10 多万片明清古籍版片，保存了全套雕版印刷的工艺流程，传承、展示了雕版印刷这一优秀的非物质文化遗产，是我国目前唯一一座雕版印刷博物馆。

雕版印刷源于古代中国，隋唐时期已发展成熟，是一种将图文刻于木板，然后在板上加墨印刷的传统工艺，在很长的一段时间内占据着中国印刷业的主要位置，是中国对世界文明最卓著的贡献之一。扬州自古以来就是雕版印刷业的重要区域之一，清代更是达到前所未有的高度。1958 年，为使这一古老的传统印刷工艺不致湮没失传，国家组建了广陵古籍刻印社，承担古籍版片的征集、收藏、整理、保护等工作，并从事古籍的整理和出版。1962 年起，在国务院的协调下，江浙皖一带的古籍版片约 20 余万片汇集扬州，统一进行修缮和保管。1978 年，刻印社正式定名为江苏广陵古籍刻印社。1999 年，广陵古籍刻印社更名为"广陵书社"。2002 年，中国国家新闻出版总署正式批准广陵书社为出版社。

2005 年广陵书社将所藏全部古籍版片调拨给新建的扬州中国雕版印刷博物馆。

经 2013 年全国第一次可移动文物普查最新统计，扬州中国雕版印刷博物馆目前藏有明清普通书籍和佛经版片共计 500 多种、10 万余片，其中相当一部分来自苏州图书馆。

清咸丰十一年（1861 年）八月，太平天国战败，湘军进入安徽，莫子偲搜访图书，开书局于江宁冶城山，这就是江南官书局的前身。其后，各地效仿。设于江苏省会苏州的称江苏官书局、扬州的称淮南官书局、杭州的称浙江官书局、武昌的称崇文官书局、长沙的称思贤官书局、南昌的称江西官书局、广州的称粤雅官书局、福州的称福建官书局等。这些书局以刊刻国学书籍为主，统称局刻本或局本。

辛亥革命后，各地纷纷设立图书馆。其中，民国三年（1914 年）九月，苏州在城南沧浪亭北可园内学古堂、存古堂旧址，设立江苏省立第二图书馆，即后日的苏州图书馆。图书馆接管了江苏官书局，改名官书印行所，官书局原有全部木刻书板皆归印行所继续使用。

蒋吟秋（1896～1981 年），字镜寰，清末民国苏州人，著名书法家、金石学家、图书馆学家。蒋吟秋先生于民国二十四年（1935 年）始任、民国三十四年（1945 年）续任苏州图书馆馆长，在战争期间为保护珍贵古籍木椠做出了巨大贡献。他写有《江苏官书局及其书板》一文，详细记录了他工作于苏州图书馆期间，接收、发现和购入雕版情况，十分珍贵。文末最后说（馆藏版片）"1961、1962 全部调运扬州古旧书店应用"。时任广陵古籍刻印社社长周光培也回忆说自己在苏州发现版片并提请调拨。今天，蒋吟秋所记录的大部分书籍的版片依旧完好地保存在扬州中国雕版印刷博物馆的版库中，在理清这段历史后，下一步要做的就是比对扬州藏版，更加仔细地研究蒋吟秋的记录。

江苏官书局原刻板，据蒋吟秋记录如下：

　　计经部有：论语古注集笺、周易孔义集说、春秋属辞辨例、五经要义、五礼通考、十三经注疏校勘记、仓颉字林合编、祁本说文、钮氏说文考异等二十七种。史部有辽、金、元三史、三国志证闻、正续资治通鉴、通鉴外纪、通鉴地理今释、明纪、江苏舆图、江苏水利图说、吴地记、吴郡图经续记、苏州府志、江苏海塘新志、沧浪小志、百将图传、西汉会要、东汉会要、唐会要、五代会要、直斋书录解题、寰宇访碑录、墨妙亭碑目考、学古堂书目等七十一种。子部有：小学纂注、小学集解、小学义疏、小学韵语、近思录、弟子职、程氏读书分年日程、医林纂要、九数存古、愧林漫录、有不为斋随笔、小沧浪笔谈、学古堂日记等四十五种。集部有：离骚、文选集评、正续古文苑、唐宋十大家全集、七十家赋抄、古文关键、古文辞类纂、唐文释、唐文粹补遗、宋文鉴、南宋文范、南宋文录、金文雅、金文最、元文类、明文在、碑传集、八代诗选、唐宋诗醇、才调集、明三十家诗选、词辨、靖节先生集、东雅堂韩集、眉山诗案广证、定盦文集补编等四十二种。从部有古逸丛书二十六种。

其中，对比扬州中国雕版印刷博物馆藏版目录，《论语古注集笺》《周易孔义集说》《五经要义》《辽史》《金史》《元史》《吴地记》《吴郡图经续记》《苏州府志》《百将图传》《直斋书录解题》《寰宇访碑录》《墨妙亭碑目考》《九数存古》《有不为斋随笔》《学古堂日记》《七十家赋抄》《古文辞类纂》《碑传集》《八代诗选》《明三十家诗选》《靖节先生集》《眉山诗案广证》《古逸丛书》等二十多种依然在列。史部另有《历代会要》一种可以对应蒋氏记载中的《西汉会要》《东汉会要》《唐会要》《五代会要》，《资治通鉴》《续资治通鉴长编》二种可以对应记载中的《正续资治通鉴》等内容；子部有《魄林漫录》一种可对应记载中的《愧林漫录》；集部有《重訂文选评注》一种或可对应记载中的《文选集评》，有《六代文粹》一种可对应记载中的《唐文释》《唐文粹补遗》《宋文鉴》《南宋文范》《南宋文录》《金文雅》《金文最》《元文类》《明文在》等。

另有内封牌记等明言属于清末江苏书局刻书的，不在蒋吟秋记载内，大概被省略的数种：《求益斋全集》《沈余遗书》《字林考逸》《万象一原》《江苏省例》《张忠敏公疑集》《书经》《思辨录辑要》《梅光禄增删统宗》《衍元笔算今试》《韩集点勘》《说文解字徐氏系传》《仪礼章句》等。

在书日中，蒋吟秋也特别提到正续通鉴、辽金元三史、五朝义会等是精刻善本，而其中最著名的当属《古逸丛书》。《古逸丛书》全书二十六种，印成二百卷，虽非江苏官书局刻板，但赖此得以保存。《古逸丛书》是清末著名学者黎庶昌辑录，在日本东京使署影刻而成。全书收入大量国内失传已久的佚书，更有日本收藏的国内罕见隋唐写本与宋元刻本，还有日本刻印的中国典册和日本本国汉籍，是罕有的影刻传世名品，在中日典籍交流史上占有突出地位。此套雕版是樱桃木，版片宽弘，字体版式均精美异常，典型的日本刻版风格，堪称绝世珍品，极富收藏价值和研究价值。被评定为国家二级文物。

另有《碑传集》一百六十卷。本书为清代人物传记，一百六十卷，清钱仪吉纂。辑清初至嘉庆间名人碑传文字而成，计二千余人。有关清人碑传、行状和墓志铭的资料，该书搜集最为丰富。此套版片光绪时开印，现存世较少，极为珍贵。江苏书局辑刻，刻制质量较高，是清代晚期官刻书的代表作品之一。被评定为国家三级文物。

在文章的后半部分，蒋吟秋详细记载了书板的清理和征集工作，其中与扬州中国雕版印刷博物馆相关的有以下几条：

（民国）二十四年……另有寄存板片昆山赵氏所刻峭帆楼丛书、吴中谢氏所刻望炊楼丛书、会稽施氏所刻鄟郑学庐丛书等，一千八百七十八片。

三十五年五月，征到昆山赵氏又满楼丛书全部板片。六月，王欣夫礼服书板一百五十一片。

三十六年四月，征到江宁邓氏群碧楼书目板片连序记一百零二片……七月设法抢救由杨寿祺在玄妙观文庐书庄发现堆在露天即将作为柴爿计价论斤零售的贵池刘氏家刻聚学轩丛书、玉海棠丛书、贵池先哲遗书、暖红室丛书等大量书板。经整理后计共一百八十一种，一万二千七百三十一片。其中可用的八十二种，三千一百五十七片，约占全数百分之四十。

三十七年一月，征到姚方羊捐赠茶磨山人诗集板片一百零六片，又封面一片。六月，征到南浔镇南西街嘉业藏书楼张仲翱旧藏丧礼郑氏学板片三百四十六片。七月，征到杨寿祺捐赠汉书八表与经眼录二种木刻书板，及参同契集注书板。同月，征到叶菊裳（昌炽）所著语石、藏书纪事诗两书木刻书板四百五十片。

以上条目涉及雕版十数种，除《鄟郑学庐丛书》不见，其他均列于扬州中国雕版印刷博物馆馆藏目录。另有《元秘史山川地名考》一种，内封"光绪丁酉孟夏鄟郑学庐刊成"，或为丛书残卷。

馆藏雕版无礼服相关书籍，怀疑王欣夫处礼服书板一百五十一块即王欣夫处《丧礼郑氏学》书板一百五十一块。《丧礼郑氏学》是清末礼学名家张锡恭的遗著，1936年国学研究会分苏州王欣夫主持、湖州嘉业堂两地刊刻，书未成即遭战事。据林震岳研究，民国三十五年（1946年）八月《申报》有《苏州图书馆征存文献》记载有"华亭张锡恭著《丧礼》书版"一项，与笔者推测相吻合，蒋氏也记录了三十七年（1948年）征得湖州板一事。蒋氏记载的礼服书板一百五十一片，加湖州书板三百四十六片有四百九十七片之多。扬州中国雕版印刷博物馆馆藏《丧礼郑氏学》书板计四百八十五片，保存较为完好，相差不多，基本可以证实。此书是清代礼学的集大成著作，学术价值极高，未曾完整刊刻。目前扬州中国雕版印刷博物馆已经将这套雕版的补刻修复工作提上日程，将在最近几年让这部清末遗珠重现于世。

另外这批图书中，《玉海堂景宋元本丛书》系影宋元刻本，由近代著名藏书家刘世珩出资请刻书名家陶子麟镌刻上版，汇有二十二种。此版片写样精细，刻工精致，底本均为稀世古籍，传世本均据此版印刷才得以流传，非常珍贵。被评定为国家二级文物。《暖红室汇刻传剧》《贵池先哲遗书》等也是清末民国贵池刘氏刻本，写刻精审，美轮美奂。

民国三年（1914年），苏州图书馆接收官书局书版，计一百九十六种，七万四千零八十一片。三十四年（1945年）抗日战争胜利后，统计残存一百六十六种，五万五千九百零七片，损毁了百分之二十二的版片。三十七年（1947年）年底，通过保存修补旧有版片，征集藏书家等捐献的版片，馆藏量重新达到了七万一千三百六十片。1961、1962年苏州图书馆全部版片调拨往扬州，如今仍静静地躺在扬州中国雕版印刷博物馆的版库中，记录着往昔的文明和硝烟中的历史，激励新时代的博物馆人更好地保护传承和利用这笔巨大的文化资源。

作者单位：扬州博物馆

人首蛇身形象与功能意义研究

李　智　朱育林

内容提要：最早的人首蛇身形象产生于原始社会的图腾崇拜，黄帝和炎帝部落都曾以人首蛇身为图腾，经过先秦时期的发展和演化，汉代的人首蛇身形象主要是指伏羲和女娲。唐宋元时期，人首蛇身形象多与道教相关，根据不同的表现形式，可命名为勾陈、地轴、伏羲女娲、雷神等，人首蛇身形象伴随着中华文明的演进，不断得到丰富和发展。

关键词：人首蛇身　伏羲　女娲　地轴　勾陈　雷神

近年来，各地各时期墓葬和遗址中不断有人首蛇身形象的器物出土，如2013年隋炀帝墓出土的双人首蛇身陶俑[①]，2015年石家河遗址出土的双人首蛇身玉玦等。目前，学界对人首蛇身形象内涵的研究还较为粗糙，大多采用一种内涵解释不同时期、不同形态的人首蛇身形象，难免有失偏颇。在考释人首蛇身形象与功能意义时，必须结合时代特征和造型特点分类解读。

一、人首蛇身形象是图腾崇拜的产物

在原始社会，人类改造自然的能力较弱，一些部族的先民在生产生活中发现蛇的能力强大，它不仅行动迅速，而且能在草原、水域、丛林、山川中游走，在历经了寒冬的僵死后能够复活。因此，先民逐渐产生了对蛇的崇拜，并将其作为本部落的图腾。随着社会生产力的发展，祖先崇拜逐渐兴起，蛇图腾增加了部族祖先的形象，形成"人首蛇身"这种人兽合一的新图腾。目前出土的人首蛇身形象的原始时代文物较少，代表性器物有2015年12月湖北省文物考古研究所在纪念石家河遗址考古60年学术研讨会上披露的"连体双人头蛇身玉玦"[②]（图1）。

图1　连体双人头蛇身玉玦

虽然出土实物较少，但是在被称为"中国图腾文化史专著"[③]的《山海经》中，记载了诸多人首蛇身形象的方国或部落（表1）[④]。

表1　《山海经》所载人面蛇身或人面龙身神

位置	书中篇目	神的名称	形象
东	海内东经	雷神	龙身而人头
南	南山经（次山）	灭吴之山至南寓之山诸神	皆龙身人面
	海内经（南方）	延维	人首蛇身
西	西山经（次山）	鼓	人面龙身
	海外西经	轩辕	人面蛇身尾交首上
北	北山经（首、次二）	单狐之山至山阰诸神 管涔之山至敦题之山诸神	皆人面蛇身 皆蛇面人身
	海外北经、大荒北经	烛龙 相柳	人面蛇身赤色 九首人面蛇身
	海内北经	贰负	人面蛇身
中	中山经（次十）	首山至丙山诸神	皆龙身人面

由表可见，在山海经记述的时代中，人首蛇身神图腾分布很广，在东、南、西、北、中，都有以人首蛇身神为图腾的部族在活动。随着历史的发展，这些以人首蛇身为图腾的部族逐渐被兼并或消亡。留存和壮大起来并见诸文献的有两大部落：一是轩辕部落。《山海经》记载轩辕之国的图腾形象是："人面蛇身，尾交首上。"而《史记·五帝本纪》记载："黄帝者，少典之子，姓公孙，名曰轩辕。"因此，轩辕部落就是黄帝部落，其部落图腾形象是"人面蛇身"。二是共工部落。其形象据《淮南子地形训》记载："共工……人面蛇身。"《神异经》也载："西北荒有人焉，人面朱发，蛇身人手足，……名曰共工。"共工是古代传说中神农氏的后代、属于炎帝一族。因此中华民族的先祖黄帝和炎帝都曾经以人首蛇身为图腾。

二、汉代人首蛇身形象特指伏羲女娲

图2　人物龙形佩玉雕

图3　人首蛇身型饰

图4　伏羲女娲像

先秦时期，人首蛇身形象多是对原始社会人首蛇身图腾的继承和发展，造型多样，商朝时期代表性器物有安阳殷墟妇好墓出土的"人面蛇身骨雕"⑤两件。西周时期代表性器物有现藏于故宫博物院的人物龙形佩玉雕，"此玉佩造型为人、龙合体，形象奇特"⑥（图2）。春秋时期代表性器物有河南光山宝相寺黄君孟夫妇墓出土的"人首蛇身型饰"⑦（图3）一对。

至汉代，人首蛇身形象多指代伏羲和女娲，在汉画像石、画像砖、帛画上多有出现。其特征为伏羲在右，左手执规，头戴山字形冠，留八字须。女娲在左，右手执矩，发髻高挽，二人均为人首蛇身，尾部相交。山东武梁祠画像石墓中就有伏羲女娲像（图4），铭为："伏羲仓精，初造王业。"在《鲁灵光殿赋》中也有"伏羲鳞生，女娲蛇躯"，说明汉鲁灵光殿壁画上有人首蛇身形象的伏羲和女娲画像。伏羲和女娲是传说中创造人类的两位主神和始祖，汉代先民利用这个传说解释了人类的起源与繁衍问题，将其广泛用于建筑和墓葬的装饰，希望主人能够子孙繁盛，或者在墓中得到灵魂的永生。

三、唐宋元时期，人首蛇身形象多与道教有关

人首蛇身俑在唐宋墓葬中多有发现，是用于陪葬的冥器，材质多为陶或木，学者对其功能意义和定名各有不同，大致有"墓龙"⑧"伏羲、女娲"⑨"勾陈"⑩"雷神"⑪

等几种说法，实际上，不同形态的人首蛇身俑代表着不同的含义，应依据其不同的形态特征，考证其造型来源，并以此界定其名称和内涵。

总体上看，这一时期的人首蛇身俑大致可以分为两类，第一大类为两个人首共用一个蛇身，即双人首蛇身俑。第二大类为一个人首连接一个蛇身，即单人首蛇身俑。下面予以分类论述。

（一）双人首蛇身俑

按照俑身的形态大致可以分为 A、B、C 三种型：

A 型的特点为两人首共一蛇身、蛇身平卧。该类型最早出现在北齐时期山东临淄崔氏墓群中的 M12，该墓出土一件以蛇体连接的双头俑，"左右各一人，头略残，上身挺立，双手下垂按地，下体成弧形连接在一起，似蛇体着地"[12]（图 5）。这种形态的人首蛇身俑在唐宋时期多为蛇身平卧。

B 型的特点为两人首共一蛇身、蛇身相互缠绕呈 "8" 字形，如南唐二陵之李昇陵出土的 "双人首蛇身俑"[13]（图 6）。B 型往往和 A 型在墓葬中共出，如南唐二陵之李昇陵、李璟陵皆是两种类型共出。

对于 A 型和 B 型人首蛇身俑的定名，学术界之前有不同看法，徐苹芳先生认为双人首龙身俑即《大汉原陵秘葬经》所记 "墓龙"[14]。蒋赞初先生推测双人首蛇身俑代表的是 "伏羲、女娲"[15]。广东海康元墓的发掘成果，为 A 型和 B 型人首蛇身俑的定名提供了准确依据。该墓的墓砖上雕

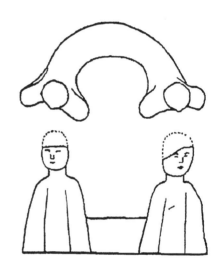

图 5　山东临淄崔氏墓群出土人首蛇身俑示意图

图 6　李昇陵出土双人首蛇身俑

刻了 A 型和 B 型的双人首蛇身俑图案（平卧和缠绕成 8 字形各一），值得注意的是：砖雕的图案旁加上了该图案的刻铭（图 7）。在 A 型（双人头，蛇身平卧）旁有题铭 "地轴"[16]，在 B 型（双人头，蛇身互相缠绕）旁有题铭曰 "勾陈"[17]。根据这两块墓砖

上的刻铭，将 A 型定名为"地轴"，B 型定名为"勾陈"。

　　A 型"地轴"是"蛇"的别称，正如《神异经》所记载："龟，天之关也；蛇，地轴也。"道家风水学认为，天关和地轴的位置，决定着风水的好坏。因此，在墓葬中发现的这类随葬品与唐宋时期流行的阴阳堪舆之术有一定的关系，唐朝卜应天所著《雪心赋》是中国堪舆学中的名篇名著，记载有"天关地轴，可验富贵之速迟"。可见在唐代，天关和地轴是保佑墓主人子孙富贵的风水术之一。宋代张子微《喝形图格之阴宅风水呼形喝象大全》中有关于"地轴"风水选址的口诀："天关地轴形：天关地轴是真形，蛇藏龟露要分明。王客分来得停当，剑峰旗羽出前旌。此龙大贵在龙奇，出入穿心采线垂。入穴缘延无定势，此时不贵在何时。玄帝飘飘下降初，旌旗剑女卫舒徐。定封断在王侯位，职与三公鼎鼐俱。"（图 8）从口诀中可见，若是墓葬选址在天然形成的"天关地轴形"之中，可以让墓主人的后代达到"定封断在王侯位，职与三公鼎鼐俱"的效果，但是在实际的墓葬风水选址中，自然形成的"天关地轴型"的完美地形有时很难找到，风水学家只能利用在墓葬中放置"天关"或者"地轴"来改变墓葬风水，以达到墓主人子孙大富大贵的目的，后来该理论经过堪舆学家和道教人士的发展，写入《大汉原陵秘葬经》："天关两个安子午地，地轴两个安卯酉地。"成为墓中随葬品的固定配置。

图 7　广东海康元墓出土墓砖

图 8　天关地轴形

　　B 型所指代的是"勾陈"，勾陈原为古代星宿名，"璿玑，谓北辰，勾陈枢星也。"由于勾陈位于北极星之中，古代中国人在观测天象时发现：天上的日月星辰均围绕北极星运转，因此勾陈星似乎成为东西南北四个方位的中心。《易冒》中记载："勾陈之象，实名麒麟，位居中央，权司戊日。"安徽合肥南唐姜妹婆墓出土买地券中也有"东止甲乙青龙，西止庚辛白虎，南止朱雀，北止玄武，内止勾陈"的说法。此时的勾陈和代表方位的"四神"组合在一起，成为了帮助死者划定阴间居住范围的标志。到了北宋，勾陈进一步发展为勾陈大帝，负责辅玉皇大帝执南北二极和天地人三才，统御众星，掌人间兵革事。放在墓中的勾陈可以统领神兵，保护墓主人灵魂不受骚扰，具有镇墓兽的作用。

　　C型人首蛇身俑的特点为蛇身直立，交尾或交颈，人面相背，如河南巩义市出土的唐代"双人首蛇身交尾俑"[18]（图9）。江苏扬州蔡庄五代墓出土的交颈"双人首蛇身俑"[19]（图10）。"交尾"是一些动物交配的姿态，古人模仿其交尾的形态，意在表达男女交合，子孙昌盛的含义，这和汉画像石中"交尾"的伏羲女娲像所表达的思想是一致的。

图9　河南巩义市出土唐代双人首蛇身交尾俑　　　图10　江苏扬州蔡庄五代墓出土交颈双人首蛇身俑

　　"交颈"所表达的内涵和"交尾"是类似的，两颈相交，颈与颈相互依摩多为哺乳类雌雄动物之间的一种亲昵表示。《庄子》中有："夫马陆居则食草饮水，喜则交颈相靡，怒则分背相踶。"魏曹植《种葛篇》诗："下有交颈兽，仰见双栖禽。"后来这种交颈的动作又被引申为夫妻之间的恩爱，男女之间的亲昵。唐代《与李章武赠答诗》中有："鸳鸯绮，知结几千丝。别后寻交颈，应伤未别时。"明袁宏道《青骢马》诗云："交颈复同心，白石青松在。"因此"交颈"和"交尾"的人首蛇身俑所表达的含义相同，都是对汉代"伏羲、女娲"形象的发展和延续，因此 C 型人首蛇身俑可定名为伏羲女娲俑。

（二）单人首蛇身俑

唐宋以前的单人首蛇身俑多为人首、人身、蛇尾，被称为"人首蛇尾俑"。最早的"人首蛇尾俑"出土于北朝崔氏墓，"头残，人首人身，双手按地，下体蛇尾向后曲伸"[20]（图 11）。至唐宋时期，单人首蛇身俑中的"人身"部分逐渐消失，形成了人首和蛇身拼接的新形象。这一时期的单人首蛇身俑分为 A、B 两种类型：

A 型为头昂起，蛇身直立，或作卷曲盘旋状，无背脊。如福建闽侯宋代墓出土的单人首蛇身俑，"蛇身深刻菱形，稍显弯曲。人面丰满，戴盔"[21]。以及四川汉中石马坡宋墓出土的单人首蛇身俑（图 12）。元虚真人万宗师《雷法议玄篇》中有两处分别提及了单个人首加上蛇的身体的雷神形象，"洞阳幽灵君，乃东北之神，人首蛇身。夏"[22]。"东北之神丁文惠，人首蛇身，号洞阳幽灵"[23]。该描述与唐宋时期出土的单人首蛇身俑形象是一致的，因此单人首蛇身俑指代的极可能是道教太极雷坛四维神中主管东北方向的雷神——丁文惠。

**图 11　北朝崔氏墓出土
人首蛇尾俑**

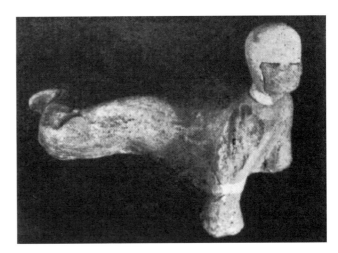

图 12　四川汉中石马坡宋墓出土单人首蛇身俑

B 型为人首，蛇体作长条状，背上有脊，似龙身，因此也被称为"人首龙身俑"。如在江苏扬州蔡庄五代墓出土的"人首龙身俑"[24]（图 13）。关于 B 型俑的性质，蒋赞初先生考证《山海经》中的"山神"往往作"龙身而人面"，"雷神"亦作"龙身而人头"[25]。说明人首龙（蛇）身俑与山神、雷神有关。元虚真人万宗师《雷法议玄篇》

中记载了人首龙身神的称谓："火光流精君，乃西南之神，人首龙身。冬。"㉖在《道法会元》卷五十八引《五雷经》亦有"西南之神丁文行，人首龙身，号火光流精"㉗，因此 B 型人首龙身俑应是道教太极雷坛四维神中主管西南方向的雷神——丁文行。

图 13　扬州蔡庄五代墓出土人首龙身俑

由此可见，A 型和 B 型单人首蛇（龙）身俑都是代表掌管雷电的雷神，雷神是进入镇墓神系统较早的神灵之一，汉画像石中就有连鼓雷神形象的刻画，隋唐时期继续沿用，南宋乾道以来，道教法术中雷法兴起，道士使用各式各样的雷法辟邪驱鬼，由此也产生了各式各样的雷公，雷公俑正是在这样的大背景下产生和流行。墓葬中放置 A 型和 B 型雷神俑（单人首蛇、龙身俑），是希望借助雷公的神力，达到镇墓、驱除墓室外的恶鬼入侵，保护墓主人安全的目的。

四、结　语

最早的人首蛇身形象起源于原始社会的图腾崇拜，以此为图腾的部落在古代中国广泛存在，中华民族的先祖黄帝和炎帝部落的前身都曾以人首蛇身形象为部落图腾，经过先秦时期的发展和演化，汉代的人首蛇身形象主要是指伏羲和女娲，唐宋元时期，人首蛇身形象内涵更加丰富，多与道教相关，墓葬中出土了较多的人首蛇身俑，细分为勾陈、地轴、伏羲和女娲、雷神等多种类型。宋元以后，人首蛇身形象逐渐衰落不见。人首蛇身形象随着中华文明的演进而不断得到丰富和发展，对其进行分类探讨，有助于更加准确地了解各时期、各种形态的人首蛇身形象文化内涵，避免在解读过程中以偏概全。

作者单位：扬州市邗江区文体新局

注释

① 南京博物院、扬州市文物考古研究所、苏州市考古研究所：《江苏扬州市曹庄隋炀帝墓》，《考古》2014 年第 7 期。

② 海冰：《石家河遗址出土 240 余件史前玉器》，《湖北日报》2015 年 12 月 20 日第一版。

③ 郭郛：《山海经注证》，中国社会科学出版社，2004 年，第 2 页。

④ 闻一多：《闻一多全集》第一卷，三联书店，1982 年，第 44 页。

⑤ 朱存明：《中国的丑怪》，中国矿业大学出版社，1996 年，第 289 页。

⑥ 杨伯达：《中国玉器全集·商西周卷》，河北美术出版社，2005 年，第 193 页。

⑦ 古方：《中国出土玉器全集》第 3 卷，浙江古籍出版社，2011 年，第 211 页。

⑧⑭ 徐苹芳：《唐宋墓葬中的"明器神煞"与"墓仪制度"——读〈大汉原陵秘葬经〉札记》，《考古》1963 年第 2 期。

⑨⑮㉕ 南京博物院：《南唐二陵发掘报告》，文物出版社，1957 年，第 74 页。

⑩⑪ 白冰：《雷神俑考》，《四川文物》2006 年第 6 期。

⑫ 山东省文物考古研究所：《临淄北朝崔氏墓》，《考古学报》1984 年第 12 期，第 235 页。

⑬ 南京博物院：《南唐二陵发掘报告》，文物出版社，1957 年，第 106 页。

⑯⑰ 曹腾等：《广东海康元墓出土的阴线刻砖》，《考古学集刊》第 2 辑，中国社会科学出版社，1982 年。

⑱ 刘洪淼、李玉荣：《巩义市出土唐代人首蛇身交尾俑》，《中原文物》，1998 年第 1 期，第 109 页。

⑲ 扬州博物馆：《江苏邗江蔡庄五代墓清理简报》，《文物》1980 年第 8 期，第 50 页。

⑳ 山东省文物考古研究所：《临淄北朝崔氏墓》，《考古学报》1984 年第 12 期，第 235 页。

㉑ 谢子源：《闽侯县怀安村的一座宋墓》，《文物》1962 年第 3 期，第 59 页。

㉒㉖ 张继禹：《道藏》三十二册，北京：华夏出版社，2004 年，第 428～429 页。

㉓㉗ 张继禹：《道藏》三十二册，北京：华夏出版社，2004 年，第 157 页。

㉔ 扬州博物馆：《江苏邗江蔡庄五代墓清理简报》，《文物》1980 年第 8 期，第 48 页。

从画梅题记看画家金农继承和创新

王秋韵

内容提要：金农从事绘画较晚，但"涉笔即古"。初画竹，继画梅，又画马，画佛像。尤工于画梅，颇自矜许。从所谓"梅花如簇""横枝疏影""繁枝密萼""梅枝成削，几类荆棘""江路野莓"等来看，金农赏识的是野梅野趣。他所画的野梅，所追求的野趣，时而是奇柯大木，顶天立地，时而枝繁花茂，盎然生气。有时如荒荒老根，有时如蛟龙横空……他在野梅、野趣中融注了天荒地老之气、桀骜不驯之气、生辣古拙之气，以及自恃才高、不可一世之气。

关键词：金农　涉笔即古　画梅　题记

寒冷的冬天，万木纷谢，大地一片清冷。这时，只有梅花傲然怒放，花朵如灼灼明珠，散发着淡淡清香。梅花顽强斗寒的品质，冰清玉洁的骄人形态，深得文人的青睐。于是吟唱、挥毫，留下许多佳话、佳作。

北宋诗人林逋隐居于杭州西湖孤山，以梅为伴，养鹤为娱，时称"梅妻鹤子"。其诗："疏影横斜水清浅，暗香浮动月黄昏。"被后人誉为千古名句。

古代画梅最有声誉的要数元代王元章了。他最擅墨梅，并以写繁枝著称。所画梅枝细长舒展，挺秀自然。用淡墨圈点的花朵，清新怡人，凸显梅花天生丽质之神韵。自题诗云："吾家洗砚池头树，个个花开淡墨痕。不要人夸好颜色，自留清气满乾坤。"表现了清高孤洁的情感和坚贞不屈的节操。

明清以降，画梅高手层现迭出，但缺乏个性，显得泛滥。唯"扬州八怪"中的画家金农画梅，一种孤傲奇逸之气，前无古人，独立于画坛。

金农（1687～1763年），字寿门，浙江杭州人，先后在扬州达三十余年，是"扬州八怪"主要代表人物之一。

金农从事绘画较晚，但"涉笔即古"。初画竹，继画梅，又画马，画佛像。尤工

图1　扬州博物馆藏金农《玉壶春图》

于画梅，颇自矜许。

金农是被世人公认的一位具有创新思想的画家，但他绝非无视传统，只不过他的这种对传统的继承，不是临摹照抄，而是取其意，为自己的创作意图服务。这从他的作品题记中可以得到证明。

如他的《玉壶春图》（图1）。此画高128、阔40厘米，金农在如此狭长的画面上，画了一株顶天立地的梅花大干。这株略似弯曲、基本直立的大干，由于从旁伸出许多小的梅枝自然穿插其间，便打破呆板、单调的格局，使画面顿时活泼、丰富起来，并给人以奇伟、倔傲之感。画写胸臆，绝非虚语。

图中大段题写如下："田居先生为吾乡前辈，旧为监察御史，每得名迹必招赏于清池白石间。其藏元至大辛少府贡粉梅矮卷，繁枝密萼，花光迷离，恍如晓雪之方开也。先生最爱予小诗，索题纸尾者三，忽忽五十年情事矣。先生逝后，宅属他人，画亦遂失，今凝想写之玉壶春色，仿佛江路野桥二月也。"

以题记看，此时金农已七十五岁，这幅《玉壶春图》是追忆元代画梅高手辛贡作品时所画。但原件为横之长手卷，而这里金农所画的为高轴，章法完全不同。

金农的《折枝墨梅图》（图2）中题道："宋释氏泽禅师，善画梅。尝云，用心四十年才能作花圈少圆耳。元赵子固亦云，浓墨点椒大是难事，可见古人不苟，败煤秃管岂肯轻易落于纸上耶。余画梅，率意

图2　扬州博物馆藏金农《折枝墨梅图》

为之，每当一圈一点处，深领此语之妙，以示吾门诸弟子也。"

题记中所提到的宋释氏泽禅师，系宋僧仁济。他虽是当时画梅一流高手，但在艺术上从不满足，一生刻苦、精进不懈。另一位赵子固，即南宋著名画家赵孟坚，晚号逃禅。本系宋代宗宰，曾官至翰林学士，宋亡后，坚决不仕，表现了崇高节气。

从题记看，金农向仁济学的是如何画梅花花圈；向赵子固学的是如何点椒。并由此向他们学那种精神，虽一圈、一点也不肯轻易落于纸上。这与"四王"提倡的那种"学某家，便是某家，不杂他人一笔"的迂腐学风，大相径庭。

品赏此《折枝墨梅图》，其梅枝倒悬，自然交叠，行笔极为率意，宛如月夜中梅枝映照在纸窗上。以淡墨勾画的花朵、花瓣，圆而绵厚。其椒点用浓墨，形如截钉，锐利、坚挺。由于点与线、深与浅的自然交织，互为依衬，使笔墨形质取得极佳的效果。真有所谓"嫩寒清晓，行孤山篱落间""得扶疏缥缈之致"。

又一梅花册中《梅花》[①]，图中题道："宋白玉蟾工画梅，孤枝小朵，与道士张龙池同一妙也。予仿为之，并赋诗其上：雪比精神略瘦些，二三冷朵尚矜夸；近来老丑无人赏，耻向春风开好花。"

关于白玉蟾，根据他另一题记（图3）中介绍："白玉蟾善画梅，梅枝戍削，几类荆棘，著花甚繁，寒葩冻萼，不知有世上人。玉蟾本姓葛，名长庚，弃家游海上，号海琼子，又号蟾庵、武夷散人、神霄散吏、紫清真人，殆乎仙者也。"

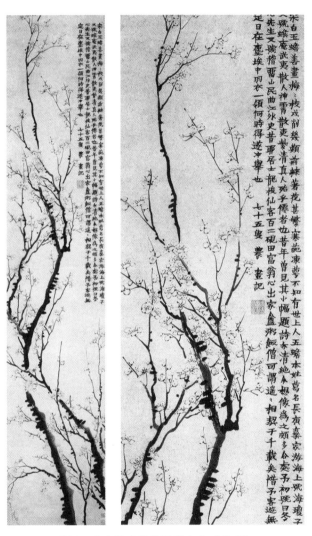

图3　北京故宫博物院藏金农《梅花》

金农此幅《梅花》章法奇特，竟从右下角至右上角，用将近一半的空间画了一株雄健梅树老干，下面冒出两根细长的新生枝条，对比形成巨大的落差。我们从这荒荒野趣中，一下子领略到了画家那不可一世的豪情，这又远非白玉蟾的那种"几类荆棘"的意趣了。

金农画梅，除笔墨外，偶也用粉。

　　乾隆壬午（1762 年）三月，金农在一张蓝色粉笺纸上画过一幅《梅花图》^②（图 4）。此画右上方有一大段题记："前贤画梅，多以水墨行笔，惟绍兴二年嵩山处士吴融涂粉为之，小枝疏花，一览易尽。今偶得宋笺一幅，爱其色若春波之始绿也，因作是图，繁密之态殊觉清艳撩人，令观者恍在云阶月地间消受冷香，何如、何如。"

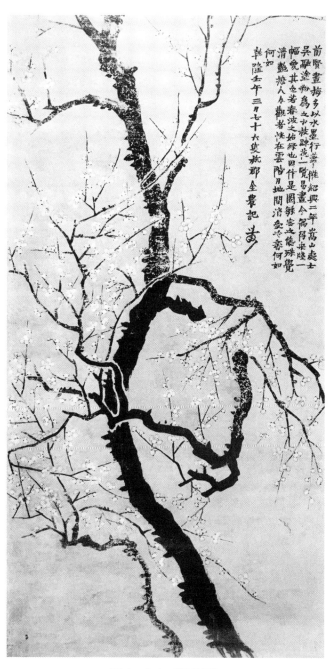

图 4　金农《梅花图》

　　这张宋代蓝色粉笺纸较为珍贵。其中画一株梅花主干，上不见首，下不见根部，犹如一条乌龙向空中伸展，旁出的梅枝，屈曲、回旋，如刚劲有力的龙爪，通体似铁铸成，气势非凡。由于暗蓝的纸色，犹如月色夜空，枝干上用粉圈点的梅花，如雪、如玉，隐隐显现，确是"清艳撩人"，给人以"云阶月地间"之想。这种创意，可谓前无古人。绝非处士吴融所能达到如此高妙的意趣。

　　从金农画梅题记来看，宋元前贤杨补之、丁野堂、白玉蟾以及华光长老等，都曾是他的取法对象。不过，我们从他的作品中很难看到有什么前人的痕迹。

　　绘画是一种技巧。不管是造型、还是笔墨，要达到高度的艺术技巧，必须用手。但绘画更重意趣，而意趣，则需要动脑。我们品赏金农的作品，其无一不是通过动脑。

　　从所谓"梅花如簇"横枝疏影""繁枝密萼""梅枝戍削，几类荆棘""江路野莓"等来看，金农赏识的是野梅野趣。

　　但世间画野梅，追求野趣的画家太少太少了。

　　"众能不如独诣"，金农绝不肯与之雷同。于是，他所画的野梅，所追求的野趣，时而是奇柯大木，顶天立地，时而枝繁花茂，益然生气。有时如荒荒老根，有时如蛟龙横空……他在野梅、野趣中融注了天荒地老之气、桀骜不驯之气、生辣古拙之气，以及自恃才高、不可一世之气。

　　这种唤起人格独立的意趣和强烈的个性，使金农的梅花至今独耀于中国画坛。

作者单位：扬州博物馆

注释

　　① 金农：《梅花》，《金农书画集》（下卷），中国民族摄影艺术出版社，第278页。此画现藏于北京故宫博物院。

　　② 金农：《梅花图》，《寒英馆珍藏集》，荣宝斋出版社，第99页。

返本以开新

——以黄宾虹上海时期的画学思想为中心

于 洋

内容提要：本文通过分析黄宾虹在上海寓居时期（1907～1937年）的画论思想，阐发其画论观点背后的文化策略，及其政治主张与这种策略的关联。特别针对其历时性价值观与社会文化整体观，对于中国画"传统出新"的文化策略，以及"传统出新"论与"国粹"主义的差异进行了辨析与讨论。本文认为，这种"传统出新"论更强调从中国画传统中萃取可供创造与转化的资源，积极吸纳外来文化、艺术的因素，以弥补中国文化传统长期以来的积弊与缺陷，同时激活传统的惰性，这对于今日中国画坛依然具有启示性意义。

关键词：黄宾虹 民国时期 上海 中国画

20世纪的中国画"传统派"这一语词，作为一种立场或对于一个群体的统称具有广、狭二义的区分：广义上所有主张维护传统的画家都可归入此派；狭义上的"传统派"与"国粹派""保守派"的语义接近，尤其是在其与"革新派"相对应时，这种指称更加突出了保卫与延续的含义。事实上，在偏于文化保守主义的"国粹派"之外，还有一批主张借古开今、守持传统但不排斥创新的一类画家，在其后的艺术之路上取得了更为重要的成就。与前者强调风格取向的"自在"层面所不同的是，后者更倾向于强调某种"自为"的自觉意识和理性成份。在20世纪初西方文化迅速涌入中国的时候，当中国画家的艺术道路出现多种可能性时，这些"传统出新"的代表画家"仍然坚持在继承传统的基础上走中国画自己的路，尤其是在后来中国画的生存发展受到严重压抑时，仍不改易，也就成了一种选择，一种主张，一种艺术观，甚至可以说是一种自我设计"[①]。这种自觉守护传统而保持理性精神的态度，在黄宾虹等画家身上表现得最为明显。

老子《道德经》有言："天之道，不争而善胜，不言而善应。"在 20 世纪 20～30 年代中国画学思想论争正酣之时，以黄宾虹等人为代表的"传统出新"派正以这种"不争之德"回应了"改良革新"派与"中西融合"派的挑战。黄宾虹在上海寓居期间为各类美术杂志撰写了大量介绍、讨论中国传统书画和古玩的文章，虽少有与人争锋之言，但明确地表达出反对西化、融合的立场，这种面对传统文化的危机境遇的自觉应对，对于今日画坛之浮躁风气恰恰具有可贵的提示性价值。

一、"图""画"之别与国画济世

与 20 世纪 20 年代北京画坛传统派相比，上海画坛作为近代中国美术活动的中心，中国画社团、文人雅集、期刊杂志出版的情况更为繁盛，传统派画家的集团性规模也体现得更为明显。在对于中国画价值的分析方面，与陈师曾、金城乃至广东国画研究会从画家主体精神和中国画本体论角度进行阐释的出发点不同，在商业经济发达、市民文化勃兴、"得风气之先"的民初上海，传统派画家更强调中国画的社会功能，以之作为论据与革新派针对中国画的发难进行论辩。

与民初北京画坛为南方画家所主导的局面相似的是，近代上海画坛也得力于江浙画家的推动。与此相关的是，自清光绪十年（1884 年）至二十年（1894 年），这十年间，生于浙江金华的黄宾虹曾先后五次到扬州学画。在其 1926 年撰著的《古画微》中，论及扬州画界，黄宾虹亦推重其早年曾经师从学习花鸟画的陈崇光（若木），并将其列入"金石学盛而书画兴"时涌现出来的具有近代意识的新艺术先驱之一。从任伯年、吴昌硕到王一亭、黄宾虹，这些生于或长期活动于江浙地区的画家在上海的寓居与创作，在"精神"和"物质"两个层面深刻影响了海派绘画的走势。对于这一点，美术史学者万青力认为："以商贾为代表的新兴市民阶层并不仅仅扮演着艺术赞助人的角色（如盐商对扬州画家，徽商对新安画家等），而是走上前台，直接参与艺术创作，甚至成为开派人物或艺坛领袖。"[②]北京画坛的金城、海上画坛的王一亭和陈小蝶都是这样的人物，他们在从事各种社会事务、经济活动的同时，还保持着中国传统儒商的风雅和深沉精致的艺术趣味，投入大量的财力与精力来扶植传统书画艺术，这在客观上使民国时期原本西潮之风汹涌澎湃的画坛在新旧"阵营"的综合实力对比上形成了某种制衡。

在民国时期中国画坛传统派与西画派争衡的舞台上，1929 年大学院（教育部）第一届全国美展组织者的权力变更是一段耐人寻味的历史细节，最终以王一亭为代表的传统派接替了以林风眠、林文铮为代表的留法派，掌握了此次美展的组织权。王一亭作为上海影响力最大的书画家、收藏家兼上海总商会会董，正是依仗着其深厚的民国政权背景与雄厚财力，成功地抵制和阻击了西画潮流对于传统中国画的攻势，从而守护了传统。他们还通过美术展览等现代手段向海外推介中国传统书画，有力回击了清末民初甚嚣尘上的中国画衰败论，为中国画传统的拓展提供了新的可能性。

上海传统派画家在二三十年代创建的最重要的两个书画社团，黄宾虹均居发起人之列：一是 1922 年冬^③由王一亭、黄宾虹、陈师曾、吴待秋等人在上海发起创立的"中国书画保存会"，该会以"保存国粹，发扬艺术"为宗旨，会员达三百余人，几乎囊括当时居住在上海的名画家；二是 1931 年由叶公绰、钱瘦铁、郑午昌、贺天健、谢公展、黄宾虹等人发起组织的"中国画会"，该会规模、范围较大，系全国性的中国画团体，影响深广。其间，在 1926 年初，由黄宾虹发起的中国金石书画艺观学会创立于上海，宗旨为"保存国粹，发扬国光，研究艺术，启人雅尚心"，并创《艺观》杂志，共出十期，该杂志全面展现了黄宾虹在 20 年代的中国画学思想，其第一期上的所有文章几乎都是黄本人所写，只是用了不同的署名。

在 1929 年发表于《艺观》第三期的《美展国画谈》一文中，黄宾虹针对当年国民政府教育部举办的第一届全国美术展览会的情况，阐明了他对当时画坛面貌的认识。与他在《真相画报》的古画史系列文章一样，黄宾虹秉持了历时性叙议的言说风格，上溯六朝唐宋，提出"我邦书画同源，具详史志；流派变迁，重在笔墨；师承有法，千古不移"，对画展中卢子枢、余绍宋、吕季操、许徵白、郑午昌、俞剑华、冯超然、吴湖帆等人的师古画风加以赞赏，并再次强调"画不师古，未有能成家者"的定律，同时也指明了追摹与创新的先后关系^④。

从 1912 年到 1937 年这二十五年间，黄宾虹一直在编辑、收藏家与画家这三个角色间埋头工作，除了与广东画坛友人编撰杂志的合作，他还先后参加了《古学汇刊》《美术丛书》和《南社丛刻》的编辑和撰稿工作，并在上海商务印书馆做了四年美编室主任；作为收藏家，他在上海广泛收集金石、古籍、字画藏品；作为画家，他与张善孖、张大千兄弟等组建了"烂漫社"画会，并在上海美术专科学校和国立暨南大学艺术系教授中国画。1934～1935 年间，黄宾虹在上海中国画会主办发行的十本《国画月刊》上共发表了七篇文章^⑤，从数量上仅次于主编贺天健，可见黄的地位与学养在画会中深受认可。这些文章中学术份量最重的当数最后一期上发表的《精神重于物质说》，其现实针对性亦更为明确地指向融合派以西方绘画的写实技法来改造中国画的现状。值得注意的是，黄氏在这篇文章中对"图"与"画"作了区分，他首先认为作为"艺"的图画是一种"道",根据是"道法自然",而"艺之至者,多合乎自然",在这个前提之下,"图"与"画"分别指向物质与精神:

　　艺有图画,图画者,文字之绪余,百工之始基也。文以载道,非图画无以明。而图谱之兴,尚不如画者,物质徒存,精神末至也。⑥

这种"图""画"分论的观点,在十五年前陈师曾的画论中已有论及。陈师曾在发表于《绘学杂志》第一期的《绘画源于实用说》中指出:

　　今通常所区别者,图与画为二。图资记述,画资玩赏,规画山川房屋式样,图也,非画也,……古时图画相合,现世文明日甚,故区而为二,然古时玩赏画少,而实用多图,则可断言也。⑦

20年代陈师曾在北京、30年代黄宾虹在上海皆将"图"与"画"分而谈之,无论是黄的"图不如画论"还是陈的"图画分离论",其用意都是十分明显的:既然写实的"图"与写意的"画"在功能上不同,那么以写实来改造中国画,就是混淆了"图"与"画"的界限,将"画"蜕变成了"图"。"画"之有别于"图",自然有其存在的道理和功用。黄宾虹敏锐地指出了西方唯物质主义带来的弊端,强调了文人画作为"精神文明"的社会功用:

　　且谓物质文明之极,其弊至于人欲横流,可酿残杀诸祸。惟精神之文明,得以调剂而消弭之。至于余闲赏览,心旷神怡,能使百虑尽涤,犹其浅也。志道之士,据德依仁,以游于艺。精神文明,与物质文明之用,相辅而行,并驰不悖,岂善哉,岂不善哉!⑧

由此,文人画即具备了调剂、消弭物质文明的极端所带来的物欲横流的功效,也获得了它在"现代社会"存在的合法性。这与陈师曾提出"古时图画相合,现世文明日甚,故区而为二"的理论一致,都在强调文人画作为"画"的写意性的一面,这无疑成功地为传统派所主张的文人画在现代社会中找到了一个重要而恰当的支点。而在此之前,无论在力主改良、革命的康有为、陈独秀眼中,还是在提出以西润中、调和、折衷的融合派诸家眼中,中国画只是一个日趋衰败的、消极出世的"夕阳"画种,无任何实用的社会功效可言。

对于中国画的社会功能,一些30年代上海画坛传统派画家也从多种角度作了辨析，以回应革新、融合派对于文人画的轻蔑态度，其中较具代表性的是凌文渊、郑午昌和余绍宋的分析。凌文渊作为一个具有较高社会地位的传统派画家，其言论的社会影响力较大，这从姚渔湘请他为《中国画讨论集》题写书名这件事可见一斑。在《国画在美术上的价值》（1932 年）中，凌氏将中国画的社会功能分为消极功效与积极功效两种，前者是"补道德宗教法律之穷"，后者是"拿这种美育来改造人类，使天下人类，尽成为有美德的人"。有意思的是，这位时任国民政府财政部代总长的民国政界要员，认为国画对于社会伦理规范的补救的重点对象乃四类人："一是腐败官僚，二是土匪式的军阀，三是赌博性质的资本家，四是资本主义的知识阶级。"因为唯有国画的濡染才能感化、改善他们的品格⑨。

与这种"道德补救"论相似的是，郑午昌认为中国画具有感化人格、救济世风的功用。他以"我五代乱世之需要佛教之传入"作比，认为在民国乃至全世界范围内的战乱境况之下，"国画具有缔造世界和平的感化力，亟宜传播"，并提出：

> 倘吾人善自传播其具有和平淡泊精神的国画，则世界厌乱惧祸之人类，必能认识我国画之伟大而尊奉之。是实吾人对于世界人类精神上之救济所当负责者也。⑩

30 年代中期以后，中国社会已然进入到一个"五代式的民国"的混战时代，不论是融合派还是传统派，都不能再平心静气地接受 20 年代的文人画可以养心遣兴的个人功能论⑪，而多从社会功用的角度来重新认识中国画。在这种情境之下，文人画的主体精神便经历了某种来自于社会的外化转变。余绍宋在《中国画之气韵问题》（1937年）中认为，在国难当头的时期，"盖局势既已紧张，又感到压迫与烦闷，则须有以调剂而缓和之，方是办法"，而中国画可达到"修养身心增高人格"之目的，反过来"若更以现代性及刺激性之艺术加之，不啻扬汤止沸抱薪救火"⑫。不论是认为中国画可以"补救社会道德规范""感化人格、救济世风"，还是"修养身心，调剂精神"，这些功能论的阐释，一方面可以被看作是陈师曾提出文人画价值论后的自然延伸，另一方面也显现了社会的外在情境对于中国画内在本体的雕琢作用。

二、"传统出新"的文化策略

余英时在谈到中国文化传统的现代危机时提出，"现代"即是以"传统"作为主脉的有机延续，现代不在传统之外，而在于传统之中，这一观点打破了传统与现代二元对立、互不相容的思维模式。他这样分析中国文化认同陷入长期困境的主要根源：

> 知识分子一心一意以"西方"（不同的"西方"）为范式，并借助西方的"新思想""新方法"来重建中国。在这个过程中，中国的文化传统不但没有获得其应有的位置，而且愈来愈被看作"现代化"的障碍，"现代化"每受一次挫折，推动者对于文化传统的憎恶便随之更深一层。这一心态的长期发展终于造成一种普遍的印象，即以为文化传统可以一扫而光，然后在一张白纸上建造一个全新的中国。[13]

对于"西方范式"的态度差异，决定了对于中国画之前途的讨论向内发掘还是向外探寻的歧路。"传统的现代化"可以被看作是大多数传统守护论者的基本思路，这与中西融合派的以"外力"作用于传统而促成的"现代化"存在着质的区别。革新派对于传统的不断加深的怨恨乃至憎恶，则成为传统派予以回击的原初动力。与革命者"憎恶"式的批判语气和融合派的急于建宗立派的初衷不同，传统派的反击语气多是儒雅而令人深味的，他们不断地向内发掘传统的现代转化的依据，来证明文人画作为中国画传统主线的潜在生机；他们的任务不是"建造"，而是"发现"和"转化"，是实现其沿着中国画内在文化理路踯躅前行的使命。

在以往直线性思维之下，传统派与中西融合派常被安置在从"传统"到"现代"的时间序列之上，甚至往往对应着某种由"旧"到"新"的"进化"历程，"中西融合"被认为是通往"现代"之路，所以常被看作是"开拓派"；而"传统演进"被认为尚未跨入现代范畴，常被称为"延续派""保守派"。通过对于民初中国画论争中传统派代表人物的观点梳理与思想来源的考查，我们不难发现这种论断的谬误。

美术史家薛永年以"借古开今"一词来描述具有创新意识的传统守护者，这种概括准确而生动。"借古"是手段和方式，"开今"是初衷与目的，借而开之，今由古来。传统派在民初中国画论争中表现出的求新意识，主要表现在两个方面：

第一，从传统派代表人物的知识结构与思想渊源上，中西知识的全面修养使他们避免了偏狭的态度，而不同程度地具有理性自觉的精神。陈师曾、金城等画家都有留学外洋的经历，而且所学专业均为西方现代自然科学与社会科学范畴，甚至可以说比主张以科学精神改造中国画的革新者更为了解"科学"为何物；潘天寿虽未留洋学习，但其所在"一师"荟萃了多位中西之学兼备的名师，加之过人的悟性，形成了他在中西绘画主张上"求异"与"存同"并举的理性态度；黄宾虹早年激于时事，参与同盟会、南社等组织，后潜心文史学术，深研画史、画理，以博学著称于画坛。学养的全面、平衡，使陈师曾、黄宾虹、潘天寿这些画家对于新知新潮并无抵触情绪，而是抱着一种较为宽容的心态看待当时文化界与画坛的风潮、运动，虽然他们也对西化倾向提出过不同程度的批评和劝诫，但对于西方绘画本身并无成见。上文提到的陈师曾与中西融合派画家的密切交往、黄宾虹在外国汉学家帮助下以文言文介绍西方美术史、潘天寿撰长文考证"域外绘画流入中土"的历史发展脉络等史实，都可从不同程度上证明了这些传统派精英的开放心态。

第二，从民初中国画论争的传统派代表人物各自观点的阐析方式与言说策略来看，都不同程度地吸取了近代历史科学的学术理路。陈师曾从进化论的角度以西诠中，以文人画合乎进步之原则反驳康有为等人的中国画"衰败"论；而多位传统派画家有意识地强调中国画的人格修养，这种将论争焦点引向创作主体的"内趋转向"，作为一种策略调整也反映出传统派画家的战略智慧。此外，治史作为宣扬中国绘画传统之现代价值的重要途径，也被传统派精英广为采用，出版于20年代中期的陈师曾、潘天寿的《中国绘画史》，对于中国绘画传统作了及时的系统性梳理，黄宾虹在同一时期也看到了"历时性"地阐释中国画传统体系的必要性，发表了多篇画史文章。这些著述的意义不仅仅是开启了中国现代美术史学的草创期，更是在西画东渐后国人的"文化自卑"心理日涨一日的情境中，对于中国传统美术遗产的发掘与重拾，也从一个侧面回应了当时革新、融合派的民族虚无主义倾向。

当然，正如中国古代画论对于画家所作品次等级的划定那样，民初传统派阵营内部也具有较为复杂的结构。在对传统派群体的结构问题的理解上，美国学者 E·希尔斯在《论传统》一书中谈到"传统的族类"时认为：

> 在任何社会和任何传统内，接受传统的准确性总是从中心向边缘递减。一种传统的大多数拥护者对他们所赞同的传统都只有一种模糊的认识。⑭

希尔斯的理论可以为我们带来有益的启示。或者我们可以这样认识：文化传统的精华部分带有一种天然的精英属性，将其主要的文化"基因"保留下来的那部分，我们称其为"传统主线"，如中国画自元代以来的文人画体系，以及董其昌通过"南北宗"理论的建构而推广的"南宗"流脉；虽然在其之外还有各种不同主张的画派、风格的流传，但终究不能代表传统最精华的那部分内容与成就。也就是说，虽然传统主线的外延也可能承袭传统的部分因素，但总是或多或少地模糊甚至削弱了传统"中心"的特质；即使他们也都以维护"传统"自恃，但过分保守的心态已经使其偏离了传统主线的指向——道理很简单，传统不是一条被冰冻凝固的河，而是时时流动的、具有新陈代谢功能的有机体，任何"刻舟求剑"式的视角都可能导致对于传统的错解与误取。由此，我们就不难理解传统派中多样形态的形成以及传统主线的确立对于中国画演进路向的重要性。

"国粹守旧"论强调保存、延续传统"正宗"绘画样式，主张摹古而往往流于泥古，多极力持守传统文人士夫的生活方式与作风，以今语形容可称其为国画"原教旨主义者"。他们极力反对西画东渐的影响，在关于中国画革新的论战中措词激烈，伦理道德批判意识浓重，带有极端的民族主义情绪与保守倾向。持此观念者常作为革新、融合派的重点攻讦对象，被讥诮为"抱残守缺""食古不化"。关于这一点，"不是谨遵古法一派完全失去了欣赏价值，完全失去了传统精神，而是它没有创造力，没有与变革中国社会同趋的现代意识、现代感觉。"⑮其最为典型的代表人物是林纾和广东画学研究会的部分画家；对民国北京画坛影响甚大的金城虽提出"精研古法，博采新知"的口号，但实际上还是有"以古代今"的"尚古"倾向。

"传统出新"论则更强调从中国画传统中萃取可供创造与转化的资源，但这种选择性的吸收并不妨碍他们对于传统一往情深的痴迷。传统出新论者与守旧派的一个根本区别是，他们从来就不反对，相反却积极吸纳外来文化、艺术的因素，以弥补中国文化传统长期以来的积弊与缺陷，激活传统的惰性；他们所反对的是一味尚新、主张革除传统的所谓"新派"，而非"新"本身。他们所追求的"新"来自于传统内部的延展与生发，这种"借古开今"的倾向使他们对于传统抱持着一种研究性心态，而非仅仅出于保存之目的；这种对于传统的理性自觉的选择，在返本与开新之间找到了合适的切入点。诸如陈师曾、黄宾虹、潘天寿等人，他们具有对于传统的真正领悟、对于中西绘画之异同的敏感，并葆有对传统的自律性进程的自信以及对中国画发展策略的自觉。

作者单位：中央美术学院

注释

① 潘公凯：《"传统派"与"传统主义"》，《限制与拓展——关于现代中国画的思考》，浙江人民美术出版社 1997 年，第 378 页。

② 万青力：《江南蜕变——19 至 20 世纪初中国艺术史一瞥》，《美术研究》1998 年第 4 期。

③ 关于中国书画保存会的创立时间有二说：一说 1929 年 1 月创立，同时编辑出版社刊《国粹月

刊》，仅出一期（见许志浩：《中国美术社团漫录》，上海书画出版社，1994 年，第 99 页）；一说 1922 年冬创立，后于 1929 年 1 月创刊《国粹月刊》，出过四期（见黄可：《上海美术史札记》，上海人民美术出版社，2000 年，第 212 页）。据笔者查找的相关原始资料，后者的说法更为准确，本文亦取后者说。

④ 黄宾虹：《美展国画谈》，1929 年《艺观》（复刊后）第三期。

⑤ 黄宾虹发表于《国画月刊》的七篇文章分别是：《致治以文说》、《画法要旨》（第 1 期）、《画法要旨（续）》（第 2 期）、《新安派论略》（第 3 期）、《中国山水画今昔之变迁》（第 4 期）、《论画宜取所长》（第 7 期）、《精神重于物质说》（第 11、12 期合刊）。

⑥⑧ 黄宾虹：《精神重于物质说》，《国画月刊》1935 年第 11、12 期合刊。

⑦ 陈师曾：《绘画源于实用说》，《绘学杂志》第一期，1920 年 6 月。

⑨ 凌文渊：《国画在美术上的价值》，姚渔湘编《中国画讨论集》，立达书局，1932 年。

⑩ 郑午昌：《中国的绘画》，《文化建设月刊》创刊号，1934 年 10 月。

⑪ 与民初上海画坛传统派对于中国画社会功能的阐述形成对比的，是北京画坛传统派的"怡情长寿"论。如胡佩衡在《中国山水画气韵的研究》中引古训指出："学画山水，可以养性情，除烦闷，释躁心，迎静气，多享大年。"还举出董其昌和四王都活到七、八十岁的例证。见胡佩衡：《中国山水画气韵的研究》，《绘学杂志》第二期，1921 年 1 月。

⑫ 余绍宋：《中国画之气韵问题》，滕固编《教育部第二次全国美术展览专刊》，南京教育部第二次全国美术展览会筹委会，1937 年。

⑬ 余英时：《现代危机与思想人物》，三联书店，2005 年，第 48 页。

⑭ ［美］E·希尔斯著，傅铿、吕乐译：《论传统》，上海人民出版社，1991 年，第 354 页。

⑮ 薛永年：《变故为今　借洋兴中：20 世纪中国水墨画演进的回顾（下）》，《美术研究》1996 年第 3 期。

平山堂之蜀冈位置考

——与大明寺、司徒庙等空间关系的动态考察

明 光

内容提要：欧阳修创建之平山堂，据同时人诗作，当在大明寺内；1164 年第二次重修后，最早出现堂在寺侧的记载是李壁的《王荆公诗注》，而非王象之的《舆地纪胜》。元末，平山堂改作司徒庙。据方志诗文等，明代平山堂先在大明寺西侧，废毁后，嘉靖年间火文津以大明寺前庭为平山堂，延续至清初。现存《（万历）扬州图说》所云平山堂在蜀冈西峰远离大明寺，为孤说，尚难采信。清康熙二年（1663 年），大明寺前庭之平山堂，被改为佛殿，供奉神像，康熙十三年（1774 年），太守金镇视旧址迤西重建，平山堂自有大门，紧邻大明寺。同治年间，方濬颐重建，平山堂又在大明寺内，至今。

关键词：平山堂　大明寺　空间关系

扬州平山堂于宋代庆历年间矗立在城外西北的蜀冈，但最早的具体位置为何，欧阳修本人未明说，人们惯引宋人"大明寺侧""大明寺庭之坤隅"①之说。但此址是最初的位置还是某次重修后的所在？前人未曾关注。千年以来平山堂又毁建多次，且有改作司徒庙、并入大明寺的记载。明代人有称"城西之平山堂"②，今日亦有人称宋代至明代前期，平山堂不在蜀冈中峰，而在西峰③，甚至有人径称今日平山堂在蜀冈西峰者④，所述不一。

其实，今日之平山堂在大明寺内，大明寺在蜀冈中峰，故今日平山堂绝不在蜀冈西峰。宋代至清代，平山堂在蜀冈的位置，难以像今日之某路某门牌号般确认，这一时期中有否搬建到西峰，不能妄断有无，当就史料中平山堂与周边建筑或地名的相关记载，加以考察。鉴于平山堂最早就是以大明寺为坐标，故一以贯之，以平山堂与大明寺的空间关系为中心兼涉其他，来辨明各时期平山堂在蜀冈的具体位置。

一、宋代平山堂有易址，由大明寺内而寺侧

平山堂的最早记述，是欧阳修于修建次年写给前任扬州太守韩琦的一封信，谓自己："幸遵遗矩，莫敢有逾；独平山堂占胜蜀冈，江南诸山，一目千里，以至大明井、琼花二亭。此三者拾公之遗，以继盛美尔。"⑤表明平山堂在蜀冈。

现知欧阳修创建平山堂后，整个宋代有六次重修。其中有无易址？值得考察。六次重修，存有四次重修的"记"文。第一次重修在 1064 年，沈括所记第一次重修，是"悉撤而新之"⑥，撤，撤换建筑材料之谓也，当指原地翻新，没有易址。洪迈所记周淙主持的第二次重修，修前是"瓦老木腐，因之以倾陊，荐之以兵革，而遗址离离，无复一存，荒烟白露，苍莽灭没"⑦。时在 1164 年前后。不到 20 年，1182 年前后，赵子濛修葺，无记文；不到 30 年，1189 年郑兴裔主持第四次重建，其《记》文云：周淙所修之平山堂已是"荆榛塞道，荒葛冒途，颓垣断栋，率剥烂不可支撑"⑧；1210 年，赵师石帅扬州第五次重修，楼钥《记》简介平山堂重修历史："（第一次重修）直史馆刁公约新之，沈内翰括为之记。绍兴末年（1162 年），废于兵燹。周贰卿淙起其废，……近岁赵龙图子濛尝加葺治，郑承宣兴裔更创而增大之。"⑨据此，第一、二次重修相隔百年，其间平山堂遭兵火，已无复一存；故第二次重建地址变动的可能性较大。其后到第五次重建，时间跨度不过 50 年，又有三次重修，可以想象大体承第二次重建的原址、主体而增大、出新，不会变置堂址。

根据这种理解，笔者以为，在 1048～1164 年及稍后的时间段内，平山堂是在初建原址，此后所提及的平山堂位置有所变动。循此思路，查找资料，宋人记载果真出现两种情况。

（一）欧阳修同时代人记述：初建之平山堂在大明寺内

笔者翻检与欧阳修同时代或稍后者的诗文记述，发现此时平山堂极有可能在大明寺内。

第一则，梅尧臣的几首诗。

梅尧臣（1002～1060 年）与欧阳修为好友，卒时距 1048 年建造平山堂不过 12 年。梅尧臣有数首关于平山堂的诗歌，其中有三处提及平山堂与大明寺的关系。

其一、《大明寺杂言》：

芜城之北大明寺，辟堂高爽趣广而意庞。欧阳公经始曰平山，山之逦逦苍翠隔大江。天清日明，了了见峰岭，已胜谢朓龊龊远视于一窗。亦笑炀帝造楼摘星放萤火，锦帆落樯旗建杠。我今乃来偶同二三友，得句欲霜钟撞。却思公之文字世莫双，举酒一使长咽慢肌高揭鼓笛腔，万古有作心胸降。⑩

谓大明寺辟堂，似乎是说在大明寺所属地盘上建造了平山堂。而自有了平山堂，蜀冈也被诗人称为"平山"，甚至大明寺也被称为"平山寺"。

其二、《和永叔答刘原甫游平山堂寄》：

黄土坡陁冈顶寺，青烟幂历浙西山。半荒樵牧旧城下，一月阴晴连屿间。人指废兴都莫问，眼看今古总输闲。刘郎寄咏公酬处，夜对金銮步辇还。⑪

该诗乃为他人"游平山堂"诗的唱和，没有直接描写平山堂自身之景，其第一句却点明大明寺（冈顶寺）的所在，颇使人觉得堂在寺内。

其三、《大明寺平山堂》：

陆羽烹茶处，为堂备宴娱。冈形来自蜀，山色去连吴。毫发开明镜，阴晴改画图。翰林能忆否，此景大梁无。⑫

诗题两者连说而下，或有两解：一是大明寺、平山堂相连相接，至少相距不远；一是大明寺之平山堂，堂在寺内。两解都说明两者地理位置很近。"陆羽烹茶处"，即欧阳修所谓"大明寺井水"⑬；既为大明寺井水，则必在大明寺内。"备宴娱"之"堂"，据诗题即是平山堂，该堂藉大明寺井水来娱宴宾客，自当同处大明寺内吧。梅尧臣《平山堂留题》也提及"陆羽井苔粘瓦缸，煎铛泻鼎声淙淙"⑭，可做旁证。故此，《大明寺平山堂》诗题最合理的解释是，大明寺之平山堂。梅尧臣这三首诗，似乎表明平山堂就建在大明寺内。

第二则，苏颂（1020～1101年）写于元祐八年（1093年）扬州任上的诗，怀念扬州诸前任太守，述及欧阳修，谓："乐安予旧馆，早岁窥墙仞。儒林仰宗工，政府发闳论。虽无鼎铭勋，却有书传信。"自注云：

予举进士日，欧阳公主文衡，误见赏拔。后留守宋都，予在幕府，自尔相知尤厚，始终不替。大明寺平山堂公所作，最为一郡之胜。⑮

亦谓大明寺平山堂，其意当与梅尧臣《大明寺平山堂》之诗题同解。

第三则，秦观（1049～1100 年）有《次韵子由题平山堂》诗，首联云：

栋宇高开古寺间，尽收佳处入雕栏。⑯

首句交代平山堂建在古寺间，不云古寺旁、古寺边，而写"古寺间"，显是明确表达堂在寺中。

第四则，南宋施元之（1102～1174 年）注苏轼《次韵鼂无咎学士相迎》"每到平山忆醉翁，悬知他日君思我。路傍小儿笑相逢，齐歌万事转头空。赖有风流贤别驾，犹堪十里卷春风"，写道：

平山堂在扬州大明寺，欧阳文忠公修建。⑰

该注的说法，"平山堂在大明寺范围内"的意思最明显。

第五则，宋人张邦基（1131 年前后在世）有《墨庄漫录》云：

扬州蜀冈上大明寺平山堂前，欧阳文公忠手植柳一株，谓之欧公柳。⑱

张邦基是扬州所属高邮人，有亲友居住在扬州，他对平山堂地址的记载，当是亲临考察后的记述，而非转述前人吧。

此五则材料，时间最早的是梅尧臣的三首诗，均在 1064 年之前；其他四则，不在 1164 年之前，也后 1164 年不远。这些材料都或明或暗说明，堂在寺内。

笔者也注意到，在此时段中，没有发现与上述相反的记载。

堂在寺内的说法，此后还有流传，如南宋末年何士信编《群英草堂诗余》注鼂无咎《八声甘州·追和东坡韵》"莫倚平山栏槛，是醉翁饮处"句云：

欧阳文忠公知除州日，作亭琅邪山，自号醉翁，因以名亭。后守扬州，于僧寺建平山堂，甚得观览之胜，堂下手值柳数株。⑲

"于僧寺建平山堂"，是说初建之平山堂在大明寺内。

（二）1200 年后相关记载：二次重修平山堂在大明寺侧

本文开头提及人们惯引宋人"大明寺侧""大明寺庭之坤隅"之说，其实是出现在 1200 年之后的书籍中。这部书就是南宋人王象之（1163～1230 年）的《舆地纪胜》，其中记载：

> 平山堂，在州城西北五里大明寺侧。庆历八年二月欧公来牧是邦，为堂于大明寺庭之坤隅。江南诸山拱列檐下若可攀取因目之曰平山堂。[20]

这是地理专书中的最早记载，一般也以为是平山堂具体位置最早的明确记载。此书完稿距欧阳修建造当年已逾 170 年。稍后，祝穆撰《方舆胜览》则抄录《舆地纪胜》而已。

其实，南宋李壁（1157～1222 年）注王安石《平山堂》诗题也说：

> 平山堂在扬州城西北五里大明寺侧。庆历八年二月，欧阳公以起居舍人知制诰来牧是邦。暇日将僚属宾客过大明佛寺，登古城，遂撤废屋，为堂于寺庭之坤隅。江南诸山，拱列檐下，若可攀取，因目之曰平山堂。[21]

李壁表述平山堂的命名及其与大明寺的空间关系，与王象之基本一样。李壁在诗注中说"余乙丑年（1205 年）以使事尝至堂上"[22]，所记足见不假。

一般以为王象之于宋宁宗嘉定年间（1208～1224 年）开始编纂《舆地纪胜》，约于嘉定十四年（1221 年）完成初稿，至宋理宗宝庆三年（1227 年）全书始成。而李壁《王安石诗注》作于开禧三年（1207 年）至嘉定二年（1209 年），谪居抚州时。首刊于嘉定七年（1214 年年）。

据此可断定，堂在寺侧的说法，出现在第二次重修（1164 年）后。此前多言大明寺平山堂，此言平山堂在寺侧，结合第二次重修"记"文叙写的情况，合理推断此时平山堂与大明寺的关系发生变化，由寺内易址到寺外，殆无疑义。而且，最早记述者并非王象之，而是李壁；只是人们专注地理专书而忘记李壁。

两人所记平山堂位置的关键信息为：一句谓大明寺侧，一句谓大明寺庭之西南隅。两句从不同角度阐释堂、寺空间关系。前句"侧"，交代寺（建筑群）、堂（单体建筑）的关系，即两个独立单位的空间关系。但"侧"方位不明，且狭义是紧邻，广义则非紧邻，可能间隔一二建筑。后句则交代平山堂与大明寺的方位关系；"庭"指寺之主殿吧，坤隅，指西南方向。笔者理解为：主殿之南为前庭或山门，山门之西即平山堂所在。"庭"的西南方向就是平山堂。把两句联系起来，则意味着：平山堂就是大明寺的西侧紧邻。

第六次重修，没有留下"记"文，清人表述为"宝庆间（1225～1227 年）史岩之更修葺之"[23]，修葺，更多是维护整修，不会重建吧，也就不会有易址的可能。

宋代末年，平山堂衰破残败，但声名尚在，时人尚喜登临怀古。与空间位置有关的信息，主要是张蕴（1225～1264年）的一首《平山堂吊古》：

> 隔江山色画图中，故趾荒来与庙通。画地雄添淮海水，占星南直斗牛宫。
> 试评蜀味长泉在，欲唱欧词古柳空。往事茫茫增感慨，聊凭戍卒指西东。㉔

"故趾荒来与庙通"，透露了平山堂与某庙的空间关系。据现存最早扬州府志即明代《（嘉靖）惟扬志》所记，司徒庙"在县西北善应乡平山堂西。宋有司徒庙，即此也"㉕。味此话之意，前句是交代司徒庙于明代当时的位置；后句表明该庙与宋代司徒庙的关系。明代司徒庙的位置，不一定就是宋代原址，但可以想见，宋代的司徒庙应该就在平山堂附近。所以，宋代张蕴诗中与平山堂故址相同通的"庙"，应当就是这个司徒庙吧。

但鉴于宋代平山堂与大明寺的近邻关系，相通之"庙"似乎也有另一种可能。虽说就宗教、祭祀意义的字义而言，寺、庙本有区别。寺，专指佛教专司场所；庙，专指祭祀鬼神、传说人物等。但早在南北朝时期，寺庙已经并称，民间造庙造寺虽沿袭惯例，但在口头称谓上也多将寺称为庙。比如，就宗教场所而言，和尚为庙，尼姑为庵，道士为观。故似乎也不能排除指的是"大明寺"；而亦能侧面证明平山堂与大明寺确实紧邻。

二、元代平山堂：从独立到改作司徒庙，必在大明寺外

目前没有元代修缮平山堂的记载资料，故理解为元代平山堂位置未变。元代初期至中期，平山堂还是游赏之地，滕安上（1242～1295年）有《中秋玩月于平山堂提刑廉公索赋》《平山堂木芍药盛开紫素相间香韵殊绝门生邀赏因为赋此》诸诗。王奕有《临江仙·和元遗山题扬州平山堂》词，提及"几阕平山堂上酒，夕阳还照边楼"㉖。

元代高丽人李齐贤，多次来到中国，约于1319年秋陪高丽忠宣王到扬州、镇江、杭州拜佛。其《鹧鸪天》一词歌咏平山堂，当作于此时或稍后。词曰"路人犹解说欧阳""堂前杨柳经摇落"；词题为"扬州平山堂今为八哈师所居"㉗。

后期时，李孝光（1285～1350年）有题为《登平山堂故址》的诗，云"蜀山有堂已改作"，其诗题自注说"今为司徒庙"㉘。平山堂改作司徒庙，通常理解为平山堂里供奉起五位司徒的神像。但是否有另一种可能：司徒庙既与荒废的平山堂相通，干脆就把平山堂并入自己的区域。外人来寻平山堂，作诗兴会之际，将"归并"说成"改作司徒庙"，也大体不错。

虽说改作司徒庙，不仅李孝光知道这就是平山堂，稍后的舒頔（1304～1377 年）也知道，作有《平山堂》诗："平山山上构高堂，堂下青芜接大荒。堂废山空人不见，冷云秋草卧横冈。"㉙此堂功能、名号虽变，但声名不坠，不影响文人对平山堂凭吊；这情形清初还再次出现。

三、明代平山堂：大明寺西侧——大明寺前庭

明代平山堂至少有三次重建，地址变化两次。

（一）1500 年前后第一次重建，平山堂矗立在大明寺西侧

第一次重建，没有明确记载。据相关材料推断而来。

文徵明（1470～1559 年）于 1527 年创作《过扬州登平山堂二首》，谓"平山堂上草芊绵"，可见此时不仅有平山堂，景色亦可观。

蜀冈又出现了"平山堂"，在大明寺西。罗玘（1447～1519 年）所写《重修大明寺碑记》记载：智沧溟"天顺（1457～1464 年）间，北游五台，回抵于扬。偶适野，见摘星楼西、平山堂东，中有空隙地，约广数十亩""若（大明寺）遗址也……遂结小庵，以栖于上"；后募建法堂、大雄宝殿等，"今孙广胜主焚修焉，于正德丁卯（1507 年）建伽蓝祖师一殿，盖自是始称备焉。"㉚此文交代大明寺在明代重建，地理方位以平山堂为西界，则平山堂必在重修的大明寺紧邻。后来《（嘉靖）惟扬志》则明确记载："在州城西北五里大明寺侧。"㉛

1515 年，御史金献民到江西公干，道经扬州，故人子李某盛宴接待，言谈中谈及附近的司徒庙将坏，遂动议重修。第二年春完工，李某复请金献民作记。金文写到：去年李某"迓迎于城西之平山堂"，"堂之后有祠"㉜即司徒庙。此文表明，明代第一次重建的平山堂在城西，位置在司徒庙之前。

此三则材料足以说明，早则 1460 年前后，迟则金文前不久，平山堂又出现在蜀冈。

只是罗文、金文的说法有异：大明寺侧与城西。大明寺在城西北，其侧平山堂何以竟在城西？也许明代重建的大明寺地址西移较远，使得寺西侧的平山堂在更远的西处？

据罗文，大明寺的地址，东起摘星楼西，西起平山堂东；似乎平山堂还早于大明寺的复建，大明寺地界还是以平山堂为准；若此，上面"也许"的猜想，就不成立。

或谓此平山堂是罗文写作前不久才建的，但东头的摘星楼却是早已存在的。所谓摘星楼，即人们熟知的东峰观音禅寺，今人所谓观音山。明人严贞写于1437年的《功德山观音禅寺记》说："观音禅寺……即古之摘星楼基也。"③此寺元代即有，后废；入明不久，1379年，僧人开始复建，至1395年，观音禅寺已成大观。故罗文所述摘星楼、大明寺、平山堂的方位关系，可以成立。大明寺在中峰，平山堂也在中峰，不会是在城西。

那金文为何说"城西平山堂"呢？是误记，还是另有原因？查看资料发现：明前中期郡城人赴蜀冈，多从西门出城，然后北折前往蜀冈。兹举三条：

第一条，1454年进士高宗本《清平桥记》说："清平桥，在今扬州郡城西郭外五里许，直大明寺之前……今之大明寺寺前有溪水自西而来，灵潦骤至，则漫溢冲激，不可度。古溪上有桥，名曰清平。而凡登山者必斯桥是经也焉。……其最便者尤莫便于（大明）寺。"③清平桥，在大明寺前，当在城西北，其文偏从城西说起，盖因出城路径如此。高宗本致仕后归寓扬州，尤习郡邑掌故，著有《惟扬新志》。

第二则，马骈《重修法海桥记》："出郡城西，折而北二里而近，有寺曰法海。……出寺门而东，旧有石桥。建始亦莫可考。凡郡人有事，于西郭棹小舟自南而北，由是桥达寺。逾寺不数里，为大明、观音二寺。"③马骈，扬州人，活动时间在弘治至嘉靖初。法海寺在城西北，文中描述的是郡人出西门然后向北。经法海寺至蜀冈的行进路径。

第三则，明嘉靖时人陆深《俨山外集》："嘉靖十四年二月廿一日，入关，晓出扬州西门过胡安定祠，入谒，乃旧司徒庙改作。其东别作司徒庙未成观。"③司徒庙亦在蜀冈，陆某也是出西门，北折而至。

据此，笔者以为，金文中的"城西"并非准确的方位定位，乃是兼顾出城方向、出城路径的表述；这当是那时的习惯说法。

到了晚明，随着城郊河道疏浚，到法海寺、大明寺、平山堂出行线路，发生变化。姚希孟《游广陵记》讲1604年游蜀冈，则是先游城北天宁寺，沿河西行北折至法海寺，继续北行至大明寺。入清后，谈迁于1653年过扬州，至大明寺的路线则是：出"广储门沿西壕上梅花岭，……稍西，细榆列隧试入之，明督师太子太师兼兵部尚书中极殿大学士可法史公墓。……寻入天宁寺……贾锐度红桥……经法海寺，蜀冈在睫。足加捷，入大明寺"③。

简言之，明初至嘉靖年间，郡人出城至蜀冈，习惯出西门，然后北折；明末清初，逐渐改为出北门西行再北折。

金文说"堂之后有祠",这涉及司徒庙方位及与平山堂的关系。

元末,平山堂改作司徒庙,后司徒庙亦渐圮。明初重建。《(嘉靖)惟扬志》这样记载:

> (司徒庙)在县西北善应乡平山堂西。宋有司徒庙,即此也。洪武十六年重建。……嘉靖六年移建旧祠东。
>
> (广陵三先生祠)在府城西门外十里平山上,旧为司徒庙。嘉靖六年,巡盐御史雷应龙巡按御史王鼎撤毁司徒铜木像,塑安定先生像。千中令有司春秋祭祀。嘉靖二十一年春,巡盐御史胡植、行知府朱怀干复举宋乡贤乐庵先生李衡、竹西先生王居正并设木主同祀于安定祠。本府官主祭,有记。又发罚赎金,行知府朱怀干重修祠宇。⑧

明初的司徒庙,嘉靖初改为三先生祠;不几年复在祠东另建司徒庙。一般以为,三先生祠、司徒庙,在蜀冈西峰。司徒庙,在平山堂西,《(嘉靖)惟扬志》当为嘉靖中期的地理位置和空间关系。万历年间的《扬州府志》《江都县志》也都谓司徒庙在"平山堂西",空间关系未变。

金文所谓司徒庙,时在正德年间,其地址即《(嘉靖)惟扬志》所谓之"广陵三先生祠"所在。此司徒庙与平山堂应当是东西相望,中间有一段距离,日后将建起新司徒庙。金文却谓"堂之后有祠",方位与方志矛盾,怎么理解?或许还是行走路径上的前后吧:金某等人出西门即北折,经法海寺抵大明寺向西,到达平山堂,继续西行,则可到司徒庙。如果不是,只好存疑了。

(二) 1550 年前后第二次重修:平山堂为大明寺的前庭,延续至明末

第二次重修,见叶观(1517 年进士)《重修大明寺记》:火文津重修大明寺时,"伏谓欧阳文忠公所建平山堂在其右,而久倾,遂局其前庭曰平山堂,饰之青绿,施之文采,所以昭先贤之佳况也。"⑨大明寺的前殿称为平山堂,可以说是堂在寺内。

此文写于何时不明,火文津重修大明寺时间也难考。《(嘉靖)惟扬志》编修于 1541 年,未载此平山堂位置,姑谓第二次重修平山堂至早在 1550 年前后,大致不差。

有人以为,前庭只是空地,谓之"只有其名而无堂实"⑩。若果无其堂,其名号如何体现?而青绿、文采何以施饰?又如何"昭先贤之佳况"?故疑其恐误解文中"庭"字。庭,本意是指堂阶前的院子,也可引申为厅堂。故此"前庭",当指前殿。

万历十九年(1591 年)吴秀守扬州,不久即重修平山堂,是为明代三次重修,推

官赵洪极撰《重修平山堂记》。赵洪极《重修平山堂记》未说明具体地址；但其后姚希孟（1579～1636年）在《游广陵记》中，这样描述大明寺、平山堂的空间关系："嵯峨台殿突起目前者，大明寺也。入门有堂三楹，欧阳文忠公刺扬州时所创，题曰平山堂。"[41]入大明寺门，即为平山堂，可知吴秀只在火文津"扃其前庭曰平山堂"的旧址而重修之。此次重修，距火文津的重修，仅四十余年，中无兵燹之灾，就原址而修缮，自在情理之中。平山堂仍在寺内。

编撰于万历二十五年（1597年）前后的《（万历）江都县志》谓"大明寺前有平山堂"[42]之"前"字，联系叶观的《重修大明寺记》，应当理解为大明寺的前部，而非大明寺大门之前。此为嘉靖、万历时的大明寺、平山堂空间关系的实际情形。编纂于万历二十九年（1601年）《（万历）扬州府志》谓"欧阳永叔守扬州时于大明寺前创平山堂"[43]，看似指陈宋代情况，但不谓"大明寺侧"，而谓"大明寺前"，恐也是兼顾万历时实况。

但现存万历《扬州府图说》（美藏本）之"江都县图"明确标示，大明寺往西，依次为司徒庙、三贤祠、平山堂；即平山堂、大明寺之间，隔着三贤祠、司徒庙，平山堂明显在西峰[44]。与万历年间两部"府县志"的所载不同，将平山堂从大明寺"前"，西移至三贤祠之西，致今人谓此时平山堂在蜀冈西峰。

万历《扬州府图说》现存三个版本，除了笔者引用的美藏本外，还有镇江博物院和北京图书馆所藏版本。美藏本与镇江博物院藏本之"江都县图"，图示"大明寺、司徒庙、三贤祠、平山堂"的位置一样（北图本未寓目）。但书写字体、内容偶有小异，如美藏本曰"三贤祠"，镇博本曰"三先祠"。

一般以为北图本是康熙年间抄本，而美藏本、镇博本谁先谁后，也不清楚。该《图说》亦不知何人所撰。《图说》中有些信息，明显错误，不排除平山堂、司徒庙、三贤祠标示错误的可能。在不知来历的《图说》与有明确作者纂修的方志相矛盾，而又有文字材料辅证方志观点时，笔者以为，在更为有力的材料出现之前，采用方志记载，当是谨慎稳妥的做法。

此后至明亡，平山堂位置未变，在大明寺内。

四、清代平山堂：寺内—寺外—寺内

清代平山堂与大明寺的空间关系多有变化。

（一）康熙二年（1663 年）前，承明代格局，堂在寺内

明末清初，战争动乱，大明寺已是"僧徒星散，以致山虚梵冷，谷静钟寒，风流既邈，名胜寝湮"[45]。1653 年，史学家谈迁北上，道经扬州，慕名蜀冈，"经法海寺，蜀冈在睫。足加捷，入大明寺，古曰栖灵寺。宋欧阳修平山堂在寺前而废。"[46]此处之"废"，似宜理解为破落、衰败，并非一片荒芜；因为清初汪懋麟回忆说，13 岁（约 1652 年）登平山堂，"堂中悬大字，庐陵名煌煌"[47]；联系顺治康熙之际诸人游大明寺、平山堂诗作，此时堂、寺虽冷，并未沦为废墟，且堂、寺相对格局未变，时有文人凭吊。"前"字，亦当如前文所述"前部"之意。

（二）康熙二年（1663 年）：变制为寺，堂无存焉

汪懋麟说："康熙二年，土人无状，变制为寺，而堂无复存焉矣。"[48]

其原因是大明寺恢复建设。早在 1657 年，邑人请郡守传哲祥，公请受宗旨和尚来扬主持大明寺，"辟地址，垦草莱，修其颓败，葺其倾圮，升堂说法，四方星拱云集"，人称"兹寺之草创成"；未三年，受宗旨和尚圆寂，其徒道弘和尚主持寺务，继其衣钵，乘其愿力，"殿宇廊庑，轮奂一新，像设庄严，种种美备。及地藏殿成，而山门复旧"，"寺之规制，得道公而渐盛矣"[49]。大明寺复兴扩张，遂牵涉寺内平山堂去存的命运。据《（康熙三年）扬州府志》载，"康熙二年，僧德南（即道弘）建天王殿地藏二殿"[50]，是否即建此二殿而拆毁平山堂？清初方孝標有《广陵怀古诗》一组，其《平山堂》诗小序云："今平山堂故址在栖灵寺前，蔓草荒烟，几不可识。新之者或又有待于公之后身耶。"[51]写作时间是康熙二年正月，描述的正是建天王殿、地藏殿前的平山堂衰败景象，似乎正好印证了笔者的猜想。

时人宗观也说，平山堂"废之久且尽，莫其今日：寺僧即其址为殿宇，举向之欹楹危槛，参峙于龙蛇漫漶者，湮没无留，而平山堂之名亦亡"[52]。雷应元也慨叹"今惜乎为僧改作殿宇，后之选胜者，亟为复古可也"[53]。据程梦星说："土人变制为寺，以堂为前殿，而堂又无复存矣"[54]。诸人记述，明确了平山堂故址在新大明寺中具体的位置。就地址而言，此与明代嘉靖时火文津命名之平山堂，在大明寺的空间位置大体一样。不同的是火文津是变殿为堂，保持平山堂原有的功能意义；此时是变堂为寺，成为佛教活动场所。

简单的结论是，自康熙二年（1663 年）至金镇来守扬州，于康熙十三年（1674 年）重建平山堂前，平山堂消失了十多年。

但我们现在还是可以看到许多创作于康熙三年至康熙十二年，题目有"平山堂"的诗作。比如，王士禛于 1660 年来到扬州任推官，前后五年，在康熙三年（1664 年）有《春杪登平山堂眺江南山》。按前述，此时已无平山堂，应当是王士禛登大明寺新殿而称平山堂旧名，说明文人心目中永有平山堂之名。再如，计东《戊申首春广陵旅次颍州宁伊庵司法招同张玉甲大参泛舟平山堂宴集晓归口占八首》组诗，写作时间是康熙七年（1668 年），出郡城北郭，一路西北郊名胜，不曰蜀冈不曰大明寺，偏偏单写平山堂；尽管平山堂已改作殿宇五年，看见的是"平山堂内供金仙"[55]。这说明，宗观"平山堂之名亦亡"的话，只对了一半。对的一半，是指平山堂的牌匾无处可挂；错的一半，是平山堂在文人百姓心目中并未消亡。

（三）康熙十三年（1674 年），平山堂再次矗立在寺外

康熙十二年（1673 年），金镇出任扬州知府，邑绅汪懋麟与之商议修复平山堂；遂于康熙十三年（1674 年）重修平山堂。金镇《重修平山堂记》说"视旧址迤西，又辟前后隙地二亩许益之"建成此堂。1744 年僧行昱所撰《平山志》中记载：迨国朝康熙癸丑年山阴金镇来守此土，"仍于寺右建造平山堂"[56]。遂知此时平山堂地址西移，建在寺外。其后李斗记述平山堂较详：

> 十二年，山阴金长真镇知扬州府事，舍人汪蛟门懋麟修复平山堂。堂之大门仍居寺之坤隅，门内种桂树，缘阶数十级上行春台，台上构厅事，额曰：平山堂。[57]

平山堂自有大门，在寺之坤隅，为大明寺紧邻。
而雍乾年间注应庚祖孙多次增修大明寺、平山堂：

> （大明寺）寺门面南，始于明火光禄文津所辟。前建枋楔四柱三檐，木皆香材。……两□墙八字向，右西折为平山堂大门。[58]

堂寺各有大门，各自独立却又紧邻。
这种紧邻关系又持续近 200 年，其间虽经若干次的修缮，两者空间关系未变。

（四）同治十一年（1872 年）至今，堂在寺内

堂、寺在经历乾隆嘉庆朝的辉煌之后，逐步衰颓，又逢兵燹，同治初年平山堂又已凋落不堪。同治八年（1869 年），方浚颐任两淮盐都转运使，励精图治，于同治十

一年（1872 年）重修平山堂落成，蒋超伯作记。

此次重建，堂址有无变动，寺内还是寺外，蒋超伯没有明确记述。但建成后某些咏平山堂的诗作中，多有僧人身影，如方浚颐有诗题《腊月十五日法净寺礼佛雪航招集平山堂》，史念祖《游小金山步上平山堂》之"地胜难题句，僧忙难课经"[59]等；兼之 1915 年，运使姚煜再次整修平山堂后，汪时鸿作《记》说："今运使公莅平山堂，因僧人之请以重修"，似可说，平山堂管理者为僧人，可推断堂在寺内。今人一般认为，现存平山堂的位置、形制、规模即方浚颐重修的延存，此亦为堂在寺内的佐证。从今天的位置看，大明寺主殿的西南方向即为，堂下向南不远处，则为寺门的西围墙。

此后至 21 世纪的今天，平山堂皆在寺内，不承担佛事活动。

近年，平山堂又经一番修整出新，建成省廉政教育基地，仍在大明寺内。却在大明寺门西围墙辟一大门，谓之平山堂大门，而不常开，形成外观上堂寺各自有门，实则内部无墙，融为一体的新格局。

综上所述，平山堂雄屹蜀冈，但都在蜀冈中峰未变。与大明寺空间关系，虽多有变迁，不外乎堂在寺内，或堂在寺西侧紧邻，唯此而已。

作者单位：扬州大学

注释

① ⑳［宋］王象之：《舆地纪胜》卷三七景物下，清影宋钞本。

② ㉜［明］金献民：《重修司徒庙记》，［清］赵之壁编《平山堂图志》卷八，清乾隆三十年刻本。

③ 曹功林：《平山堂胜景故址新考证》，《扬州晚报》2018 年 11 月 24 日，A14 版《绿杨风》。

④ 李臣斌：《满目奇峰总可观》，《扬州晚报》2019 年 6 月 22 日，A13 版《老扬州》。

⑤ 欧阳修：《与韩忠献王》，《欧阳文忠公集》书简卷第一，四部丛刊景元本。

⑥［宋］沈括：《扬州重修平山堂记》，［清］汪应庚编《平山揽胜志》卷四，清乾隆七年刻本。

⑦［宋］洪迈：《平山堂后记》，［清］汪应庚编《平山揽胜志》卷四，清乾隆七年刻本。

⑧［宋］郑兴裔：《平山堂记》，顾一平编《扬州名园记》，广陵书社，2011 年，第 69 页。

⑨［明］楼钥：《扬州平山堂记》，［清］汪应庚编《平山揽胜志》卷四，清乾隆七年刻本。

⑩［宋］梅尧臣：《平山堂杂言》，《宛陵集》卷四六，四部丛刊景明万历梅氏祠堂本。

⑪［宋］梅尧臣：《和永叔答刘原甫游平山堂寄》，《宛陵集》卷五十，四部丛刊景明万历梅氏祠堂本。

⑫［宋］梅尧臣：《大明寺平山堂》，《宛陵集》卷四六，四部丛刊景明万历梅氏祠堂本。

⑬［宋］欧阳修：《大明寺水记》，［明］盛仪《（嘉靖）惟扬志》卷三三，明嘉靖刻本。

⑭［宋］梅尧臣：《平山堂留题》，《宛陵集》卷五十，四部丛刊景明万历梅氏祠堂本。

⑮［宋］苏颂：《元祐癸酉秋九月……》，《苏魏公集》卷五，清文渊阁四库全书补配清文津阁四库全书本。

⑯［宋］秦观：《次韵子由题平山堂》，《淮海集》卷八，四部丛刊明嘉靖小字本。

⑰［宋］施元之：《施注苏诗》卷三二，清文渊阁四库全书本。

⑱［宋］张邦基：《墨庄漫录》卷二，四部丛刊三编景明钞本。

⑲［宋］何士信：《群英草堂诗余》后集卷上，明洪武二十五年遵正书堂刻本。

㉑㉒［宋］李壁：《王荆公诗注》卷三四，清文渊阁四库全书本。

㉓［清］程梦星：《平山堂小志》卷一，《扬州文库》第一辑第 40 册，广陵书社，2015 年，第 195～196 页。

㉔［宋］张蕴：《平山堂怀古》，《斗野稿支》，［宋］陈思编《两宋名贤小集》卷二六七，清文渊阁四库全书补配清文津阁四库全书本。

㉕［明］盛仪：《（嘉靖）惟扬志》卷三八，明嘉靖刻本。

㉖［元］王奕：《临江仙·和元遗山题扬州平山堂》，《玉斗山人集》卷三，民国刻枕碧楼丛书本。

㉗［韩］李齐贤；《鹧鸪天》，唐圭璋编《全金元词》，第 1024 页。

㉘［元］李孝光：《登平山堂故址》，《五峰集》卷十七，清文渊阁四库全书补配文津阁四库全书本。

㉙［明］舒頔：《平山堂》，《贞素斋集》卷七，清文渊阁四库全书本。

㉚［明］罗玘：《重修大明寺碑记》，［清］僧行昱编《平山志》卷二，《扬州文库》第一辑第 40 册，广陵书社，2015 年，第 9～10 页。

㉛㊳［明］盛仪：《（嘉靖）惟扬志》卷七，明嘉靖刻本。

㉝［明］严贞：《功德山观音禅寺记》，［清］赵之壁编《平山堂图志》卷八，清乾隆三十年刻本。

㉞［明］高宗本：《清平桥记》，［清］程梦星编《平山堂小志》卷八，《扬州文库》第一辑第 40 册，影印清乾隆十六年汪立德、汪秉德刻本，广陵书社，2015 年，第 314 页。

㉟［明］马骍：《重修法海桥记》，［清］汪应庚编《平山揽胜志》卷三，清乾隆七年刻本。

㊱［明］陆深：《俨山外集》卷六，清文渊阁四库全书本。

㊴［明］叶观：《重修大明寺记》，［清］汪应庚编《平山揽胜志》卷七，清乾隆七年刻本。

㊵曹功林：《平山堂胜景故址新考证》，《扬州晚报》2018 年 11 月 24 日，A14 版《绿杨风》。

㊶［明］姚希孟：《游广陵记》，《循沧集》卷二，明清閟全集本。

㊷［明］张宁：《（万历）江都县志》卷十三，《扬州文库》第一辑第 9 册，影印日本内阁文库藏本，广陵书社，2015 年，第 119 页。

㊸［明］杨洵：《（万历）扬州府志》卷二一，《扬州文库》第一辑第 1 册，影印明万历三十三年刻本，广陵书社，2015 年，第 631 页。

㊹ 佚名编绘、梁绍杰整理：《扬州府图说》（美藏本），西南师范大学出版社，2016 年，第 10 页。

㊺［清］赵有成：《重修栖灵寺并建地藏殿诸天楼碑记》，［清］汪应庚编《平山揽胜志》卷七，清乾隆七年刻本。

㊻［清］谈迁：《北迁录》癸巳七月，清钞本。

㊼［清］汪懋麟：《同金长真太守泛舟平山堂因议修复分得堂字》，［清］汪应庚编《平山揽胜志》卷七，清乾隆七年刻本。

㊽［清］汪懋麟：《重建平山堂记》，［清］汪应庚编《平山揽胜志》卷四，清乾隆七年刻本。

㊾［清］赵有成：《重修栖灵寺并建地藏殿诸天楼碑记》，［清］汪应庚编《平山揽胜志》卷七，清乾隆七年刻本。

㊿［清］雷应元：《（康熙三年）扬州府志》卷二三“方外志”，《扬州文库》第一辑第 2 册，影印清康熙三年刻本，广陵书社，2015 年，第 472 页。

(51)［清］方孝标：《广陵怀古诗并序》，《钝斋诗选》卷十五，清钞本。

(52)［清］宗观：《修复平山堂记》，［清］汪应庚编《平山揽胜志》卷四，清乾隆七年刻本。

(53)［清］雷应元：《（康熙三年）扬州府志》卷二一“古迹志”，《扬州文库》第一辑第 2 册，影印清康熙三年刻本，广陵书社，2015 年，第 436 页。

(54)［清］程梦星：《平山堂小志》卷一，《扬州文库》第一辑第 40 册，影印清乾隆十六年汪立德、汪秉德刻本，广陵书社，2015 年，第 196 页。

(55)［清］计东：《戊申首春广陵旅次颍州宁伊庵司法招同张玉甲大参泛舟平山堂宴集晓归口占八首》，《改亭诗文集》诗集卷六，清乾隆十三年计瑸刻本。

(56)［清］僧行昱；《平山志》，《扬州文库》第一辑第 40 册，影印清康熙年间刻本，广陵书社，2015 年，第 5 页。

(57)［清］李斗著、陈文和点校：《扬州画舫录》卷十六，广陵书社，2010 年，第 200 页。

(58)［清］李斗著、陈文和点校：《扬州画舫录》卷十六，广陵书社，2010 年，第 199 页。

(59)［清］史念祖：《游小金山步上平山堂》，李坦编《扬州历代诗词》第四卷，人民文学出版社，1998 年，第 580 页。

许珩及其《周礼》之学

刘建臻

内容提要：在扬州学派成员中，或受资料限制，许珩的研究相当薄弱。从焦循《雕菰集》和阮元主编《淮海英灵集》等书籍中，可梳理其简要生平和学术交游情形；而《周礼经注节抄》节抄经文，注释简明，《周礼注疏献疑》就读音、脱文和礼制等训诂而释，且以不"犯经旨"为核心，眉批中还保存了江藩释经研史之说。

关键词：许珩　《周礼》　训诂　江藩之说

近年来，扬州学派的研究方兴未艾，成果卓著。然而，对扬州学派部分成员的学术研究至今仍相当薄弱。许珩就是其中的一位。究其原因，一是缺乏资料，二是未引起学者的足够重视。在许珩身上，恰巧两者兼具。尽管有关许珩的生平资料难以查找，但是，其代表作《周礼经注节抄》《周礼注疏献疑》却又传存世间，与扬州学派其他成员如杨大壮、徐复、李钟泗、钟怀等人几无著述留存的情况相比，显然要好得多。所以，对于许珩及其学术，理应引起足够的重视并加以研究。

一、简要生平

从《淮海英灵集》乙集卷二可知，仪征许氏长于诗文。许谦字损斋，著有《破砚斋诗抄》一卷，该书由其子许珩抄录而成。此外，对于仪征许氏家族及学术情况，难知其详。同样，有关许珩生平的资料也很少。

江藩《国朝汉学师承记》卷六、道光《重修仪征县志》卷三十七《许珩》，除叙述"许珩，字楚生"及片言只语涉及到学术特点外，很少述其生平经历。从零星所见资料中，约略可梳理出如下几条：

乾隆五十八年（1793 年），在仪征设馆授徒。许珩《周礼经注节钞献疑·叙例》：

"癸丑，训蒙里中。""癸丑"，为乾隆五十八年。

嘉庆元年（1796年）七月十一日，与焦循、程赞和会于扬州。《理堂日记》："十一日早，程中之兄约于方小壶吃茶。许楚生衣冠来，叩首拜谢，为《英灵集》事也，乃同吃茶。""中之"为程赞和之字。

嘉庆三年（1798年）十月，与焦循、江藩、李斗等人在休园雅集。王豫《种竹轩诗选》卷三有记。

嘉庆五年（1800年）三月初三，与阮元、黄文旸、阮亨等修禊于杭州北郊皋亭山。阮亨《瀛舟笔谈》卷九："庚申上巳，家兄侍叔父偕诸同人于皋亭山修禊，修图纪事。赋诗者有陈文述、吴文溥、孙韶、程邦宪、许珩、黄文旸。"《皋亭唱和集》亦录此事。此处的"庚申"，为1800年。

嘉庆六年（1801年）正月初一，与焦循、阮元等人一起登上杭州吴山赏景。《雕菰集》卷四《辛酉元旦登吴山弟一峰》后附有许珩之诗。

嘉庆七年（1802年）中秋，许珩仍在杭州。《里堂词集》中有《天香——武林中秋待月不得（与许楚生同作）》词一首。焦循一生三度游浙，嘉庆元年、六年、七年各一次，但只有嘉庆七年秋在杭州，故与许珩共度中秋者，当在这一年。

是年九月，阮元向焦山赠鼎，许珩作《西汉定陶鼎》诗，载于《焦山志》卷四之中。

嘉庆十年（1805年）、十一年（1806年），主讲于浙江丽水的莲城书院。《周礼经注节钞献疑・叙例》："乙丑、丙寅间，授徒处州之莲城书院。""乙丑、丙寅"即嘉庆十年和十一年。

嘉庆十二年（1807年），从丽水回到扬州。《周礼经注节钞献疑・叙例》："逾年，归扬州。"

嘉庆十四年（1809年），许珩在杭州，致书阮元并寄上《周礼注疏献疑》请正。许珩《周礼注疏献疑・跋》："假寓虎林……寄示阮伯元宫詹，伯元复书言此书功力已深，然尚多可商，属余自订而莫适指也。迄两岁不能决。"

嘉庆十六年（1811年）夏天，从浙江回到扬州，师从江藩研习《周礼》。待《周礼注疏献疑》撰成，江藩为之作序。《周礼注疏献疑・跋》："今秋暑退，遂买棹归扬州，送赘江郑堂先生门下，乞其改正，先生为余举其错谬者十数条，两可者十数条，复假余戴东原《考工记图说》，金辅之《礼笺》，程易田《通艺录》诸书，使余更订之。既成，先生为之序焉。"是跋写于"辛未冬至日"。"辛未"，为嘉庆十六年。

二、《周礼》之学

许珩的学术成就，突出表现在对《周礼》一书的研究方面。其代表作，就是《周礼经注节抄》和《周礼注疏献疑》两书。

1. 《周礼经注节抄》

许珩写作《周礼经注节抄》的原因，其卷首的《叙例》中有着明确的表述："坊间节本无善者，注释尤谬。此余经注节抄之所以甘为经师罪也"；"生徒不能读全经者，请作节本，乃手删授之"；"略节其繁冗，以便举业"。就是说，经文内容繁杂、注疏文字冗长的《周礼注疏》，对应对科考的生员带来非常大的麻烦，急需一本简明扼要的学习读本。这是许珩授徒过程中的体会，也是研习《周礼》这一艰深典籍的必然反应。许珩清楚地意识到了这点，于是，《周礼经注节抄》应时而出。也因为如此，《周礼经注节抄》就有着如下两个鲜明的特点：

其一，节抄经文。

许珩对待经文的态度，自始至终都以节抄为主。譬如《春官·宗伯》，其原文是："世妇掌妇宫之宿戒，及祭祀，比其具，诏王后之礼事。帅六宫之人共齑盛，相外内宗之礼事。大宾客之飨食，亦如之。大丧，比外，内命妇之朝莫哭，不敬者而苛罚之。凡王后有拜事於妇人，则诏相。凡内事有达於外官者，世妇掌之。"许珩在卷四中节录成："世妇掌女宫，祭祀，共齑盛，相外内宗之礼事。大宾客之飨食，亦如之。"

其他条目多与此相类，以节抄为手段，以简明为目的。为保证节抄本仍不失原文的特色，不遗漏原文的主要内涵，许珩还确立了节抄的方法："经文或节去一二条，或节其句，或节其字。"[①]从上面的例子中可见其一端。

其二，注释简明。

如卷三条目："县正掌其县之政令征比，趋稼事，用野民，则治其政令。"其注释仅有十字："征比，征发校比也；趋，读促。"条目内容简易，注释文字洗炼。这种扼要的注解特色，贯穿于全书之中。再举卷三一例，如："遂大夫，掌其遂之政令。令为邑者，岁终则会政致事。正岁简稼器，修稼政。三岁大比，则帅其吏而兴甿。"对此，许珩的注释如下："兴甿，举贤能者。易氏曰《小雅》求髦士于'或耘或耔'之间，即六遂兴甿之意也。"翻检《周礼注疏》可知，这一条的原始经文有 450 字，而注疏之文几近 700 字。两相比较，许珩节录经文和简明注解的用意一目了然，效果十分显著。所用注解的方法："大致以解字为主，而经义古质者少加贯串耳。"[②]

即使如此，对于注疏外他人之说，特别是学术界出现新的研究成果，许珩却不惜篇幅，大加引用。如卷四："隶仆掌五寝之扫除粪洒之事，祭祀修寝，王行，洗乘石，掌跸宫中之事。"在注释中，许珩就征用了惠士奇《礼说》之文："惠氏曰：'天子七庙，庙皆有五寝，清庙五寝之制如明堂。明堂五室，故清庙五寝。'又曰：'王有六寝，庙无九嫔室，故阙其一，康成谓二祧无寝，失之。'"而对于有疑之处，或有一己之见者，则以"说见《献疑》"这种互见的形式出现，既达到了简约的目的，又以互见的形式使《周礼经注节抄》和《周礼注疏献疑》两书间的关联更为紧密。

2. 《周礼注疏献疑》

在编写《周礼经注节抄》之时，许珩对《周礼注疏》中的部分解释产生怀疑，进而试图予以诠释。如《叙例》所说："因节注时觉其说有可疑，抑或原注竟不可通，而前人复无异说，与有说而不惬鄙意，乃自疏之。"

然而，《三礼》难治，《周礼》内容繁杂，异说纷呈，尤其难治，这是学界的共识。许珩"自疏"《周礼》，难度可想而知。初始之时，在反复研习王志长《周礼注疏删翼》、惠有声《礼说》、惠栋《九经古义》诸书的基础之上，"熟复全经，寻绎《注》、《疏》，觉其说有不合者，乃驳正之"，然"不敢自信"；③之后，借来宋人王与之的《周礼订义》、清人江永的《周礼疑义》二书，"合而参之，去其雷同者十数条，采入与余说相备者十数条，置之行箧，时复删订，迄两岁不能决。"④最后，师从江藩门下，"先生为余举其错谬者十数条，两可者十数条，复假余戴东原《考工记图说》、金辅之《礼笺》，程易田《通艺录》诸书，使余更订之。"⑤经十余年努力，终于撰成《周礼注疏献疑》一书。

《周礼注疏献疑》疏解的内容，主要有以下六点：

第一，注其读音。如卷一《甸祝》："当读田。古字通。《小宗伯》言'田'即作此字。愚于'贾师'疑当读作价，然读古音，犹或近是。若此，则读田为正也。"

第二，明其脱文。如卷一《土方氏》："《土方氏·注》云：'掌四方邦国之土地。'愚按其命官及府史胥徒皆用五数，而所掌则土圭之灋，《注》'掌'字下当增入'王畿及'三字为是。"同卷《犬人》："又按：徒十六人，似缺'有'字。"

第三，释其引据。如卷五《燕出入》："《小臣》：'王燕出入，则前驱。'《注》云：'燕出入，若今游于诸观苑。'愚谓与其汉故事，何不引《灵台》之诗耶？"

第四，疑其错简。如卷七《上三正为皋鼓倨句磬折》："疑此处有脱文错简。"

第五，析其名称。如卷五《三江》，以引述孔安国、班固、郑玄、韦昭、郭璞、苏轼诸说之后，以为："阮伯元《浙江图考》最后出，其大旨全主《禹贡》疏，所引郑注三孔之说，而以班氏《地理志》、郦氏之《小经注》证之，与金辅之《礼笺》论略同而加详焉。"进而提出就《尚书》"三江即入"提出己见："所谓'入'者，入扬州之域"；"三江者何？岷江也，汉江也，九江也"。

第六，解其礼制。如卷二《阴礼》："《内宰》：'祭之以阴礼。'《注》云：'阴礼，妇人之礼。'按：妇人祭礼无谓。愚谓阴礼者，祭不用乐也。《郊特牲》曰：'昏礼不用乐，幽阴之义也。'《大司徒》'阴礼'注曰：'男女之礼。'其义正通。"

在治学方法上，许珩亦以文字训诂为主，试图求得经典原旨，故而在释义之时，以不"犯经旨"⑥为核心。这是乾嘉考据学的学术特点，也是许珩《周礼》之学的学术基础。顾炎武曾有"读九经自考文始，而考文自知音始"⑦的立论，戴震亦有"疑于义者以声求之，疑于声者以义正之"⑧的观点，学者承其说以治经，蔚为风气，许珩也不例外。如卷七《断目必荼》："除、余字虽异音实同也。除又音书义同，然则余也，除也，除也，荼也，音义皆可互通。"与此同此，许珩对经典中的错简现象十分重视，既视作《周礼》研究的一个组成部分，又以之为研究经学的具体方法之一。卷七《矢分前后》："愚谓经文断难增改，然果能寻其错简有可移置，不妨少为缀辑脱简，则著其说以示后学，如《武成》错简，《四书》错简，前人皆订之，似亦明经之一道也。"

但应当看到，许珩对《周礼》的解释，或许因为"献疑"而疏于详细论证，部分条目甚至疑而不证，无法与王念孙"一字之征，博及万卷"⑨之法相比。即便如此，也不能因此而漠视许珩的礼学成就。就以上举例子而言，对"三江"之说，聚讼已久，至今未决，而许珩之见，却不无道理，故不可忽略；又如"阴礼"之说，向来存有二解，或以为妇人所守之礼，如《天官·内宰》："以阴礼教六宫"；或以为男女婚嫁之礼，如《地官·大司徒》："以阴礼教亲，则民不怨"。后人择其说以解，如孙诒让以为"知为妇人之祭礼"。⑩但用来解释"祭之以阴礼"，总有些不太透彻。许珩以为，既然"男女之礼"即"昏礼"中"不用乐"，"阴"与"昏"一义，那么，"阴礼"之祭，亦当"不用乐也"。这不仅为解释"阴礼"提供了新的视角，而且对理解《周礼》多所裨益。程元吉因此而推许道："融贯全经，熟核注疏，釐正搜剔，有前贤百思不到者，足为郑、贾功臣。"道光《重修仪征县志》卷三十七《许珩传》和《清史列传》均袭用程氏之说⑪，一则表明程元吉所说深为后世认可，二则"足为郑、贾功臣"的评价，也深切地说明了许珩《周礼》之学的学术意义所在。

何况，《周礼注疏献疑》还有另一个值得重视的学术成果，这就是部分保存了江藩的学术观点。

《周礼注疏献疑》中，总有十五条眉批，卷一有五条，卷三两条，卷四有三条，卷五有五条，都是江藩释经研史之说。如卷一《夏采》之眉批："江郑堂师云：'以夏为大，于义亦通，然不若夏翟为有本。'"而卷四《九夏》眉批则是："诗亦有有词而歌者，如今之《十番》是也；亦有声存而诗亡者。不必泥有声无词之说为是。"卷五《三江》眉批："郑堂师云：'《史记》褚先生曰：神龟出于江、灌之间。或者当时灌水也江通，亦未可知。此说可谓辨矣。然以今之水道考之，则断断不能通也。即善长亦不言灌与江通，但言入淮而已。'"

江藩的这些论断，尽管只属一麟半爪，却未载于《隶经文》诸书，故对研究江藩学术，自有其文献及学术意义。至少，透过这些批语，对江藩指授许珩治学之情形会有一个清晰的认识。而江藩对许珩的《周礼》之学也给予了很高的评价："《周礼献疑》七卷，能疑所当疑，不疑所不当疑。"[12]

其实，许珩还有着研治《周礼》的更大的打算，即撰著"周礼正义"。《叙例》："疏之误者甚多，有前人已辨者，亦有未辨者，但与《注》不甚相妨，即不复正之。他日买山愿，遂更期广集众说，别为正义也。"遗憾的是，终其一生，未能如愿。八十余年后，孙诒让撰成《周礼正义》，可算是完成了许珩的这一宏愿。

当然，许珩的学术成就，并不限于经学一域。在考订和诗词上亦有建树。诗词未见全书传世，《瀛舟笔谈》存其七言律词一首，《焦循诗文集》[13]中，亦有许珩诗、词各一首[14]。虽然不多，亦可见"奄有三唐之胜"[15]之端倪。《里堂道听录》卷三十六《义成左尉》《鸡林道经略使》两条中，载录了许珩考史之文，弥足珍贵，亦值一阅。

作者单位：扬州大学

注释

①② ［清］许珩：《周礼经注节抄·叙例》。

③④⑤ ［清］许珩：《周礼注疏献疑·跋》。

⑥ ［清］许珩：《周礼注疏献疑》卷四《六辞》。

⑦ ［清］顾炎武：《亭林文集》卷四《答李子德书》。

⑧ ［清］戴震：《戴震文集》卷四《转语二十章序》。

⑨ ［清］阮元：《王石臞先生墓志铭》，《揅经室续集》卷二。

⑩ ［清］孙诒让：《周礼正义》卷十三。

⑪ 道光《重修仪征县志》卷三十七《许珩传》直接引用程元吉之语；《清史列传》卷六十八《汪中传》附《许珩传》亦如之："厘正搜剔，论者谓为郑、贾功臣。"

⑫［清］江藩：《国朝汉学师承记》卷六。

⑬ 刘建臻：《焦循诗文集》，广陵书社，2009 年。

⑭《雕菰集》卷四《辛酉元旦登吴山弟一峰》后附许珩诗一首："不知春意早，临眺自欣然。湖海来新色，风光隔旧年。豪情千嶂上，诗思百花前。我亦频登览，输君一日先。"《里堂词集·天香》后附有许珩词一首："兰泪垂垂，梧风瑟瑟，愁城浊酒难破。境蚀云中，香收天外，兀兀赚人闲坐。梯空其术，深掩、轩窗则那。应是无聊惯也，良霄更教偷惰。豪情近来若个，霄珠玑、九天飞唾。请供吴刚玉斧、劈开云涴。重拟更阑小课，拍水调、平分旧词座。莫忆江南，伤心老贺。"

⑮ 道光《重修仪征县志》卷三十七《许珩传》。

关于画家陈若木研究中的几个问题

李万才

内容提要：清代扬州画家陈若木画风沉雄浑厚，力逼古人。他的花鸟画绚丽饱满，最得黄宾虹推崇并私淑之，花鸟画的用笔、用色皆极相似。陈若木是历经近三百年的"清代扬州画派"熏陶，并有力地开启近现代扬州绘画。

关键词：扬州　绘画　陈若木

已故著名学者卞孝萱先生在 20 世纪 80 年代，曾给我看了一封黄宾虹大师写给他的信，信中要他关心扬州晚清画家陈若木，并希望能做些研究。之后，我将此信刊载于"清代扬州画派研究会"的资料选编上。我与孝萱先生交谈时，他也希望我也能做些研究，因为我们都是扬州人。

80 年代初，人民美术出版社王靖宪主任邀约我写《黄慎》《王素》两本书。当时，我向他提出扬州晚清画家陈若木也可写，他竟不知道陈若木是怎样一个画家。我带他到本市收藏家刘耕南家中看画，一进门就看到陈若木的猫蝶图挂在墙上，他震惊了，说陈若木的猫比徐悲鸿画得好。因此不但支持我写，还希望更加深入地研究。

我从 20 世纪 80 年代就开始搜集有关陈若木的资料了。令我兴奋的是，我从南京博物院退休人员、著名书画鉴定家许莘农老先生手中购得《陈若木诗集》原稿。诗稿上有冶春后社主盟人臧谷的圈注。他从千余首诗中选出三分之二，刊出《一沤吟馆选集》。此书于宣统二年（1910 年）在广东印行，印数很少，市上已很难找到。许老也是扬州人，听说我研究陈若木，竟把他珍藏多年的风先生（吉亮工）为陈若木撰写的四种小传手稿赠送给我，增加了我研究的信心。

我多次翻阅手中陈若木的诗稿，也查阅了扬州博物馆藏陈若木的绘画作品，在此基础上编写了陈若木年表。

可惜，有两个重要问题始终困扰着我，很难弄清，只好却步。

　　第一个问题，陈若木到底有没有参加太平军画壁画，进一步说，他是不是太平天国画家？

　　早在 20 世纪 50 年代，江苏文化厅厅长周邨写了一本两三万言的《太平军三下扬州》小册子，书中写到陈若木、虞蟾、李匡济等画家，一起去南京（太平天国首都，时称天京）为太平军画壁画，歌颂他们是太平天国画家。周邨是扬州人，做过江都县委书记。在书中未能引出此说的出处。估计是听地方老一辈人的传说。

　　80 年代，我在上海人民美术出版社的《中国画》刊物上，看到裘柱常先生写的《记画家陈若木》一文，文中说到陈若木参加太平军画壁画一事。不久又看到他写的专著《黄宾虹传记·年谱合编》一书。此书系人民美术出版社出版，责任编辑正是我的是好友王靖宪先生，于是向他询问了裘先生的来历，并希望与之介绍。

　　原来裘老先生居住在上海，是一位学术严谨、对绘画艺术认识较深的学者。其夫人顾飞是黄宾虹大师的亲授女弟子。宾虹老人生前为她画过许多画，并在她的绘画作品上多次题写，说明裘老夫妇与宾虹大师关系非同一般。

　　我很敬佩裘老，与他通过数次信，其时裘老年龄应在八十岁左右，但他每次都以秀丽工稳的小楷、优美的文辞给我写信，他的信我至今还保存着。

　　关于陈若木参加太平军画壁画的事，裘老是听宾虹大师生前口述的。后来他在陈若木作品《岁兆图》题写的长诗中得到验证。其诗："……伊谁作俑不可记，岁兆之图传人间；或有一二作幽致，梅花柏叶争高寒。我意与众殊门窜，为君作图复作歌。……四垂烽静无干戈，五风十雨时不讹，两歧之麦九穗禾。天下均足无偏颇，太平刑赋省烦苛，……尽洗甲兵倾天河。悬知谷熟酒价贱，吾辈白日翻匜罗。相逢一笑醉颜酡，鼓腹击壤醉中歌婆娑。"诗中"太平刑赋省烦苛"等句，确能说明一些问题，而此诗不见于出版的《一沤吟馆选集》中。此画是否真迹？这么重要的文字为何不载入诗集中，他表示怀疑。我告诉他我收藏的陈若木诗集原稿中有此诗，此诗未能被藏谷选入，可以理解，出版《一沤吟馆选集》尚在清代光绪年间。

　　裘老先生极为兴奋，因年老难来扬州，希望我能到上海与他一晤。

　　裘老藏有陈若木《康山草堂图》手卷，十分珍贵。此卷前有宾虹先生篆题"康山草堂图"引首。后有吴昌硕大师长题，盛赞陈若木："笔古法严，妙意从草篆中流出，于六法外又见绝技，若木道人真神龙矣。"又道："余近好写竹，一叶一枝，意造无法，仗素有揽力为之，殊增恶态。于邑老案头，获睹是幅，乃知平日率尔所为，远隔重壁。"这么重要的东西，我也很想去上海看看。

　　却因诸事繁忙，加之陈若木当时尚不是重点课题，故未能成行。现在想想，老先生早已百岁开外，惜乎，失之交臂也。

余仍然感到陈若木参加太平军画壁一事，证据还不充足，裘老要我找一本《画余识录》的书，他在上海一直未能找到，要我到扬州图书馆查找，有了此书，或可解决问题。扬图古籍部没有此书，仅在《贩书偶记》中找到此书的书目，一时难以深入。

清代扬州美术史论家汪研山所著《扬州画苑录》记载清一代扬州画家六百余人，此书刊行于光绪十年（1884 年），陈若木尚健在，被誉为"独步邗上"，不知何故，汪研山未能将其载入。究其因，是否陈若木为太平军画壁画一事呢？汪研山是正统派文人，他极端仇视太平天国，曾大加挞伐太平军破坏文化的行为，这可能是汪研山不将其纳入《扬州画苑录》书中的原因。

其实，陈若木即使为太平军画壁画，也不过是一种"抓差"行为。当时陈若木才十几岁，尚处在青少年时期，并非有些资料所说"管理太平天国的图书，看了不少宋元名迹"，更非周邨所说，真正成了太平天国的画家。

陈若木对于太平军的态度是比较模糊的，他在他的诗集中不敢不称太平军为"贼"。虽然如此，他早期的这种行为，仍被汪砚山一批正统派文人所蔑视，这与陈若木晚年疯病，生活十分潦倒，以至唯一的儿子不能婚娶，有一定的关联。

同里名贤风先生字柱臣，又名亮公，比陈若木年龄小二十岁，两人虽同为里中书画名家，却既无往来，又不相识。风先生在为其传中说，一日在茶社，有人告诉他，那人就是陈若木。他见到当时状况：衣衫不整，蓬头垢面，一个人独自坐在角落，不与人交往，口中自言自语……但眉宇间一股英气未减，不久就去世了，年仅五十九岁。留下唯一的儿子，名心来，能读父书，也能诗，为冶春后社中人。陈心来仰慕风先生之为人，便求风先生为其父立传。同是愤世嫉俗的风先生便"以风传风"，给以无限的同情。

"青史凭谁定是非"，1949 年新中国成立以后，重新认识了太平天国运动中反对侵略反对封建统治的积极历史意义，陈若木参加太平军画壁画一事，也成了他头顶上的光环。我停下这一专题的研究，又三十多年过去了，而今人们用更加科学、辨证的观点评述历史上的人和事。关于画家陈若木是不是太平天国画家，已不是什么重要问题了。

第二个问题，陈若木是不是黄宾虹的老师？黄宾虹有没有向陈若木学过画？

据袭柱常先生《黄宾虹传记年谱合编》一书中记载，黄宾虹来扬时间为光绪十七年（1891 年），时陈若木已五十四岁，黄宾虹为二十八岁。

裘先生在这本书中说："他仰慕陈若木，极想见他一面。但是他从程尚斋与何芷舢处知道陈若木当时已经精神失常，是难以接近的人物，因而深觉遗憾。不想有一天，他正在一家裱画铺观画，推门进来一个衣衫褴褛、蓬首垢面的老人，看上去已经五十开外。店铺里的人都放下手中活计，迎上去非常客气地招呼。老人说了几句话，转身就往外跑，口里还在不断自言自语。黄宾虹心里觉得奇怪，问铺里伙计，才知道那人正是大名鼎鼎的陈若木。黄宾虹当即追了出去，只见陈若木跟跟跄跄，只顾自言自语地往前走。有人叫他，他停下脚步，对人一望，点点头，也不答话，又自言自语地走他的路。"

从这份材料看，裴柱常先生并没有认为黄宾虹曾向陈若木学画。

但据《黄宾虹画集》说，光绪十三年（1887 年）陈若木五十岁，黄宾虹二十二岁。"应程璎邀，同赴扬州，就两淮盐运使署录事，从陈崇光（若木）学花鸟。"

裴柱常先生将黄宾虹到扬州定在二十七岁之时，与《黄宾虹画集》中说是二十二岁相悖。裴文中并未谈到黄向其学画，相见时已难接触。而《黄宾虹画集》则明确地说："从陈崇光（若木）学花鸟。"

宾虹老人有"论画长札"，这是最可靠的材料，上面说："回忆我二十余岁，初至扬州，有烟戚何芷舠、程尚斋两转运官、隐侨居家。富收藏，出古今卷轴，尽得观览。因遍访时贤所作画……，惟陈若木画双钩花卉最著名。已有狂疾，索值也最高，次则吴让之廷飏……。"

关于黄宾虹来扬州的时间，余之"陈若木年表"中则采取《黄宾虹画集》。此书由跟随黄宾虹多年的得意门生、著名美术史论家王伯敏先生审阅。

但对于黄宾虹是否向陈若木学画？无论是文字和口述，黄宾虹都未明确地说出向陈若木学画的事，这一点裴先生说法可信。

余只能认为黄宾虹是私淑陈若木。

从整体的绘画面貌来看，黄宾虹基本上是一位山水画家。他以篆笔、宿墨、焦墨，追求元人山水之意趣。陈若木山水则取法王原祁、大滌子。其花鸟取法宋人双钩，但化板为活，多取陈白阳意趣。黄宾虹在其花鸟画方面用笔、用色皆极相似，说明他临仿过一段时期。可以笼统地说黄宾虹花鸟画（主要在花卉方面）是学陈若木的。

晚清，是历史上最不值得称颂的时代之一，统治者贪腐、无能，正如黄宾虹先生所述："内忧、外患，风涌云起"，高雅的文人早已改弦更张了，而以绘画谋生的一批画家，仍然坚守阵地，他们背负沉重的负担，"贫窭旅食"（黄宾虹先生语），经历风雷电击，仍然像蜘蛛结网一样，坚持其艺术创作。

古城扬州，由于清初大画家石涛播下的种子，"扬州八怪"形成的大树，受其影响之下，依然产生了一批像样的画家。民间流传着"邗上三朱""扬州十小"等。究其艺术水平，尚难以入流。宾虹先生在他《论画长札》中说："肆中有李育、僧莲溪习气。""惟陈若木画双钩花卉最著名……次则吴让之廷飏，为包慎伯所传。"[①]

《老残游记》的作者刘鹗在书中也有这么一段描述：

> 有人问："扬州本是名士的聚处，像那八怪的人物，现在总还有罢？"
>
> 有人答："前几年还有几个，如词章家何莲舫，书画家的吴让之，都还下得去，近来可就一扫光了。"

说明只有陈若木、吴让之一流的书画家竖立的标杆，才为人瞩目。

画家陈若木，生于道光十八年（1838 年），卒于光绪二十二年（1896 年）。其伯父、父亲皆善画，为雕花木工，因属匠人，不名于世。幼年的陈若木即有绘画才能，后因战乱而破家。来到泰州烟具铺雕刻烟竿。画家虞蟾赏识其才，收为弟子。咸丰三年（1853 年）陈若木十六岁，随老师虞蟾到南京为太平军画壁画，时间并不太长，南京堂子巷保留有太平天国壁画。后陈若木客寓皖中徽商蒯氏家，获观蒯氏所藏大批宋元名迹，并终日临仿，其画艺大进。后长期居于扬州，既工诗，又专研书法，与吴让之、王小汀友善，以绘画为生涯。正值盛年之时，他也曾游江、浙、皖，往来于扬、沪、杭等地卖画，名声大振，求画者络绎不绝。

《扬州览胜录》说陈若木之绘画"独步邗上。"对于书画家这么排名："包、吴、陈、王"。[②]

包世臣生于 1774 年，比陈年长 64 岁。吴让之生于 1799 年，长于陈若木 39 岁。包是重要书法家，其所著《艺舟双辑》被誉为我国书史上的名著。吴让之既是重要书画家，又是享誉大江南北的篆刻家。两人可称前辈，排在陈之前面十分自然。而最后一位王素，其书画在当时实一代名家，年龄比陈若木大 44 岁，竟排在陈若木之后，究其因：王素完全是一位职业画家，既无诗集，又"自悔书拙"。陈若木不但书法上有一定功力，同时也能诗，其《一沤吟馆选集》颇得上层文人好评。

画家陈若木画风沉雄浑厚，力逼古人。其领悟能力极高，山水师麓台即麓台。师大涤子即大涤子。人物师陈老莲，取古厚之趣，其时代感完全不同，更容易被大多人接受。

陈若木的花鸟最得宾虹大师的推崇。他的花鸟取法宋人，但取陈白阳和"扬州八怪"李复堂、高凤翰之率意用笔，粗笔中锋，酣畅圆转，颇具气势。花鸟中常添草虫，大多以双钩出之，看似粗，实则细，有一种蕴藉含蓄之美。在设色和造型上汲取西法之长，更加绚丽、饱满。他是历时近三百年的"清代扬州画派"强弩之末，并有力地开启近现代扬州绘画。

作者单位：扬州博物馆

注释

① 王中秀：《黄宾虹年谱》，上海书画出版社，2005 年，第 68 页。
② 王振世：《扬州览胜录》，广陵书社，2002 年。

黄宾虹致卞孝萱未刊信札五通释读

武维春　卞　华

内容提要：本文通过黄宾虹晚年写给卞孝萱的信，阐述了黄宾虹对扬州文化多角度的关注，主要有对明遗民的研究、对扬州八怪的研究，以及怎样认识清代的画学中兴等，这些都对卞孝萱后来的学术研究产生了深远的影响。由于其中信札是首次刊发，对读者了解晚年黄宾虹具有一定意义。

关键词：未刊信札　明遗民　扬州八怪　卞孝萱

黄宾虹（1865～1955年）出生于浙江金华，祖居安徽。年轻时，他有近10年时间生活在江苏扬州，其《甲申春由歙去扬州，经新岭作》是写他第一次来扬州。甲申是1884年，这年他才20岁。从此他与这座城市结下了深厚的情缘，也对其文化有深入了解。60多年后，已是耄耋高龄的黄宾虹和卞孝萱进行了多次通信，深入论述了扬州文化的多个层面。卞孝萱（1924～2009年），谱名敬堂，字映淮，江苏扬州人，文史大家，在唐代文化和地方文史研究方面均有重要成就，和黄宾虹的通信大致在1950～1951年前后，其时卞孝萱在北京中国人民银行总行工作，由于他从小爱好书画，和黄宾虹的通信对他后来的学术研究产生了深远影响。目前所存黄宾虹信函计五通，内容丰富，笔者试从以下四方面做一些探讨：

一、注重气节，表彰遗民画家

黄宾虹早年即关注政治，他曾写信支持康有为、梁启超变法，并和谭嗣同会晤，探索救国之路。他参加第一次南社雅集，为其骨干，又做过《上海时报》等报刊的编辑。当袁世凯的党羽到上海请他"北上共事"时，遭到他的断然回绝。由这些经历可以看出，当年的黄宾虹和我们今天的专业书画家是有区别的，具有相当的政治头脑。

由于黄氏注重个人气节，因此他将目光投向了遗民画家。遗民有两层意思，一是指亡国之民，二是指改朝换代后不仕新朝的人，遗民史上最值得关注的是后一种人，他们在当时是最有时代精神的士人。但这种不合作态度随时可能招来杀身之祸，他们或出家，或佯狂来发泄自己内心的苦闷。因此研究这类画家，绝不能仅从画技着眼，要知人论世，注意其思想性。黄在致卞的信中说"画传简略脱漏，元明叔季，隐逸尤多，轶事无闻，诚堪悁惜"，这些仁人志士的事迹之所以"脱漏"，不是因为著书人言之不详，而是被后来的文字狱刻意禁毁了。黄宾虹身体力行，亲自撰文介绍遗民画家，信中说"鄙人前十年有僧渐江、垢道人，就皖南遗逸表彰之，友人瞿君编《中和》杂志，曾采入"。《宾虹诗草》所附的《黄宾虹先生行年简谱》记载了这些著述情况[①]。

渐江、垢道人分别指弘仁、程邃，都是清初著名遗民画家。弘仁（1610～1664年）字无智，号渐江，安徽歙县人。他曾直接参加抗清活动，曾离歙去闽，南明隆武帝被杀后，他觉得复明无望，遁入空门。据丁家桐《画坛四高僧》叙述，他初到扬州的时间约在清顺治九年（1652年），再到扬州是在清顺治十八年（1661年）。他和查士标、孙逸、汪之瑞被称为"新安四大家"，查士标在扬州生活时间很长，其他两位也与扬州关系密切。

程邃（1605～1691年），字穆倩，号垢道人，长于山水，干笔皴擦，又善篆刻，工诗，有《萧然吟》传世，但流传甚稀，现在被收入《四库禁毁书丛刊》，读者始得窥得真容。诗中记述了他和遗民诗人顾梦游、邢昉、杜岕（杜濬之弟）的交往情况，另外他和画家龚贤、影园主人郑元勋亦多来往。《扬州画舫录》对他的记载亦有多处可以参考。

1645年春，史可法率军民坚守扬州，后自刭。清军进城后，痛恨扬州人的抵抗，屠城十日，清初的扬州，是遗民活动的重要城市。卓尔堪在扬州编的《遗民诗》也选入了程邃的作品。晚年黄宾虹强调要表彰隐逸，这对绘画史、文学史研究都是具有启发意义的。卞孝萱在著述中对遗民的作品也极为关注，如他写的《邓之诚与清诗纪事初编》中强调作者"研究明遗民诗之目的，是从先民高尚的民族气节中，吸引精神力量，武装自己的头脑，加强自己的爱国主义思想"。值得注意的是，黄宾虹、邓之诚写自己的作品都在抗战胜利之前，这时的祖国，遭逢变乱，因此他们对明清之际先民的处境颇多真切感受，故对有节操者更为钦佩。由于清代统治阶级的禁毁，使得很多遗民画家"轶事无闻"，这才更需要后人稽沉探隐，加以表彰。卞孝萱在为《萧云从评传》《萧云从诗文辑注》两书写的序中，强调萧氏"清军入侵，参加过反清斗争。明亡后，隐居终老。其爱国思想在绘画诗歌中多有反映"。并表彰"萧云从尺木氏，首先是位爱国主义者……（他）誓不与清廷合作，亦不与清官交往，鬻画为生，只与明之遗民及书画家来往"。这种看问题的着眼点，与黄宾虹一脉相承，且深受其影响。

二、追踪溯源，推介扬州八怪

黄宾虹对扬州八怪的关注和研究起步很早，反映了他独特的艺术眼光。黄认定的扬州八怪包括：李方膺、汪士慎、高翔、边寿民、郑燮、李鱓、陈撰、罗聘；其中他对高翔评价很高，五封信中有三处论及：

> 广陵八怪高西唐虽学浙江，论者谓其未尽师古迹，敝箧收其画梅立轴，笔苍墨润繁简得中，似在冬心、两峰之上。画史简略无多轶闻，北京藏书较多，似宜举个人生平家学、师承友人门徒，环境之造就，或编年，或分类。

> 高西唐诗未蒙赐观，谅未检出，日后请暇中节录其亲友往还，补其缺略，尤感谢。

> 承惠假高西唐诗集（轶事甚罕，与焦五斗往还，焦注焦山志），此正我意中所觅而未御目者，感甚感甚。

这里他认为高翔受浙江影响，其画梅高于金农、罗聘，这是他的独到见识。黄自己亦收藏有高翔画，并且希望看到高翔的诗歌。卞孝萱将自己平时抄录的高翔诗寄给黄看，黄很高兴。他信中说到的"生平家学、师承友人门徒，环境"，无异为高翔研究指出了具体的路径，这对卞孝萱后来的研究有指导意义。卞曾主编由江苏美术出版社出版的《扬州八怪研究资料丛书》，第一次对八怪的资料进行了系统整理，为后人研究提供了基础材料。他还综合晚清以降的六种说法，将15位画家全部列入扬州八怪（晚年他认为闵贞不应列在其中），这得到后来所有研究者的认同。卞对晚清凌霞的《扬州八怪歌》特别重视，因为凌霞诗中的"怪"，已经完全是褒义词了，卞曾从不同角度对这首诗作过解读。凌霞虽是浙江人，但长期生活在扬州，又是吴昌硕的至交，吴在《存没口号十二首》写凌的诗中称"扬州梦醒住且续，金石癖固医难痊。昨日一卷寄江左，使我磨刀思踏天"，思念之情溢于言表。吴昌硕是现代艺术的大师级人物，花鸟画独居尊位，其艺术和扬州八怪一脉相承，凌霞和吴昌硕审美趣味相近，见解不凡，并不奇怪。

按照黄宾虹所示方法，卞孝萱在20世纪60年代初写了《扬州八怪之一的高翔》，同时还写了《关于汪士慎的几个问题》，这些文章都是当时最有影响的扬州八怪论文。

另外要说明的是，当时卞给黄看的高翔诗歌，是他从选集和题画上收录的，高翔的《西唐诗集》久已散佚，后来他又通过各种途径收集高翔的诗歌，准备新编一本《西唐诗集》，可惜未能如愿便辞世。看来文化需要不断积累，甚至需要几代人的努力方能完成。

在信函中，黄宾虹还对扬州八怪的另三位作了评述（黄慎、华嵒他未列入八怪）：

> 虽恽正叔、华新罗尚不免求脱太早。
>
> 黄瘿瓢诗胜于画，诚然，秋庵两峰诗均可诵……
>
> 罗集亦愿假观。

三段语录论及几位画家，包括恽格（正叔）、华嵒（新罗）、黄慎（瘿瓢）、黄易（秋庵）、罗聘（两峰）。黄宾虹认为恽格、华嵒对传统尚须深入，走自己的路子早了一点。最值得注意的是他论画家不仅论画，也很关注他们的诗文创作，且认为黄慎的诗高于其画，这就表达了和前人不同的观点。罗聘的诗他也喜欢，所以希望借阅。

卞孝萱在《扬州八怪研究资料丛书》序言中说：

> "八怪"能诗，工书。他们把绘画对象人格化。梅的傲骨，石的坚贞，更是比拟自己。他们具有一定的文化修养、社会阅历和政治见解，他们在绘画上题跋，是为了补充画意，借以发挥自己的政治情感，也寄寓着他们对各种事物的看法。

这段话说明了诗文在扬州八怪研究中的意义，后来他主编《扬州八怪研究资料丛书》，列在最前面的二本就是《扬州八怪诗文集》。这种对诗文的重视，自然使人联想到黄宾虹对他的影响。

三、关注近代，标举画学中兴

黄宾虹在致卞孝萱的信函中提出书画"道咸中兴"的重要观点，他说：

> 清至道咸之间，金石学盛，画亦中兴，何蝯叟、翁松禅、赵撝叔、张叔宪约数十人，学有根抵，不为浮薄浅率所囿。

他在致弟子段拭的信中有云：

> 清以道咸间如南园、何子贞、赵撝叔、张叔宪、陈若木、翁松禅皆上乘。

有人对能不能称"道咸中兴"有异义，笔者认为这段话不能读得太死，道光、咸丰只有40年时间，而中兴是一个过程，金石学的兴起是一个转折关键，如赵之谦（撝叔）已经达到一个很高的境地，他又深刻影响了吴昌硕、齐白石，清末还有任伯年、虚谷、蒲华等名家，确实构成了一个群星灿烂的格局，黄宾虹本人也是其中的佼佼者。值得参照的是前人对诗歌也持这种风解，如汪辟疆在《近代诗派与地域》中说"晚清道咸以后，为世局转变一大关捩……有清一代诗学，至道咸始极其变"，我们从艺术史的整体格局看，黄氏的语录给我们很好的视点，即金石学对书画产生的巨大影响。

这段话，黄氏说过不止一次，所例人名略有不同，其中也说到陈崇光，即陈亦为画学中兴的标志性人物。陈崇光（1839～1896年），原名炤，字若木，他是虞蟾的弟子，虞曾为太平天国画过不少壁画，大气磅礴。两位画家都是扬州本地人，都是绘画高手，但晚年不幸。虞蟾在太平天国失败后回扬州，他的山水画价格极低，当时谣谚曰"金脸（人物画）银花卉，要讨饭画山水"，其凄凉景况可知。陈崇光也是卓越人物，但晚景凄凉，黄宾虹信函中说：

> 近百年中，陈若木之学识超众，狂疾亦可悯，佚事可传尚多，台端甚素加意，盍先成之。

说陈"学识超众"自然不止于画，臧谷为他的诗作序云：

> 若木以画传，不沾沾以诗名，其实即诗即画，画中固有诗，诗中亦有画也。

将陈崇光诗画并称的还有陈懋森，他的《陈山人若木》诗云：

> 落魄江淮老画师，纵横丈幅笔淋漓。
> 小诗偏与渔洋近，可惜时人竟莫知。

诗后作者有小注，称"山人七言绝句神似渔洋，他体不及也"。又陈含光曾作《陈炤画歌》，诗中有云"扬州人物当世奇，容甫文章春谷诗。后来炤画复挺出，如鼎三足光陆离"。容甫指汪中，春谷指黄承吉，陈含光的评价代表了当时文士的看法。卞孝萱晚年注《陈炤画歌》，对诗作了解读，使人们加深对陈崇光的认识。他称"不负黄先生生前之嘱也"②。陈含光本人的书画，也为黄宾虹赏识，黄在信中说"陈含光君书画，尤素佩"。而陈含光有《题画赠黄宾虹》云；"试写黄山云，远寄黄山客。君家云际居，松南定松北"，反映了他们的深厚交谊。目前国内对陈崇光、陈含光的研究相对不足，尚待丰富，其空间是很大的。

其他如汪鋆（研山）、吴熙载（让之）也属于"道咸中兴"后的重要人物，黄在信中有云：

> 鄙人年二十余，侨居邗上近十载，读乡先哲汪砚山所著，心喜之。
>
> 吴为一代篆刻名贤，均是珍品……

这些论述，也是我们后人深入宝山探宝的钥匙。

四、研习书画，丰富诗意人生

黄宾虹为近代大画家，在他看来，以书画寄托人生，是一件很高雅的事，他在致卞的信中说：

> 台端名门望族，秉性风雅，今处商界，正是发奋有为之时，假书画为寄托，又最高之研究，鄙人虽衰朽，因捡拙笔山水为赠。

黄写这封信时，卞在银行工作，黄肯定了业余爱好书画的意义，希望年轻人能在书画上有所研究。黄宾虹本人首先就做出了榜样，他终生勤奋，至老不倦，且他也是不薄今人爱古人，其信中有云：

> 鄙人嗜古今人书法如性命，若敦煌、晋经及时贤之作，无不购求，于古印尤笃好。
>
> 尊友中能觅拓本，虽一二纸，如拱璧也。

他对于藏家的情况及重要藏品的流向也非常关心，如他对陈含光家族藏的书画以及流传，对汪三君等人的收藏，都印象很深。他在信函中云：

> 曩尝见所藏张大风匡庐飞瀑图轴，前四十年已归河南黄小松太守，曾任夔州府知府，颇多收藏，近留行箧中尚有收藏印如新也。
>
> 印谱张兰坡未详，又册后有齐学裘玉溪印二，为太守彦槐嗣，家多收藏元明画，隐居不仕，画为戴醇士、黄谷原所称许，而名不载于画传，觅其墨迹不可得。同治中尚客沪上、北京，当易见，求之未得见。
>
> 邗上有汪三君，手中常携佳品，久不晤。

这几则都与鉴藏有关。第一则中的张大风指张风，上元（南京）人，明崇祯诸生，也是重要的遗民画家，其成就很高，为黄宾虹所关注。后来名画易主，为黄小崧收藏。

第二则中的张兰坡为张肇岑，清江都人。卞孝萱曾撰文《阮文与张肇岑》，叙及张的《石鼓斋印谱》中钤盖着他为当时许多名人所刻的印章。齐学裘（1803～？年），字玉溪，安徽婺源（今属江西）人。隐士，工书画。其父齐彦槐亦多建树，这里不细表，但他们父子都是书画收藏家。黄宾虹在这里是感叹齐学裘虽然时隔不远，但书画的收集已经不易，而他对这些隐逸画家是非常关注的。戴醇士、黄谷原指戴熙和黄均，虽然齐画得他们赏识，但画史缺乏记载。缺乏记载并不等于不重要，黄氏经常大声呼吁，颇有举逸民的意味。黄在信中亦问卞"不卜尊府有藏画目否"？

黄还强调：

> 明至启祯上追北宋，能以荆关董巨为宗，碑传所载不全，立论尚有偏倚，董而理之，诚为亟务。

这段话也极为重要。在黄看来，画史缺乏记载是一大缺陷，立论偏倚又是一大缺陷。当然从黄写信到现在，画史研究有不少新的进展，很多为黄氏所未见。但问题迄今仍然存在，象黄氏说的，"若凭一二人之臆见，不足为真评也"。黄宾虹特别批评了"况近代画史，尝如小仓山房诗话以得刻书之费为其编辑，抑又下矣"。小仓山房指袁枚，他编《随园诗话》有些条目是要向作者收赞助费的，这就影响了书籍的权威性。无论是个人臆见，或者收了人家的银子而说好话，都为黄宾虹所鄙视。这方面，现在可能比黄氏当年的情况更为严重，怎样让艺术不受金钱和个人偏见影响，这是艺术评赏中一个非常重要的问题，黄宾虹的意见对我们有重要的启迪意义。

附：黄宾虹致卞孝萱信札五通

映淮先生台鉴

展诵手书，先施志感，藉念八法流美，传播艺林，奖饰拙画，聆之增恧，鄙人嗜古今人书法如性命，若敦煌、晋经及时贤之作，无不购求，于古印尤笃好。邗上有汪三君，手中常携佳品，久不晤。尊友中能觅拓本，虽一二纸，如拱璧也。复候

文绥　黄宾虹顿首　附印拓三纸均用秦印

近以目眚，画不多作，承属小幅，当遵奉，但略迟耳。

敬堂先生大鉴

　　顷诵惠缄，备承奖饰，祗聆之下，感佩交萦，仪真与歙邑凤犹故乡，鄙人年二十余，侨居邗上近十载，读乡先哲汪砚山所著，心喜之。陈含光君书画尤素佩。先德有颂臣薇阁，诸公耳熟之，襄尝见所藏张大风匡庐飞瀑图轴，前四十年已归河南黄小崧太守，曾任夔州府知府，颇多收藏，近留行箧中尚有收藏印如新也。不卜尊府有藏画目否。台端名门望族，秉性风雅，今处商界，正是发奋有为之时，假书画为寄托，又最高之研究，鄙人虽衰朽，因捡拙笔山水为赠，此候

　　台绥　黄宾虹拜

　　敝族有名龙章，在蚌埠某煤公司，已久未通讯，又及

孝萱先生道席

　　久疏音候，时均神驰，□论手书，聆悉德业贤劳，著述宏富，至慰至感。画传简略脱漏，元明叔季，隐逸尤多，轶事无闻，诚堪惋惜。清至道咸之间，金石学盛，画亦中兴，何蝯叟、翁松禅、赵㧑叔、张叔宪约数十人，学有根柢，不为浮薄浅率所囿。虽恽正叔、华新罗尚不免求脱太早。元人集唐宋之精英，辟开蹊迳，明至启祯上追北宋，能以荆关董巨为宗，碑传所载不全，立论尚有偏倚，董而理之，诚为亟务。广陵八怪高西虽学渐江，论者谓其未尽师古迹，敝箧收其画梅立轴，笔苍墨润繁简得中，似在冬心、两峰之上，画史简略无多轶闻，北京藏书较多，似宜举个人生平家学、师承友人门徒，环境之造就，或编年，或分类。鄙人前十年有僧渐江、垢道人，就皖南遗逸表彰之，友人瞿君编中和杂志，曾采入。笔名予向以向禽游山，以老□景其为人，若凭一二人之臆见，不足为真评也。况近代画史，尝如小仓山诗话以得刻书之费为其编辑抑又下矣。近百年中，陈若木之学诚超众，狂疾亦可悯，佚事可传尚多，台端甚素加意，盍先成之。此候

　　文绥，宾虹拜上

孝萱先生道席

　　叠诵手书，惠假借印谱诗集，珍如买宝。黄瘿瓢诗胜于画，诚然，秋庵两峰诗均可诵，印谱张兰坡未详，又册后有齐学裘玉溪印二为太守，彦槐嗣家多收藏元明画，隐居不仕，画为戴醇士、黄谷原所称许，而名不载于画传，觅其墨迹不可得。同治中

尚客沪上、北京，当易见，求之未得见，高西唐诗未必刻，赐观谅未检出，日后请暇中节录其亲友往还，补其缺略，尤感谢。屈驾未晤，极为抱歉

又画册大共六册，当共五册，奉缴上，此候。前拙函附。

台绥，宾虹拜上

孝萱先生大鉴

顷荷手教，承惠假高西唐诗集（轶事甚罕，与焦五斗往还，焦注焦山志），此正我意中所觅而未御目者，感甚感甚。罗集亦愿假观，会场闭幕当拟走领，张谱未见，吴为一代篆刻名贤，均是珍品，鄙意对于古三代印谱，尤切念，嗜古文字，将觅前人未见而有以著录之，每日上下午六时在寓，先赐惠临尤感，祗颂

台绥宾虹拜上，十月廿八日

作者单位：作家、文化学者

注释

① 1940 年夏，《浙江大师事迹佚闻》刊于《中和》月刊第一卷五、六期。1943 年，《垢道人佚事》《垢道人遗著》刊于《中和》月刊第四卷三、四期。

② 卞孝萱：《卞孝萱文集》第六卷，凤凰出版传媒集团，2010 年，第 575 页。

试论唐代扬州的开放性与包容性

吴　郁

内容提要：唐代扬州经济活力充沛、文化繁荣昌盛，是一座各方面都位居全国前列的城市。究其原因，可以从这座城市的开放性与包容性两方面来寻找答案。本文即从史实出发，对唐代扬州的对内对外的政策、人才选拔等方面做出阐述，进一步证明唐代扬州城市的开放与包容。

关键词：唐代　扬州　开放　包容

唐代的江苏扬州是一座开放性、包容性都很强的城市，也是经济活力充沛、文化繁荣昌盛、各方面都位居全国前列的城市。

一、对外开放，热情接纳国外来客

隋代大运河的开通，给扬州带来了经济的日趋繁荣。唐代扬州地居江淮要冲，是南北交通枢纽，既是全国性的商业中心，又是国际性的商业都会。它是唐朝对外贸易的四大港口之一，用宽广的胸襟接纳海内外各个地区来的的客人。许多外国商人都远道来扬，从事商业活动。当时，活跃在扬州市场的外商，以波斯、大食人为主，有时多达数千人，另外还有昆仑、占婆、新罗、日本等各国商人，从扬州进口、出口的大宗国际贸易商品有陶瓷、丝织品、铜器、香料、珠宝等。

1998 年在印度尼西亚海域打捞出一艘唐朝时期的沉船，船上装载着大批中国瓷器和许多金银器和铜镜，其中的长沙窑瓷碗上带有唐代宝历二年（826 年）题记，沉船中的唐代铜镜铭文注明：“唐乾元元年戊戌十一月廿九日于扬州扬子江心百炼造成”。学者认为，这应该是从扬州港口出发，经由东南亚运往西亚、北非的唐代商船，反映的正是唐代扬州在国际贸易中的重要地位。

唐朝政府保护外商在中国的合法经营和人身自由，扬州地方政府也忠实执行这一政策，外商在扬州开设胡店、胡邸，拥有雄厚的资财，他们在这里与中国的百姓和睦相处，同时保持自己的生活习俗和宗教信仰，有自己的商业组织和集会①。

唐文宗时期曾经发布关心外商的诏书，其中说："南海蕃舶，本以慕化而来，固在接以仁恩，使其感悦。如闻比年长吏，多务惩求，嗟怨之声，达于殊俗，况朕方宝勤俭，岂爱遐琛，深虑远人未安，率税犹重，思有矜恤，以示绥怀。其岭南、福建及扬州蕃客，宜委节度观察使常加存问，除舶脚、收市、进奉外，任其来往通流，自为交易，不得重加率税。"②唐文宗要求各个对外贸易城市的官员关心外国商人，让他们自由往来，自为贸易，感受到唐王朝的仁慈与恩惠，不得随意向他们增加税收，其中提到的重点地区，除了岭南、福建之外，就是扬州。

唐朝日本与中国的交往非常频繁，日本的遣唐使和学者、僧人来唐朝时，大多都曾经过扬州。据统计，日本政府从 630 年到 894 年的 260 多年时间里，先后派出过 19 批遣唐使来到中国学习。由于受到航海条件的限制，最终只有 13 批真正到达了中国，其中有 9 批都经过了扬州。

唐朝政府对于日本各界人士在中国的活动，是相当宽容的。例如唐玄宗天宝年间，对于日本僧人荣睿等邀请鉴真和尚出国传法的活动，扬州官府实际是给予支持的。扬州仓曹参军李凑曾帮助其"造大舟，备粮送遣"。有人诬告鉴真一行人有勾结海盗的嫌疑，但是扬州地方政府一旦查明了真相，就立即释放，归还物品。当时反对和阻拦鉴真出国的人，主要是佛教界的一些信徒，他们不愿意让鉴真和尚离开扬州。在得知日本僧人荣睿等四人在扬州的情况后，唐中央政府的外事机构鸿胪寺还给扬州发文说："僧荣睿等，既是蕃僧，入朝学问，每年赐绢廿五匹，四季给时服；兼予随驾，非是伪滥。今欲还国，随意放还，宜委扬州依例送遣。"③也就是说，对于这些入唐求学的僧人，每年要赏赐财物，发给服装；他们随时可以回国，扬州地方官员还有送他们回家的责任。

天宝十二载（753 年），在唐朝担任官职的日本学者阿倍仲麻吕辞官回国，他离开长安，南下扬州，在扬州的延光寺会见了高僧鉴真，并邀请鉴真和尚东渡日本，在他们的努力下，鉴真终于抵达日本，实现了弘扬佛法的夙愿。这也说明，鉴真东渡在当时是合法的民间活动。

扬州地方官员对于从日本来到扬州的僧众，通常都给予妥善安排和接待。例如唐文宗开成元年（836 年），日本僧人圆仁和尚等一行人入唐求法来到扬州时，受到淮南节度使李德裕的礼遇，安排住宿在开元寺，在这里停留了 7 个多月，并"许令画造佛像”，而他们送上的礼物却被拒收了④。可见当时外国僧人在扬州是受到照顾的。

此外，新罗文人崔致远在扬州的经历也能说明外籍人士在扬州是受到尊重和重用的。崔致远少年时就来到中国，唐僖宗乾符元年（874 年）进士及第，出任溧水县尉。880 年，任期届满，被淮南节度使高骈聘入幕府，担任掌书记、都统巡官，成为贴身秘书与高级参谋。他替高骈拟写了大量诏、启、状之类的公文。唐僖宗中和四年（884 年），崔致远之弟崔栖远，奉家信由新罗渡海来唐，迎崔致远回国，他于是以“国信使”身份东归新罗。崔致远留唐十六年间，与中国文人墨客、幕府僚佐等交游甚广。他在扬州任职、离职都很自由，也说明了当时扬州的包容性极大。

同时，唐代的扬州也是学习西方技术文化的窗口。唐太宗曾经派人到印度去学习熬糖法，学会以后，就到扬州来进行试验。《新唐书》卷二二一《西域传上》：“贞观二十一年，（摩揭陀国）始遣使者自通于天子，献波罗树，树类白杨。太宗遣使取熬糖法，即诏扬州上诸蔗，拃沈如其剂，色味愈西域远甚。”⑤扬州造出的糖比印度糖的味道更好，可见扬州也是对外学习先进技术的一个窗口。

二、对内开放，引领唐代经济潮流

唐代扬州是繁华的商业都市，聚集了大批工商业者和官绅豪富。史书记载“江都俗好商贾，不事农桑”⑥，“侨寄衣冠及工商等多侵衢造宅，行旅拥弊”⑦。

唐代扬州不仅聚集了大批外地来的豪商巨富，还集中了全国各地甚至世界各地的奇珍异宝。武则天时，人们就记载，“扬州地当冲要，多富商大贾、珠翠珍怪之产”⑧。由于城市的富裕和繁华，唐代扬州的物产和服饰都是引领时代潮流的。扬州出产的铜镜、毡帽、服装、木器举世闻名。唐玄宗天宝年间，陕郡太守、水陆转运使韦坚在京城长安的望春楼下广运潭上举办了一场大型的水上博览会，他动用三百条船来展示南方数十郡的地方特产，而扬州的地方产品列在首位。展览会的船队之中，首先就是广陵郡船，“堆积广陵所出锦、镜、铜器、海味”，其后才是丹阳、晋陵、会稽、南海诸郡物产。当时韦坚还组织大批妇女举行了民歌大合唱，唱词是：“得宝弘农野，弘农得宝耶。潭里船车闹，扬州铜器多。三郎当殿坐，看唱《得宝歌》。”

据史书记载，水上博览会的参与者还统一了服饰，“驾船人皆大笠子、宽袖衫、芒屦，如吴、楚之制”，合唱时，领唱者“白衣缺胯绿衫，锦半臂，偏袒膊，红罗抹额，于第一船作号头唱之。和者妇人一百人，皆鲜服靓妆，齐声接影，鼓笛胡部以应之。馀船洽进，至楼下，连樯弥亘数里，观者山积。京城百姓多不识驿马船墙竿，人人骇视"⑨。

韦坚举办的这一场博览会给京城民众以极大的视觉和听觉震撼，也将扬州一带的南方文化和南方服饰推向全国。

唐代前期，全国各地的城市里仍然实行的是"坊市分区"制度，即商业区和居民区分开，市区（商业区）四面有围墙，各面设门，依时开闭，晚间完全闭市。但是到唐代中后期，这种制度首先在扬州被打破。扬州的商业区和居民区混杂，"十里长街市井连"，城里形成了一条繁华的商业街，十里长街之上，酒楼、饭店、茶肆、青楼、手工作坊、邸店、民居等等，鳞次栉比，错杂相连。晚上还出现了极其热闹的夜市，"夜市千灯照碧云，高楼红袖客纷纷"，每到夜晚，十里长街，珠翠填咽，游客纷纭，华灯万盏，一片繁盛景象。

扬州和淮南道也是唐代盐法和漕运改革的重点地区。安史之乱爆发以后，由于北方战乱不断，赋税来源断绝，朝廷所需的军国财物，大多仰仗于江淮，扬州成为南方物资北运的枢纽。

唐肃宗和代宗时期，为了增加财政收入，朝廷先后派出第五琦和刘晏担任盐铁使、度支使等职务，来到扬州进行改革。第五琦实行榷盐法，将淮南盐业从过去的分散、自流的个体生产，转为集中、统一的专业生产，提高了生产能力，使淮南盐业开始迅速发展。刘晏则简化盐税征收办法，减轻了商人负担，促进了食盐的流通；同时又指导盐户改进生产技术，大大提高了食盐的产量，使扬州沿海地区成为东南海盐产量最高的产区。刘晏还组织民工，疏浚运河，发明了分段转运的方法，加快漕运速度，降低运输成本，将江淮地区的大批粮食和各种物资运到京城。当时，设在扬州的扬子院内财货堆积如山，成为供应朝廷所需各类物资的巨大的仓库。

三、容纳贤才，各地士人云集扬州

唐朝前期，一些地方行政长官就注意在扬州发现和选拔人才，如扬州大都督府长史杨恭仁在寺院里发现了才学渊博的上官仪，李袭誉在扬州任职期间向唐太宗推荐了著名的文选学家曹宪。

唐肃宗至德元载（756 年）下令设立淮南节度使，治广陵，早期统辖十三州，后来大致管辖淮南七八州。此后，淮南节度使便成为最显要的地方官职之一，多以元老重臣担任。杜牧《淮南监军使院厅壁记》说淮南道："护天下饷道，为诸道府军事最重，然倚海堑江淮，深津横冈，备守坚险。自艰难以来，未尝受兵，故命节度使，皆以道德儒学，来罢宰相，去登宰相。"⑩

　　唐代的淮南节度使有不少人都是"来罢宰相，去登宰相"的名臣，如杜佑、李吉甫、李德裕、牛僧孺、李绅、崔铉、李蔚等。他们在地方上注意减轻赋役，兴修水利，关心民瘼，推行教化。不少人在治理地方军政事务的同时，也注重文化事业，有的还参与著书立说，推动了扬州地区经济、文化的发展。

　　例如杜佑不仅以富国安民为己任，发展水利，开垦荒地，广积米粮，为政宽厚，而且注重学术文化。他"性嗜学，该涉古今"，"勤而无倦，虽位极将相，手不释卷。质明视事，接对宾客，夜则灯下读书，孜孜不怠。与宾佐谈论，人惮其辩而伏其博，设有疑误，亦能质正。始终言行，无所玷缺"。杜佑不仅自己认真读书，而且经常与一批幕僚讨论学问。他在扬州花费十几年时间，编撰成我国历史上第一部典章制度通史《通典》二百卷，得到学术界的普遍称赞⑪。

　　许多淮南节度使都注意在扬州收容失意的士人，给予接待和资助，并注重保护和推荐人才。许多士人携家带口，流寓扬州，不少人在此读书，准备参加科举考试；一旦科举失意，他们仍然回到扬州。唐人诗歌中有不少这样的篇章，如司空曙有《送乔广下第归淮南》，李端有《送魏广下第归扬州宁亲》，卢纶有《送魏广下第归扬州》，韦应物有《送槐广落第归扬州》，权德舆有《送殷卿罢举归淮南旧居》，姚合有《送崔约下第归扬州》，朱庆余有《送张景宣下第东归扬州觐省》《送崔约下第归淮南觐省》，刘得仁有《送友人下第归扬州觐省》诗等等。

　　有些人来到扬州投奔淮南节度使，充当幕僚，主要是为了养活家口，如皇甫冉《送田济之扬州赴选》有"家贫不自给，求禄为荒年。调补无高位，卑栖屈此贤"的诗句。但文人投幕府也要参加选拔，一旦被选中，也是十分感激。如崔峒有《扬州选蒙相公赏判，雪后呈上》诗："自得山公许，休耕海上田。……此时瞻相府，心事比旌悬。"有的人则是在丢官之后来到扬州的，例如刘长卿有《奉送从兄罢官之淮南》诗。

　　淮南节度使幕下搜罗了不少著名文人、学者作为幕僚，例如窦常曾经在杜佑手下任节度使参谋⑫，崔峒也曾经在杜佑幕下任职，王起在唐宪宗时曾在李吉甫幕中充掌书记，新罗人崔致远也曾在高骈幕下当掌书记。这些人后来不少担任朝廷重要官职。

　　许多文人在淮南节度使的关心与保护下得以施展才华，如著名诗人杜牧曾经在牛僧孺幕下任掌书记，虽然才华出众，但是生活不检点，行为放纵，经常出入倡楼，牛僧孺经常派人暗中保护。《太平广记》记载：

杜牧，少有逸才，下笔成咏。……会丞相牛僧孺出镇扬州，辟节度掌书记。牧供职之外，唯以宴游为事。扬州胜地也。每重城向夕，倡楼之上，常有绛纱灯万数，辉罗耀烈空中。九里三十步街中，珠翠填咽，邈若仙境。牧常出没驰逐其间，无虚夕。复有卒三十人，易服随后，潜护之。僧孺之密教也。而牧自谓得计，人不知之。所至成欢，无不会意。如是且数年。及征拜侍御史，僧孺于中堂饯。因戒之曰："以侍御史气概达驭，固当自极夷涂，然常虑风情不节，或至尊体乖和。"牧因谬曰："某幸常自检守，不至贻尊忧耳。"僧孺笑而不答，即命侍儿取一小书麓，对牧发之，乃街卒之密报也。凡数十百，悉曰："某夕杜书记过某家，无恙。某夕宴某家，亦如之。"牧对之大惭。因泣拜致谢。而终身感焉。[13]

由于牛僧孺的关心与爱护，杜牧才不至于遭到他人伤害，因此才能留下许多有关扬州的诗篇，并得以流传至今。

李藩早年曾经在徐泗濠节度使张建封手下任幕僚，一度被人诬陷为"动摇军心"，唐德宗大怒，"密诏杜佑杀之"，由于淮南节度使杜佑以全家百口性命做担保，才得以幸免[14]。后来李藩进入朝廷，唐宪宗时成为清廉正直的宰相。

又如撰写《煎茶水记》的文人张又新，有才华，善文辞，早年曾经与人结党排挤过李绅。李绅任淮南节度使之后，虽然以刚严著称，但是对待落魄的张又新，却宽宏大度，不念旧恶，"释然如旧交"，并成人之美[15]。

正是由于唐代的扬州具有宏大的气魄、开放的胸襟，所以大批文人墨客来到扬州，他们在这里思如泉涌，诗兴大发，名篇杰作，史不绝书。唐朝许多优秀的诗人，大都与扬州结下了不解之缘，仅据《全唐诗》统计，唐代到过扬州的著名诗人就有一百多人，几乎占了唐诗名家的半数以上。张祜甚至写出"人生只合扬州死"的诗句，可见，扬州的开放与包容，对于当时的文化人具有多么巨大的吸引力。

作者单位：扬州博物馆

注释

① 李文才：《〈太平广记〉所见唐代胡商：以扬州为中心》，赵昌智主编《扬州文化研究论丛》第 16 辑，广陵书社，2016 年，第 80 页。

② ［宋］宋敏求编：《唐大诏令集》卷十《太和八年疾愈德音》，北京：中华书局，2008 年，第 64 页。

③〔日〕真人元开著，汪向荣校注：《唐大和上东征传》，中华书局，2000 年，第 39～46 页。

④〔日〕圆仁著、〔日〕小野胜年校注、白化文等修订校注：《入唐求法巡礼行记校注》卷一，花山文化出版社，1992 年，第 119 页。

⑤《新唐书》卷二二一《西域传上·摩揭陀传》，中华书局，1975 年，第 6239 页。

⑥《旧唐书》卷五十九《李袭誉传》，中华书局，1975 年，第 2332 页。

⑦《旧唐书》卷一四六《杜亚传》，中华书局，1975 年，第 3963 页。

⑧《旧唐书》卷八八《苏瑰传》，中华书局，1975 年，第 2878 页。

⑨《旧唐书》卷一○五《韦坚传》，中华书局，1975 年，第 3223 页。

⑩《文苑英华》卷八○二，中华书局，1966 年，第 5 册，第 4241 页。

⑪《旧唐书》卷一四七《杜佑传》，中华书局，1975 年，第 3984 页。

⑫《旧唐书》卷一五五《窦常传》，中华书局，1975 年，第 4122 页。

⑬《太平广记》卷二七三《杜牧》，中华书局，1961 年，第 2151 页。

⑭《旧唐书》卷一四八《李藩传》，第 3998 页。

⑮孟棨：《本事诗·情感第一》，《唐五代笔记小说大观》下册，上海古籍出版社，2000 年，第 1242 页。

明清之际扬州福缘庵明道和尚在扬
史迹考述及其评价

陈　康

内容提要：明道和尚是明末扬州福缘庵的首创者。在扬期间，建庵传道，行善扬德，救民于战乱。癸巳年（1653 年）因吴中"杨昆案"而获罪被捕，拷打至死。其圆寂后，道忞和尚为之撰《扬州福国院大桑门德宗道公舍利塔铭》，但记载其事者甚少。本文依据明道史迹，对其生卒年及圆寂原因逐一考释，略述其史迹，探究道忞心中的"明道"形象，并结合特殊时期，对明道个人的功绩及影响作一评价。

关键词：扬州　福缘庵　明道　获罪　道忞　塔铭　评价

明道，族姓余，江西临江府人，明代扬州福缘庵的创立者，首任住持。在扬期间，弘法传道。癸巳年（1653 年）因"杨昆案"而获罪被捕，拷打至死。由于受当时政治因素所限，记载其事者甚少，以致其史迹鲜为人知，后世对其研究基本处于空白。本文根据现有相关实物史料，试图考释明道生卒年及圆寂原因，略述其在扬州建庵传道之史迹，探究道忞构建的明道人物形象。此外，依据明道史迹，结合特殊时期，全面分析明道个人的功绩及影响。

一、明道生卒年及圆寂原因考释

明道是明末扬州福缘庵的首创者，但史书中对于明道生卒的记载甚少。道忞所撰《塔铭》中明确记载："公讳明道。字德宗。族姓余。江西临江府人。出家燕之万安寺。于天启七年至广陵。初寓阙口……继迁福国院。"[①]

道忞所记并无明道之生年，其他史料亦无提及。但对于明道圆寂之事，道忞在《塔铭》中提到"（公）乃以无罪从雉于罗顾。反不获叨三方解网之仁。卒以是毙圆土焉"，其中隐讳地提及了起因，明道和尚无罪，而是被人设计涉案入狱，而所涉三方并没有救助"无罪"的明道，最终导致他身亡。明道所犯何罪，何时身亡，道忞在《塔铭》中并无说明。巧合的是，笔者在一则记载清代万曰吉的史料有所发现。

万金事曰吉，字九原，湖广黄冈人也，崇祯庚辰进士，知昆山县，万曰吉与"扬州浮屠德宗"交好。癸巳年，德宗盲信来访士人，被乔装的巡按暗中设"计"，被捕后遭受笞击拷打，但德宗宁死也不承认巡按等人构陷之罪责。"时巡按同有杨昆者，以滇中敕存问旧臣七人"。"旧臣七人"有杨昆、杨卓然、俞鹍翔、耿章光、章正宸、陶履午、朱升等。而万曰吉"与杨崑之难痛詈而死"[②]。可见，德宗（明道）被捕与杨昆、杨卓然、万曰吉等人有关。

杨昆，"字崧云，原名国柱，江宁人"[③]。"自称从永历所来，怀敕印，阴结义士遍招摇"[④]，谋划反清复明。此外另有记载，原副将杨昆秘密地从云南至各省，带着空印敕数百道，密招各省义士，"使内乱至江上，事败同难者七十三人"。还有四十四人因与杨昆水陆踪迹有关而至死[⑤]。

杨卓然，字又先，湖广辰州人。崇祯辛未进士，曾遨游吴会间，结识杨昆，负责联络吴越兵马钱粮等事。"万曰吉与杨卓然于癸巳之十二月等七十二人同日遇害"[⑥]。

在这次反清复明的事件中，杨昆是主谋，杨卓然、万曰吉等人皆涉"杨昆案"而后身死，虽然现有史料无法表明"明道与杨昆案有直接关联"，笔者认为与万曰吉交好的明道是受此"牵连"入狱获"构陷之罪"，也就是说明道被捕并不是巡按偶然设"计"，而是受牵连涉"杨昆案"，并无其他罪名。

明道因杨昆案被捕而圆寂之事，清人谈迁也曾记载[⑦]。恭顺侯吴维华总漕淮扬时，福缘庵僧德宗捐万缗造浮屠，后"癸巳德宗被掠死"。

清代卢綋曾作《扬州福缘庵新建江口石塔洛成时德宗师以罹祸圆寂矣感咏二首》：一首"扬州江口起浮图，舍利精光并日扶。总是金莲随地涌，座中应见古昆卢"，其二"缘成不见募缘人，东土原多未了尘。燃得千灯空里照，翻将现在失真身"[⑧]。

如卢綋所咏，德宗（明道）遭受灾祸而圆寂，并非自然老逝，其圆寂时即是福缘庵江口石塔建成之时。清代谈迁游历南北，于乙未四月路过扬州，渡钞关扬子桥，发现有塔，记有"恭顺侯吴维华建塔七级，昨岁落成"[⑨]。可推测建塔落成即是癸巳年，即癸巳年是卢綋所说的明道罹祸之时。

按上述所论，可以推定，明道和尚因癸巳年（1653 年）"杨昆案"被人构陷拷打，宁死不从，后身亡圆寂。《塔铭》中有"公世寿五十九，僧腊三十有八"，按照中国传统计算年龄的方式虚岁，由此可推出，其生年是万历二十三年（1595 年），明道

21 岁（1616 年）出家于北京万安寺，天启七年（1627 年）他 32 岁时到广陵传道。

二、明道建庵传道述略

明道 21 岁出家，32 岁时至扬州，最初寄居"阙口"，阙口是扬州一地名。"阙口门至小东门大街三里近阙口门者，谓之阙口"[⑩]。阙口即扬州旧城东南阙口门附近。明道从阙口迁到"南门外官河岸侧"[⑪]，即福缘庵所在地。

福缘庵又称福国寺、"福国院"。据记载："福缘庵，即唐宋佛国禅院，天启僧德宗复□更今名。"[⑫]也有其他说法"明崇祯间僧明道创建。"[⑬]"福国禅院"此名可能来源于唐宋之时，明天启七年（1627 年）后，明道复用其名，更为"福缘庵"。

福缘庵创建之初，"仅数椽湫溢"，处低洼狭小之地，房屋极少，不堪风雨。这应该是福缘庵最初的规模。明道入庵后，四方百姓来拜佛求法，来者众多，香火旺盛。不久，福缘庵就不断扩建，增建佛像、楼宇佛殿，壮观雄伟，"巍峨璀璨。倾动一时"，影响极大。

明道寄居阙口时，衣着朴素，苦行节俭，乐善好施，救济贫者。当时人们都称他为"肉身菩萨"。任住持后，仍广结善缘，扶危济困。明末乱世，扬城百姓屡遭战乱，其救济老弱及无家可归者，资助因道阻而铩羽者，挽救数万人于危难之间。

虽然明道救济众人，但也有人曾损其名誉，谈迁曾记载此类传言："薙髪坐尺地须八十金，漕舟附妇女一人须一金，门禁甚厉。江西陈给事以与守臣善，巨室借其封衔舆妇女，人各四五十金，积资甚腆。"[⑭]记述了高杰劫掠扬州时，有难民入福缘庵躲避战乱，明道和尚曾收重金的事件。

对于上述事件，道忞禅师曾记述类似事件并为之澄清。当时有为求安全者施舍财物而入福国院，出现了"贷而益之"情况。有贪婪者窥伺，可能寺院内有人以权谋私，就出现了损害高僧明道名誉的状况。如道忞禅师所言，"明道和尚而公之于人，则无美不成，无瑕不掩，忘身以急人之危，输己以望人之腹。"不仅澄清了明道被恶人中伤之情形，亦再次强调高僧明道扶危济困，大公无私，无畏奉献的一面。

明道和尚圆寂之日，哭声载道，道俗千余人，火化而舍利现，众人争求，以至顶礼龛室求而得者，不可悉数。扬州及附近百姓对其膜拜崇敬之情颇深。其声名及影响远及青徐扬豫各地。道忞所撰塔铭有"铭以志之"之言，其中有让后人牢记其创庵之功之深意。

三、明道与道忞和尚

道忞和尚（1596～1674 年），是明末清初的高僧之一。"道忞，字木陈，号山翁，广东潮州人，本姓林"⑮。出家后嗣法天童寺密云圆悟禅师，晚年受顺治帝征召，入宫讲法，赐号宏觉（又称弘觉）禅师，在清初影响颇大。其本人则自称"住明州天童寺匡庐黄岩沙门道忞"。据清代李斗记载"静慧寺本席园旧址顺治间僧道忞木陈居之"⑯，《江都县志》亦有记载"静慧寺，即静慧园，在南门外，宋初建，本席氏园，后改为寺，国朝顺治间僧照吉始建禅堂，道忞即木陈，宏觉国师赐大护法"⑰。道忞确与扬州渊源颇深，曾在扬州静慧寺修行，并很可能在扬期间为明道和尚撰写《塔铭》。

道忞与明道是明末同一时期的佛教人士，同时在扬州修行，虽然没有史料直接证明两者关系紧密，但是道忞为圆寂后的明道和尚撰《扬州福国院大桑门德宗道公舍利塔铭》⑱，足见道忞非常了解明道，钦佩其德行，故双方关系应十分密切。

据道忞《舍利塔铭》文中所记，明道和尚"异归荼毗"（即圆寂火化）后，遗留了五色舍利，崇拜之人"争相淘取"，"顶骨厚寸余，彩豪夺目，牙齿坚润如玉"，遗留之骨都散发奇异香气，众人感叹未曾有如此奇事，后共议收集遗留之骨，其弟子建舍利塔在福国院的后圃，即请道忞撰《塔铭》记之。

道忞在塔铭文中对明道评价非常高，为世人构建了明道"德高行善"的人物形象。其文有扬州民众称明道"肉身菩萨"的记载，还用"狐"与"牛""欲就福国院"依明道修行的传奇故事，凸显高僧明道德行高尚。并通过明道感化明将高杰与清帅多铎等事件，表现其仁慈之心，以仁制暴。总之，道忞眼中的明道，慈悲喜舍，"懿德淑行""固笔难尽书"，德泽业人，口碑传久，这就是道忞为明道撰舍利塔铭的主要原因。

四、余论：明道的历史评价

明清之际，历史人物的评价常被政治因素所限，其人物形象的构建，则易受到忽视或是讹传。针对特殊人物的评价，在考虑特殊时代的同时，也应结合其史迹，客观分析其功绩及历史影响。

明道，于明末建福缘庵，其首创之功，不可磨灭；在扬期间，弘扬佛法，慈悲喜舍，其施恩于民，亦是善举；圆寂之日，僧俗送行，其名望声誉极高，影响数省之地。

　　不幸的是受到杨昆案牵连，又因其他因素使声名受到损害。其圆寂后，朝野对其人其事记载评价甚少。但森严文网无法掩盖明道史迹真相，依然有道忞及后世文人记之。

　　客观上讲，明道作为寺僧，其在扬建庵传道之功，在世时无人可代替，其佛道功绩亦是少有与之比肩者，这是毋庸置疑的。对于其死因，却是特殊历史时期客观造成的。诚然，明道有交友之不明，或是觉察之缺失，从结果看，这也是其人生的一大遗憾，但是不能因此否定其一生之功绩。

作者单位：扬州史可法纪念馆

注释

① ［清］道忞：《布水云集·塔铭二》，《嘉兴大藏经》第 26 册，台湾：新文丰出版社。塔铭刻石两块现收藏于史可法纪念馆。

② ［清］全祖望：《续耆旧》卷三十二诸寓公诗，清槎湖草堂钞本。

③ ［清］查继佐：《鲁春秋》，《适园丛书》刊查东山稿本，民国时期出版。

④⑥ ［清］张岱：《石匮书后集》卷二十三，清钞本。

⑤ ［清］查继佐：《鲁春秋》，《适园丛书》刊查东山稿本，民国时期出版。

⑦ ［清］谈迁：《北游录》（纪闻下），中华书局，1997 年。

⑧ ［清］卢綋：《四照堂诗集》卷九，清康熙汲古阁刻本。

⑨ ［清］谈迁：《北游录》（后纪程），中华书局，1997 年。

⑩⑯ ［清］李斗：《扬州画舫录》卷八，中华书局，2007 年。

⑪⑰ ［清］五格、黄湘纂：《（乾隆）江都县志》，广陵书社，2015 年。

⑫ ［清］李苏纂修：《（康熙）江都县志》，广陵书社，2015 年。

⑬ ［清］雷应元纂修：《（康熙）扬州府志》，清刻本卷二十三。

⑭ ［清］谈迁：《枣林杂俎·仁集》，清钞本；［清］谈迁：《北游录》，中华书局，1997 年。

⑮ ［清］阮元、杨秉初：《两浙𬜯轩续录》，浙江古籍出版社，2012 年。

⑱ ［清］道忞：《布水云集·塔铭二》，《嘉兴大藏经》第 26 册，台湾：新文丰出版社。

16 至 19 世纪徽商的融资渠道和利润出路

卞　利

内容提要：本文对 16 至 19 世纪徽商的融资渠道和利润投向进行了论述，指出：个人财富积累、出卖房产土地和继承祖先遗产、变卖妻子首饰嫁妆、借贷和典当、合伙或合资、通过打会等民间金融性会组织募集资金等，是徽商融资的传统方式和途径。但自 19 世纪中叶以后，外国资本的介入，使徽商的融资渠道更加趋于开放性和国际化。而徽商利润和资本的投向是多元的，不同的徽商采取了不同的方式。盐商热衷于奢侈性消费、置买土地房产、兴办公益慈善事业以及花钱购买官位，而从事典当业的徽商多同盐商一样，成为身兼商人－地主－官员三位一体的新阶层。只有小部分徽商将利润投向产业，扩大经营规模，从而在商业和产业兼营的道路上，完成了商业资本向产业资本的转化。

关键词：明清　徽州商帮　徽商　融资　投资

16 至 19 世纪的中国正处于封建社会与经济秩序发生剧烈变革的转型时期，也是来自安徽南部山区的徽州商帮（以下简称"徽商"）形成和发展的黄金时代，正如胡适所云："徽州人正如英伦三岛上的苏格兰人一样，四出经商，足迹遍于全国。最初都以小本经营起家，而逐渐发财致富，以至于在全国各地落户定居。因此你如在各地旅行，你总可发现许多人的原籍都是徽州的。例如姓汪的和姓程的，几乎是清一色的徽州人。其他如叶、潘、胡、俞、余、姚诸姓，也大半是源出徽州。"① 徽商用自己的勤劳和智慧，在茫茫商海中，"籍怀轻赍，徧游都会，因地有无以通贸易，视时丰歉以计屈伸"②。创造出了"无徽不成镇"的财富神话，成为驰骋在 16 至 19 世纪中国商业舞台上人数最多、规模最大和资本最为雄厚的地域性商人群体。当时中国能够与徽商相比的，仅有山西商人即晋商而已，所谓"富室之称雄者，江南则推新安，江北则推山右。新安大贾，鱼盐为业，藏镪有至百万者，其它二三十万则中贾耳"③。

徽商活动范围和经营领域广泛，其所经营的既有人民日常生活的必需品如食盐、粮食、茶叶、布匹和丝绸等商品，也有木材、旅馆、珠宝和金银铜器等行业，同时徽商还是当时全国规模最大的金融典当业的经营者。与经营其他行业和商品相比，盐业、典当、茶业、木材业则是徽商经营和获得利润最为丰厚的四大经营领域。徽商经营遍及中国各地甚至海外市场，这就是万历《休宁县志》所称的"诡而海岛，罙而沙漠，足迹几半禹内"④。

那么，徽商募集经营资本有哪些渠道和途径？在经营致富、成为富甲一方的商业群体之后，徽商的利润出路如何？这是徽商研究领域毋庸回避的重要问题之一，亟需研究者用扎实的史料和丰富的史实予以回答。

一、徽商的融资渠道

徽商虽然富甲一方，但在其最初进入商业领域以及经营过程中的资本，多是通过不同方式筹集和取得的。日本学者藤井宏曾将徽商的商业资本归纳为共同资本、委托资本、婚姻资本、遗产资本、官僚资本和劳动资本等七个方面⑤。也就是说，徽商大多系小本经营起家，其融资途径主要有以下几个方面：

1. 个人财富积累

在16至19世纪徽州商人的经营资本中，个人积累的资本，主要包括动产和不动产等财富。尽管因为经济规模和财富实力的限制，徽商多从小本经营起家，但这种可能并不需要向外融资的个人财富，其实正是徽商最初经营的原始资金来源。我们看到16至19世纪，很多徽商热衷于从事牙商，充当经纪人的角色，其中的主要原因还是在于最初涉足商业经营者资金的缺乏。拥有丰富商业知识和专业技能、训练有素但资本不足的徽州商人，宁愿降低风险，从事这种"不费资本，赤手而得商用"的市场牙商即经纪人的职业，以获得商业利润。事实上，依赖个人财富经营作为经商资本的徽商，大量地活跃在江南地区的棉布、丝绸和茶叶等经营领域，做着亦商亦牙的营生。曾有一位徽州商人携带自己拥有的一千文铜钱（相当于1两白银）到苏州，进行个体小本经营，后来逐渐积累，兼做布帛和生丝贸易，最终使自己赚取的利润达巨万之多⑥。这种个人财富积累实际上就是藤井宏所说的"劳动资本"。

2. 出卖房产土地和继承祖先遗产

徽州是一个高山纵横的山区，占地占据了70%～80%的国土面积，耕地面积仅有不到20%～30%的比重。在这样一个耕地严重不足的山区，依靠传统的农业耕作与种值，根本无法满足徽州人最基本的生活需求。外出经营，以获取商业利润成为一种不得已的无奈之举，这就是徽州"前世不修，生在徽州，十三四岁，往外一丢"民谣产生的历史背景。但是，经商需要资金，需要资本，这些资金如何筹集呢？当然，生活在徽州山区的乡民，并非一无所有，其所占有的微薄的土地和简陋的房屋，既然无法满足其维持生存的最低需要，那么，卖掉这些土地和房屋，显然已成为徽州人筹集外出经营资金的唯一能够自我解决的办法。明正德十年（1515 年），歙县汪廷寿就是因为做生意的买卖缺少资本，而将自己拥有田地出售，获得白银 5 两整，作为经商资金的⑦。明代婺源商人李魁，在立志外出经商之时，苦于资金缺乏，"彷徨四顾，狼狈无措"，万不得已之际，和夫人商量，最后将拥有的一间卧室出售给自己的同族之人，换取了 10 两白银，并以此作为最初的资本，前往金陵（今江苏南京）乡下，租赁一间店铺，进行经营。依靠勤劳经营，省吃俭用，最后获得了成功⑧。当然，这些房屋和土地等不动产，以及生产和生活工具等动产中，有不少都是商人先辈们留下的遗产。16 至 19 世纪，资本最为雄厚的徽商，当推盐商。那么这些盐商的资本从何而来？祖先积累下的丰厚遗产，显然是其资本的主要来源。以扬州的两淮盐商为例，据湖广总督陈若霖在奏折中指出："其资本多者，祖孙父子世代业盐，扬（州）俗称为大商，每年到岸盐船十居六七。"⑨这些遗产作为徽商融资的重要来源之一，我们可将其视为藤井宏所说的"遗产资本"。

3. 变卖妻子嫁妆

通过变卖或典当妻子的嫁妆，以获取最初经营的资金，这是 16 至 19 世纪徽州商人非常普遍而重要的融资渠道。徽州的家谱和相关文献中，也都真实地记录下了这种融资办法。明代歙县张廷树僻居陋巷，家徒四壁。为替丈夫攒集经商资本，他的妻子方氏日夜纺织，并将"脱簪珥佐公充什一资"⑩，最终促使张廷树外出经营，并取得成功。在 16 至 19 世纪众多成功的徽商群体中，明万历末年，有一位来自休宁渭南山区的商人——朱世荣，也是凭着变卖第二任妻子的嫁妆作为资本，凭借自己惊人的毅力和出色的判断力，忍受了常人难以忍受的困苦，择地趋时，拼搏进取，才不断地在挫折中寻找和捕捉创业兴业的机会，最后获得了巨大成功的。朱世荣生不逢时，幼年即遭遇祖父经商失利的打击，家中一贫如洗，仅有几亩薄田和破败不堪的二间半房屋赖以维持一家老少的生计。在现实生存危机和官府赋役盘剥的双重挤压下，朱世荣被迫在 11 岁时就出门学做生意。12 年后，23 岁的他勉强回到阔别很久的家乡，将经营中一点一点积累起来的资金，备礼聘娶休宁县上资村的汪氏为妻。然而，命运多舛，27 岁这年，汪氏因病身故。同年，在亲友的撮合下，朱世荣迎娶了丁氏为续弦。短短一年之内，前后经历了丧、婚二事，朱世荣数年积蓄的财富基本为之一罄。生意乏本，在家困守。丁氏在万般无奈之际，将自己陪嫁的衣服首饰甚至生活用具全部变卖，换得 15 两 4 钱白银，并将其悉数交给丈夫，作为经商资本。朱世荣怀揣新婚妻子变卖嫁妆的银两，再次出门，踏上了捉摸不定的经商路。经过奋志经营和省吃俭用，仅仅三年时间，除去补贴家用外，朱世荣就净赚了 153 余两的利润，攫取了二婚以后的第一桶金⑪。这种以新婚嫁妆和彩礼作为经商资本融资的途径，其实就是藤井宏提出的"婚姻资本"。在以小本起家的徽商经营中，婚姻资本是徽商获得资金的较为普遍的一种形态。

4. 借贷和典当

以借贷和典当方式进行融资，是徽商融资的又一途径。16 至 19 世纪，虽然地处大山之中，但徽州乡村中的短押小铺却非常发达，小额借贷和质押业极为繁盛。正如金声所说，徽商"虽挟赀行贾，实非已赀，皆称贷于四方之大家，而偿其什二三之息"⑫。在徽州，借贷的利息基本维持在明清时代国家法律规定的利息即月息 3%、年息 36% 之内。这类借贷或典当一般都立有契约，约定利息、期限以及违约处罚条款，不得违规。一旦违规，就可能会按契约约定对违约者进行惩罚，并责令其按照约定偿还。这类借贷行为不仅在明清时代的徽州成为一种普遍现象，而且在当时的中国甚至甚至形成了格式化的借贷契约文本。清康熙八年（1669 年），休宁县孙顺生因"无本做生意"，向当时的孙贞吉典当铺借贷了 6 两白银，作为经商资本，并约定年利息 1 两⑬，这是孙顺生通过借贷融资的一个典型案例。而康熙二年（1663 年），徽商孙五叙因为缺少经商的营运资本，则在中人汪仲建和项启重的担保下，一次性将自己的 16 块田地典当给孙贞吉典当铺，获得典当银 50 两，并在借贷契约中约定每周年加利息 10 两⑭。其实，即使是徽商中资本最为雄厚的盐商，除富商巨贾直接继承祖先遗产之外，不少盐商最初的资本来源，也是通过借贷来融资的，正如湖广总督陈若霖所说："资本微而运盐少者，多系借他人之本，附别店之引，今岁行而后岁止，去来无定，扬（州）俗称为小商。"⑮这实际上是当时徽商经常使用的一种非常典型的典当融资方式，并通过这种方式，实现了经商资本再融资的过程。

5. 合伙或合资

在徽商最初外出经商之时，因为资本的匮乏，往往采取合伙或合资经营的方式筹集资金。休宁县徽商叶孝公与汪惟章就是合伙在江西乐平县进行经营，共同开设店铺，经过前后十余年的惨淡经营，才略有起色⑯。明代嘉靖年间（1522~1566 年）的休宁县大徽商程锁则联合宗族中志同道合的 10 人，每人各出资 300 缗，到浙江吴兴县经营，通过吃苦耐劳，最后获得经营上的成功[17]。清光绪十九年（1893 年），歙县徽商程振之、程耀庭、程傅之、吴紫材、程润宏等 5 人志投意合，共同合伙出资 1000 元鹰洋，其中每人 200 元，在浙江兰溪溪西码头开设永聚泰粮行。在 5 人共同签署的伙合同中，明确写明了利润分享、风险共担的条款，即"每年得有盈余，言定第二年提出照股均分。亏则坐照股镶足，如有不镶，公照盘账折出无辞"[18]。这种以合伙人平均出资，风险共担、利润均分的做法，是 16 至 19 世纪徽商融资和再融资的重要途径之一。

6. 打会即通过成立民间金融性会组织的途径进行融资和再融资

16 至 19 世纪的徽州，由于外出经营的徽商融资需求旺盛，直接带动了当地以融资为目的的民间金融性会组织的发展。可以说，这一时期，徽州民间金融性会的组织非常发达。类似如九子会、七贤会等进行经商资本融资的组织，几乎每一个村庄和城镇，都有其存在。对乡村普遍存在的这种金融性会组织，美国学者 Arther H. Smith 曾在他的《中国乡村生活》中指出："中国人协作能力最具特色的范例是贷款团体，这种团体在中国到处大量存在，……相互贷款最简单的方式就是团体中的每个成员捐助一笔确定的款项轮流给其中的某一个人，当所有其他个人都给最后一个捐助完之后，每个人就完全收回了他所给出的款项，贷款到此结束。这种团体在有些地方叫做'七仙会'。"[19]这里的"七仙会"，因翻译原因，其实就是徽州的"七贤会"。这种会既是商人融资性组织，也是民间一种互助或贷款组织，它们由每个人的平均出资，轮流负责管理，或自己作为融资资本，进行经营；或由轮流负责人借贷给他人进行经营，以获取利息为手段，达到资本增殖为目的。咸丰四年（1854 年），黟县胡禹功、胡寿民等 7 人就是采取这种方式，共同出资建立了七贤会组织，并规定首会人不出资，实际 6 人中每人出资白银 33 两 3 钱 3 分 3 厘，总融资本金为 200 两。然后将这 200 两融资会金，交于首会收领经营。但首会每年 6 月 1 日，必须分给 6 位出资人总计 40 两白银，作为利润的红利。由此，我们可以计算出，这 200 两七贤会本金的年增殖利息率为 20%[20]。当然，作为负责经营的首会人也不会白干，他肯定也会从中获得利润。这种融资渠道，将风险全部集中于首会人身上，是极富挑战意义的。事实上，在 16 至 19 世纪的徽州，不仅金融性会组织大量存在于城镇和乡村，而且即使是一些文人、娱乐甚至是宗族祭祀而建立的社团组织——会，都具有一定的融资与互助功能，都以会的资产营运作为增殖的主要渠道。如明代万历年间（1573 ~ 1619 年），休宁县范氏宗族成立的祭祀会，在万历二十年（1592 年），就被宗族要求将部分现金银两借给"各房生意顺遂、信行端厚之人领放生息"[21]。而文人成立的文会，则也是将文会的资金用于自身经营或借贷商人，从而成为商人或自身筹集资金或者说融资的一个渠道，而且这类融资预先定有合约，融资者是非常讲究信誉的，有的甚至以性命作担保。据史料记载，创建于明代嘉靖年间的歙县岩寺镇南山文会，其会资就被当年轮流负责的会首汪家骏作为商业融资，给予其子外出经商，并向文华约定于次年 3 月 10 日前返还。但到 3 月 9 日，其子尚无音讯，坚守信义的汪家骏焦急万分，在太阳即将落山之时，感到绝望的汪家骏被迫投澄潭自尽。这一案例说明，徽州的文会是相当遵守信誉、坚守承诺的。

7. 官僚资本

徽商的最大特征就是"贾而好儒"，即儒商。他们在商业经营活动中，与经商地的官府及官员保持着较为密切的关系。吸收官僚资本，不仅是徽商的融资所需，而且也是徽商给予官员金钱回报或者说变相贿赂的常用手段。光绪十九年（1893 年），在江西鄱阳县开设典当铺的婺源县徽商江永泰，其最大的两笔融资，就是来自于当地官府提供给德化县救生船和普济堂的公用经费，资料没有提供具体融资数额，但我们可以从鄱阳县知县发给江永泰的告谕中知道，这两笔官府资本的半年利息分别是，德化县救生船经费是白银 160 两，普济堂经费是 133 两 1 钱 2 分 5 厘[22]。而在杭州经营阜康钱庄的绩溪县"红顶商人"胡雪岩，则大量吸纳官员资本，当时的刑部尚书文煜等都在阜康钱庄里存有巨额银两[23]。官僚资本在整个徽商特别是富商巨贾的融资中占据了很大的比重，这实际上反映了徽商尤其是盐商和典当商官商一体的本质特征。

8. 外国资本

16 至 19 世纪的中国已经融入世界市场，从 16 世纪初徽州海商许栋在台湾海峡与徽商进行贸易，到 16 世纪中叶王直、徐海占据日本五岛列岛，接受日本商人的出资，再到 19 世纪胡雪岩等向外国洋行贷款，吸收外国资本作为经营资本，已经成为徽商融资的一个重要渠道。同治十一年（1872 年）前后，杭州徽商胡雪岩总共融资内外债总额达 1200 余万两[24]，其中的债权人包括上海洋商、怡和洋行、汇丰银行、丽如银行等。可见，外国资本成为 19 世纪清朝末年徽商融资的重要资金来源。

徽商融资渠道是广泛的，当我们放眼 16 至 19 世纪这一长时段的中国与世界历史发展面向时，我们不难发现，随着 15 世纪末新航路的开辟，特别是 16 世纪葡萄牙殖民者的东来，中国已经被卷入了世界市场，墨西哥鹰洋在中国的广泛流通，茶叶贸易的逐渐国际化，都使得徽商的融资渠道逐渐脱离了传统的轨道，而走向了世界。19 世纪中叶以后，外国资本的介入，使徽商的融资渠道更加趋于开放性和国际化。但依然坚守传统经营理念和经营方式，缺乏应对全球化新局面挑战的对策，徽商在面对全球化的国际市场竞争时，显得手足失措，最终走向衰亡和失败，这个历史教训是极为深刻的。

二、徽商利润的出路

徽商在经营成功、获得了利润甚至是巨额利润之后，其利润的出路是多元的，非常值得研究。概括起来，徽商的利润出路主要有以下几个方面：

1. 投资土地房产

包括对徽商家乡、经商地的土地和房屋的投资，以坐收地租，成为地主，这是 16 至 19 世纪徽商巨额商业利润的主要出路之一。16 至 19 世纪，徽商在主营的盐业、典当业、茶业、木材业中取得了中国的支配地位，成为资本最为雄厚、富甲一方的地域性商人集团。但在对待和处理经营利润的出路问题上，徽商却走出了一条独特的道路，那就是将大量的利润用于投资土地和房产，成为坐收地租收入的地主，以至最后形成商人兼地主双重身份的暴发户。其实，不仅是徽商，在当时自给自足的小农经济环境中，购置房产土地，是人们的普遍心理，"凡置产业，自当以田地为上"[25]。根深蒂固的传统观念，使得徽商在经商致富后，将大量资金用于购置土地和房屋。"以末致富，以本守之"，成为徽商处置商业利润投向的最基本思路和行为。明代嘉靖年间在庐州经商致富的歙县徽商王友榄，钟爱庐州的淳朴民风，于是将经商赚取的利润投资土地，"买田千余亩，构屋数十楹"[26]，从而成为身兼商人与地主双重身份的新富。明代屯溪徽商程维宗从事商贾，获利丰厚，在家乡休宁县和歙县总计置买了 4000 余亩的田产，拥有佃仆佣人多达 370 余家，同时建立农庄 5 所，还在屯溪建造商业店铺 4 所、房屋 47 间，成为当地最富有的商人兼地主。显然，徽商通过商业经营致富以后，通过购买土地并出租土地，使自己成为身兼商人与地主双重身份的新阶层，是 16 至 19 世纪徽商商业利润投资的一条主要出路。不过，这种商业利润投资土地和房屋的行为，并没有促成真正意义上的农业资本家的出现，商人投资土地后，其经营方式依然维持着旧式封建地主坐收地租的模式。

2. 用于奢侈性消费

徽商经营获得巨额利润后，除了投资土地房产，以传统收取地租的模式进行经营，维持资本增值以外，还将大量的利润用于奢侈性消费，其中尤其以扬州的徽州盐商为典型。对此，李维祯曾指出："广陵高资商贾无不盛宫室、侈衣服、侈饮食、饰舆马仆从及诸摊钱之戏。"[27]在扬州经营盐业的徽商致富后，在扬州斥资广建园林别墅，其中汪玉枢建有南园，南园规模庞大，内有深柳读书堂、谷雨轩、风漪阁等名胜。乾隆二十六年（1761 年），汪玉枢从太湖购买九块大小不等的奇石，并以之建筑园内假山，各名以之"山峰"，以二峰置澄空宇、二峰置海桐书屋、一峰置一片南湖，三峰置玉玲珑馆、一峰置雨花庵，号称"九峰园"㉘。而来自歙县的盐商江春（1720～1789年），则把徽商在扬州斥巨资建造园林的运动推向高峰。据不完全统计，江春在扬州建造或修复的园林总共有康山草堂、秋集好声寮、净香园、东园、深庄、水南花墅等多处。另外，盐商汪应庚（1680～1742年）、马曰琯（1687～1755年）、方西畴（1692～1751年）等都在扬州建立了大量的私家园林别墅。除广建二三十处园林别墅供自己寻欢作乐享受之外，扬州的徽州盐商还在饮食、服饰、蓄养文人和戏班、狎妓等等方面，不惜进行巨额投资。应当指出的是，徽商这种用于奢侈性消费的投资，并不产生任何经济效益，是对社会财富的巨大浪费。对此，甚至连当时的雍正皇帝都对徽商的奢侈性消费予以强烈的谴责，云："奢靡之习，莫甚于商人，内实空虚而外事奢侈，衣服屋宇，穷极华丽；饮食器皿，备求工巧；俳优伎乐，醉舞酣歌；宴会嬉游，殆无虚日。甚至悍仆豪奴，服饰起居，同于仕宦。"㉙徽商将大量利润用于奢侈性消费，不仅败坏了淳朴节俭的社会风气，而且影响了徽商资本的积累和向扩大再生产转化。更为重要的是，这些奢侈性消费有些完全是出于徽商自身名利的目的，诸如为乾隆皇帝游览扬州的接驾需要，以向皇帝邀宠，保住自身继续在盐业经营中的垄断地位。徽商这种奢侈性消费，与同一时期西欧国家商业资本迅速向产业资本集中，从而加速资本主义工商业的发展进程，完全是背道而驰的。它直接导致了东西方社会与经济发展不同结构和不同道路的形成。

2. 捐官买官，成为所谓的"红顶商人"

徽商热衷于将商业利润投资土地房产，成为商人兼地主二位一体的暴发户。他们还纵欲奢侈，将利润和资本用于奢侈性消费，浪费社会财富。不惟如此，徽商还将经商获得的利润，用于捐官买官，以跻身"红顶商人"行列为荣耀。据史料记载，16至19世纪，掌握巨额财富的徽商，有着几乎是痴迷的两大兴趣和爱好，而且为此不计代价，那就是乌纱帽和红绣鞋，这里的乌纱帽和红绣鞋分别代表着官员和美女。明代小说家凌濛初在《二刻拍案惊奇》中就曾指出，"徽州人有个僻性，是乌纱帽、红绣鞋，一生只这两件事不争银子，其余诸事悭吝了。"㉚这里，我们注意到，包括徽商在内的徽州人对乌纱帽的追求已经成为明代小说描写的一般性常态。事实确实如此，徽商经营致富后，并不希望自己的子孙后代永远经商，而是想方设法对他们进行教育，以便参加科举考试，并在考试中取得成功，从而成为政府的官员。而徽商经营者本人甚至不惜用获得的商业利润，购买官员的头衔，使自己成为一种拥有"红顶商人"身份的官商。曾任两淮盐运总商的盐商歙县人江春（1720～1789年），积累了巨额的财富，前后多次为乾隆皇帝游览扬州接驾，为清朝治理黄河水利、赈济灾荒等捐款达白银 1200 余万两，深得乾隆皇帝的赏识，相继被乾隆皇帝赐予布政使官衔和一品官的荣誉[31]。另一位盐商汪应庚（1680~1742 年）则于雍正年间，将商业利润用于建立粮仓、赈济灾民，最后被朝廷授予光禄寺少卿的职衔[32]。而在杭州经商的绩溪徽商胡雪岩（1823~1885 年），也是通过不断地向朝廷进行捐赠，以及与结交朝廷权贵，使自己在经营钱庄、生丝、军火等贸易中迅速暴富，并获得了清王朝赏赐的江西候补道员、御赐二品顶戴官衔，同时被赏黄马褂，从而成为闻名遐迩的"红顶商人"。通过捐官买官，徽商完成了从商人向官商一体的官商转化过程。

3. 用于子弟教育、家庭和家族的教育消费

徽商在取得成功以后，并不希望自己的子孙仍然作为商人继续进行商业经营，而是希望他们能够通过科举考试的途径，成为政府的官员。为此，徽商将经商获得的利润大量投入到子孙的教育和家庭以及家族的教育消费。徽商对子孙的教育几乎达到了不顾一切的地步，他们不惜捐出巨额资金，在经商地和徽州故乡，创立书院和学校，像歙县的紫阳书院、黟县的碧阳书院，都得到了徽商巨额资金的资助。徽商还在经商聚居地的浙江杭州和湖北汉口建立了崇文书院与紫阳书院，培养自己的子弟读书做官。他们还在浙江通过种种手段，争取到了 50 名专门的科举考试名额，使自己的子弟可以顺利地作为浙江的考生，参加在当地进行的科举考试[33]。徽商对子孙教育的重视和投入，还体现在以下的案例之中：明代休宁县人徽商汪起英曾经为自己的儿子是经商维生还是读书做官，同自己的兄弟有过一次争论，最终汪起英的意见被接受，那就是儿子必须读书，参加科举考试[34]。婺源县汪口村的茶叶商人俞光銮于光绪十年（1884 年），专门将在经商中所获得的利润，用来购买田产和房屋，在村中建立了养源书屋和维持书屋教学经费的膏火田，供村中俞姓子孙读书[35]。

4. 投资公益慈善事业

徽商的利润还有很大一部分投入到经商地和故乡徽州的公益和慈善事业，诸如铺设桥梁、修建道路、置备粮仓和救济灾荒等，徽商大都能够慷慨解囊。徽商的这些行为被称为是乐善好施的"义举"，得到受益地区官府的普遍表彰，为自己赢得了良好的声誉。歙县北岸村吴氏宗族是明清时期徽商辈出之地，该村与大阜村之间的衍庆桥是徽州往来江浙的孔道，自明万历三年（1575 年）徽商吴月山独自捐资创建后，历经 200 多年，渐有倾圮。于是，在清道光十三年（1833 年），北岸徽商吴德基再次斥资 50 万余缗加以重修[36]。至今仍横跨于歙县练江之上的安徽省最长的石拱桥——16 孔太平桥，也是徽商捐助建造和修缮的杰作，清代黟县西递徽商胡元熙即是捐助太平桥建

设和维修的巨贾之一。道光二十二年（1842年），歙县重修河西桥即太平桥时，他联合倡议徽商程祖治等集资白银10万两用于太平桥的修缮，历时8年才告竣工。他还捐资修建了徽州前往安庆的大洪岭道路[37]。清代黟县西递巨商胡贯三，在经商典当业于江西鄱阳、九江和景德镇致富后，不仅斥巨资白银5000两倡建碧阳书院，而且还独自出资修缮和建造了包括休宁登封桥在内的多座桥梁。16至19世纪的徽商还积极从事徽州故里和经商地的社会慈善事业，明代歙县稠墅商人汪泰护在灾荒之年，一次性就为里中捐粟600石，使饥民得以全活者甚众[38]。万历十六年（1588年），徽州全境发生罕见的山洪，随后，瘟疫大作。面对这一奇灾和瘟疫，徽商慷慨解囊，歙县岩寺徽商吴文光"设粥以饲饥者，出钱米以周贫乏，施棺椁以掩道殣。次年，应诏输赈千石"。江村商人江希文则"捐施医药，全活甚众"。路口商人徐鲸和徐景鸿也纷纷捐资买米进行救济，徐鲸还因此次捐赈荣膺冠带。崇祯十四年（1641年），徽州全境发生大规模的旱灾，道路饥馑相望，歙县丰南商人吴孟嘉同叔震吉一道，共同出资赈济，使数千饥饿的灾民得以存活[39]。清雍正九年（1731年），江苏省江都县发生海啸，寄籍江都的盐商歙县人汪应庚捐款对伍佑、下仓等盐场进行救济，前后达三个月之久。雍正十年至十一年（1732~1733年），江都县长江水暴涨，汪应庚又捐出钱款，抚恤灾民，购买和运输1000石大米予以救助。当时，瘟疫流行，汪应庚又捐款设立药局，对患者施行治疗。雍正十二年（1734年），汪应庚再次捐款购买数万石粮食，对灾民进行救济。汪应庚的巨额捐助，使得9万余灾民得以顺利度过灾荒[40]。总之，徽商将经营获得的利润，用于社会公益和慈善事业的建设，这与他们纯粹用于个人生活和享乐的奢侈性消费相比，其意义和作用，都是值得肯定的，是商人主动肩负起自己身上社会责任的主要表现。

5. 用于扩大再生产，扩大生产规模，开展多业经营

16至19世纪，徽商在经营中获得巨额利润，除了用于上述各种用途之外，也有不少被投入到本行业的再生产，扩大生产规模，并广泛开辟投资渠道，进行多业经营，以获取更多的利润空间。明代徽商歙县人阮弼，先往芜湖县进行牙行的经营，获得一定利润后，他感到芜湖的染色纸张业较为发达，于是将利润投资染色纸张，进行彩色纸张批发经营。但是，批发经营的利润却大部分为作坊主获得。于是，阮弼便转而直接投资开设染色纸张局，雇佣熟练工人曹治之等进行生产。由于阮弼纸局生产的染色纸张质量好，很快便行销远近，获得不菲的利润。阮弼将经商利润直接投资产业，这在16至19世纪的徽商中是较为典型的投资盈利方式[41]。其实，类似阮弼一样的徽商，在当时还有很多。他们通过经营获得最初利润之后，往往并不就此满足，而是不断开

辟新的投资渠道，扩大主业经营规模，并尝试着开展多业经营。这样，获得利润会更加丰厚。

16 至 19 世纪，徽商以其自身的不同视野和谋略，在商业经营中获得了巨大的成功。但是，成功致富之后，如何处置巨额利润的出路，不同的徽商采取了不同的方式。暴富的盐商热衷于奢侈性消费、置买土地房产、兴办公益慈善事业以及花钱购买官位，一些从事典当业的徽商甚至也走上了和盐商一样的道路，成为身兼商人 – 地主 – 官员三位一体的新阶层。而一部分商人，则将利润投资产业，扩大经营规模，从而在商业和产业兼营的道路上，完成了商业资本向产业资本的转化。

三、徽商性质的再评价

作为一支活跃在 16 至 19 世纪中国甚至东亚地区最大的地域性商人群体，徽商的融资途径和利润出路，其实正是当时中国商人思想观念和行为方式的集中反映，是中国封建社会相对停滞的社会经济发展的缩影。从根本上说，徽商还是一个落后的封建性商帮，他们没有也不可能像西欧国家的商人那样，形成与封建地主阶级和腐朽的封建政权抗衡的力量。他们所建立的诸如商业会馆和杭州木业公所等同行业公所等商人组织，还是具有同乡和同行业商人互相救助的组织，其性质无法与西欧国家商人的行会性质相提并论。19 世纪中叶以后，除茶叶商人之外，随着盐商的没落、木材商和典当商的经营维艰，徽商最后走向衰败并退出历史舞台。探索徽商衰亡的原因，其集商人 – 地主 – 官僚三位一体的多重身份，缺乏国际化的视野，更无应对全球化世界市场的理念和举措，以及中国封建社会后期腐朽的封建制度束缚、贪官污吏的敲诈，以及苛捐杂税的层出不穷。所有这些，都直接或间接地导致了徽商的衰亡。

作者单位：南开大学历史学院

注释

① 胡适口述、唐德刚译著：《胡适口述自传》，桂林：广西师范大学出版社，2005 年，第 15 页。

② ［明］李乔岱：《舆地志·风俗》，《（万历）休宁县志》卷一。

③ ［明］谢肇淛：《地部二》，《五杂俎》卷四。

④ ［明］李乔岱：《舆地志》，《（万历）休宁县志》卷一。

⑤〔日〕藤井宏：《新安商人研究》，《江淮论坛》编辑部《徽商研究论文集》，合肥：安徽人民出版社，1985 年。

⑥〔清〕沈起凤：《谐铎》。

⑦ 该件卖田契约现藏安徽省博物院，内容如下：

"十二都九保住人汪廷寿，今为买卖少本，今将父同叔承祖均业乙字二百柒拾陆号、二百陆拾捌号，坐落土名大干口，共计壹亩贰分叁厘叁毫，大小二丘。父边一半，该田陆分壹厘陆毫伍丝，计糯租肆砠。上年用过身己夌仪银两，将本号田该业一半拨还身业收租，佃人朱记安。其田东西四至，自有保簿该载，不在（再）开写。今自情愿将前号父拨还田一半，转卖与户内弟汪锦名下为业，面议时值价白文（纹）银伍两整。其银当日收足。其田今从出卖之后，一听买人收租管业；未卖之先，即无重复交易，如有内外人占拦、不明等事，并是卖人衹当，不及买人之事。所有差粮随即交派买人输解。其税候日后分户听从过割，本家日后子孙即无异说。今恐人心无凭，立此文契为照。

正德拾年三月初八日立契人　汪廷寿　　契

主盟父　汪福海

中见佃人　朱记安"

⑧ 婺源《三田李氏统宗谱·休江潭东市魁公夫妇逸绩》，明万历四十二年刻本。

⑨〔清〕陈若霖：《湖广总督陈若霖为遵旨查核楚岸封轮销盐旧章并筹复散卖事（道光元年六月二十九日）》，转引自《道光初年楚岸盐船封轮散卖史料（上）》，《历史档案》1991 年第 1 期，第 37 页。

⑩〔清〕张习孔、张士麟：《潜德志》，《新安张氏续修宗谱》卷三十，清顺治刻本。

⑪ 明崇祯《朱世荣分家阄书》，原件藏上海图书馆。

⑫〔明〕金声：《与徐按院书》，《金忠节公文集》卷四。

⑬⑭《康熙孙氏文契簿》，原件藏南京大学历史系图书馆。

⑮〔清〕陈若霖：《湖广总督陈若霖为遵旨查核楚岸封轮销盐旧章并筹复散卖事（道光元年六月二十九日）》，转引自《道光初年楚岸盐船封轮散卖史料（上）》，载《历史档案》1991 年第 1 期，第 37 页。

⑯《乾隆五十二年休宁叶姓阄书》，载章有义《明清及近代农业史论集》，北京：中国农业出版社，1997 年，第 326 页。

⑰〔明〕汪道昆：《明处士休宁程长公墓表》，《太函集》卷九十一。

⑱《歙县程振之等伙开粮行合同》，原件藏黄山市徽州文化博物馆。

⑲〔美〕明恩溥（Arther H. Smith）著，陈午晴、唐军译：《中国乡村生活》，北京：中华书局，2006 年，第 116、117 页。

⑳ 这份会书的文字如下："立会书胡禹功、寿民，今蒙诸位长亲大人玉成一会，名曰'七贤'。首会不出银，后六人各出曹平纹银三十三两三钱三分三厘正，共成纹银二百两正，付首会收领。公议：诸位以后不应，"

㉑ 明万历《休宁范氏族谱·统宗祠规》。

㉒《光绪十九年二月申解江永泰典当铺承领德化县救生船成本息银投兑缘由》，原件藏安徽师范大学图书馆。

㉓ 清实录馆：《清德宗实录》第 54 册，卷 174，北京：中华书局，1987 年，第 432 页。

㉔ 陈旭麓等编：《中国近代史词典》，上海：上海辞书出版社，1982 年，第 509 页。

㉕［清］钱泳：《臆论·产业》，《履园丛话》卷七。

㉖ 明隆庆《泽富王氏宗谱》卷四。

㉗［明］李维祯：《吴雅士家传》，《大泌山房集》卷七十一。

㉘［清］李斗：《扬州画舫录》卷七。

㉙［清］萧奭：《永宪录》卷 2 下，北京：中华书局，1959 年，第 135 页。

㉚［明］凌濛初：《韩侍郎婢作夫人，顾提控椽居郎属》，《二刻拍案惊奇》卷十五。

㉛ 许承尧：《江鹤亭江橙里》，《歙事闲谭》卷十八，合肥：黄山书社，2001 年，第 618 页。。

㉜ 民国《歙县志》卷九《人物志·义行》。

㉝ 民国《丰南志》卷十。

㉞ 清顺治《西门汪氏宗谱》卷六《司寇起英公传》。

㉟《清光绪十年三月二十三日婺源永禁霸收霸吞和私相典卖养源书屋膏火田碑》，原碑现镶嵌于江西省婺源县江湾镇汪口村养源书屋前院的墙壁中。

㊱ 许承尧：《衍庆桥》，《歙事闲谭》卷二十七，合肥：黄山书社，2001 年，第 962 页。

㊲ 清同治《黟县三志》卷七《胡元熙传》。

㊳ 清道光《歙县志》卷八《汪泰护传》。

㊴ 民国《丰南志》卷三《吴孟嘉传》。

㊵ 清道光《歙县志》卷八之八《汪应庚传》。

㊶［明］汪道昆：《明赐级阮公传》，《太函集》卷三十五。

参考文献

[1] 卡尔·马克思（Karl Heinrich Marx）：《资本论》（*Das Kapital*）（三卷），中译本：中央编译局译，北京：人民出版社，2004 年。

[2] 马克斯·韦伯（Max Weber）：《新教伦理与资本主义精神》（*Die protestantische Ethik und der Geist des Kapitalismus*），中译本：阎克文译，上海：上海人民出版社，2010 年。

[3] 费尔南·布罗代尔（Fernand Braudel）：《菲利浦二世时代的地中海和地中海世界》（*Mediterranee et le monde mediterraneen al'epoque de Philippe II*）（二卷），中译本：唐家龙、曾培耿等译，北京：商务印书馆，1996 年。

[4] 费尔南·布罗代尔（Fernand Braudel）：《15 至 18 世纪的物质文明、经济和资本主义》（*Civilisation materielle，economie et capitalisme：XVe – XVIIIe siecle*）（三卷），中译本：顾良，施康强译，北京：三

联书店，1993 年。

　　［5］ 胡适口述、唐德刚译著：《胡适口述自传》，桂林：广西师范大学出版社，2005 年。

　　［6］ 叶显恩：《明清徽州农村社会与佃仆制度》，合肥：安徽人民出版社，1983 年。

　　［7］ 张海鹏、王廷元主编：《徽商研究》，合肥：安徽人民出版社，1995 年。

　　［8］《江淮论坛》编辑部：《徽商研究论文集》，合肥：安徽人民出版社，1985 年。

　　［9］ 张海鹏等主编：《明清徽商资料选编》，合肥：黄山书社，1985 年。

　　［10］ 傅衣凌：《明清时代商人及商业资本》，北京：人民出版社，1956 年。

　　［11］ 刘淼辑译：《徽州社会经济史研究译文集》，合肥：黄山书社，1988 年。

　　［12］ 张海鹏、张海瀛主编：《中国十大商帮》，合肥：黄山书社，1993 年。

　　［13］ 许涤新、吴承明主编：《中国资本主义发展史》，北京：社科文献出版社，2007 年。

　　［14］ 李伯重：《理论、方法、发展趋势：中国经济史研究新探》，北京：清华大学出版社，2002 年。

　　［15］ 李伯重：《多视角看江南经济史》，北京：生活·读书·新知三联出版社，2003 年。

　　［16］ Harriet T. Zurndorfer，*Change Continuity in Chinese Local History*：*The Development of Hui – chou Prefecture* 800 *to* 1800，Printed in The Netherlands by E. J. Beill，1989.

　　［17］ 熊远报：《清代徽州地域社会史研究——境界·集团·ネットワ|ヶと社会秩序》，东京：汲古书院，2003 年。

　　［18］［日］臼井佐知子：《徽州商人の研究》，东京：汲古书院，2005 年。

　　［19］ 王钰欣、周绍泉主编：《徽州千年契约文书》（40 卷），石家庄：花山文艺出版社，1992 年。

　　［20］ 刘伯山主编：《徽州文书》（1～4 辑 40 卷），桂林：广西师范大学出版社，2005～2011 年。

　　［21］ 徽州文书、族谱和地方志等文献。

清代镇江盐商在两淮的活动

——以镇江包兆宗家族为例

王裕明

内容提要：清代中后期，镇江盐商成为两淮第一盐商。镇城包兆宗家族在清代中后期两淮镇江盐商中占有重要地位。包兆宗家族业盐两淮时间长，从乾隆后期至清末的百年间；人数多，从第 26 世的兆宗之子包遐裕到 30 世的包源培，前后至少有 10 余人；活动广，除商业活动外，还积极从事各类文化和社会活动。明清时期，镇江商人在扬州极为活跃，扬州为镇江商人活动的核心地区之一。

关键词：镇江盐商　包兆宗　两淮

清代中后期，镇江盐商在两淮的势力不断增强，后来居上，逐渐超越徽商和晋商，成为两淮第一盐商。从此，两淮盐商格局发生了深刻变化，由"徽西商变镇江商"[①]。

两淮镇江盐商主要有包氏、支氏、邹氏、李氏、丁氏、庄氏和赵氏等家族。其中，包氏在清代中后期两淮镇江盐商中占有重要地位。包氏为镇城包兆宗家族。包兆宗家族业盐两淮时间长，从乾隆后期至清末的百年间；人数多，从第 26 世的兆宗之子包遐裕到 30 世的包源培，前后至少有 10 余人；活动广，积极参与各项活动，除商业活动外，包兆宗家族在两淮积极从事文化和社会活动。

一、商业活动

镇江包氏在两淮的商业活动，主要包括盐业经营、充当总商和参与盐政三个方面。

1. 盐业经营

镇城包兆宗家族业盐两淮大约始于清乾隆年间。生于乾隆二十七年（1762 年）、卒于道光七年（1827 年）的包遐裕，为兆宗第四子，业盐两淮，客居汉口。道光《包氏宗谱》载，包遐裕"中岁游贸汉口，业醝务二十余年"[②]。范锴《汉口丛谈》也载道，丹徒包云舫遐裕，"以业醝客汉，性慷慨，能急人难。"[③]除遐裕外，兆宗第三子遐宣似乎也曾业盐两淮。民国《开沙李氏宗谱》载，李康龄，字伯安，开沙人，"祖姚包家，故业盐，为淮南诸商魁，亭垣徧通场，以故君父亦业盐，擘君徙家就业于通之吕四。"[④]从其记载来看，康龄祖姚包家经营两淮盐业。该家谱又载，康龄祖李源、祖姚包氏、父荣贵。又据道光《包氏宗谱》载，包遐宣，字觐廷，号月岩，次女"适世袭恩骑尉李源"。由此可知，康龄祖姚包氏为包遐宣之女，遐宣可能从事两淮盐业经营。此后，镇江包氏业盐两淮不断。

嘉道年间，兆宗家族业盐两淮不断。在兆宗孙辈中，遐宣长子祥麟和三子祥高两人业盐两淮。其中，包祥麟，字振若，号厚村，生于乾隆三十年（1765年），"业淮南醝，遂家扬州。"[⑤]包祥高，字崇若，号包山，生于乾隆三十八年（1773年），"高才博学，工诗善书，业醝汉口。"[⑥]另兆宗之孙、遐福之子包祥发也可能业盐两淮。道光《包氏宗谱》载，兆宗和遐福"两世俱国学生，家故饶于赀。君（祥发）生稍中落，故君幼习贸迁。数十年间，奔走江淮楚越之郊，累聚累散而卒，经营其业称居积焉，故世以此多。君初贾盐城，值大水漂溺，居民无算"。后祥发"赤手走兴化，阅岁业复振"[⑦]。从其经营地来看，祥发经营盐业可能性极大。

在兆宗曾孙辈中，包良弼、包良丞、包良善、包良佐、包良俊、包良樾和包良训等人业盐两淮。其中，包良丞，祥麟长子，字景维，一字静山，号研田，生于乾隆六十年（1795年）。道光二十二年（1842年），两江总督牛鉴在为扬商报效军需请奖折奏道："议叙知府衔加四级包良丞银六万四千两。查包良丞即淮南商人包振兴，前因军情紧急，经署盐运司但明伦谕饬帮办防培事宜，奏明在案。该商于应办防堵各事均能始终出力，不辞劳瘁，本应另行请奖。兹又捐银六万四千两，为数最多，尤属急公好义，应以道员遇缺即选，并赏戴花翎。"[⑧]从其奏折中可知，道光年间，包良丞业盐两淮，其旗号为"包振兴"。同时，该奏折还载道，"捐职运同衔包良俊捐银五万五千两，应请赏加道衔，并戴花翎"，"议叙道衔包良樾捐银三万一千五百六十一两，应请赏戴花翎"，"廪生包邦治捐银一万六千两，应请以主事即选，未投供以前仍准乡试"，"议叙提举职衔加二级包良善捐银一万四千一百两，应请赏戴蓝翎"，"议叙运同职衔包良训捐银一万一千四百九十两，应请赏戴蓝翎"。可知，道光年间，包良俊、包良樾、包邦治、包良善和包良训等人业盐两淮。据道光《包氏宗谱》载：包良俊，祥高长子，字学斋，号云峰，太学生，例授儒林郎布政使司经历，例授奉政大夫，议叙府同知，例授朝议大夫候选盐运司运同，生于乾隆五十七年（1792年）。包良樾，祥高三子，字荫堂，号霁楼，太学生，例授儒林郎布政使司理问，生于嘉庆十二年（1807年）。包良善，祥麟次子，字子勋，号匍林，太学生，例授儒林郎布政使司理问，例授奉直大夫，议叙盐课司提举记录二次。生于嘉庆八年（1803年）。包良训，遹宣之孙、祥谷次子，字立庭，号松溪，太学生，例授儒林郎候选州同，议叙加二级，例授奉直大夫，生于嘉庆十六年（1811年）。另包邦治为包良丞第三子，候选主事⑨，家谱记载不明。

在兆宗玄孙辈中，包国琪、包国琏、包国珍、包国铨、包国泰、包国琳等人业盐两淮。其中，包国琪，良丞长子，字美东，号逸亭，太学生，例授儒林郎候选布政使理问加四级，例授奉直大夫，议叙盐课司提举，生于嘉庆十六年（1811年）。包国琏，良俊子，字子璪，号咏仙，太学生，例授儒林郎布政使司经历，生于嘉庆二十二年（1817年）。道光十三年（1833年）五月十六日，两江总督陶澍在为两淮盐商请奖折奏道："所有捐银一万两以上之不论双单月即用员外郎许维、捐职理问议叙提举职衔包国琪、捐职州同钟汝成，捐银七千两以上之捐职理问姚有恭，捐银五千两以上之捐职理问黄至增、王训、捐职州同庄第进、由州同加捐同知职衔支方春、捐职理问王玺、捐职州同张廷栋、捐职布政司经历包国琏，捐银四千两以上之前次道光八年由江省捐赈议叙未入流赵衷，捐银二千两以上之捐纳通判邹祖培、捐职布政司经历高厚滋、捐职布政司理问戴存松，捐银一千两以上之捐职盐大使陈以敬，捐银三百两以上之捐职州同黄宠懋、不论双单月即用通判丁兆庆等十八员，均应请旨敕，照例分别议叙。"⑩可见，道光年间，包国琪和包国琏两人业盐两淮。

咸同年间，包氏仍然业盐两淮。如同治年间包国琪仍业盐两淮。包国琪在业盐时，曾与伙友发生诉讼，对此，曾国藩曾参奏道：

> 据两淮盐运使乔松年详称：分发浙江道包国琪即淮南商人包振兴，案控伙友唐金简、戚伙张熏等，管理垣务亏空、窃逃两案，皆系垣产词讼，本应由场申理。因包国琪屡次晓渎，是以一面行查，一面亲提该伙友唐金简及张熏之伙法伯衡讯办。尚未到案。乃为日无几，包国琪辄向巡抚衙门越控。迨遵批发谕，又抗不接收。旋据角斜场详：据唐金简在场呈诉，今正各垣奉设公局，包国琪之子包复培同伊叔祖包桂芬赴场查理，将盐钱帐日交出，由包复培结算清楚。并据张熏家属在场诉称，张熏向为姊丈包怡庄延理醝务，兵荒后怡庄病故，讵伊子包国琪不念甥舅至亲，屡肆忤慢，张熏将首尾交清，即行辞退，有子供职在京。随于十年正月起身北上，数载未归，今国琪乘张熏远出，无从质证，乃以支离捏饰之词，信

口砌控各等语。是包国琪所控各情，不实不尽，显系倚恃捐纳道员，故为搅扰。且指发浙江，据该家属呈明，咸丰十一年四月领凭出京，何得日久逗留，任意规避。若不先示惩儆，将来提到唐金简等，如有传质之处，包国琪必至恃符庇护，不服传唤等情揭报前来。臣查包国琪以淮南旧商报捐道员，既于领凭后逗留两年，规避赴浙，复以垣产架讼，不候讯办，而辄行上控；不遵传谕，而辄自缴还，实属任性妄为，恃符刁健。相应请旨将分发浙江试用道包国琪暂行革职，俾得归案质讯，以杜狡展，而成信谳。合附陈请，伏乞圣鉴训示。⑪

从其参奏中，咸同年间，包桂芬、包国琪和包复培等人仍业盐两淮。

光绪年间，良弼子孙、国琳之子源培，业盐两淮。源培，字养中，"居扬州，光绪丁丑从作霖振饥河南，徒步炎天烈日中，徧历彰卫怀三府，阅二年余，始归，并挈回无告饥民男女各数人，为谋生择配。其少时，业贾汉上。"⑫

2. 充当总商

迟至道光年间，包良训已为两淮总商。道光年间，梁章钜记道："余初闻颜柳桥之名，住扬州半载，未见其人，故无由详其通款之事，后遍询同人，得包松溪、程柏华所述，其胆略识力颇有过人处，柏华复嘱颜来谒，因悉其颠末而叙次之如此。是役固由但都转、周观察主持，而颜与包之功亦不可没也。包现为总商，家门鼎盛，颜亦得运同衔，其子某孝廉，且以郡守候选矣。"⑬包松溪，即为包良训。又镇洋柴小梵也记道："白承颐，有一妹，嫁丹徒包和卿廷燮。包之先人为两淮八大盐商之一，世居扬州达士巷，有园甚大。"⑭按照柴小梵所说，包良训可能就是包和卿的先人，曾为两淮总商。

3. 参与盐改

乾隆后期，两淮盐业积弊甚多。对此，包遐裕曾说过："两淮引课甲天于下，近年以来，国课日绌。商力日疲，其病固由于风气之奢，亦因人心之涣散，若不力思补救，安望复有起色乎。"⑮道光十二年（1832年），陶澍对淮北盐政进行改革，实行票盐制，但淮南没有实行。道光二十九年（1849年），陆建瀛对淮南盐政实行改革，实行票盐制。对于淮盐盐政改革，时人认为与包氏有关。《咸同广陵史稿》载，咸丰四年（1854年）正月，"二十日外，传述包广亨宅有窖锱十八万两，包美东急欲掘而匿诸远方，雷宪侦知、率勇尽起之，拜折奏云包某久于运司案内呈报家产尽绝，今贼遗若干两，应运贮大营以济兵饷，该商人不能攘为己有等词。先是，道光初年包广亨渡江办运，各种舞弊、诸般取巧，积有三四百万金。不思报国，乃于二十九年贿串童濂、谢元淮、洪国柱蛊惑陆建瀛改纲盐为票运，以便脱逃，迨误课语民，两湖扰乱，包美东之罪不能擢发数矣。去春至急时欠课不纳，屡徙巨赀远遁，区区十八万之济饷，岂足蔽其辜哉！”包美东即包国琪。《咸同广陵史稿》作者不详，但据其所言，道光二十九年（1849 年）陆建瀛改纲盐为票运，即与包国琪有关。

二、文化活动

镇江包氏盐商除从事商业经营外，也积极从事文化活动。包氏的文化活动主要表现在交游文人、刻书、著述和戏剧等方面。

1. 交游文人

包氏盐商中，包遐裕、包祥高、包良丞和包良训等，皆与当时文化名人有所交游。如包祥高，“士大夫莫不与之订交”。其中，包祥高与陈文述、王培荀、徐宝善和张应昌等交往密切。张应昌，字仲甫，号寄庵，钱塘人。嘉庆十五年（1810 年）举人，任内阁中书。道光初年，参与编修《仁宗实录》，编纂《国朝词综续编》一书。著有《春秋属辞辨例编》80 卷、另著有《国朝正气集》、《国朝诗铎》26 卷、《补正南北朝史识小录》28 卷、《烟波渔唱》4 卷、《彝寿轩诗钞》12 卷、《寄庵杂著》2 卷等。道光年间，张应昌曾到过扬州包祥高小园，写下了词一首。该词为：

> 小桥平，小山青，小小阑干小小庭，忒珑玲，忒珑玲，幽径曲房，高高下下行。栖云岂必千间屋，听风岂必千竿竹，赋兰成，赋兰成，添个绿鬟，小楼调玉笙。[16]

又包良训与阮元等人交往密切。道光十九年（1839 年）夏，僧人达受来到扬州，与包良训、阮元等人交游。达受记道：

> 既挂帆回广陵，谒阮文达公，款留旬日。以家庙齐侯罍等器出观。坐“绿野”小舟游平山诸胜，并出赠前督任两广时开凿茶坑石研，甚佳。随笔跋日；“此昔时茶坑石，玩其绿纹似竹者奉赠六舟，以供案头一研。己亥五月十九日，雨中邀六舟登绿野”小舟，过双树庵看竹始返。阮元识。时新雨者罗茗香、罗葵生、李啸北、黄齐之、包松溪相聚甚欢。[17]

2. 刻书

两淮包氏盐商刻有嘉定《镇江府志》、至顺《镇江府志》、《宋名臣言行录》、《本草备要》、《书谱》、《三字经》和《问经堂印谱》等书。

嘉定《镇江府志》和至顺《镇江府志》由道光二十一年（1841年）包良丞所刻。阮元记道："嘉庆间，余得宋嘉定、元至顺《镇江府志》两部，皆钦定《四库全书》所未收之书，曾经进呈，得蒙恩鉴，因以底本贮之焦山。书藏三十余年，无过而问者。岁辛丑，丹徒包怡庄学兄请付枣梨。镇江之书，归镇江人珍护，甚善。不意归来老眼，尚见此书之成，乃知书之行世，及刊书之人，迟早皆有福命焉。因喜而记之。节性斋老人阮阮撰并书。时年七十有八。闻此书近已刻成一部，其一部亦已开雕矣。"包怡庄即包良丞，"辛丑"为道光二十一年。

《宋名臣言行录》，道光二十二年（1842年）丹徒包良训重刊。包良训记道：《宋名臣言行录》前、后集，朱子撰；《续集》《别集》《外集》，季幼武撰。一朱子自谓尚多谬误之说，轻之。然刘公之言行载二十余事王引之弊政亦无由饰，是未可以一庆百也世传久无善本，洪君铃庵曹得宋木重刊行世二又得顾君手里之为复校讹误，诚盛举已。铃庵既归道山，其版零落星散，余乃用原书补辍收拾，顿复旧观。是区区之抱残守缺，亦枕铃庵志也。

《本草备要》道光二十五年（1845年）包良训等人所刻。童濂序载："乙已夏，武林武蝶生先生，言及新安汪庵《本草备要》《医方集解》二书简要易明，乡僻无医之所与不知医之人，读之了然。且卷帙无多，行李便于携带其中。医方无不神效，历试历验，洵为有济于世之书。惜坊本舛讹漶漫，几至不能卒读。如能重订锓行，亦造福不小。京江包松溪、包美东、包子璈诸君子闻之欣然，愿为重刊，而蝶翁遂以仇校自任，于是松溪诸君金开雕。雕既成，有谓方书中精详而罕传者颇多，此书浅略，且已遍行海内，家有其书，何必多此一举？此盖泥于海盐吴遵程之说。不知吴氏之《成方切用》《本草从新》即因汪氏书而推展之，良足补所未备，然例以先河后海之义，则汪氏安可忽者。拟俟此书工竣，即续刊吴氏之书，以与汪氏书相辅而行，此特先河之义也。噫嘻，医岂易言哉！道光二十五年仲冬月童濂叙于扬州。""乙已"为道光二十五年，包松溪为包良训，包美东为包国琪，包子璈为包国琎，包国琪和包国琎为良训两子，即《本草备要》由良训父子所刻。

3. 著述

两淮包氏盐商著述不多。主要有：包祥高《怡园诗集》、包良丞《包良丞词》1卷，以及包国璋《圭山文稿诗赋骈体》若干卷、《十三经二十四史献疑》和《六朝唐人赋注》，等等。另，包良训也留下一些诗词。如棣园的"方壶娱亲"一景，包良训有诗写道："海上三神山，闻是神仙居；承欢奉偏亲，吾亦爱吾庐；尺壁三春晖，壶中为我舒。"

4. 戏剧

道光年间，包良训居住扬州，建有"棣园"。园中设了戏台，良训自备戏班，演出昆曲。今人耿鉴庭先生《扬州昆曲丛谈》，叙及耿氏高祖、曾祖两代均聘于包家管事，"光曾祖又受委为其规划设计，如育鹤轩、连柯别墅、戏台、水榭等多出其手。戏台以演昆剧为主。更主要的是借其台进行昆曲新剧本的预演。有专业块子及专用衣箱。作曲家每成一出，或新改一木，必借台借班试演。一时名士常诣园中作琴樽之集，兼观新剧。"[18]

另，包祥高善书法，雅好收藏。陈文述记道："几番青李写来禽，书学知君海样深，一代画林搜已徧，为君新咏谱书林。包包山，善书大字，尤工。"[19]王培荀也记道：包祥高"藏弄秘家宝，征君好古卓不群，快得王印湘水渍，玉质螭钮，高径寸黝。然赭点云霞文，久假不归，逾廿载，默祷神祠，诉真宰。一朝客到舟舣门，赵璧归，赵无恙，在拓本流传万里来，显晦离合，何奇哉"[20]

三、社会活动

镇江包氏积极参与两淮社会活动。镇江包氏参与社会活动的表现主要在捐输国家、热心地方公益和引入牛痘等方面。

1. 捐输国家

两淮包氏盐商对国家倡捐积极捐输。如包良丞曾多次为清政府捐输银两。"淮南商人包振兴等。情愿自壬寅纲起。每纲公捐银三万两。按引完缴。以济公需。着赏收。该商等情殷报效。好义可嘉。着该署督等开列名单具奏。候朕施恩。此项银两。即作为常年操练水师兵丁津贴之用。免其造册报销。该部知道。"[21]鸦片战争期间，包氏更是大量捐输。道光二十二年（1842年），"复收集沿江划船，并谕商人包振兴等不惜重费，一律收罗，广为设备。其城厢内外及沿江洲地亦晓谕居民，各分段落，自相保卫。所有库存银两亦先移贮河库。"[22]包氏的捐输，获得了清廷的奖赏。"为扬商报效军需公捐现银一百万两，恳将捐输各商邀恩优奖，以昭激劝，仰祈圣鉴事。据署盐运司但明伦详据淮南商人包振兴等禀称，窃因暎夷滋事，侵扰海疆，商等先后报捐防堵经费银一百万两，仰蒙奏邀赏收在案。兹夷氛猖獗，窜入长江，扬郡省垣军需孔亟。当此逆焰方张之际，正属舆情图报之时，虽商等竭历已深，盐船复遭烧毁，而同仇志印，敢不勉竭涓埃。今公同集议，情愿再行报捐银一百万两，以五十万两留备扬城防堵，以

五十万两解应江苏军需。"㉓

2. 热心地方公益

包氏对地方公益积极参与。如包良丞,家住扬州。"至良丞富甲一郡,性好施与。道光六年(1826年),扬州大疫,割宅延医,广施药饵,修镇郡文庙助三千金,更助恤嫠育婴诸善举,设救生巨舶于江口。先是道光四年(1824年)河决,祥麟往赈兼捐输助工。十一年(1831年)河决马棚湾,良丞仿而行之输赈益力。二十二年(1842年)镇江失守,寇退后,死者暴露,生者贫困。良丞首倡掩骼平耀局,并隐赠寒士金。二十八、九年(1848~1849年),水灾数省,于汉口镇则倡设红船救生,立粥厂于无为洲。扬州则计丁布粟,按户给资。扬之东有董石廖三沟,江湖要津,久病涉。良丞为石墩木柱,创建长桥三,其万福桥跨岸百丈。迄今官民踵修之。"㉔如前所述,道光十一年(1831年),扬州所属各州县被水,成灾较重,包氏捐银数万两用于赈灾。道光二十九年(1849年)江苏省被水成灾,包氏捐银十余万两用于赈灾。对于修建万福桥一事,方志也有记载。同治《续纂扬州府志》载,万福桥、石洋沟和董家沟桥"至道光二十年(1840年)后,宽百四十丈,而石洋董家二沟亦皆变而成河于是始有三桥之役,扬之人公议廖家沟筑矶心二,以期巩固,所费不赀,且事关河渠水利,请有司,白诸河帅,时则可其议者为吴太守葆晋,输款最多者为盐商包振兴,桥因以万福名,兴工于二十六年(1846年),直至咸丰二年(1852年)工始竣"㉕。

3. 引入牛痘法至扬州等地

嘉庆年间即闻岭南有引种牛痘之术,心窃慕之,而未得其详。道光二年(1822年)于友人处偶见其书,见点种之处在手少阳三焦经所循部位,即以中医经络理论解释之,故"信之深而行之急,遂命子良丞先觅痘痂浸以牛乳按穴试种,颇能应手奏功。而种过婴儿更试以天花苗气并不再发"。但因所用痘苗虽浸以牛乳,却并不是真正的牛痘苗,所以"透发漫无定处,由臂而入者不皆由臂而出,四肢身面颗粒疏密无常",实系造成人为的传播。经过这样的试验,包氏认识到"种非牛痘不可"。道光十四年(1834年),江南痘患大行,死亡何止千万,包氏屡次觅寄干浆均因日久而失效。因闻牛痘苗已传至湖广,故于十六年(1836年)春,雇带婴儿赴楚购浆,沿途以小儿接种传浆。于四月顺利抵达扬州,设局施种并分种芜湖、清江、镇江、仪征、兴化等处,"远迩闻风而至"。对于牛痘在江浙的传播起了极大的作用。

四、其他镇江家族

清代中后期,镇江包氏盐商积极参与两淮盐业、文化和社会活动。同样,清代中后期，镇江盐商也积极参与两淮盐业、文化和社会活动。生于乾隆十九年（1754 年）、卒于道光十九年（1839 年）的镇城支景山，"素业盐筴，一在维扬，一在鄂渚，一在洪都，各遣一子肩其任"[26]。镇城邹衍庆，乾隆五十年（1785 年）"赴淮南业鹾，寻受鹾使佶公知，充总商，及在汉口经理岸务十余年"[27]。生于道光二十五年（1845 年）的开沙尹德坤，"世业鹾，因居扬州"[28]。生于道光二十四年（1844 年）、卒于光绪二十三年（1897 年）的镇城李培松，"久业淮鹾"[29]。生于咸丰元年（1851 年）的镇城金全德，"有志扩张商务，如长淮以南，江都、甘泉、扬子、高邮、兴化五岸；大江以南，句容、溧水、高淳三岸，高邮湖西人和集，皆设盐店，运销场盐以济民食。由扬州镇江溯江而上，如江宁、安庆、太平各属滨江之洲所出芦产，亦禀由一人承办，以资民用。其擘画之精，思虑之密，鲜能出其右，信所谓利人利己者欤。生平心极热，多豪举，遇凡公益无不踊跃赞成，往年扬属壁虎桥一带堤工，东关凹子街迤西万福桥桥工，君皆出巨资历任其事，近者沙头，因水患义筑坝，须薪万石，君又慨然助之。甘省奇荒，回民筹赈，镇之人有渡江劝募者，君复与其仲弟、季弟首捐百数十金为扬人倡。其它慈善事，往往称是几不可枚举。"[30]

明清时期，扬州"独枕江臂淮襟海，为南北要冲，富商巨贾，江帆海舶，骈毕辐辏，日夜驿络不绝，其市则万货云集，山积星移"[31]。且扬州与镇江仅一水之隔，往来便利，故而镇江商人在扬州极为活跃，不少镇江家族经商于此。清代顺江洲徐氏家族中，也有徐学震、徐学起、徐宝堂、徐云樵、徐汝瓒、徐汝琇、徐廷镳和徐明海等多人经商扬州。其中，徐学起，乾隆道光间人，"迫于家计，因弃学而服贾焉。公怀大志，黾勉经营多年，逾冠即创业邗沟，凡士商辈无不仰而企之。"[32]又镇江朝阳门外彪林朱氏家族中，也有朱元会、朱元基和朱兆昌等人经商扬州。其中，朱元会，乾隆道光间人，"贸易在扬，营生奕世，宾东意契，生意兴隆，出门货殖所为得意，吐气扬眉。"[33]

作者单位：江苏省社会科学院

注释

① 雷梦水等编：《中华竹枝词》第 2 册，北京古籍出版社，1997 年，第 1497 页。

② 清道光《包氏宗谱》卷八《有孚公行略》。

③ ［清］范锴、江浦等校释：《汉口丛谈校释》卷五，湖北人民出版社，1990 年，第 494 页。

④ 民国《开沙李氏宗谱》卷二中《清授修职郎福建候补县丞世袭恩骑尉李君墓志铭》。

⑤ 清光绪《丹徒县志》卷三十六《尚义》

⑥ [清] 范锴、江浦等校释:《汉口丛谈校释》卷五,湖北人民出版社,1990 年,第 494 页。

⑦ 清道光《包氏宗谱》卷二《赠奉直大夫国学生包君墓表》。

⑧ 中国第一历史档案馆编:《鸦片战争档案史料》第 6 册,天津古籍出版社,1992 年,第 207 页。

⑨ 清光绪《丹徒县志》卷三十六《尚义》。

⑩ [清] 陶澍撰、陈蒲清等校点:《请奖叙两淮捐贩各商折子》,《陶澍全集》第三册《陶云汀先生奏疏》卷四十八,岳麓书社,2010 年,第 228 页。

⑪ [清] 曾国藩:同治二年"奏参浙江试用道包国琪片",《曾国藩全集》第六册,岳麓书社,2011 年,第 77 页。

⑫ 清光绪《丹徒县志》卷三十六《尚义》。

⑬ [清] 梁章钜:《浪迹丛谈》卷二《颜柳桥》。

⑭ 柴小梵:《梵天庐丛录》卷九《白承颐十则》,故宫出版社,2013 年,第 253 页。

⑮ 清道光《包氏宗谱》卷二《有孚公序文》。

⑯ [清] 张应昌:《烟波渔唱》卷二《梅花引过广陵包包山小园》。

⑰ [清] 达受《宝素室金石书画编年录》"道光十九年"。

⑱ 扬州市戏曲志编辑室编印:《扬州市戏曲资料汇编》第一辑,油印本,1987 年,第 391 页。

⑲ [清] 陈文述《颐道堂集》诗选卷二十三《将旋吴门留别汉皋感事纪程积成篇什》。

⑳ [清] 王培荀《听雨楼随笔》卷四。

㉑《清宣宗成皇帝实录》卷三百九十三。

㉒《鸦片战争档案史料》第 6 册,天津古籍出版社,1992 年,第 39 页。

㉓《鸦片战争档案史料》第 6 册,天津古籍出版社,1992 年,第 206 页。

㉔ [清] 光绪《丹徒县志》卷三十六《尚义》。

㉕ [清] 同治《续纂扬州府志》卷二《河渠志下·津梁》。

㉖ 民国《支氏宗谱》卷四《柏岩公墓志铭》。

㉗ [清] 光绪《润州邹氏重修宗谱》卷六《梅村公墓志铭》。

㉘ 民国《续修江都县志》卷二十五《人物传第七补》。

㉙ 孙毓堂编:《中国近代工业史资料》第一辑(下),科学出版社,1957 年,第 1040 页。

㉚ 清宣统《润州金氏重修宗谱》卷一《天富公事略》。

㉛ 民国《任氏宗谱》之《梓先公传》。

㉜ 民国《润东白沙顺江洲徐氏家乘》卷二《建堂徐公传赞》。

㉝ [清] 道光《润东彪林朱氏宗谱》卷二十四《国学生元会老父台暨王太君老母双传》。

盐商文化与明清扬州工艺特色的形成

杨海涛

内容提要：江苏扬州是国务院公布的全国首批历史文化名城之一，其历史与文化有独特的魅力。明清两代，扬州是两淮盐业的中心，大批盐商汇集于此，他们行商之余建书院、筑园林、藏图书、开诗局、赏字画、办文会等左右风气。盐商文化对于明清时期扬州传统的工艺风尚、工艺造型、题材寓意等也产生了极大的影响，使得雕刻、漆器等精美绝伦的传统工艺，具有鲜明的扬州工艺特色。

关键词：两淮盐业　盐商文化　扬州工艺

明清时期是中国传统工艺发展的高峰之一，名家辈出，流派纷呈。政治中心和经济发达地区，往往也是工艺发展较快的地区，比如京津地区、江浙地区、粤闽地区，逐渐成为工艺重镇，其代表风格和工艺有京式工艺、苏式工艺、广式工艺。在这种以地域形成的工艺流派中，苏式工艺成名最早，辐射最广，但发展到后期，邻近苏式工艺中心的扬州，因自身的经济文化发展特点，在受苏式影响的同时又发展出有别于苏式的扬州工艺特色，本文姑且称之为"扬式工艺"。"扬式工艺"的形成与扬州的盐商文化有直接的关系。

江苏扬州地处淮河以南，长江北滨，东毗大海，背倚中原。境内运河沟通江淮，自然地理条件得天独厚，自古就是中华文明史上非常发达的地区之一。扬州长期成为东南地区经济文化繁荣之地，除自然条件外，还得益于盐业。

在中国古代，盐是不可或缺的生活资料，也是重要的财税来源。春秋战国时，齐国管仲设盐官专煮盐，以渔盐之利而兴国。中国第一个盐商是春秋时鲁人猗顿，旧有"陶朱、猗顿之富"之说。"扬州繁华以盐盛"，扬州的盐业可追溯到西汉吴王濞时期。《史记·吴王濞列传》记载："濞则招致天下亡命者盗铸钱，煮海水为盐，以故无赋，国用富饶。"唐代，江浙的海盐取代西北的池盐，两淮的盐业生产在全国已处于举足轻重的地位[①]。唐代的扬州已是东南第一大都会，时有"扬一益二"之说（扬，扬州；益，益州，今成都）。明代，在扬州设立管理两淮盐业的巡盐御史。清初盐政承袭明制，由都察院岁遣巡视两淮、河东、长芦、两浙盐政各一人，称巡盐御史，为清代最高盐臣。康熙年间进行了一次盐官制度改革，盐臣改名盐政。清代，扬州为两淮盐运和漕运的中心，盐业空前繁荣，是两淮盐运的鼎盛时期。特别是盐业在清康熙、雍正、乾隆三朝最为显赫，形成为全国三大商业资本集团（广东行商、山西票商、两淮盐商）之一[②]。嘉庆《两淮盐法志》云"佐司农之储者，盐课居赋税之半，两淮盐课又居天下之半"。

自明代中后期起到清代中期，扬州聚集着大量的盐商。这些盐商具有以下几个特点：

一是富可敌国。自明代成化、弘治以来，伴随着两淮盐政制度的重大改革，大批盐商汇集扬州，扬州盐商凭借着食盐的垄断经营权积累了巨额财富，到了清代他们更是财力雄厚，富可敌国。乾隆三十七年（1772 年），户部所存库银为 7800 余万两，两淮盐商积累的商业资本与此相等，商业资本的高度集中已到了如此惊人的程度。"衣物屋宇，穷极华靡；饮食器具，备求正巧；俳优解乐，恒舞酣歌；宴会嬉游，殆无虚日。"[③]《清朝野史大观》也说："扬州盐商百万以下者，皆为小商。"[④]

二是贾而好儒。扬州盐商获得巨大财富后，精神消费品的需求量与日俱增。他们在经商之余，十分热衷于投资文化艺术事业来提升自己的社会地位，慷慨赞助艺术家，广泛购藏艺术品，大力兴办诗文雅集活动，扬州艺术市场盛极一时，吸引了大量艺术家、工艺家前往。在这些贾而好儒的盐商中，有相当一部分具有很高的文化修养，他们崇尚风雅，倡办艺文之教，醉心工艺，并以重金招聘能工巧匠，制作工艺美术陈设品珍藏赏玩，成为扬州工艺的推动者和资助人。扬州因此在明末至清中期能够广泛吸引全国各地许多艺术家和文人学士或长居或盘桓，留下大量的作品。这些盐商中比较著名的有"扬州二马"、鲍漱芳等人，盐商马曰琯、马曰璐两兄弟被称为"扬州二马"。"扬州二马"平素喜爱写诗、藏书和结交文人雅士，雍正年间，在扬州建造小玲珑山馆，广交天下名流。所居的小玲珑山馆还藏书甚富，名震一时。同时"扬州二马"还考校典籍，家中专设刻印坊，不惜费资刻印书籍，时人称这一批书为"马版"。著名盐商两淮商总鲍漱芳酷爱书画，收集历代名家法书计 12 卷，于嘉庆己未年（1799年）延请扬州雕刻名家党锡龄精心钩摹勒石镌刻的《安素轩石刻》，直至道光九年（1829 年）夏，此帖才告完工，前后用时 30 年，共勒石 300 余方。

三是来源具有地域性。从明到清，汇集扬州的盐商，主要来自安徽、山西、陕西等省，其中安徽的徽州盐商一直是扬州盐商中的主流。张海鹏先生在《徽商研究》的专章中曾研究指出，徽商之所以能在两淮扎下根来，直至后来居上称雄两淮，是有地缘优势、文化优势、政治优势的[5]。他们熟悉盐法，并与盐政官员交往，巴结奉承不惜慷慨解囊，盐政官员也十分关照盐商的利益。徽州盐商在投靠盐政的同时，也设法投靠上层，直至上交天子。商人以自己的商业利润向朝廷、向皇帝捐输报效，同时获得政治利益、经济利益。徽商在两淮的政治优势，还在于他们培养子弟步入仕途，利用其政治地位来保护商业利益。另外，徽州盐商之能在两淮立足，并在经济实力上很快超过其他商帮，还在于这个商帮利用了宗族优势。他们以血缘家族结成的商帮，结伙经营，彼此团结，因而凝聚力大，竞争力强，致富也较快。此外，范金民先生有更深层次的分析，明代开中法由正常到败坏，救偏补弊而维持，终未废止，有利于作为内商和内商之有力者囤户的徽州盐商的活动，而不利于作为边商的山陕盐商的活动。清代行纲盐法，徽商一枝独秀，也充分说明了这一点[6]。

由于明清两淮盐商所具有的这三个特点，才形成了独特的盐商文化。这种文化的基本表征是追求财富，炫耀财富，贪图享乐；崇尚斯文，贾而好儒；结交权贵，畏惧威权，谨小慎微；互帮互助，报团取暖。文化特质是多心多欲，尚德尚艺，重学重业。在封建体制之下，在士农工商的阶层划分中，力图获得社会承认。

明清时期扬州盐商文化的这些特点，加之盐商们大力参与文化、艺术活动，尤其对工艺美术陈设品、珍藏赏玩涉猎较深，势必对扬州的工艺文化产生重要的影响。王振忠先生在谈到明清扬州城市文化时指出："通过模仿消融苏州文化的特质，逐渐掺以徽州的乡土色彩，最终蕴育出独具特色的扬州城市文化。"[7]实际上，这句话也道出了"扬式工艺"的演变规律和本质特征。准确定位明清时的"扬式工艺"，即"通过模仿消融苏式工艺的特质，逐渐掺以盐商文化的影响，最终蕴育出独具特色的扬式工艺文化"。

从史料和出土文物考察，在汉、唐以及明清时期，扬州的工艺文化经历过三次高峰。汉代的扬州漆器，与两湖漆器并驾齐驱。唐代的扬州金银器，别具特色。明清两代以"扬州八刻"为代表的扬州工艺更是以其品种全、技艺精，饮誉艺坛。而自宋元以来，由于苏式工艺的崛起，扬州又在"苏式工艺"的辐射版图内，工艺不免受苏式影响。扬州和苏州的竹木牙角雕刻、织绣、家具、漆器、玉器等工艺制作的风格和技法差别不大。入明以后，包含苏式工艺的苏州文化成为文人精英文化的代表。明代后期流行起来的"苏样""苏意"，是苏州风尚的代名词，从生活方式到行为方式，举凡服饰穿着、器物使用、饮食起居、书画欣赏、古玩珍藏、戏曲表演、语言表达，无所不包。自明后期至清中期延续了近三个世纪之久的苏州风尚，不仅仅是一种炫耀性的风尚，而且还是品位和身份、意蕴和境界、风雅和脱俗的象征[8]。苏式工艺所代表的风格典雅、用料考究，造型流畅，不事雕饰，精工细作，也深受世人推崇。而此时的扬州工艺，在接受苏式的基础上，因浓烈的盐商文化的侵蚀，出现了一定的变异，形成了自身的特色。我们以明清最具代表性的扬州工艺"扬州八刻"中的主要品种和一些相关工艺来一窥扬州工艺的变化。

"扬州八刻"是对扬州工艺中所涉及雕刻工艺种类的概称，"八"不是实指数字，是寓全寓多，包括漆雕、玉雕、竹雕、木雕、牙雕、瓷刻、石雕、砖雕、骨雕、角雕、核雕、剪刻纸等艺种，目前一般将扬州雕刻艺术成就高的，作品比较丰富，传承关系明确的漆、玉、竹、木、牙、瓷、石、砖为代表的八种雕刻艺术，称之为"扬州八刻"⑨。"扬州八刻"最主要的品种是漆雕、玉雕、木雕等，其对应的扬州漆器、扬州玉器以及扬州竹木牙雕在历史上就曾兴盛过。在明清之际，这么多种类的雕刻工艺集聚一地，同时兴起，且技艺精湛、独具特色，是与明清两代扬州盐商文化的兴起以及所带来的繁荣密不可分的。

分析明清之际的扬州工艺，首先，富有的盐商为扬州工艺的兴起提供了土壤，产生了大量的工艺需求。盐商自己豪华享用的同时，还向朝廷以及各类各级官员进贡大量的各类工艺珍品。除盐商外，两淮盐政也在每年春秋二季，按岁例进贡大量工艺美术品，承办清宫宁寿宫、圆明园、颐和园等许多重大建筑及其室内装修工程。据中国第一历史档案馆所藏清宫档案《进单》的不完全统计，乾隆年间，两淮盐政官员向清廷进献的贡品，有13大类2454件⑩。包括紫檀木雕、漆器、玉器，大至宝座、御案、龙床、龙柜、多宝格、桌、椅、挂屏，小至玲珑剔透的陈设品、把玩品、文具等等。两淮盐政依靠盐商提供的巨额财富，支撑起各种日费斗金的工艺作坊。各种盐商和盐官大量的收藏，年年的朝贡，提高了扬州雕刻技艺。

其次，我们发现盐商文化影响下的扬州工艺有以下几个变化：

一是工艺题材偏重拜金、求富贵。与苏州工艺相比，扬州工艺的题材少了不食人间烟火的典雅气度，多了接地气的吉祥纹饰，尤其大量出现了诸如牡丹花、芙蓉花、蝙蝠，以及福禄寿三星、刘海戏金蟾等等造型、纹饰题材。牡丹有开富贵之意，蝙蝠的"蝠"和"福""富"谐音，芙蓉花、牡丹为主组成荣华富贵，福禄寿三星、刘海戏金蟾更是寓意财源兴旺，幸福美好。例如，陈列在扬州博物馆展厅的出土于扬州市郊火金墓的"联钱纹银香筒"，通体都是方孔圆钱纹。工艺题材风气的变迁，主要是根据工艺制作的需要，结合当地的风俗和定做的目的，是实用性和装饰性的完美统一体。表达了创作者独特的审美趣味，折射出现实生活的人们祈求能够福星高照、高官厚禄、财源滚滚的理想寄托。虽然这些纹饰题材在中国传统吉祥文化中常见，但比较集中、浓烈的表现还是有风气的影响。明清的扬州，由于盐商财富的积累，拜金斗富之风盛行，清人笔记中多有记载，如《清稗类钞》。清人李斗的《扬州画舫录》中也可看到相同记载，盐商以各种各样的方式来夸富斗靡，如美女不愿意比了，便把大酱抹在脸上，在太阳底下暴晒，比谁更丑。连金子都懒得花销了，便把金子碾碎，跑到塔上飘，看谁飘得更远，此类记载不胜枚举⑪。这种风潮的弥漫，导致工艺题材的富贵气十足，折射出明清盐商文化对扬州的影响。

二是不惜工本，精雕细刻。这个特点突出表现在玉器上。扬州玉器生产历史悠久，扬州地域多次出土新石器时代玉璧、玉琮等器物，说明史前时代扬州先民们就有了玉石琢磨的活动。先秦古籍《尚书·禹贡篇》也有"雍州贡琳琅""扬州贡瑶琨"的记述。汉代的扬州玉器就已经非常发达，从近几十年的考古可知，在扬州地区特别是邗江附近一系列汉墓出土了数量可观的汉代玉器。这些玉器玉质莹润，造型精致准确，雕琢工艺极其精良，说明扬州后来成为全国制玉中心之一是有历史渊源的。至清代中期，扬州终于成为全国琢玉中心，这得益于盐业和盐商给扬州带来的富足和工艺的需求。现珍藏于故宫博物院的大禹治水图玉雕，就是扬州玉匠所完成的。玉雕所用玉料采自新疆和田一带，玉料运到北京后，乾隆皇帝钦定用内府珍藏的宋人《大禹治水图》画轴为稿本，先后做成蜡形、木样。乾隆四十六年（1781年），木样连同玉料一并经水路运往扬州，由当时两淮盐政所辖的扬州工匠负责雕凿。乾隆五十二年（1787年）玉山才得以雕成，仅雕琢就用了六年时间。雕琢完成后，再经水路运回北京，择地安置。该作品高2.24米，宽0.96米，重10600多斤，是我国最大的一件玉器，有"玉器之王"之称。玉雕场面壮阔、气势磅礴、风情如画、技艺精湛，乾隆都赞叹不已。表面看，玉雕由两淮盐政所办制。但两淮盐政一切用度，皆取给于盐商。当时盐务衙门附属有各种匠作，衣食住行各类侍候人等，一应俱全。由于办公办贡的需要，两淮盐政时常承办宫廷的奢侈消费器物⑫。因此，像这些精湛的技艺是与扬州当时所处的历史地位，以及富饶天下的经济实力是分不开的，很好地体现出了盐商文化下扬州的特征。自此，扬州玉雕的"山子雕"在全国玉器中独树一帜。"山子雕"属于大型玉雕，它保留和利用玉料自然优美的外形，形成山势，再随形施艺，将人物山水、亭台楼阁、花草树木、珍禽异兽等物象汇聚于玉山之上，层次重叠。明清扬州玉器不仅能雕大件，也擅小件，小件形成了儒雅、灵秀、精巧的地方特色。而不论大件、小件，美学方面的需求都体现在对雕刻细节的改造和丰富上。因此，扬州玉器也兼有"南秀北雄"艺术风格，大型玉器浑厚粗放具有北方之雄的特征，小件玉器玲珑精致具有南方之秀的特征。

三是求变求新，标新立异。扬州工艺由于需满足盐商日益增长的需求，往往求变求新。其中最突出的就是漆器工艺中的百宝镶嵌。百宝镶嵌又称骨石镶嵌，是以象牙、牛骨、青田石、寿山石、石决明等为主要原料制作成花鸟人物等图案纹样，镶嵌在漆胚上形成优美华丽的视觉效果的漆器。百宝嵌品种有各类家具、屏风、座屏、台屏等。百宝镶嵌为明末扬州漆艺名匠周翥所创造。清人谢坤所著《春草堂集》中记有："（扬州）又有周翥，以漆制屏柜、几案，纯用八（百）宝镶嵌，人物、花鸟颇有精致"。周翥所创百宝镶嵌影响很大，被称之为"周制"。清人钱泳《履园丛话》一书记载："周制之法，惟扬州有之。"又记载："其法以金、银、宝石、珍珠、珊瑚，碧玉、翡翠、水晶、玛瑙、玳瑁、车渠、青金、绿松、螺甸、象牙、密蜡、沉香等为之，雕成山水、人物、树木、楼台、花卉、翎毛，嵌于檀、梨漆器之上。大而屏风、桌、椅、窗格、书架，小则笔床、茶具、砚匣、书籍，五色陆离，难以形容，真古来未有奇玩也。"[13]百宝嵌至清代后期，演化发展成了雕漆嵌玉工艺和骨石镶嵌工艺两个类别。乾隆朝前后，此类扬州漆器影响及于全国，不仅小件漆器广泛应用，大量漆木家具也使用此类做法。据清宫档案《进单》的不完全统计，乾隆年间两淮盐政官员吉庆、江广达等人向清廷养心殿、圆明园、承德避暑山庄等进献的漆器达100余件套，品种达10余种，清宫的许多宝床、宝座、屏风、几案等，均为扬州所产[14]。

四是苏、徽风格痕迹遗存。考察明清扬州工艺，可以发现其特点是脱胎于苏式工艺，又蕴含徽式遗韵。我们知道，明清苏州艺术的美学特点是精细秀雅[15]。苏州工艺不仅精细化、精致化，同时也追求形式与内容所表达出的和谐与雅致。除了技艺层面上的"精、细、雅、巧"，更注重文化审美的精神层面表达及题材内容所展露的气韵，具有极其鲜明的时代特征。扬州工艺由于早期受苏州工艺影响较深，不可避免地带有苏式气韵。但由于扬州盐商中徽商势力的日益强大，他们的审美习惯引领着扬州工艺向徽州工艺风格靠拢，其中比较突出的是扬州工艺中的竹木雕刻和砖石雕刻。而竹木雕刻和砖石雕刻在徽州工艺中属于"徽州四雕"。徽州四雕指砖雕、木雕、石雕、竹雕。始作于唐、宋，盛于明、清。以木雕为例，徽州木雕明中叶以后，多层透雕取代平面浮雕成为主流。入清以后，对木雕装饰美感的追求更强，涂金透镂。穷极华丽，虽为精工，但有时反而过于繁琐[16]。徽州工艺的特点是长期受宗族文化、理学影响，井然有序、布局对称，儒雅中不失严谨。对比扬州工艺和苏州工艺，我们发现扬州工艺比苏州工艺在装饰上更华丽，在结构布局上更严谨。

五是雅俗共赏。扬州盐商贾而好儒，所体现在工艺上也是雅俗共赏。江千里的螺钿漆器是扬州工艺的雅俗共赏的代表。据《嘉庆扬州府志》记载，康熙初年，扬州有画家查士标（字二瞻），擅画山水，人得寸纸尺缣以为重。又有江秋水（江千里，字秋水），以螺钿器皿最精工巧细，席间无不用之。故时有谚云："杯盘处处江秋水，卷轴家家查一瞻。"江千里的螺钿漆器是点螺技法。"点螺"是螺钿镶嵌的一种技法，"点"是技法，"螺"是材料，螺是蚌壳的五彩内层所切割成的薄片。江千里的螺钿选用珍珠层极厚的深海夜光螺，打磨成头发丝直径二分之一左右的薄片，刻制成山水、人物、花卉、草虫、鸟兽等平面形象，然后再用特制的工具一点一丝地填在平整光滑的漆坯上。底面上还涂上一层色漆，以增加螺钿片色彩的美丽。在远古，螺贝在很长时间内一直被作为一种奢侈品。人类欲富的需求和求美的心理，促成了贝壳装饰、探漆工艺的发展，造就了漆与贝的天作之合，成就了螺钿艺术，使其成为中国古代工艺装饰花纹的重要表现形式之一。通过一组组螺钿镶嵌成的色块组成画面，图案色泽艳丽，随光变幻闪烁着紫霞般的光芒。从而产生出一种炫目的华贵的艺术魅力[17]。江千里制作的点螺漆器确实五光十色、随光变幻，他所制的杯、盘、碟等以小件为多，精美无比，因此驰名天下。至清代雍正乾隆年间，扬州的点螺漆器继承传统，螺片的细薄、镶嵌工艺的精致、画面景物的刻画等方面都超越了前代。继江千里之后，扬州漆工卢映之、王国琛等也是制作点螺漆的高手（其中卢映之便是继其后的扬州著名漆工卢葵生的祖父）。

江千里的螺钿漆器是非同凡响的富庶地才可能孕育出的艺术形态。一片一片的粉红、翠绿、靛紫与金黄，随着光影移动而变幻出五光十色。器物造型和各色漆以及各种名贵嵌物只充当陪衬；极其繁复的"点"工笔法，别具匠心的设计，做出人物、花鸟、山水以及戏文故事和吉祥图案。不同于文人画的清瘦、素淡，这些画面和色彩是明艳、饱满的，细部却不失南方的娟秀灵动。用富贵物来祈求更加富贵的福祉，充满着世俗生活的埙碎和烟火气，非常雅俗共赏，而这又像极了当时的文人气和盐商气交织的扬州。

明代中后期到清代中期，是扬州盐业的鼎盛时期，扬州培育了扬州八雕以及百宝镶嵌、点螺镶嵌、雕漆等名贵漆器新品种，形成特有地方风格。尤其是清乾隆年间，扬州工艺美术品生产达到了鼎盛，生产作坊林立，名匠名作层出不穷。扬州工艺已名扬天下，"扬式"风格亦已形成。漆器（包括百宝镶嵌、点螺、剔红、漆砂制做）、玉器、工艺制花等工艺成为全国中心产地之一。竹木雕刻、家具、金银饰品、刺绣、灯彩、剪纸、风筝以及瓷雕、砖刻等民间工艺均有重大发展。深入分析明清时扬州工艺的发展、繁盛，不难看出扬州工艺品的工艺技术水平之高超是同扬州的历史地位、经济水平分不开的，也是和扬州盐业和盐商分不开的。扬州工艺根植于扬州的地域文化，包含着扬州浓厚的地域历史文化信息。这其中，明清扬州所独有的盐商文化对于扬州工艺的蓬勃发展以及其独特风格和技法的形成，更有着非常重要的影响。

作者单位：南京博物院

注释

① 朱宗宙：《扬州盐商发轫于唐代》，《扬州文化研究论丛》2012 年第 1 期。

② 王伟康：《两淮盐商与扬州文化》，《扬州大学学报（人文社会科学版）》第 5 卷第 2 期。

③ 汪士信：《乾隆时期徽商在两淮盐业经营中应得、实得利润与流向试析》，《中国经济史研究》1989 年第 3 期。

④ 王瑜、朱正海：《盐商与扬州》，广陵书社，2001 年，第 3 页。

⑤ 张海鹏、王廷元：《徽商研究》，安徽人民出版社，1995 年。

⑥ 范金民：《明代徽州盐商盛于两淮的时间与原因》，《安徽史学》2004 年第 3 期。

⑦ 王振忠：《两淮盐业与明清扬州城市文化》，《盐业史研究》》1995 年第 3 期。

⑧ 范金民：《"苏样""苏意"：明清苏州领潮流》，《南京大学学报》2013 年第 4 期。

⑨ 沈惠兰：《扬州八刻》，广陵书社，2006 年，第 1 页。

⑩ 常艳：《旅游工艺品市场的开发研究——以扬州为例》，扬州大学 2009 年硕士论文。

⑪ 孙明：《清朝前期的盐政与盐商》，东北师范大学 2012 年博士论文。

⑫ 王振忠：《康熙南巡与两淮盐务》，《盐业史研究》1995 年第 4 期。

⑬ ［清］钱泳：《履园丛话》，中华书局，1979 年，第 322 页。

⑭ 王湛：《明清扬州家具探微》，《收藏家》2014 年第 8 期。

⑮ 朱栋霖：《明清苏州艺术论》，《艺术百家》2015 年第 1 期。

⑯ 庄一兵等：《徽州四雕的审美意蕴》，《美术》2005 年第 6 期。

⑰ 杨海涛：《杯盘处处江秋水——赏江千里的螺钿 < 西厢记 > 漆盘》，《文物鉴定与鉴赏》2011 年第 12 期。

清乾隆时期扬州盐商姻亲关系考

——以徐士修《祭挽分编》为例

汪庆元

内容提要：扬州总商徐士修于乾隆十六年（1751 年）接驾并受到赏赐，乾隆二十一年（1756 年）病故，士商祭文、挽诗编为《祭挽分编》刻印传世。江春与徐士修为"密戚"，所作祭文情词恳切。祭文共 100 余篇，署名者 1000 余人，总商江春、汪廷璋、黄履暹、马曰璐、洪徵治、江嘉谟等均在其中。祭文所见，乾隆年间扬州总商之间姻亲关系明确。

关键词：乾隆时期　扬州盐商　姻亲关系

盐业是明清徽商经营的第一大行业。明中叶至清代康雍乾年间，徽州盐商称雄淮扬。民国《歙县志》载，"两淮八总商，邑人恒占其四"。徽州盐商研究成果卓著，但作为清乾隆初年盐业总商的徐士修至今未见专论。本文主要据《祭挽分编》的资料，对徐士修在扬州业盐的事迹试作考察，以见清代扬州盐商间的姻亲关系及盐商集团的人数规模。

一、扬州总商徐士修及其家族

徐士修（1706～1756 年）字禹和，号朴村，安徽歙县傅溪人。明代以来，徐氏家族在江苏扬州经营盐业。徐士修于乾隆十一年（1746 年）担任淮盐总商，乾隆十六年（1751 年）首次接驾，比江春年长 15 岁，两人"情好尤笃"。徐士修乾隆二十一年（1756 年）病故，徽州与扬州士商人士所作祭文、挽诗连篇累牍，编为十四卷，题名《祭挽分编》①。安徽博物院藏本上有许承尧题记：

徐禹和为扬州大商，邑中巨富，傅溪人，即今路口。曾有大功于紫阳书院，详见《歙志》。今其故宅，横额犹存，子姓微矣。当时祭文、挽诗，全邑人士之知名者几搜集无遗。雍乾间邑中人才称盛，大可资考证也。丙子许承尧记。

许承尧指出《祭挽分编》所见歙县"人才称盛"的价值。祭文作者不仅有歙县绅商，还有扬州府县官吏。

卷前为翰林院编修赵青藜《朴村徐公传》。歙县"傅溪之徐"为世家大族。明代徐伟芳始寓维扬，生嘉玉，嘉玉生景京，士修为景京长子，原配汪夫人出。及至士修子徐麒甡，徐氏家族在扬州业盐已及五世。乾隆十一年（1746年），徐士修出任两淮盐务总商。乾隆十九年（1754年），徐士修捐纳获正四品道员衔，后获诰授资政大夫衔。徐士修"生之维扬，不忘桑梓，间岁必归里省墓"。乾隆十七年（1752年），徐士修率盐商捐助平抑徽州粮价等款项，前后达白银10万两，以商业利润反哺农业，所谓"事之有关民生者，靡不致力"。又捐款修建紫阳书院并建立助学基金，合计白银近2万两。平抑粮价和资助教育两件事为徐士修在徽州故里赢得了声誉。

乾隆十六年（1751年），徐士修首次接驾是他人生的一件大事。赵青藜称其"隆恩异数，亘古无伦"。其子徐麒甡所作《行述》有详细记述：

> 丙寅正月，先妣弃养。其年冬，院宪委办总务。辛未（乾隆十六年）春，翠华南幸，与诸公迎銮于直隶厂，蒙赐克食哈密瓜、福橘、蜜罗柑。驻跸扬州，赐御书'福'字，貂皮、合包、摆袋。又于高旻寺行宫特旨：宣司宪率总商入，锡宴观剧。晚刻又赐克食。圣驾自浙回銮，复幸平山堂，赐鼻烟壶一枚。送驾至红花埠，宣赐大缎一联，官缎一联，合包一对，御赐石刻《冰嬉赋》一卷，《生秋诗》一卷。冬十一月，入都恭祝皇太后万寿，蒙赐貂皮三十张，宫缎六端。隆恩异数，稠叠骈繁，府君惟谨畏承之。[2]

乾隆皇帝在扬州高旻寺接见总商等人，御赐徐士修"福"字，诗卷等物。这可能是盐商与乾隆皇帝第一次见面，堪称"隆恩异数"。这段乾隆十六年（1751年）盐商接驾细节的史料，在翰林院编修赵青藜于乾隆二十一年（1756年）所作《朴村徐公传》中亦有记载："辛未，圣驾南巡，特赐御书'福'字，御制《冰嬉赋》《生秋诗》，大缎、宫缎、鼻烟壶，克食哈密瓜、福橘、蜜罗柑，貂皮、荷包、摆袋等。"但其他方志等文献并未载录。

乾隆十六年（1751年）徐士修首次接驾有"锡宴观剧"一语，演剧戏班是否徐

氏家班？《扬州画舫录》载："昆腔之胜，始于商人徐尚志征苏州名优为老徐班。"③此
"商人徐尚志"是否即徐士业？明光认为"可能是徐士业"④。并在《李煦奏折》和
《两淮盐法志》中查到"徐尚志"之名，指出"徐尚志于康熙晚期已为有名之总商"。
从康熙五十七年（1718 年）到《扬州画舫录》成书的乾隆六十年（1795 年），"徐尚
志"之名已存在近 80 年。笔者据此认为，"徐尚志"是徐士修家族商号名，始于其父
徐景京，终于徐士业。徐景京，字维镐，乾隆初年编纂《傅溪徐氏族谱》，乾隆二年
（1737 年）"督鹾使者"尹会一作序略云：

> 广陵东南水陆之冲，聚百货通四民，而鱼盐之利甲天下，殆浸浸与吴门、白
> 下埒矣。……顾广陵以鱼盐奔走四方之豪杰，而新安之人十居七八，其间秀异之
> 才亦往往而有。余昔由郡守迁淮南转运使，寻奉命督鹾政。近蒙恩擢以亲老移抚
> 河南，于是居广陵五年所矣，与业鹾之士声气相□接间，尤亲礼其贤哲而悉其生
> 平。徐氏昆弟维镐、赞侯，淮南之望而新安杰也。自其祖父侨寓广陵，能不忘故
> 里一本九族之爱。⑤

尹会一所言"徐氏昆弟"，即徐景京，字维镐，徐璟庆，字赞侯。据族谱卷二
"宸翰"：康熙五十一年（1712 年），赠徐伟芳为奉直大夫。雍正四年（1726 年），赠
徐嘉玉为奉直大夫。雍正十年（1732 年），赠徐嘉玉为奉政大夫。雍正十一年（1733
年），赠徐嘉玉为奉政大夫。康熙五十一年（1712 年），授徐瑞玉为奉直大夫。雍正四
年（1726 年），授徐景京为奉直大夫。雍正十年（1732 年），授徐璟庆为奉政大夫。
徐伟芳是徐景京祖父，徐嘉玉是其父，徐景京祖孙三代获得诰封正五品衔，这在清初
盐商中可能并不多见。徐景京于乾隆初年将盐政交与长子徐士修管理。

徐士业接棒徐士修成为总商，于乾隆二十七年（1762 年）受到加奉宸院□□衔的
奖励。史载："朕此次南巡，所有两淮商众承办差务，皆能踊跃急公，宜沛特恩，以
示奖励。其已加奉宸院□□衔之黄履暹、洪征治、江春、吴禧祖，各加一级，已加按
察使衔之徐士业、汪立德、王勗，俱著加奉宸院□□衔。"⑥乾隆三十三年（1768 年），
"两淮提引案"发，龙颜大怒："今阅彰宝所奏，则该商人等一切办公物件，均于应交
官项内动支，是不但不应加恩，并当查明治罪。所有从前赏给奉宸苑卿衔之黄源德、
徐尚志、王履泰，布政使衔之江广达，按察使衔之程谦德、汪启源，均着革去职衔，
交与彰宝，严切根究。"⑦公文中人名前后并不一致，江广达即江春，黄源德即黄履暹，
徐尚志即徐士业。江春与徐士业的名字两次同列圣旨中，二人姻亲关系在祭文中有明
确表述。

二、江春祭文

徐士修与江春为"莫逆之契"，江春的妹妹嫁给了徐士修的胞弟徐士业，江春祭文说"令弟建勋为予妹丈"。道光《歙县志》卷八载："徐士业，字建勋，士修胞弟。凡襄兄善举，精明周匝，阙里祠成，更酾金增置祀产。又增建京师歙县会馆南院屋舍，又独修邑西达休宁孔道十余里。太守何公树丰碑于道左，以记其事。"徐氏兄弟为徽州文教公益事业做了不少实事。《祭挽分编》卷六载江春祭文如下：

维大清乾隆二十一年岁次丙子夏四月戊戌朔越祭日，宜祀之辰，年家姻弟江春顿首拜：谨以刚鬣柔毛，清酌庶馐之仪，致祭于皇清诰授资政大夫候选副使道，恩加顶带一级，叙加顶带一级，又加四级记录三次，朴邨徐老姻翁之灵而言曰：呜呼！予不意姻翁之遽返于真也！予与姻翁，夙昔通门，又忝密戚，令弟建勋，为予妹丈，往来过从，阅有岁时。其间风雨之夕，觞咏之会，命云侣月，相得之欢，中不能测，莫逆之契，口不能宣。比年以来，情好尤笃。

曩昔姻翁留新安旧里者一载，而缄题络绎，未之或间。客春，当姻翁五十之辰，登堂称祝，已而过予，谈谐之余，予笑谓："姻翁年届服官，亟宜出而从政，以图报效。政成之后，怡志林泉，以娱晚节。予于是时，白笠青鞯，相待瑞草池边可也。"君顾笑而不答。客冬，姻翁偶抱微恙，予每过候，见神明清裕，以为不过霜露之感耳，勿药之喜，不俟终日。孰知改岁以还，渐次加甚，迤逦竟至不起。此真百思所不及料者也！

夫生非汶汶，何患没而无称，且也麟趾凤鬶，终为上瑞，转以不恒在世者为希有。以睠龌龊者流，徒知厚自封殖，初未一行其胸臆，即至黄发鲐背，岂得谓之有年也哉。矧嗣君克自树立，将见举吾姻翁之蕴，而未尽试者，大沛厥施。姻翁以九原之身，对扬蜜制，凝神寂笃以培后，此无穷之基，正未有艾。计姻翁身所自树，与嗣君之为姻翁树者，其所历孰长且久，此又不待智者而知之矣。

人生有尽，义问无穷。在姻翁似可以无憾，而予之所不能自己者，亦以与君襟契若此，俯仰今昔，有不觉涕泗之何从耳！至姻翁之孝亲爱弟，累行植德，若拯灾恤患，全活万计；以至新宗祠、储义谷，修创学宫，膳给书院；下至哺麋、建塚、除道、成梁，所费动辄不訾。凡在见闻，悉能言之。国有彝章，人怀旧德。将必俎豆于书院，崇报于特祠者，予固不具述也。

敬庀薄奠，陈之几筵，芜词告哀姻翁在天之灵，庶鉴此微忱，而为之昭格乎。尚飨！

江春祭文从生活细节着墨，写得有情有义，又能站在人生通达的高度看待生死，肯定了逝者的成就，展望事业"无穷之基"后继有人。祭文点明徐、江二姓为"密戚"，徐弟"建勋"是江春的"妹丈"。他把商人比作麒麟与凤凰，不齿于碌碌无为活到"黄发鲐背"，具有积极的人生态度。而追思一年前（乾隆二十年，即1755年）两人的对话，生活气息浓郁，寿宴聚会，谈笑风生间流露出盐商精英的抱负。当时徐士修"从政"为总商，而"姻弟"江春亦意气风发。徽州盐业总商"各姓代兴"⑧，徐士修和江春是其中佼佼者。祭文所见扬州盐商间的姻亲关系较为普遍。

三、祭文所见姻亲关系

徐士修任淮盐总商十余年，故后徽州府、扬州府地方官吏作祭文24篇。徽州府官吏祭文内容主要称赞徐士修为故里平抑粮价、资助教育两件事。知府何善达云："义笃维桑，于是宣平宅畔、任昉溪边，人饱荒年之谷，地开续命之田。居依广厦，才蒐六邑，备仁杰之参苓。"江南督标奇兵营施世泽的祭文说："公治蓰务广陵，德业甲于两淮，名望隆于山斗，江广讴歌，口碑载道。历任当事，咸推首重，委办总务，悉得其宜。"淮扬一名武官能对徐士修作如此评价，可见当时总商社会影响之一斑。

徐士修在徽州盐商集团内部受到推崇，祭文100余篇，署名者达1000余人。祭文有称，"上自朝宁，下迨海隅，闻讣悲号，哀词诔章，充溢梁栋"，可见治丧规模空前。徐士修祭文及署名者大多为姻亲关系。现将徐士修祭文署名人数及祭文摘要列于下（表1）。

表1　徐士修祭文署名及祭文摘要

姻亲姓名	祭文摘要
紫阳书院掌教年家眷姻弟：吴炜，率紫阳书院诸生：洪性存、胡士骥、戴嘉□、洪广照、戴炳、汪永煊、汪国拔、程维新、汪文启、汪元攀、王嘉猷、舒立坤、张振裘、汪时霖（15人）	徐公于兹养育人才兮，倬彼云汉，而为章增学舍而广堂宇兮，崇墉比栉以相望，延名宿而讲学兮，书声咨响乎门墙，以饮以食而教诲兮，六邑士子食德其无方（卷3）

续表

姻亲姓名	祭文摘要
年家眷弟：戴恩谦、刘谦、程釜、方天育、钱志遥、田有伊、袁涵、员梦麒、郭沅、郭耕礼、蒋翮、陈之泰、将之兰、顾月化、胡梦曾、李松、马荣祖、魏元尊、张祖云、雷文涵、赵秉义、程琕、尤训、蒋之蒗、王士珍、管一清、佘瀛、张重淑、周继濂、李肇域、郑涛、张重培、杨开鼎、张文、金科、戴汝槐、汪熙绩、戴汝棻、蔡宾王、刘标、谢溶生、米玉麟、蒋之菘、程瑄、汪熙宁、王翊、仝恂、程绺、秦黉、许信瑞、吴振域、谭灏、戴汝榕、沈业富。年姻家眷弟：高元坤、高元仑。年家眷教弟：井王谟、李兆吉、张安国、郭启升、林廷和、杨德、毕怀图、张珆、何融、罗兴熙、潘正鹏。年家姻弟：吴公淳、吴枚、吴颙孙、马曰湘、唐倚衡、江泰、马道周。眷弟：王之玥、汪元宗、弟兆熊（77人）	谓宜朋三寿扇仁风兮，族□邦国咸吹朽而嘘枯，何年未登于逍遥曳杖兮，膏肓早来，二竖而不能驱（卷3）
年家眷弟：吴迈、乔麟炳、乔麟昭、李求言、耿天葆。年家姻弟：李义元、马曰璐、江洪、洪贻福、马曰琭、江晟、唐宸衡、许式棠、江允暐、许式衡、程志栋、吴如桁、许式绍、江春、江昉、汪立德。年家姻教弟：洪蕙。眷弟：汪廷璋、蒋士锜、吴如棠。愚表叔：黄履暹、黄履昂。愚表弟：黄为荃（28人）	交倾天下，淡若闲鸥。著书谈道，意在丹丘。芝兰竞秀，燕翼贻谋。传经垂范，人争访求。钜族多贤，如翁罕俦（卷3）
年家眷教弟：郑为翰、金维紫、江楠、程九经、吴康孙、钱元龙、吴嗣生、汪遐龄、黄桁、吴利禔、田毓瑞、苏锦、胡世臣、方榕龄、黄履晟、陈士达、洪镇珂、施瀛、吴桐、吴邦杰、盛世璘、孙尚仁、陆钟辉、胡开谟、邹九思、闵华、高景崟、洪振瑛、程浩、叶恺、程徽棨、刘绍祖、马履厚（33人）	谋略贯彻古今，识量并包宇宙。不独同侪推为祭酒，抑或全淮倚若干城（卷3）
年家眷教弟：江滔、程梦发、吴柟、朱天榜、詹显、魏学聚、张耀、洪愿仁、江桂、黄修礼、钱于永、江日永、程谦益、江锜、程耀、江培均、洪振攻、许菁、方元赐、程长。年眷姻弟：方良秋、吴觐祖、许应昆、吴振祖、方上达、汪长庚、汪长嵩、马振机、程沂、程沆、程世良、马振棨、马振棠（33人）	同侪逊其通敏兮，当事无不啧啧称道其精明（卷3）
眷姻弟：汪霭、程梅、马曰璐、汪玉枢、余晟、汪成封、程械、巴文英、马曰琭、程塼、汪景、洪贻福、吴利恒、李鸿文、吴之梁、洪景谋、汪煜、黄铎、吴之楫、程垛、吴如松、孙治经、汪起喆、李弘湣、黄履鑑、江春、江嗣堦、马振纪、吴如棠、巴淮、吴如柏、吴如桂、马振林、汪长启（34人）	秀外慧中，誉重乡国。博闻强识，才锋拔俗。放为伟词，言泉流吻。……综理盐筴，群藉擘画。贤能著望，恩荣逾百（卷3）

姻亲姓名	祭文摘要
眷弟：黄迪孺、吴山玉、程扬宗、许应嵩、罗本仁、黄瑸、黄为镕、程名世、程志辂、方近元、罗本侁。姻教弟：许士彦、许起蛟、郑于蕃、易讓、易谐。年姻家眷弟：吴家龙、汪廷枢。愚表叔：黄晟、黄履暹、黄履昂、方梦笔。愚表弟：黄为荃、汪廷宁。愚表侄：汪时、汪旼。世弟：毕本恕。姻晚生：江嘉谟、黄为琇、吴彭年（30人）	从事盐筴，洞明时务。凡所经画，利弊因革，试之辄当。盬使者无不重其才，而称之曰能。故委办总务以来，一时之襄事，诸同辈皆逊谢不及焉（卷3）
眷生：汪允信。侍教生：允俶、允佑、允位。男侄眷弟：廷璋、廷珍、廷琯、元珽、廷珽。孙子婿：缌熙。眷侄：焘、勳、义（13人）	余与贤坦，翁婿之谊三十余年，余之长孙熙又为贤坦之半子，姻娅重重，情好最笃。花朝月夕，偶一不见，辄怏怏不自适。今则顿悲永诀，无计招魂东床，丧祖腹之快婿（卷3）
年家姻弟：吴邦佩，率侄鑛（2人）	建紫阳新院，伫看桃李盈庭，实则厚故里俊髦（卷3）
眷姻弟：吴经邦，男姻弟：廷栋、廷枢（3人）	盖余之汪交如大内兄，即姻翁之外舅，而姻翁之令嗣，又复为余孙婿也。忆自同列一门，密戚往来（卷3）
愚表叔：黄履暹，男表弟：为兆、为英、为麟（4人）	凡事之有关于民生者，靡不中规中矩而致力焉。性喜读书而不事举业，但以研求学问为先，……岁辛未，恭逢翠华巡幸，天恩优渥，赐宴赐字，并赍予上方珍物，异数殊隆，亘古希有（卷4）
年家姻弟：汪如权，男侄眷弟：日焕，姻弟：日炳、近光，姻晚生：宏基、绍基、善基。愚甥：德基、福基、邦基、培基、文基，外甥孙：辉祖、绳祖（14人）	尤虑故乡水旱，一郡具有流亡；倍怜本族饥寒，百室保无困乏。于是捐输叠叠，载途多歌颂之声（卷4）
年家眷教弟：江楠、朱嘉勤、朱嘉庄（3人）	长奉严君之命，令弃儒任盬务（卷4）
年家眷宗侍教弟晚生：程绍钧、江锡碬、汪日暹、王一元、余勃、程世璞、吴士鋆、张梦桂、吴廷樽、程达浩、张?、吴煦、张兆铭、孙一桂、黄以忭、李士鋐、汪兆楷、鲍象晖、程瑄、高珂、许孚颙、方敏、汪如梓、吴山龙、王启玉、黄嵩、吴仕沂、朱大振、郑苑甲、张肇鑛、戴家俊、金廷相、汪世缵、洪饴、锡玠（35人）	客于扬，扬乃古广陵地，多奢侈绮丽之习。先生淳朴自如，不为俗染。……运粟以赈其乡，复倡率乐善者购粮，条议分运以赈之。六邑穷黎安土不致流离（卷4）

续表

姻亲姓名	祭文摘要
年家眷宗侍教弟晚生：蒋宗琥、吴若极、吴康孙、江承来、郑宾浦、吴麟本、程一经、王含章、汪有经、吴钟、程梦钧、龚肇业、汪元贞、束松鹭、田毓琯、吴辅猷、方其柏、吴廷枞、吴澐龙、巴廷凤、黄履松、程大志、郑世镐、郑居燊、潘仁模、汪锦、洪人杰、黄以善、黄以召、胡名鹤、孙典、汪祖荣、汪宗预、方起潜、许士璋、大濩（36人）	吹箫于念四桥头，经三徙于隋堤，卜宅在竹西路。……埋瘗掩骼，惠流漏泽之园；怀幼恤孤，义重育婴之社（卷4）
年家眷姻教弟：许祚永、汪应旭、潘秉纲、赵宣、王发祥、汪肇升、梁侃、方士膺、王恩沛、吴德世、方世琳、洪元第、方良器、卫赓飏、赵敦仁、项理忠、程奕铺、方大成、高惠、赵烈、田毓瓒、李佑、王承武、李有宗、罗克治、项英、陈泰阶、杨旴、卫宗灏、江允昂、因轮、程世芝（32人）	翁之才华卓荦，迥出群伦，凡鹾政之因革利益，洞若观火，先后侍御及秉节江淮，无不咨诹投契，奉为指南（卷4）
年家姻弟：汪汉倬、淳倄、治佐、洪俊、济伟、渐仁，率男侄：栋、棣、杏、椿、楷、集、权、柱、樟、构、樊、格、枏、彬、榕、樽、松、枋、析，侄孙姻晚生：应奎（26人）	歙浦之华胄，乔寓邗江。余与翁有世交凤姻之好。……解纷理剧，协机宜而著成效，以故当事重其老成，而同事服其长厚（卷4）
眷姻弟：马曰璐，率侄男：制、振伯、振仲（4人）	攻书造微，仔肩家政，不遂奋飞。……气度宽广，直吞云梦（卷4）
年家姻弟：马曰溥、曰涞、曰湘、率侄男：振林、振楣、道周、振枟、振极、振柏、振机、振棠、振棻（12人）	才识朗瞻，为两淮所推服，凡访及大小事务，一经指画，动合机宜。以故先后当事咸倾注焉。所属公事虽系众擎，而裁决渊通，劳叙特著。翠华南幸，差务纠纷，不动声色，指挥裕如（卷4）
年家姻弟：李义元，率男：志勋、志烈，孙愚侄婿：文基，姻晚生：文堂（5人）	谦以持躬，和以处众，佐鹾政之大纲，为两淮之祭酒（卷4）
年家姻弟：吴兴祖、禧祖、蕃祖、觐祖、振祖，率侄男晚生：成孙、鸿孙、唐孙、雍孙、濩孙（10人）	兴之姑，公以姊称，兴胞妹，公之从嫂也，兴堂妹，公之从弟妇也。萝附丝缠，恩联谊重。……望衡对宇，相距仅数武（卷5）
年家眷教弟：田毓瑞、毓琯、毓琦、毓瑄、毓瓒、毓珣，率侄男：枏、肇奎（8人）	瑞之兄弟获交于君，乔梓竹林之间数十年矣。……客岁仲冬，过舍剧谈移晷，翌日复邀集林亭，谶谈极欢，岂知遂为永诀之期（卷5）

姻亲姓名	祭文摘要
眷弟程扬宗（1 人）	侨居广陵，而前辉后耀，已自祖即孙，人共羡其赞理鹾政，为侪辈愿趋后尘（卷 5）
年家姻弟吴之粹，率男眷弟：崇政，姻弟：崇善（3 人）	睇维扬之都会，沿江流而寓斯；授总务于当路，寄猷为于白圭。虽履泰而处顺，恒谦冲以自持（卷 5）
姻弟：吴廷仪、廷僎、廷侃，偕男侄姻晚生：光耀、光辉、光鼎、光国、光晋、光昂、光霁，侄孙姻晚学生：制、天植（12 人）	家政淮鹾，内外独砥。……算权豁帆，练达无比。酌盈剂虚，运筹有主。祭酒长城，久邀称许（卷 5）
愚表叔：方锡稷、裕、梦熊，率男侄愚表弟：浩、泫、澧、沂、淮、治、洛、深（11 人）	经营鹾务，上下服其老成。……同庚上寿，华屋悬御书"福"字，四壁生辉（卷 5 按乾隆御题"福"字）
愚表兄：吴斯淳，愚表弟：斯澧，眷弟：斯泓、斯涝率男侄愚表侄：家楷、家枚、家桢，愚表甥家桧、家椿、家松、家柏、家棣、家杞（13 人）	内弟为舅父筠轩公家嗣。……淳年长内弟一纪，晦明风雨，无日不与之偕也。后舅父高年倦勤，内弟接理鹾政，弃取之间，靡不亿中机宜。以故家业日隆（卷 5）
年家姻弟：方城、惠庆，率侄：家骥、家骈、家驄、家骏、家驯、家骧、家骆、家驹、家骍，侄孙姻晚生：之鑛、之镐、之鋐（14 人）	值翠华之南幸兮，率同人而道左恭迎。天颜有喜以锡福兮，并克食之纵横。羡旷典之咸被兮，乃不伐而不矜（卷 5）
姻弟：吴元祁，率侄：基槐、基慎、基馥、基光（5 人）	翁任鹾务，瞭如指掌，为当事者所倚重（卷 5）
年家眷同学教弟：叶敬（1 人）	敬之与君为友也，荷太翁之礼重，以君幼弟暨君令子，执经问业，屈指素餐于家塾，盖自乙卯之首春，过相规而善相劝，莫逆于心者二十二年（卷 5）
家姻弟：汪懋，率男姻晚生：博，侄愚甥：倬、章、斗、本、奉、干、南（9 人）	扬州固佳丽地，而矫矫洁清，独有不为俗所转移者。……常返新安，敦宗睦族，至详且悉（卷 6）
缌服表兄：汪天禄，表弟：天职（2 人）	禄与内弟年齿相若，回思数十年来，幼而嬉游，长而讲贯，何一不在心目中。……禄自浙右奉母迁扬，卜居于舅父宅后，因盐筴需人经理，遂与内弟同习计然之策（卷 6）

续表

姻亲姓名	祭文摘要
年家姻弟：江洪、允暹、晟、允暐、昉，率男侄姻晚生：振箕、振绪、振鹭（8人）	运筹鹾业，片语津梁，成功而逊让弗居，临事则慷慨自任。此此所以同侪共服其经济，上宪每藉为蓍策也（卷6）
年家姻弟：洪效治，率侄男姻晚生：肇楙、肇模、肇桂、肇楫、肇柟、肇基、肇榕、肇桓、肇櫰、肇梓、肇枚、肇棂、肇桐、肇椿、肇楷、肇柯，侄孙姻晚学生：锡晟、锡暲、锡普、锡昭、锡璐、锡熊、锡焕、锡□、锡昕、锡暘、锡明、锡勳，侄曾孙姻晚学生：淑埙、淑篪、汝弼、汝龙（33人）	弱龄已至性克纯，迄乎遵严训而佐筹，壮岁益承家合度（卷6）
年家姻弟：洪徵治，率男缌服子婿：肇根，姻晚生：肇柱、肇松、肇本、肇鼎（6人）	桑梓萃处于广陵者，皆乐与游好。而予兄弟尤为莫逆。亲翁不遗葑菲，遂定婚姻之好。以其次女字予长男。往来衡宇，相距数武：尊酒谈谐，析疑问难，虽晦明风雨，无不永朝夕也（卷6）
年家姻弟江春（1人）	予与姻翁，夙昔通门，又忝密戚，令弟建勋为予妹丈（卷6）
眷弟：方士□，愚表叔：方梦笔，愚表弟：方起敦，眷弟：方祈宣、毕本恕（5人）	公与予生同里闬，谊属姻戚。公虽小余十余龄，然自年少时即还往，故予知之最深（卷6）
家姻弟：吴公湄，率侄男：辅宸、辅宁、辅定、辅宇、辅宜、辅寀、辅宗、辅宾、侄孙晚生：尊士、尊仁、尊君、尊诚、尊元、尊经、尊学、尊伦、尊仪、尊纬、尊纯、尊乾，愚表侄婿：尊道，愚表甥：尊德、遵循、尊儒（25人）	姻翁晨夕相过，又重之以婚姻，情好愈密，数十年来如一日也。姻翁以当事器重于鹾政，独为贤劳，上能尽心于公务，下亦各顺其私（卷6）
眷弟：汪有经（1人）	我禹翁妹丈先生器宇渊沉，襟期肃穆。……讲让型仁，蛮触化鼠牙之讼，蠲租毁券，乡邻免鱼尾之伤（卷6）
年家姻弟：黄铎，率侄姻晚生：溦、濯、湜、淞，男姻晚生：濬，愚侄婿：溥，侄孙姻晚学生：萼秀、萼桂、萼杏（10人）	雄才硕画，综理优长，则运筹国计，方将重之为柱石，推之为领袖也（卷7）
家眷教弟：赵璘、赵安仁、杨于台、赵永茂、张子琏、蔺�、齐于旦、张世伟、王德溥、王作柱、段维敏、黄铎、赵熟箴、王昺、张四科、卫廷楷、樊曰敏、张霞、张为政、吴效亮、周柟、张世雄，世教弟：郭梦阳、郭泳（24人）	我翁之捐宾馆而长逝也，姻亲拊膺而陨涕，交游扼腕以唏嘘，闾巷之蒙恩而蒙义者，若御寒之思纩，救饥之思糜（卷7）

姻亲姓名	祭文摘要
姻弟：孙受泰（1人）	惩世道之浮浇兮，全信义于末俗。里党称其仁厚兮，门内颂其敦睦（卷7）
年家眷姻教弟晚生：程瀚、吴嘉裘、朱元镇、吴廷楞、何永旭、汪瑨、李之海、汪成九、吴廉、吴之俊、汪肇熊、肇熙、罗灏、洪肇栴，江嘉闾、嘉谊（16人）	我太翁本黄山之望族，世传阀阅绳绳，钟邗水之奇英代起，人文奕奕。……瀚等谬叨桑梓之欢，切附茑萝之好（卷7）
眷姻弟：程思杰，眷教弟：谢承宣，姻弟：巴钟元，愚甥婿：程士勋（5人）	经理家政，蹉务勤劳，于是翁之名日著于两淮……翁境值丰厚，饮食起居自非贫家者流，然一丝一粟，动辄经心，时以纨绔豪华为今人戒（卷7）
家眷教弟：黄履昃，眷弟：吴琇，眷教弟：闵懋庚、许瑷、洪蕙（5人）	读书日数十行，落笔奕奕过人，用以取青紫如拾荠耳，乃谓帖括不足见经济，毅然舍去，经理家政，娴熟蹉务，握算持筹，为老成所不逮（卷7）
年家眷教弟：吴学易、吴廷珍、胡涵、申慰抱，姻晚生：江嘉谟，愚表侄：方大成（6人）	持筹盐权，计大事、定大议、决大疑，正襟慷慨，一座尽倾。以故往来大宪皆咨而询之（卷7）
年家眷姻教弟晚生：吴基琮、黄正文、金文昇、田毓璜、臧特进、汪允佑、汪世福、吴金声、梅世璜、毕成业、胡文澜、朱龙、汪廷楫、吴昊、吴益宪、汪廷楷、汪肇昌、汪潢、郑钟山、程肇玑、洪肇铮、江□、方家宁、潘元麟、胡端冕、袁思义（26人）	其办理总务，则两淮皆俟太翁一言为指归。辛未春，翠华南幸，叠邀重眷，而于恭祝皇太后万寿，则又频膺赉予（卷7）
眷教弟：程其塽、王承桓、洪振玉、王启昭、佘日新、孙希愈、吴春华、张华、汪肇昱、潘承考、吴金庠、罗楷、郝皓、李之湘、程祖锡、李允义、孙天保、曹瀚、方文焕、潘元潡、吴绪福、吴桐、吴廷枚、吴钟璪、黄德裕，眷弟：汪允佑、汪焘、吴辅宇、马振缋，愚姨侄：吴玉赐（30人）	上自朝宁，下迨海隅，闻讣悲号，哀词诔章，充溢梁栋。……翁之才识经济，不独同侪推为祭酒，蹉宪抑且倚若干城。……凡上宪临莅，闻翁贤达，必为延接，寄以十总公务。其因革损益，兴利除弊之举，下询于翁，得一言以定章程（卷7）
眷教弟：程轼、方起敦、朱之瑢、汪中、赵延吉、洪兆仪、汪秉师、方曰位、孙天璋、吴芳浴、汪存延、吴永绣、谢士纲、吕斯政、姚家瑞、黄修烈、闵士模、朱天锦、吴文铣、金嘉恺、吴其秀、吕本韶、江长遇、张殿、汪成龙，晚生：方嘉塽、吴思孝、胡承珍、罗槐、孙思灏、王肇智（31人）	蚤年表绩于邗江，复佑启后昆，此日主盟乎蹉政，加以诚心（卷7）

续表

姻亲姓名	祭文摘要
年家眷教弟：吴樵、靳瑾、汪如龙、张瑨、吴京生、程薇、汪继源、汪锡棋、程兆麒、张尉、罗克标、吴桐、吴楷、黄荣绂、黄德裕、刘绍祖、方元赐、郑肇暹、汪元、李如松，晚生：吴必昂、李景濂（22人）	无矜富厚，每戒嬉荒。聿修念祖，用行舍藏。中流砥柱，经济淮扬（卷7）
眷姻教弟晚生：吴德峻、黄湝、汪焕、程士禧、宋德凤、方荣祚、方锡禄、吴徽锦、吴檄、吴绍基、黄为焕、谢承恩、程焜、吴齐琬、吴熹、吴端笏、郑麟仁、许起原、许珠、谢申保、鲍嘉宾、程堉、程士豪、吴桐、黄荫棠、谢士巽、黄荣绂、吴廷枚、许世谨，愚母舅：汪承旦（30人）	润州赈饥，歙州助粟，同姓异姓之被其泽也。……岁壬申，徽属饥馑，公次第补救，所为运米平粜，及巢谷建仓等事，公亦经营惨淡，心力交瘁（卷8）
年家眷姻教弟晚生：曹潇、蔡多能、郑永、汪邦璪、张镛、谢可广、何其让、栗肇庚、汪宏桂、程天澂、郝烈、程本、柴日巑、张炘、王基广、尉钟祥、张镐、申玉枢、吴应沂、吴焕纯、张炳、何之辉、何之锐、江绍晿、程遂晟、吴士扶、项光寿、汪重义、吴衔、王思义、江永交、汪为达（32人）	经理艖务，机宜允量。誉重维扬，冠盖崇尚。……恤灾是事，新安润州，情同一致，先后捐赈，平粜煮糜（卷8）
年家姻弟：张元鸿、正治、元涵（3人）	回忆辛未春，翠华南幸，翁恭迎道左，天颜甚霁，隆恩叠沛，异数频加，一时金以为荣（卷8）
眷弟：张元溥（1人）	弟获为君家婿，常敬慕之不忘。至朝家之宠锡，每不胜举，而兄惟敬畏承之，时忧陨越（卷8）
表侄：方大成、侥、大猷，率男侄愚表再侄：德飏、德鸿、德澜、德□、德峙（8人）	冠盖雍容，客座常满。……泽渥编氓，大江南北，藉藉仁声（卷8）
愚表弟汪大宁（1人）	领袖淮艖，经营措办，恭逢翠华南幸，仰受隆恩（卷8）
年家姻弟：巴淮，偕弟：眷，弟：浒，姻弟：洛，侄功服甥：桢（5人）	通功江广，持筹登领袖之班；办运淮扬，挟策是帷幄之主。急公家之事，动中机宜；驰帝阙之名，屡蒙优渥。交游广集，笙竽集七国之良（卷8）
眷弟：吴瑞仁，姻弟：端义（2人）	舅兄平居老成练达，于艖务靡弗洞悉其源流，以故当事闻而重之。而舅兄挟策献谋，兴利除弊，实有高出一时之见（卷8）

续表

姻亲姓名	祭文摘要
眷侄婿：易肇基（1人）	我姑岳生于甲第之家，濡染诗书之泽。……以高堂垂暮，家政需人，遂弃帖括，经理鹾务，通方致远，侪辈交推（卷8）
愚侄婿：吴昌年（1人）	穷经皓首，人悲石砚之非田，兀坐青灯，士苦治生之无术。我叔岳则金能布地，玉可成堂，修轮奂于宫墙，扩规模于书院（卷8）
年家姻晚生：江嘉谟、登云、嘉闿、嘉谊（4人）	我太姻翁者，吾乡之望也。人品文章，孝于亲、友于弟，谦以接物，宽以驭下，卓卓在人耳目者，皆指不胜屈（卷9）
眷弟：吴嘉旭、朱国徵，眷教弟：汪启櫃、程以位、朱其伟、汪朝栋、程世钧、江立柏、程世鑑、汪棠，卷姻晚生：洪尔鑑、黄占泰、将淇、许宏慎，眷世侄：许德清，愚表弟：汪宗沛，愚表侄：江永珪，愚表再侄：江国龙（18人）	经理鹾务，以炽以昌，卓然为一时祭酒（卷9）
眷世教弟：许士泰、士宽、士让、士信、士惠，偕男侄：德清、德溶、德沅（8人）	君少读书不屑寻章摘句，常与恭论议，志意远大。……癸酉岁，君以进主营葬，留滞里门，乃得日夕群居。既而偕之广陵，终朝聚首（卷9）
年家眷教弟：陈坦，率男眷晚生：廷鑑、廷鋐、廷镐、廷镰（5人）	世业两淮，为盐笃之祭酒，家道素封，总摄鹾政。其著作诗文，名播寰宇。坦自幼年，随先君子后，即炙耿光（卷9）
年家眷教弟：罗兴炳、兴焕，率男晚生：克伦、克俊（4人）	经理鹾务，不惜身劳。持筹握算，倚顿名高。……我翁生平，堪称栋梁，足号典型（卷9）
年家眷晚生：田忠、惠、恕、宪（4人）	忠等国士，萦怀先君在日，曾荷栽培，更蒙教诲（卷9）
年家眷晚生：詹文桧、文松、文模（3人）	侨居广陵，盖五世于此矣……贯通百家，而不屑意于帖括，悦《管子》官山府海之论，而壹以熬波著烈，当事多其学术经济，推为鹾务祭酒。凡兴革利弊，事无巨细，咸取决焉（卷9）

续表

姻亲姓名	祭文摘要
年家眷晚生：李世爵、世法、世符，率侄男：淳、潮、澎、沂、淇（8人）	领袖两淮，伏谒天颜，荷蒙优礼，赐賚甚盛，畀以“福”字，即永赐尔福之意也。……故综其生平而计之，为所当为，运以心力，而不惜金钱，非市德亦非好名（卷9）
年家眷晚生李允恭、唐瀧（2人）	业鹾两淮，练达盐务，其持筹素裕，当事每共为区画（卷9）
江、甘两邑乡耆：叶卫公、陆行五、陈象乾、张赐书、薛一斋、高克捷、蒋文彬、李汉书、杨愷国、高位、许天赐、张锡爵、周典、熊玉衡、胡若山、高成德、陈仁秀、孙惟善、李正芳、程文忠、江体仁、薛士安、周驭龙、刘天爵（24人）	公等忆昔少壮，迄今黄发，素仰太翁之先世道德功业赫奕，莫不相与钦且服也（卷9）
新安本宗：竹会族寿贵、石林族藉焕、隐里族维岷、朱方族岱、皇呈族润、剑溪族绍宁、塘平族允寿、罗崑族天乐、教场族天育、霭麓族文汉、长干族天枢、奕淇族云涛、由潭族嘉泊、庄埠族尚巽、高视族文燈、公塘族玉依、洽阳族湗、阜上族与贤、资口族正堡、由慕族明心、水西族元陞、富业族士琦、石栏族士贵、谭桥族良进、塘头族用让、藕塘族大璞、珊溪族德棉、亦岭族世辉、夏川族景濂、昌化族成性、横冈族廷禄、上坦族金达、韶铿族之朋、剑溪皇呈族公祀、古楼族嘉禎、霭峰族质芳、芳村族国琦（37人）	其于族党也，抚其孤、恤其寡、救其急、济其危。其于亲朋也，焚田文之券，非市义，坚季布之诺，不忍欺（卷10）
愚再叔：增祥、志登、信、之琏、之瑞、仲光、晖愷、俊、志全、应兆、学槐、之球、天抡、玉顺、长德、二德、社德、社禄。愚叔：楷、铭道、德鏁、铭善、德钟、椿、德镇、槐、铭兴、申学、秉忠、铭泽、以宁、以荣、善由、以宸、以宣、以寅、怀德、瑞权、日升、铭新、嘉庆。愚兄：世锟。愚弟：世鏁、世陞、世元、世鏕、世鏻、世柏、世桂、廷溥、廷时、步青、光汉、光沛、焕。愚侄：竹荣、应林、社富（58人）	内外姻娅友朋及我宗党之人，咨嗟涕洟，奔走来赴。……德望日高，为淮南祭酒，拜恩进爵，受赐骈繁，而君谦卑逊顺，不以贤智先人（卷10）
族愚再侄孙：禧、肇彩、祝、庚荫、崇、仪荫、光揆、宁馨、光成、光文、文义、成性、文仁、鍠、友钜、濂、文煜、仁显、仁立、堂、坦、鉴柱（20人）	禧等忝同谱牒，幸挹芝兰，薰厚德而善良，对高山而仰止（卷10）
愚再侄：肇彩、增禧、志裴，仲，再侄孙：景云、元晋、镔、廷琯、存仁（9人）	由本里以推于一邑，由一邑以推于阖郡。赞美者遍族党，颂述者盈道路（卷10）

姻亲姓名	祭文摘要
愚再叔：寿贵、仲义、仲富、仲永、仲贵、仲如、仲尚、仲文、仲松，愚叔：宫生、元生、长生、凤生、玉生、有生、四生、喜生、天生（18人）	天夺斯人，不特宗族顿摧砥柱，抑且朝野胥失仪型。以君之一身所维系者至巨，所倚藉者殊多，所累积者深厚，所措施者弥穷（卷10）
族愚再侄孙：仪荫、焕（2人）	侄孙情深戴德，谊属同根，联瓜瓞于当年，笃金兰于此日，悼人琴之俱寂，能无对暮雨以增愁（卷10）
族愚侄：岱、龃、昆、峘，再侄：世德、世昌、世昱、世琮、栋、梦桂、仁杰、元霞、如源、家林、长林、佳禄、桂芳、起麟、莲芳、长、箕承、朝组，剑溪族愚再侄：绍宁、亦政、文焯（25人）	日暖千村茅舍，识冯谖焚券之仁，云迷二顷湖田，效文正捐租之义。散鹤粮于媚妇，扶起纲常，分牛种于农夫，悯兹辛苦（卷10）
虹溪族愚侄：昆，再侄：兆荣、兆楷、兆栋、世玑、世琮、世琦，再侄孙：栋、煜、炳、炘、耀、焘、煊、日诜，再侄孙：朝栋、莲芳（17人）	先世傅溪、虹溪，相违不过于数里。厥后各为侨寓，则吾辈寄居京口，而公亦近处维扬。不惟岁时省墓归里，得常常聚首。……至如吾辈，则时亲謦欬，而更得其周详克成（卷10）
愚侄：志堃、志基、志堇、志堂，率男侄愚再侄：锦、仁杰、仁果（7人）	吾叔之望重两淮，恩施里党。……弱冠遂持家政，因弃帖括、理鹾务，内外皆赖焉（卷10）
愚叔大濩（1人）	我老侄台绍诗书之世序，承礼乐之遗风。……世承鹾务，办输不列后征，捐助囊金恤困，恐有不逮，此皆报国矢诚，维风整俗之楷模也（卷10）

　　以上统计祭文署名共计1140人，几乎囊括了当时所有徽商寄居扬州者。其中江春、汪廷璋、黄履暹、马曰璐、郑为翰、汪蔼、吴邦佩、汪允信、叶敬、洪徵治、汪汉倬、方士庹、江嘉谟等人，大都是淮盐总商。徐士修在扬州声誉颇高，诚如洪徵治所言："桑梓萃处于广陵者，皆乐与游好。"徐士修治丧规模在清代盐商中或为仅见。这些士商人物及后裔或去或留，在扬州与徽州的文化互动关系中影响深远。

　　徐士修是乾隆十六年（1751年）在扬州首次接驾乾隆皇帝的总商。江春、黄履暹、汪廷璋、汪允信等在祭文中都给予徐士修充分肯定。郑为翰说："不独同侪推为祭酒，抑或全淮倚若干城。"许祚永说："凡鹾政之因革利益，洞若观火，先后侍御及秉节江淮，无不咨诹投契，奉为指南。"黄晟兄弟说："委办总务以来，一时之襄事，诸同辈皆逊谢不及焉。"称赞徐士修能力出众，良非虚语。

徐士修出身盐商世家，未参加科举而喜读《管子》，贯通百家，汲取了传统文化的精华。马曰璐说他"著书谈道""传经垂范"，有诗文、著作问世。徐士修"读书不屑寻章摘句"，但能洞明时务、练达世事。徐士修生活"淳朴自如，不为俗染"。

祭文中明确与徐士修有姻亲关系的：岳父汪允信，"余与贤坦，翁婿之谊三十余年"。姻弟吴邦佩，"姻翁之令嗣，又复为余孙婿也"。姻弟吴兴祖，"兴之姑，公以姊称，兴胞妹，公之从嫂也，兴堂妹，公之从弟妇也"。表兄吴斯淳，"淳年长内弟一纪"。表兄汪天禄，"禄与内弟年齿相若"。姻弟洪徵治，"以其次女字予长男"。姻弟江春，"令弟建勋为予妹丈"。眷弟汪有经，"我禹翁妹丈先生"。眷弟张元溥，"弟获为君家婿"。眷弟吴瑞仁，"舅兄平居老成练达"。徐士修是汪允信的女婿，与洪徵治为儿女亲家，而胞弟徐士业则是江春的妹夫。乾隆初年扬州盐业总商之间姻亲关系明矣。

作者单位：安徽博物院

注释

① 安徽博物院藏本扉页有许承尧题记。国家图书馆藏本收入《中华历史人物别传集》第 34 册《祭挽分编》，北京图书馆出版社，2003 年，第 89 页。

② ［清］徐麒牲：《行述》，清乾隆刻本，安徽省博物馆藏。

③ ［清］李斗：《扬州画舫录》卷五《新城北录下》，中华书局，1960 年，第 107 页。

④ 明光：《扬州戏剧文化史论》，北京：社会科学文献出版社，2008 年，第 340 页。

⑤ ［清］徐景京：《歙西傅溪徐氏族谱》前序，清乾隆二年序刻本，哥伦比亚大学中文图书馆藏本。感谢黄山学院冯剑辉教授为本文笔者提供该谱的数字影像。

⑥ 《清实录》第十七册《高宗纯皇帝实录》卷六五五，中华书局影印本，1986 年，第 326 页。

⑦ 《清实录》第十八册《高宗纯皇帝实录》卷八一三，中华书局影印本，1986 年，第 988 页。

⑧ 民国《歙县志》卷一《舆地志 · 风土》。

政治视阈下明清扬州盐商与江南城市文化

朱春阳

内容提要：古代社会，随着帝王专制不断巩固，扬州盐业经济日渐兴盛，并将该座城市逐渐推向繁华。清中期以后，帝王专制走向衰败，扬州盐业亦随之萧条，城市日趋"衰退"。此种现象表明，"扬州繁华以盐盛"并非简单归因于商业贸易，与政治因素有着更深层次的联系。事实上，正因为扬州城市被赋予了特殊的国家权力，故而能够集中江南地区的优势资源，推动古代城市的繁荣。与此同时，扬州也对周边城市产生了广泛的社会影响。

关键词：扬州　盐商　政治　江南城市

江苏扬州素以盐业著于海内，近代学者黄钧宰称"扬州繁华以盐盛"，即算得上对古代扬州城市特征集中的概括。扬州盐业的鼎盛及其所推动的城市繁华向来是学界研究的重点，并产生了丰富的研究成果，如王振忠在《两淮盐业与明清扬州城市文化》中认为清乾嘉时期扬州繁华甲于天下，"这一切，都是以盐业经济的巨大利润为其后盾，从而也决定了扬州城市文化繁盛的转瞬即逝"[1]。刘淼在《清代前期徽州盐商和扬州城市经济的发展》一文中论述道："徽州盐商在取得盐业成功的同时，不断地扩展其经营范围和经营规模，从而在手工业和商业活动中，牟取更大的利润，因而有条件对于扬州及两淮地区的经济建设投入一定的资本。"[2]盐业经济对城市的影响毫无疑问。关于盐业经济的兴衰，不少人认为与政治因素有着紧密的关联。民国时期童寯在《江南园林志》中就说："盖帝王之踵不至，盐商中落，江淮汜滥，以致歌舞销歇，珠帘泥土。"[3]朱宗宙认为扬州盐官"肆意婪索刻剥，贪墨狼藉。扬州盐商为了自身经济与政治利益，与各级盐务官员相互交结，狼狈为奸"[4]。此外，他还从明清盐法制度上分析与论述扬州盐商的兴衰[5]。事实上，扬州盐商经济与国家权力有着更深层次联系，扬州城市的社会影响值得进一步探究。本文以扬州盐业发展为脉络，梳理朝廷与地方社会的互动，深入分析扬州城市繁华的政治驱动，借助于盐业经济考察扬州在江南都市圈的重要性。

一、扬州盐业经济的壮大与城市政治地位的提升

扬州虽以盐业著称海内，但与常人想象不同，扬州本身并非国内著名的产盐区，而是集中了江南一带丰富的自然资源才得以享有此种盛誉及恩惠，之所以如此，与其较高的政治地位密不可分。

江南一带丰富的盐业资源，是扬州盐商经济壮大的重要基础。扬州盐业久负盛名，但扬州并非以产盐而著称，宋人李觏在他的文集"物贡"篇章中曾说："谓徐州之鱼，青州之盐，扬州之橘柚也。地之所生，各有其宜。"[⑥]也就是说，在扬州丰富的物产中，橘柚更算得上是扬州特产。至于盐业，扬州甚至逊色于周边的青州。清人陶澍在他的奏疏里直接说："至商人办盐，虽寓扬州，实非扬产。"[⑦]这更直接地表明，扬州盐业发达与是否为著名产盐区无本质关系。据此，扬州盐业的兴盛完全归因于江南一带盐业资源的丰盛，而非仅仅扬州本身。

那么，扬州如何能够将江南一带丰厚的自然资源作为后盾，壮大其盐业市场的规模？扬州城市与宫廷紧密的联系及由此被赋予的政治权力是其关键。早在春秋战国期间，扬州境内就已开通了运河的前身即邗沟，加速了江南与中原帝都的联系。大运河扬州段是历史上漕运和盐运最早、最重要的河段，其航运功能一直没有中断。除运河纵贯南北外，扬州地处长江、淮河和黄河交汇的冲积平原上，河渠湖泊星罗棋布。古代社会，水运是主要的交通方式，扬州水网密布，有利于江南一带地方资源的整合。扬州真正成为江南城市的代表，离不开国家权力的不断注入。司马迁在《史记·货殖列传》中云："夫自阖闾、春申、王濞三人，招致天下喜游子弟，东有海盐之饶，章山之铜，三江五湖之利，亦江东一都会也。"[⑧]据此，春秋战国时期江淮一带的盐业经济便有了初步发展。据《越绝书》记载："朱余者，越盐官也。越人谓盐曰'余'。"[⑨]当时越地也有较为大型的盐场，这些成为扬州盐业经济壮大的重要基础，而扬州盐业真正形成规模与朝廷有着紧密的联系。

汉代以后，扬州盐业经济有了快速发展，朝廷权力干预起着直接推动作用。如《史记》记载，西汉宗室吴王刘濞"招致天下亡命者盗铸钱，煮海水为盐"[⑩]。不仅如此，由于帝王权力的直接介入，扬州盐业管理领先全国，日渐形成国内最具盛名的盐业市场。扬州一带盐产地很早就纳入朝廷的制度化管理。鲍照《芜城赋》曾云"孳货

盐田"⑪。鲍照（？～466 年），字明远，本籍东海（治所在今山东郯城），是南朝宋文学家，文中的芜城即今之扬州。清人王定安编纂的《两淮盐法志》认为"此盐场计亩之始也"⑫。朝廷对盐业市场的管理提高了扬州城市的影响，扬州盐官所享有的显赫特权进一步突显城市的地位。唐代，"时盐铁转运有上都留，后以副使潘孟阳主之，王叔文权倾朝野，亦以盐铁副使兼学士为留，后故盐铁副使之俸至今独优。顺宗即位，有司重奏盐法，以杜佑判度支盐铁转运使，治于扬州。"⑬较其他官职，盐官有着优厚的政治、经济权力。又以清人曾燠为例，此人字庶蕃，号宾谷，江西南城人，乾隆四十六年（1781 年）进士，选庶吉士，改主事，由员外郎超授两淮盐运使。当时"商私增盐价，争收灶盐，场价踊贵，燠整饬轮收之法，价始平，嘉庆十年（1805 年），盐政佶山续修两淮盐法志，燠提调书局，佶山去任，燠缮黄册，由新任盐政额勒布呈进"⑭，此后曾燠屡迁至贵州巡抚，这些既显示他在扬州盐运史任上的政绩，也说明该官职的重要性。

唐代以来，盐官高度聚集于扬州，有力地提高了扬州城市的影响。《唐扬州之盛》曾说："唐世盐铁转运使在扬州，尽斡利权，判官多至数十人，商贾如织。故谚称'扬一益二'，谓天下之盛。扬为一而蜀次之也。"⑮由于朝廷介入，各地盐商聚集扬州。清代两江总督陶澍在整顿盐政方面有着突出的成就，他曾上疏道：

> 如西商、徽商皆向来业盐，他省亦不乏人，可否仰恳天恩，敕下湖广、江西、安徽等省各督抚，凡营销淮盐之处一体招徕民商，由地方官给照，来扬承充领运，俾来者既众，转运愈多，于国课、民食均有裨益，而同心协力，盐务可期起色矣。⑯

由于朝廷下旨，国内多个省市盐商来扬贸易。甚至晚清，亦是如此。晚清魏源曾官高邮知州，重视盐政改革，他在文集中曾说："一北盐南课，应请即在扬州开局也，现在新章会办之时只论盐课之有无，不问商贾之南北，应请令即在扬州开局。"⑰魏源等会同办理，逐日收纳，不但使各商争先擒纳，无可观望，易于足额。如遇有公事节目，魏源同处局中彼此面商，立即定议。王定安在《两淮盐法志》第四条说，扬州交银，瓜洲地处江滨，又无城郭，商贩不便，以巨万重资携存该处，致有疏虞，故而他认为"凡运商买定何场盐斤，即赴扬州总局按引缴银，总局将运商所缴盐课及内河盐厘收清汇解，其所缴盐价传同场商三面交付领回，以免暗中增跌，及拖欠克扣等弊，银两交清之后即给护照"⑱。这些可以看出，扬州盐商经济的兴盛离不开朝廷力量的介入。

二、盐商政治推动下的扬州城市繁华

得益于较高的政治地位，扬州盐业经济空前兴盛，城市因此获得了长足的发展。聚集在扬州的盐官、盐商广泛积极参与各种公共活动，如"扬州外城俱系盐商倡筑，不期月而集"[19]。由于盐商捐资修建，扬州城墙宏壮雄伟，使得这座城市如同江南社会中的一颗闪亮明珠。扬州盐官、盐商推动了古代文化事业的发展。以彭氏族人状元彭定求为例，康熙帝第五次南巡至苏州时，"发《全唐诗》一部，命江宁织造曹寅校刊，以翰林彭定求等九人分校"[20]。曹寅在扬州主持书局期间网罗了一大帮江南文人，其中如宋荦、王士禛、姜宸英、朱彝尊、张伯行、赵执信、陈鹏年、张大受等。曹寅在扬州还有另一身份即巡视两淮盐漕监察御史。上层阶层的聚集引导着扬州城市生活的价值取向，王定安对此曾记载："两淮盐政，聚于扬州，需次盐官，多至四五百员，贵介子弟为多，颇尚风雅，花天酒地，读曲谈诗。"[21]又如盐官曾燠："公暇与宾从赋诗为乐，敦盘称盛。"道光二年（1822 年）授两淮盐政，"燠在扬州提倡风雅，一时才俊毕集，与前运使德"[22]。从中可以看出，在政治干预背景下，扬州盐商经济推动了城市的繁荣。

正因为扬州盐官、盐商密聚，各地手工匠人、艺人等聚集扬州，进一步推动了扬州城市的发展。《扬州竞渡词》一文曾云："吐火吞刀刚献技，寻橦走索又夸长。三百青钱买一笑，船头高坐卖盐商。"[23]扬州成为人们营生及实现人生愿望的重要空间，以乾隆时苏州吴县人谢士枋为例，他是个孤儿，家贫，不能存活，被邻居玉雕艺人收做徒弟，带到扬州学习玉雕。由于他"性灵敏，三年学成，所制精妙，辄称人意，扬州故多盐商争出善价购之，馈遗四方，以是名达京师，积资累万，乾隆间召入大内，赐职供奉，每成一琢奏上，称旨赏赍无算"[24]。清中期，巨商云集，园林相连，诗文、书画、篆刻、戏剧、曲艺、玉雕等如百川汇海，无一不精，政府的鼎力支持是其兴盛的关键。以昆曲为例，该种曲目起源于苏州，至明中期逐渐走向兴盛。同时期，昆曲亦从苏州传入扬州，并于清代在重要地方节日进行演出。李斗在《扬州画舫录》卷五中记载：

> 城内苏唱街老郎堂，梨园总局也。每一班入城，先于老郎堂祷祀，谓之挂牌；次于司徒庙演唱，谓之挂衣。每团班在中元节，散班在竹醉日。团班之人，苏州呼为"戏蚂蚁"，吾乡称为"班揽头"。[25]

令人不解的是，入清后苏州昆曲开始走向衰弱。之所以如此，根源在于朝廷的禁止，如雍正二年（1724 年），朝廷发布了禁止外官私养戏班的命令，乾隆三十四年（1769 年）又重申此令，各地戏班难以生存，渐趋消失。苏州昆曲能在异乡开花结果，"政治庇护"是其关键，典型表现即康熙帝、乾隆帝历次南巡时，扬州盐商纷纷置办昆曲家班以迎銮接驾，出现了昆曲史上著名的"七大内班"，对此郑志良在《论乾隆时期扬州盐商与昆曲的发展》㉖已有充分论述。清人孔尚任曾说："广陵为天下人士之大逆旅，凡怀才抱艺者，莫不寓居广陵，盖如百工之居肆焉。"㉗昆曲在内的诸多曲艺发展使得扬州成了全国剧坛的中心，此种现象充分显示延续唐宋历史发展的轨迹，即清代扬州依然是江南政治文化的高地并与周边城市有着深层次的互动联系，盐商从中起到了重要的作用。

三、宫廷与江南：扬州城市为中心的江南都市圈

以盐商经济为载体，扬州进一步紧密了与帝都间的联系。明清兴起的小说对此详细地进行了刻录，如冯梦龙在《醒世恒言》描述道：

> 话说隋文帝开皇年间，长安城中有个子弟姓杜，双名子春，浑家韦氏，家住城南，世代在扬州做盐商营运，真有万万贯家资，千千顷田地，那杜子春倚借着上祖资业，那晓得稼穑艰难！且又生性豪侠，要学那石太尉的奢华，孟尝君的气概。㉘

文中杜姓子弟为长安人，在扬州经营盐业。元人马祖常《湖北驿中偶成》曾描述道："江田稻花露始零，浦中莲了青复青。楚船衔龙来买酒，十幅蒲帆上洞庭。罗衣熏香钱满篋，身是扬州贩盐客。明年载米入长安，妻封县君身有官。"㉙漕运是国计民生的大事，盐商与漕运的紧密联系，不仅巩固了扬州与帝都的关联，且加强了扬州与其他江南城市的互动，诗词中的"洞庭"即隶属苏州。

国家权力推动下，扬州盐业的兴盛加深了以扬州为中心的江南都市圈的内部联系。由于扬州盐业发达，"宝历二年（826 年）正月盐铁使王播奏扬州城内，旧漕河水浅，舟船涩滞，转输不及期程，今从阊门外古七里港开河，向东屈曲，取禅智寺桥，东通旧官河，计长一十九里。"㉚当时不少大家族的支系迁至扬州，以苏州范氏为例，《范氏家乘》中说："公偶忠宣房，宋高宗绍兴十年（1140 年）恩补通仕郎，历监扬州、高邮县支盐仓。"㉛宋代范仲淹为代表的范氏家族是苏州儒学世家，该氏族家谱还

记载了宋至清代范氏家族频繁活动于扬州，如开展丰富的祠祀活动等。

明清时期，扬州对周边城市有着巨大的影响。城池是古代城市重要的外部特征，扬州城墙向来宏伟，在江南社会有着重要影响。以崇祯年间为例，曹自守在《闽西防御论》中说，当时就有人建议"或问南北二濠抵于枫桥，筑一大堡为保障，如扬州新旧二城"[32]。清代，不少苏州洞庭商帮奔赴扬州经营盐业，积累丰厚的资本后回到苏州，带动苏州社会的繁荣。范金民师在《明清洞庭商人家族》一文中已有所论述[33]。扬州盐商发家后到苏州购买园林，如在西碛山下有九峰草庐，为孝子程文焕庐墓之所，后人因其地构为逸园，有腾笑台、清晖阁、白沙、翠竹、山房等胜。据清道光《苏州府志》记载："乾隆间归扬州盐贾江氏，庚子岁，高庙南巡，临幸其地，御制诗'有园应还故主，吾弗更去矣'之句。"[34]不仅苏州，杭州等江南城市同样受扬州的影响，如吴趼人所撰《二十年目睹之怪现状》中说：

> 一家人家，本来是杭州的富户，祖上在扬州做盐商的，后来折了本，倒了下来，便回杭州。生意虽然倒了，却也还有几万银子家资。后来的子孙，一代不如一代，起初是卖田，后来卖房产，卖桌椅东西，卖衣服首饰，闹的家人仆妇也用不起了。一天在堆存杂物的楼上看见有一大堆红漆竹筒子，也不知是几个。这是扬州戴春林的茶油筒子，知道还是祖上从扬州带回来的茶油，此刻差不多上百年了。[35]

这些充分看出扬州对江南城市有着较大的引力，其背后实质是国家权力的彰显。盐业是朝廷控制的重要行业，较普通商业具有明显的政治特征。

综上所述，扬州城市的繁华看似源于盐商的商业活动，实际上归因于扬州城市较高的政治地位。故而，扬州盐业经济的兴衰与帝王专制的权力走向高度相似。与此同时，盐业推动下的扬州经济繁荣对江南周边城市产生了深层次影响。把握扬州盐业，既折射出古代商业活动的性质，同时也刻录了江南城市历史衍变的内在机制。

作者单位：苏州博物馆

注释

① 王振忠：《两淮盐业与明清扬州城市文化》，《盐业史研究》1995 年第 3 期。

② 刘淼：《清代前期徽州盐商和扬州城市经济的发展》，《安徽史学》1987 年第 3 期。

③ 童寯：《江南园林志》，北京：中国建筑工业出版社，1984 年，第 26 页。

④ 朱宗宙：《明清时期扬州盐商与封建政府关系》，《盐业史研究》1998 年第 4 期。

⑤ 朱宗宙：《明清时期盐业政策的演变与扬州盐商的兴衰》，《扬州大学学报·人文社会科学版》1997 年第 5 期。

⑥［宋］李觏：《直讲李先生文集》卷十八，傅云龙、吴可主编《唐宋明清文集》第 1 辑《宋人文集》卷 1，天津古籍出版社，2000 年，第 466 页。

⑦［清］陶澍：《陶云汀先生奏疏》卷四二，《陶澍全集》，湖南：岳麓书社，2010 年，第 83 页。

⑧［汉］司马迁：《货殖列传》，《史记》卷一二九，北京：中华书局，1959 年，第 3267 页。

⑨［汉］袁康：《越绝书》卷八《外传记地传》，上海：中华书局，1936 年，第 5 页下。

⑩［汉］司马迁：《吴王刘濞列传》，《史记》卷一六〇，第 2822 页。

⑪［南朝宋］鲍照：《芜城赋，《鲍参军集注》卷一，上海古籍出版社，1980 年，第 13 页。

⑫［清］王定安：《两淮盐法志》卷一五三《杂纪门》，《续修四库全书》第 845 册，上海古籍出版社，2002 年，第 621 页。

⑬［宋］王溥：《唐会要》卷八七，北京：中华书局，1955 年，第 1591、1592 页

⑭㉒［清］王定安：《两淮盐法志》卷一三七《职官门》，《续修四库全书》第 845 册，上海古籍出版社，2002 年，第 430、431 页。

⑮［宋］洪迈著，鲁同群、刘宏起点校：《容斋随笔》，北京：中国世界语出版社，1995 年，第 79 页。

⑯［清］陶澍：《陶云汀先生奏疏》卷四二，《陶澍全集》，湖南：岳麓书社，2010 年，第 83 页。

⑰［清］魏源：《魏源全集》第 12 册，岳麓书社，2004 年，第 417 页。

⑱［清］王定安：《两淮盐法志》卷四六《转运门》，《续修四库全书》第 845 册，第 516 页。

⑲《明神宗实录》卷一五五，万历十二年十一月丙戌，台北：“中央研究院”历史语言研究所，1962 年校印本，第 2864 页。

⑳［清］宋如林等：道光《苏州府志》卷首　《巡幸上》，清道光四年刻，第 23 页上。

㉑［清］杜文澜：《憩园词话》卷四，《续修四库全书》第 1734 册，上海古籍出版社，2002 年，第 486 页。

㉓［清］沈绣：《太古山房诗钞》卷八，《清代诗文集汇编》第 245 册，上海古籍出版社，2010 年，第 400 页。

㉔李根源：民国《吴县志》卷七五上《列传艺术一》，苏州文新公司，1933 年，铅印本，第 32 页下。

㉕［清］李斗著，王军评注：《扬州画舫录》，中华书局，2007 年，第 68 页。

㉖郑志良：《论乾隆时期扬州盐商与昆曲的发展》，《北京大学学报·哲学社会科学版》2003 年第 6 期。

㉗［清］孔尚任：《孔尚任诗文集》，中华书局，1962 年，第 540 页。

㉘［明］冯梦龙：《醒世恒言》卷三七，杭州：浙江古籍出版社，2015 年，第 494 页。

㉙［清］顾嗣立：《元诗选》上册，中华书局，1987 年，第 680 页。

㉚［宋］王溥：《唐会要》卷八七，中华书局，1955 年，第 1599 页。

㉛［清］范端信：《范氏家乘》卷十《登进士》，清光绪二十五年（1899 年）刻，第 17 页下、18 页上。

㉜ 王焕如：崇祯《吴县志》卷首《图》，第 12 页上。

㉝ 范金民：《明清洞庭商人家族》，《国计民生——明清社会经济研究》，福建人民出版社，2008 年，第 619 页。如该文中洞庭商人叶懋鎏到扬州经营盐业，家业复振，前后吸引亲属数百人在外活动。又置田千亩，设义庄，购庄屋，修族谱，联络族人。

㉞［清］宋如林等：道光《苏州府志》卷四六《第宅园林一》，清道光四年刻，第 36 页下。

㉟［清］吴趼人：《二十年目睹之怪现状》第 41 回，上海古籍出版社，2011 年，第 211 页。

《（嘉庆）两淮盐法志》编纂考

张连生

内容提要：清朝嘉庆年间纂修的《两淮盐法志》，是一部既有实用价值，又有学术价值的名著。一般文献都记述该《盐法志》的主编者是两淮盐政佶山等人，佶山在奏章中也自称纂修志书时注重节约资金和提高效率，工作勤奋，认真负责。实际上，在这部《两淮盐法志》的纂修过程中，存在着许多无能、腐败和谎言，而张云璈和王芑孙等人才是真正的编撰功臣。

关键词：两淮盐业　志书纂修　盐业史

明清时期的《两淮盐法志》，是当时政府在两淮地区管理盐务、实施盐政并组织食盐的生产、运输、销售、征税等活动的重要依据，也是后人研究两淮盐业史的重要文献。清朝曾经 5 次组织人员纂修《两淮盐法志》，包括康熙、雍正、乾隆、嘉庆、光绪 5 朝。其中，嘉庆年间纂修的《两淮盐法志》60 卷，一直受到学界的关注。

《（嘉庆）两淮盐法志》详细记载了清朝鼎盛时期乾隆、嘉庆年间的盐务状况与盐法政策，也反映了当时的许多重人政治、经济、义化活动，同时，在《盐法志》的编纂方法与编写体例方面多有创新。例如，增加了 50 多篇《图说》、6 个表，创设了《历代盐法源流》和《古今盐议录要》等篇目，成为一部比较出色的盐业史著作，既有实用价值，也有学术价值，得到许多盐务人员和学者的重视。但是它却经历了一个曲折的修纂过程，其中的一些秘密并不为人所知。

一、一般文献中记载的《（嘉庆）两淮盐法志》纂修过程

有关《（嘉庆）两淮盐法志》的纂修经过，一般的史志介绍都很简略，例如光绪《两淮盐法志》卷一三八《职官门·名宦传下·曾燠》说："（曾燠）由员外郎超授两

淮盐运使。嘉庆十年（1805 年），盐政佶山续修《两淮盐法志》，燠提调书局，值佶山去任，燠缮黄册，由新任盐政额勒布呈进。"而《（嘉庆）两淮盐法志》书首所附的佶山和额勒布的奏章，则详细说明了该志纂修的曲折过程。

嘉庆七年（1802 年）七月十一日，两淮盐政佶山为请求重新纂修盐法志书的奏章中说：

> 窃照《两淮盐法志》一书，自乾隆十三年（1748 年），经前盐政吉庆奏请纂修以来，迄今五十余年，上年奉部饬，取自十三年盐法成书以后，一切题咨、部复，原案抄录送部行。据运司查明，历年久远，一切章程多有更改，拟请纂修等因，呈部复准，兹具该司详请具奏前来。
>
> 臣伏查《盐法志》备载商人转运、课则，以及场灶、煎晒各事宜，今已历五十余年，叠次奉到恩纶，著为新例，并其中今昔情形不同，凡有裨于商灶而无病于闾阎者，随时调剂，均关典制，自应亟加修辑，以昭遵守而垂永久。
>
> 惟纂校、誊录各项，延请多人承办，为期二三年之久，束修、薪水等项，需用数万，不无靡费，且恐因此耽误时日。查现在分发两淮试用运判、大使、知事各班，已有六十余员，其中不乏科目出身及文理通顺、明白盐务者，令其自备资斧，以之分司纂校、誊录，办理较为得力。
>
> 臣与运司董率稽查，定限二年告成。此项效力之员，如果奋勉认真，依限告竣，可否再行奏恳天恩，量予先行补用。如蒙俞允，先将派委各员造册，达部存案。其所需纸笔、刊工等项，照例饬商立款议捐。既得撙节商资，办理亦可期详慎、迅速。

这里，佶山不仅说明了重修《盐法志》的必要性与紧迫性，还提出了节省经费、加快编纂速度的措施，以及完成以后奖励参与人员的办法。因此，他的奏章很快即获得嘉庆帝的批准。八月十四日奉朱批："修成时，再行援例，请旨加恩。先行派委可也。"

虽然佶山自己提出"定限二年告成"，但是两年多以后，嘉庆十年（1805 年）十一月二十八日，佶山却上奏嘉庆帝，请求将完成盐法志的期限再推迟年半。他在奏折中汇报两年来纂修《盐法志》的情况说：

> 今查自开局纂办以来，扣至上年八月，已届二年限满，应即纂修完竣。惟缘两淮盐务，引多岸广，款目纷繁，自乾隆十三年，前盐政吉庆奏请纂修之后，迄

今五十余年，所有一切案卷，历年久远，查办较难，兼以事关六省，往返咨查，未免有需时日，致弗克依限告竣。臣于上年咨部展限，部复未准，仍督催该委员等，上紧办理。

兹虽据纂校成书，尚恐有遗漏舛错之处，必须逐细复校后，方可敬录黄本，恭呈御览。臣不敢因已逾定限，稍事草率，惟有仰恳圣恩，于奏准定限二年之外，再准展限年半，俾该委员等悉心校阅，酌量增改，务期咸臻妥善。明春纂校完竣，实已逾限，不敢邀恩议叙，而办理迟缓之咎，恳求圣恩宽宥，则承办各员均感激鸿慈于无既矣。

佶山在这份奏折中解释说，由于时间跨度大，地域范围广，查阅文件困难，因而导致不能按期告成；同时又说盐法志已经"纂校成书"，只是为了避免差错，保证志书质量，还需仔细复校，不能因为已经超过期限而马虎了事。他还对逾限而自责，恳求皇帝宽宥，不再提及奖励有关人员的要求。嘉庆帝同意展限，硃批："依议，该部知道。"

当年十二月，佶山的职务调动，第二年春，额勒布接任盐政。到嘉庆十一年（1806年）四月，额勒布正式报告嘉庆帝，盐法志告成。《（嘉庆）两淮盐法志》的编纂从嘉庆七年七月上奏，八月份批准，到十一年四月告成，前后经历了将近四年；即使从嘉庆七年十二月开始计算，实际也花费了三年多时间。

对于佶山请求延期的理由，嘉庆帝是相信的，今天看来，也会觉得合乎情理。有的学者还评论说："字里行间读得出地方官员对纂修《两淮盐法志》认真负责的态度，以及为完成修志目标所付出的艰辛。"对于额勒布的完工报告，也有评论说："在盐志纂修期间，遇官员任满到期，纂修任务未完成的，继任者自觉续完，保证了修志工作的连续性。"其总体评价是："平心而论，一部涵盖6省、跨越50多年的行业志书，纂修时间不到3年，可算得上'超音速'了。"

事实真的是这样吗？我们如果仔细阅读一下有关人员的其他记载，就可以发现，编纂《（嘉庆）两淮盐法志》的过程远是不那样理想的。

二、《（嘉庆）两淮盐法志》的编纂实情

张云璈是浙江钱塘（今杭州）人，曾经在清乾嘉年间长期寓居江苏扬州，他著有《简松草堂诗文集》，其《诗集》卷首有一篇其后人撰写的《敕授文林郎、晋奉直大

夫、湖南湘潭县知县、曾大父仲雅府君行状》，其中说：

> 府君姓张氏，讳仲雅，一字简松，晚号复丁老人，先世本海宁陈氏，为后于张，迁钱塘，遂家焉。……两淮之修《盐法志》也，设官、商两局，上下泄泄，数年无成，曾宾谷都转患之，尽撤诸纂校而延府君与助教王先生芑孙同修，助教不耐剧，惟府君是赖。不数月而书成，曰源流，曰议，曰图说，为纲者九，为目五十九，为表者六，为卷五十有六，事增于前，文减于昔，至今论鹾政者，咸取法焉。

这里明确指出，《两淮盐法志》在编纂初期曾经"设官、商两局，上下泄泄，数年无成"，它的实际编纂者是曾经担任过湘潭县知县的张云璈和国子助教王芑孙。

有关张云璈参与编纂《两淮盐法志》的说法是否可信呢？我们首先要考察的是此人的实际水平如何，有没有编纂《盐法志》的能力。尽管在他的《行状》里说他"独留扬州，以笔耕为活，境愈悴而嗜学愈笃，凡天文、地理、经史、训诂、小学之属，靡不殚究"，可是这毕竟是他自己家人的说法，不能仅凭此而得出结论，还要再看看别人是如何评价他的。《清史列传》卷七二《张云璈传》云：

> 张云璈字仲雅，浙江钱塘人。乾隆三十五年举人，选湖南安福知县，调湘潭，寻谢病归。云璈博学雄才，于书无所不窥，尤长于诗。居官有惠政。湘潭地当冲剧，审理积讼，时以为能。暇乃辑县志，表彰节孝，瘗无主尸于义山。治潭五载，人呼"张佛子"，亦呼"张青天"。归后，以著述自娱。年七十，犹步至湖上，或登吴山，与文士赋诗、谈笑，无异少年。诗凭衿发咏，无寒苦愁纤之习。……著有《简松草堂诗集》二十卷，……又有《文集》十二卷。

既然张云璈"博学雄才，于书无所不窥"，又当过两个地方的知县，"时以为能"，还编辑过县志，退职以后仍然"以著述自娱"，他当然有能力，也有时间从事《盐法志》的修纂工作。不过，《清史列传》却没有记载他编纂盐法志这件事。

张云璈自己如何叙述他和《两淮盐法志》的关系呢？他的文集中有三处涉及此事。

第一处是《简松草堂文集》卷四《西轩诗草序》，其中说："嘉庆壬戌（七年）冬，鹾使偩山公奏修《两淮盐法志》，予谬预其役，凡各场、司、所公事，咸与目焉。"①这里说他参与《盐法志》修纂，并阅读了大量的盐务公文资料。

第二处是《简松草堂文集》卷七《〈两淮盐法志〉自记》，其中详细叙述了《盐法志》的编纂过程：

　　《两淮盐法志》自乾隆十三年纂修后，历五十余载，未经重订。嘉庆七年壬戌，醝使佶山公奏请重修，于是四方之士争思重聘以从事，竿牍日至，醝使厌之，谋之于都转曾公燠，于盐属试用班中有科目者，奏派之。令自备资斧，分司纂校、誊录诸事，事竣则叙其功。遂命运判二、大使等十，其实有科目者，止三四人。又以转运、课程、成本、经费各色目，官所不谙，尽属之商，遂设官、商两局。官局则出自己资，又不能自为，而倩人为之，束脩之羊，往往不继。商局多高视阔步之流，所奉既厚，相与选舞按歌，大酒肥鱼，日事征逐。官局艳商局之豪侈，益自菲薄，不以公事为意；自好者或辞去，留者惟棋酒清言，恒十余日一至，故局中虚无人焉。

　　局之初开也，运判单君当总纂之任，求捉刀者，难其人。是岁除夕，予适自楚归，单君闻之，排闼入，誧谇其事，辞之不可。各纂修所呈书，月不及数则，予为之窜易，几无剩字。总纂写清本，呈之都转而已，上下泄泄。于是历癸亥（嘉庆八年）、甲子（九年）迄无成功。商局书，更不复得见。不得已，奏展其期。

　　初，都转知予代总纂事，然绝不见问，至是，始言之。予曰："公今日始问此乎？正孟子所云'以若所为，求若所欲，犹缘木而求鱼也'。"因举二年中各纂情形备陈之。且问："公见历次所呈之书，清本乎？抑改本乎？"都转曰："未见改本也。"予曰："无怪乎公之不知也。请檄总纂尽呈两年中吾所改之本，阅之自详。"都转果索改本，大怒曰："吾不意若曹之贻误若此！尚可与为乎？"言于醝使，尽撤诸纂校，惟留单君渠、宓君惟钦二运判司局事。别延王博士艺孙，与予以同修，更不复使他人参其间，并移商局而归并焉。然全书浩博，虽展期一年，除誊校、刊刻去其半，以两年未修之书，而责成于数月，可谓能事而受促迫矣。

　　予随挈儿子裴入局，昼夜握管，虽盛暑不少息。博士不耐剧，参其成而已。予又谓都转曰："是书案牍为多，向检一文卷，则请一卷，辗转常至数日，今请尽贮局中，令吏轮掌之。欲检视，虽丙夜，可一索即至，庶事速成。"都转然之。于是事如转环，不半年而书成，曰源流，曰识，曰图说，为纲者九，为目者五十九，为表者六，为卷五十六，而以诏制、恩幸居卷首焉。事增于前，而文减于昔。方之旧志，订讹补阙，自谓略备。九月，呈于都转，都转大喜。呈醝使，醝使亦喜。

无何，有媒孽其短者，谓"旧志不宜擅改"，谓"《盐法源流》太迂"，谓"《盐议录要》无关本书"，又不识所为各表，斥为"无此体格"，并增所不必增，删所万不可删者，求疵索瘢，滕其口说。醝使惑之，任其簸弄，以都转之才华，不从而为谋，而反听无稽之言。此辈遂挟其势以为鸱张，橛下全书，妄加弹射，令复为诠次。都转骇且恚，不入调者七日。文书日至，博士潜归吴中。司局者向予哓哓，予曰："吾承都转命，书有当改，宜都转言之，醝使非所令也。"时已腊月中旬。方相持间，至下旬，醝使忽内召，事遽寝。

明年春，新使额公勒布来，见佶使所涂本，为之绝倒。趣令速缮本进呈，得旨报可。各官员虽以逾限不获议叙，然居然列衔简端，而予与博士无名焉。因识此事之颠末如此，亦见人事之错眚，宵小之诪张，随地皆然，为可慨也。

丙寅（嘉庆十一年）五月记。②

张云璈的这篇《自记》文字虽然较长，但是叙事却很清晰，概括起来讲述了六个问题：

其一，嘉庆七年（1802年），两淮盐政佶山和盐运使曾燠在纂修《盐法志》的时候，将纂修人员分成两块，一块是以盐务官员为主的官局，自费参加编纂，积极性不高；一块是盐商聘请文人组成的商局，虽然待遇优厚，却不干实事。两局人员互相攀比，因此工作效率极低。

其二，嘉庆七年（1802年）年底，名义上担任"总纂"的单渠上门邀请张云璈担任《盐法志》的总编辑工作。张云璈接受任务以后，发现官局纂修人员编纂速度极慢，质量太差，而商局几乎交不出书稿，他们都在糊弄差事，结果到嘉庆九年（1804年），仍然一事无成，只好申请延期，获准延期一年。

其三，张云璈向曾燠反映了编纂工作的实情，曾燠非常恼火，请示佶山，决定撤销原来的商局编纂班子，留下单渠、宓惟钦二人总管书局事务；聘请王芑孙与张云璈同修，不要他人参与修纂事宜；并将商局与官局合并为一，要求半年之内修成全书。

其四，张云璈带着儿子一起到书局工作，昼夜纂写，盛暑不停，并建议将档案文书全部搬到书局，以便随时查阅。结果运转顺利，进度加快，不到半年已经成书，事增于前，文减于昔，曾燠和佶山知道后都很高兴。

其五，有人对新修的《盐法志》横加指责，将其优点全部否定，佶山听信谗言，也不跟曾燠商量，就下令重新改编。曾燠又气又急，七天不去谒见佶山，张云璈也拒绝接受佶山的命令。正在僵持不下时，佶山突然被调走，此事就此搁下。

其六，嘉庆十一年（1806 年）春，新任盐政额勒布来扬，看到佶山叫人修改过的《盐法志》，大笑不止，立即下令将张云璈编纂本迅速抄写。四月，进呈朝廷，得旨认可，此事终于完结。曾经参与此事的官员们虽因延期未获奖励，但是照样在书上挂上头衔，而张云璈与王芑孙的名字都没有提到。

第三处有关张云璈参与《盐法志》编纂工作的资料，可见于《简松草堂文集》卷一《候补治中竹轩单君墓志铭》，其中说：

> 君姓单，讳渠，字濚延，竹轩其号也。……早岁补弟子员，弱冠即橐笔游公卿间，精申韩之学，而持以平，往往平凡大狱，声称藉甚，天下无不知有"小单先生"者，盖继君考而有是称也。历在山左、皖城、吴门、白下各幕府垂三十年，……皆宾主最久相契重，兴除利弊，恒持君为转移，言无不从，政无不举，以故诸巨公外施民惠，内结主知，天下同声称贤督抚、监司，皆君赞襄之力也。
>
> 以议叙得两淮盐运判官，累权南北监掣事，勘丈沙地，清厘积案，所至有声。……两淮盐志不修，阅四十余年矣，醝使佶公山欲举其事而节经费，乃分官、商二局，商任自为，官则派员分司其事，以君为总纂，奏限二年。君尝陈其不便，醝使不听。予时方自楚归，君相邀佐理，而私谓予曰："此书恐未易猝办也。"届期果费巨而书不成。复奏展一年。今中丞曾宾谷先生，时为都转，廉其实，乃悉反旧议，以君与总校，宓君惟钦司局事，而别延予与王博士芑孙，合官、商而专其成。君与予意见吻合，有请于都转，无掣其肘者。半年而功竣，人始服君先见。[③]

尽管因为接受单渠的邀请，张云璈参与了修志，白白地辛苦了半年，但是在这个墓志铭中，他并没有抱怨单渠，仍然对单渠在《盐法志》编纂中的活动，给予很高的评价，其中包括单渠不赞成分官、商二局的做法，在编纂人员与盐运使之间做好沟通工作等等，由此可见张云璈此人性情平恕，并不偏激。

张云璈文集中有关《盐法志》编纂过程的记载应该是可信的，一方面因为他平素为人正派、谦和、清廉，有"张佛子""张青天"之称；另一方面他对《嘉庆志》编纂时间和人事变动的叙述，与官方文书中的记载完全吻合；此外，他对于《嘉庆志》编纂特点的把握与描述，与该志完全一致。

除了《文集》之外，张云璈的《诗集》中也有一些参与编纂《盐法志》的证据。《简松草堂诗集》卷二十有张云璈《志馆书怀》四首，并注明是"简王惕甫芑孙国博"[④]，即在修志馆写给王芑孙的诗。为了说清问题，现将这些诗抄录并赘释如下：

（一）

抛却堂堂岁月过，低头且复就编摩。菲才漫拟双条烛，能事难凭一目罗。
缺陷补来终有憾，残丛拾处敢嫌多？蛛丝蟫粉都陈迹，奈此纷纷故纸何？

此诗说，作者放弃了悠闲的生活，埋头于《盐法志》的编纂之中。因为本领不大，所以要花费很大力气；即使是很熟悉的事情，一个人也很难独力承担。由于资料不足，无论怎么弥补，总会有缺陷；即使零星材料，也要细心采集，而绝不嫌多。尽管那些档案文件里布满蜘蛛网和蛀虫粉，也不得不钻在这些故纸堆里寻找历史线索。

（二）

禺筴牢盆事久湮，一编平准竟何人？弘羊经国徒心计，刘晏多才岂利臣？
那有旋风烦笔吏？居然数典似家珍。只惭无地酬知己，书局虚随落拓身。

此诗说，盐业史的大量事实早就湮没无闻，竟然还有人编出了像《平准书》那样的著作。桑弘羊为国家财政提出盐铁专卖政策，可算是费尽了心思；刘晏在改革盐法和理财方面的高超才能，也绝非贪心牟利的奸臣。世上哪有这样快如旋风的笔杆子，对于盐业史也能熟悉得如数家珍？我因为无法报答知己而感到惭愧，因为在修志馆中安置了这么一个不得志的人。

（三）

无端谣诼向蛾看，费尽丹灯总未知。画到葫芦应笑拙，扫完落叶已嫌迟。
凉宵灯影双眸缬，孤馆秋风满鬓丝。莫道因人常碌碌，喜君臭味不差池。

此诗说，毫无依据的谣言就像飞蛾一样令人讨厌，我们连夜工作，挑灯苦干，却无人知晓。如果模仿前人，就会被人笑话；校完书稿，时间已经太晚。夜晚在灯光下两眼看得发花，修志馆内秋风吹乱了鬓发。不要说跟着别人忙忙碌碌，可喜的是你我志趣相投，完全一致。

（四）

简看牍尾敢争长，尘土空堆冰雪肠。只许虚怀成学业，难邀公论到文章。
（书成，进御列衔，而予与君例不得与。）
馆餐早愧缁衣赋，名姓谁分玉座光？莫便匆匆遮眼过，要从心苦识工良。

此诗说，一部书的质量，要看到最后才知道好坏，想不到一片诚心竟然换来了一堆尘土。尽管说只有虚怀若谷，才能成就学业；实际上很难对著述做出公正评判。修志馆里的一切待遇都令人感到惭愧，因为《盐法志》的参与者中根本没有我们的姓名。不要以为人们匆匆看过就会被蒙蔽双眼，他们一定会知道我们的辛勤劳动与良苦用心。

这四首诗的内容，与前面的那三篇文章可以相互印证，说明张云璈和王芑孙确实参与了《盐法志》的修纂工作。

此外，从王芑孙的文集中，也可以找到张云璈参与编纂《盐法志》的证据。王芑孙《渊雅堂编年诗稿》卷十八有《修书馆答张仲雅孝廉云璈二首》⑤，其中说：

> 疏竹鸣秋夜绕庐，灯窗点笔趁凉余。范刘同作温公客，管晏原非孔氏书。
> 律学农经参义类，解池蜀井例分梳。券驴博士应嗤我，书券三年未见驴。
>
> 淮盐于古略无文，唐宋盐官各著闻。平准篇终人感慨，短长术起事纷纭。
> 谁从刘晏征长策？争喜弦高解犒军。异日流传公等在，持筹衮衮也辛勤。

第一首说，修志者抓紧秋天的凉爽夜晚赶写书稿，他们将修志比作司马光编写《资治通鉴》，而自己则如同协助司马光的范祖禹和刘恕。尽管《盐法志》并非儒家经典，他们也将它视为《管子》《晏子》之类的实用著述，认真对待。既要参考法律、经济类的典籍，又要将淮盐的历史与池盐、井盐分别加以梳理。最后自嘲因为是追述盐业史，而不是写清代的两淮盐业，简直就像《颜氏家训·勉学篇》所讥笑的"博士买驴，书券三纸，未有驴字"。

第二首说，淮盐在上古时期缺少历史记载，一直到唐宋时期才有一些著名的盐官事迹。读完《平准书》之类的古代财政史以后令人感慨，而各种理财政策的利弊也是众说纷纭。历来没有多少人去学习刘晏在经营盐业中的长远眼光，每个人都喜欢让盐商像弦高那样拿出钱来为国家效力。《两淮盐法志》修成以后，参与者也会留名后世，它可以让大家知道，为国家理财的官员也十分辛苦。

从这两首诗可以看出，王芑孙与张云璈确实都参加了《两淮盐法志》的编写工作，他们不仅在追溯淮盐的历史发展过程，还试图分析历代的财经制度，为政府提出盐法制度的长久之策。他们原以为《盐法志》会让作者留名青史，想不到成书之时，竟然与他们毫无关系。这确实是令人不平的事情。

三、《（嘉庆）两淮盐法志》纂修人员功过评述

张云璈与王芑孙的一系列叙述，揭露了《（嘉庆）两淮盐法志》编纂过程并不是

像佶山所说的那样井井有条、辛勤忙碌，而是存在着许多无能、腐败和谎言。我们不妨对《（嘉庆）两淮盐法志》修纂过程中各人的功过是非，简单加以分析。

《嘉庆志》书首的修纂人员名单分别是：

监纂：巡视两淮盐政、武备院卿　　佶　山

提调：两淮都转盐运使司盐运使　　曾　燠

总纂：试用运判，捐升治中　　　　单　渠

纂修：试用批验所大使　　　　　　沈襄琴、林树宝

　　　试用大使　　　　　　　　　张国华、王　奎、孙树楷

总校兼收掌：试用运判　　　　　　宓惟钦

分校：署两淮通州分司运判　　　　张应铨

　　　试用经历　　　　　　　　　熊光祥

　　　试用大使　　　　　　　　　李和通

　　　试用知事　　　　　　　　　颜　楷、张逢泰

参校：总商、议叙运使衔　　　　　黄至筠、鲍漱芳、张錞

其中，佶山是《两淮盐法志》的倡议者和牵头人，其头衔是"监纂"，不管其动机如何，他主动要求修纂《（嘉庆）两淮盐法志》，还可以算是有功的。他在奏折中提出节省经费、加快速度的想法和奖励办法，都是应该加以肯定的。但是，他的省钱、加速的办法都是不切实际的，甚至是故意邀宠的一种姿态。

佶山不打算聘请专门人员修盐法志，只想在两淮盐官系统中找一些"科目出身及文理通顺、明白盐务者"，令其自备费用，参加工作。实际上，由于一般盐官对食盐运销的全套业务并不熟悉，又不得不将这一部分工作交给盐商去组织人马，因此出现了官、商二局并存的局面。这样做，将一大笔经济负担转嫁给了商人。

而在官局内部，60多名两淮地区试用的盐务官员中，真正有文字工作能力的人极少，更没有什么人懂得编纂志书的知识。被选拔出来参加编纂者，既要自备费用，又要请人代笔，就连担任"总纂"的单渠，也不得不上门请张云璈来代劳。张云璈作为一名退职官员，无法指挥编纂工作，只能删改一些交上来的书稿，因此二年期内必然无法完工。这个局面是佶山一手造成的。

不过，佶山到底是官场老手，尽管修志已经延误期限，却能隐瞒真相，对嘉庆帝将客观原因讲得头头是道。他还表明，虽然自己一点错误都没有，还是能够主动承担责任。因此他骗得了皇帝的信任，允许他延期，而当时的主管部门户部本来是不同意的。

佔山的最大问题是自以为是、刚愎自用。张云璈修纂的《盐法志》完稿以后，他一开始很高兴，但其实根本不懂好在哪里。后来有人攻击其中最有价值的内容，认为"旧志不宜擅改"，说"《盐法源流》太迂""《盐议录要》无关本书"，指斥各类表为"无此体格"，并要"增所不必增，删所万不可删者"，佔山又听其播弄，横加指责；且不征求曾燠的意见，强令张云璈修改。他的无知与蛮横，几乎毁掉这一部《盐法志》的佳作。幸好，正在此时，他被调走，才没有造成严重后果。

曾燠是修纂《两淮盐法志》的具体负责人，其头衔是"提调"。他在乾隆、嘉庆年间长期担任盐运使，熟悉业务，又才华横溢，但他对于编纂《盐法志》似乎不太热心。起初，他和佔山一起让官局与商局分头编纂，这个决定是不合适的。后来单渠聘请张云璈为总管，应该是征得他们同意的。但曾燠一开始放任自流，不闻不问；一直到两年期满，志书编纂不成，他才开始过问。不过，他一旦了解实情之后，立即向佔山汇报，对机构和人员做出重大调整，将一些闲杂人员清理出局，让张云璈和王芑孙专任编纂，放手工作，并在资料方面给予大力支持，这些措施都是正确、果断的。张云璈纂成《盐法志》后，他肯定其工作成就，因而大喜；当佔山听信流言，否定书稿时，他坚决抵制，也算是一个有胆有识的知识分子型的盐官。

单渠在《两淮盐法志》编修中担任"总纂"，本来应该是总编辑，但他的特长只是"精申韩之学"，即审理案件，却不熟悉文字工作，所以要请张云璈出山，这是明智的。他指出官、商分局体制的弊端，但是佔山不听。他私下议论说："此书恐未易猝办也。"届期果然花费极大而延误时间，说明他是有见识的。他极力支持张云璈的工作，在张云璈和曾燠之间进行协调与沟通，使编纂工作不被掣肘。《盐法志》得以顺利完成，应该说单渠功不可没。

王芑孙是江苏长洲（今苏州）人，号惕甫，以辞章之学享誉海内，曾任国子监典籍、咸安宫教习、仪征乐仪书院山长、华亭县教谕。他与曾燠关系极好，相互常有诗歌往来，其诗中有"生平所仗友朋力，运使与我尤情亲"之句，中途被曾燠邀请参与《盐法志》的编纂，也是情理之中的事。但是他不能吃苦耐劳，只能"参其成而已"，当曾燠和张云璈抵制佔山时，他却跑回家，回避了矛盾。他可以算作有功之臣，但并非主力。

黄至筠与鲍漱芳等是总商，在编纂人员中是"参校"。他们本是扬州盐商的首领，除了承担《盐法志》修纂的一般办公经费之外，两淮盐政和盐运使又将修志的一部分任务交给他们，他们只能花费巨资，聘请文人纂写书稿。那些文人眼高手低，追求享乐，不干实事，他们也没有办法。书成以后，给他们挂上一个"参校"的头衔，也算是有一个交代。

在《两淮盐法志》编修过程中，张云璈是真正的"总纂"，是最辛苦、最有贡献者。除了没有参与组织修志班子之外，他参与了所有的编纂工作。从嘉庆七年（1802年）年底接受单渠的邀请，他就完全进入角色，投入编纂工作之中。从审阅书稿，发现问题，揭露问题，提出合理建议，到进驻修志馆，带着儿子，昼夜修纂，付出了很多心血。在几个月内，就完成编纂任务，要论速度，这才是"超音速"。

除了《自记》所述之外，我们还可以从以上资料中，了解张云璈的一些心态和事迹。例如他写的单渠《墓志铭》说："今中丞曾宾谷先生，时为都转，廉其实，乃悉反旧议，以君与总校，宓君惟钦司局事，而别延予与王博士芑孙，合官、商而专其成。"由此可知，当曾燠了解实情之后，改变了人事安排，让单渠改任总校，宓惟钦管理书局事务，将总纂工作交给了张云璈和王芑孙。张云璈做了总纂工作，书中却连名字都没有出现，他为此感到不平，却并没有抱怨曾燠和单渠，其诗句"只惭无地酬知己，书局虚随落拓身"，说明他仍然认为，曾燠和单渠请他出来修志，是对他的赏识和信任，他要用行动报答知己之人。

事实上，张云璈明知书中无名，他仍然坚持工作到最后。他的《志馆书怀》4首诗是在"书成，进御列衔，而予与君例不得与"的情况下写的，也就是说一直到书稿抄写完毕、进呈皇帝时，他还在修志馆里，并没有愤然离去。《凡例》中说："此次重修，始于嘉庆七年十二月初四日，至十年六月而竣。重加芟订，又且数月，其文稿、案牍、关白之件，皆截至闰六月为止。"这一句交代首尾的话，看似简单，却反映了编纂者的严谨态度。而《志馆书怀》中所说"凉宵灯影双眸缬，孤馆秋风满鬓丝"，反映的正是到此年秋天，他还在进一步修改志书的情景。这一切都在告诉我们，张云璈自始至终参与了《盐法志》的编纂和修改工作，做事最认真，贡献最大。他在自己的文集中揭示事实真相，表示不满情绪，是完全可以理解的。反之，如果他不写这一个《自记》，永远让事实湮没，却是对历史的不负责任。

张云璈对偰山是否完全没有抗争呢？也不是。他除了拒绝偰山的无理指责之外，还在最后编纂成书的《（嘉庆）两淮盐法志》中表达出他对偰山的不满。例如在该《盐法志》最后的《杂纪》部分，卷五五《碑刻下》中收录了不少盐官撰写的碑记，如盐政曹寅的《重修东关石闸记》、高斌的《安定书院碑记》、全德的《重建仪征鹾院记》、苏楞额的《育婴堂记》、运使尹会一的《安定书院碑记》、赵之璧的《收养所碑记》、曾燠的《邗沟王庙记》，却没有一篇偰山的文字。在卷五六《普济堂》《育婴堂》部分，多处记载了盐政吉庆、普福、高斌、尤拔世、伊龄阿、三保、高恒、图明阿、全德等盐官体恤穷人，关心普济堂、育婴堂的事迹，在卷五三《书院》部分，详细记载了运使曾燠关心和资助安定书院、梅花书院、乐仪书院、文正书院等各种教育机构的善举，都没有佶山的一件事。在卷五六《救火器具》部分，记载了盐政三保、伊龄阿、董椿等人警惕火患、增设救火器具的事迹，还特别表彰了曾燠改进消防人员与器械管理制度的做法，而对于佶山，却在"安江门外响水桥官河东岸"一处，记载了佶山裁减水炮和水兵的活动。所有这些，实际上都是在批评佶山的才能低下、冷漠无情和无所建树。

　　额勒布是清朝盐官中有名的清官，他对《盐法志》比较内行，所以看到佶山修改的稿本，感到十分好笑，立即下令将张本缮写黄册，呈送朝廷。他头脑清醒，办事果断，对《（嘉庆）两淮盐法志》的最后拍板，起到了关键作用。但是他却没有将张云璈和王芑孙列入书首的工作人员名单之中，这个举动令人费解。很有可能，因为一开始佶山就"先将派委各员造册，达部存案"，准备在竣工之后"邀恩议叙"，将这些试用官员"先行补用"。如果额勒布更改人员名单，势必与户部存档的名册不符，一旦查问，就会使《盐法志》修纂过程中的弊端与谎言全部暴露，那就有可能追查佶山的责任，将会有一批人受到处分。而那一批"试用"的运判、大使、知事等盐官，就难以转正了。可能是出于这种考虑，额勒布就索性一仍其旧，对于编纂人员的名单一律不改，因此，张云璈和王芑孙只能当一回"无名英雄"。这种现象，在封建官场不足为奇，但是我们今天应该揭开这个真相，还历史的本来面目。

作者单位：扬州大学

注释

① ［清］张云璈：《简松草堂文集》卷四《西轩诗草序》，《续修四库全书》第 1471 册，第 163 页。

② ［清］张云璈：《简松草堂文集》卷七《〈两淮盐法志〉自记》，《续修四库全书》第 1471 册，第 199 页。

③ ［清］张云璈：《简松草堂文集》卷一《候补治中竹轩单君墓志铭》，《续修四库全书》第 1471 册，第 127 页。

④ ［清］张云璈：《简松草堂诗集》卷二十《志馆书怀四首·简王惕甫芑孙国博》，《续修四库全书》第 1471 册，第 549 页。

⑤ ［清］王芑孙：《渊雅堂编年诗稿》卷十八《修书馆答张仲雅孝廉云璈二首》，《续修四库全书》第 1480 册，第 570 页。

徽商对扬州八怪的赞助

——以陈撰为例

顾志红

内容提要：清代康雍乾年间，扬州盐业达到了历史鼎峰。盐商们不惜重金建筑园林、演奏戏曲、举行诗文雅集、搜罗古玩字画，成为扬州艺术赞助人。因此，大批画家转向这座富裕的城市，投奔新的赞助人。扬州八怪之一的陈撰正是其中一员，从浙江宁波投奔扬州盐商。他初馆于仪征项絪的玉渊堂，项氏中落后，又馆于程梦星的程氏筱园，晚年馆于江春的康山草堂。徽商成为陈撰的终生艺术赞助人。

关键词：陈撰　徽商　赞助人

江苏扬州位于南北走向的京杭运河与东西走向的长江交汇处，是连接南北的主要枢纽，交通十分便捷，使得扬州自然地发展成为南北货物的集散地，重要的商贸重镇。明代中叶两淮盐政制度改革之后，大批盐商麇集扬州，南北货物交易频繁，促使扬州商业迅速发展。清代扬州是两淮盐运转运使司所在地，是两淮盐业中心，独特的地缘优势造就了一大批盐业巨商富贾，促进了扬州商业经济的繁荣。尤其到了康雍乾年间，扬州盐业更是达到了历史鼎峰。而侨居在扬州的徽州盐商，更是乐不思蜀了，"扬州好，侨寓半官场。购买园亭宾亦主，经营盐典仕而商，富贵不还乡。"[①]盐商们不惜重金建筑园林、演奏戏曲、举行诗文雅集、搜罗古玩字画，成为扬州艺术赞助人。清初"'四王'在宫廷和江南地区占据了统治地位，扬州成为画家的唯一可选之地，大批画家转向这座富裕的城市，投奔新的赞助人。"[②]由此扬州吸引了大批文人画家，故有"海内文士，半在维扬"[③]之说。陈撰正是那时从浙江宁波投奔扬州盐商的一员。

一、陈撰其人

陈撰（1678~1758年）是扬州八怪画家之一，清道光《仪征县志》卷三十九载：

"陈撰，字楞山，号玉几。浙江鄞县人，为钱塘诸生。"④陈撰是鄞县人（今浙江宁波）人，后流寓仪征。他是浙派诗人，又以书画游于江淮间。

陈撰以清客身份充当巨商的食客。杭世骏《玉几山人小传》曰："客銮江项氏……项氏亦中落，江都江鹤亭，迎而馆縠之。"⑤《扬州画舫录》卷十五载："陈徵君撰，来扬州初主銮江项氏……后馆于筱园十年，举鸿博。晚年江鹤亭延之入康山草堂，杭董浦太史为徵君小传，中只述其主项、江二家，而不及筱园，是未知之深也。"⑥由此可见，他初馆于项絪的玉渊堂，项氏中落后，又馆于程梦星的程氏筱园十年。晚年馆于江春的康山草堂。扬州盐商成为陈撰的终生艺术赞助人。

陈撰是花鸟、人物和山水全能的画家。同时也是一位学养全面的文人。著有《玉几山房吟卷》《玉几山房听雨录》《玉几山房画外录》等。《玉几山房吟卷》是陈撰的诗集，共分三卷。第一卷《绣铗集》收五言、七言、绝句、律诗等诸体，第二卷《吟秋》以五言绝句吟霜、云、月、星等，第三卷皆无题目，仅有友人评语。陈撰身为浙派重要诗人之一，其诗集由张寿镛刊入《四明丛书》，此集《四库全书》入存目。《四库全书存目》对陈撰诗集的评价是"戛戛独造，如为其人"⑦。《玉几山房听雨录》是陈撰所著的一本关于杭州掌故的笔记，《玉几山房画外录》是陈撰所编撰的一本前人题画、评画的资料集。《清史列传》云："（陈撰）诗意冲逸高简，虽未及古，要能离俗，家有玉几山房，蓄书画最富，精鉴赏，画格尤高，为时人所宝。"⑧

陈撰比扬州八怪中的其他诸"怪"更为清高。他生活虽然较为安定闲适，但毕竟寄居他人门下，心情沉郁。由于陈撰孤洁自高，所以不肯轻易写诗作画以示人。他三十岁以后未再续诗集，即便在当时也是"每一纸落人间，珍若拱璧"⑨。其作品流传较少。《中国古代书画图录》著录了43幅陈撰的作品，其中40幅花鸟和3幅人物。日本《中国书画综合图录》著录了2套陈撰的花鸟画作品。这些作品对于研究陈撰显得尤为珍贵。

二、陈撰馆于仪征项氏玉渊堂

小溪项氏源于士儒之后，因文名世，因商富族，人才辈出，为徽州望族。小溪项氏在明清两代先后有12人考中文、武进士，足证文风之昌盛。小溪项氏因避乱定居徽州，后又不断往外迁徙。明末，二十二世项一振（恒甫）徙家钱塘；项时缓迁淮。二十三世项国辉为职方，其子项起汉为参将，起汉"奉职方公居（扬州）庙子湾，卖药自给……职方死，流寓江都"，遂为江都人。

二十四世项宪（1644～1716年）字景元，号耐庵，居仪征，扬州有业，平生行善多义举，康熙年间任刑部尚书，为清康熙年间两淮著名盐商巨贾。时歙人刑部尚书徐乾学曾"发本银十万两，交盐商项景元于扬州贸易"。康熙南巡时亲临项宪扬州家宅，项宪晚年回归故里，"独修郡学，费万缗"，在郡学内建东南邹鲁石坊。

项宪长子项纶，字经士，号柏亭，以仪征县学（籍）廪生考授内阁中书。康熙五十一年（1712年）殿试受卷官，又典训官，篡修官。升典训馆主政。后来项纶弃官接受扬州盐业．向朝廷捐输巨资之助。诰授光禄大夫，并追赠曾祖父项德曼、祖父项时瑞、父项宪为光禄大夫，世称"四世一品"。

项宪次子项絪（1672～1728年），字书存。平生崇本乐善，襄其父修郡学，建石坊，又修义学、开义路、筑义冢、建宗祠，累计耗资数百万。曾官延安同知，摄府事。项絪喜收藏古玩、书籍，其玉渊堂收藏有钟、彝、鬲、鼎等商周遗物和宋椠元刊孤本珍籍。刊刻《水经注》《隶变》等书50余种，校印精善，艺林宝之。

由此可见，项氏家族是典型的由商到儒、儒商互补，热心于文化事业。项氏虽是商人，却有儒家风范。

徽州盐商生于程朱阙里，深受程朱理学的教育和影响，"读朱子之书，服朱子之教，秉朱子之礼"[⑩]，蔚然成风。"远山深谷，居民之处，莫不有学有师"[⑪]，以至"十户之村，不废诵读"[⑫]。向来贾而好儒，认为"贾为厚利，儒为名高"[⑬]，自身有着较高的文化素养。出现了商人"士大夫化"与士大夫"商人化"的局面[⑭]，而徽州盐商即是一个商人"士大夫化"的典型群体。

梁启超先生曾说："淮南盐商，既穷极奢欲，亦趋时尚，思自附于风雅，竞蓄书画图器，邀名士鉴，洁亭舍、丰馆谷以待……然固不能谓其于兹学之发达无助力，与南欧巨室豪贾之于文艺复兴，若合符契也。"[⑮]淮南盐商即扬州盐商，在梁启超看来，他们对清代文化艺术兴盛的贡献与南欧巨室豪贾之于文艺复兴的贡献可以相提并论。启功先生访问扬州时说："招纳一批文人在家高谈阔论、著书立说。虽有沽名钓誉之嫌，但客观上完成了大多数学者因财力无法达到的事情，推动了扬州文化和中国文化的发展，他们收罗了许多文人，供养文化人，而文人们也正是凭借盐商们提供的无虑的扬州生活，可以专门从事自己的文化生活。"[⑯]扬州八怪之一的陈撰正是得到仪征项氏的赞助，并馆于项絪的玉渊堂。

项絪为项氏玉渊堂的主人，杭世骏《玉几山人小传》有銮江项氏"彝鼎图书甲天下，充眼塞孔"之语，李斗《扬州画舫录》云："项氏彝鼎图书之富甲天下。"项氏玉渊堂还刻印过唐韦应物《韦苏州集》10卷、唐王维《王摩诘集》6卷、宋周密辑《绝

妙好词》7 卷、北魏郦道元《水经注》40 卷、晋郭璞《山海经传》18 卷、清顾霭吉
《隶辨》8 卷（清康熙间刻）等书 50 余种。

陈撰何时进入玉渊堂的？据胡艺先生考证"约为康熙三十九年（1700 年）北上之
后。此时在仪征（即真州）。馆于项絪之玉渊堂。"[17] 项氏爱古玩和书籍的收藏。而陈撰
精于诗书画，擅于古玩书画鉴定。这也许是项絪邀陈撰入玉渊堂的原因所在。同时陈
撰还为项絪校订古籍，并负责刻印出版。《重修仪征县志》记载了这件事：

"（陈撰）馆真州三十年，玉渊堂所刻《水经注》《山海经》《何水部》《王右军》
《韦苏州》《姜白石》等诸善本，皆其所校订。"[18]

这段时间对于陈撰来说是忙碌而又充实的，主宾二人关系融洽，据杭世骏《玉几
山人小传》记载："仆人娶妻生子，衣食资于主人，了然不以为累。"[19]

三、陈撰馆于程氏筱园

项氏中落后，陈撰又馆于程梦星的程氏筱园十年。程梦星的筱园与马氏小玲珑山
馆、郑氏休园是当年扬州三大文人雅集的诗文酒会场所。

程梦星（1678～1755 年），字午桥，号浧江，又字伍乔，号香溪，清歙县岑山渡
（今岭山渡）人。康熙五十一年（1712 年）进士，改庶吉士，授翰林院编修。康熙五
十五年（1716 年）因母忧回扬，购筱园为家园，自此不复出。他一方面仍然继承祖
业，经营盐业买卖，往来于淮阴、扬州之间，一方面主持诗酒文会，结交文人雅士，
并成为康熙、雍正两朝时期全国文人圈中公认的文坛领袖。《四库全书总目》云："其
诗略近剑南一派，而间出入于玉溪生。词亦具南宋之体，但格力差减耳。"著有《今
有堂集》十卷附《茗科词》一卷，编纂《扬州府志》四十卷、《江都县志》二十卷、
《平山堂小志》十二卷、《重订李商隐年谱》一卷、《李商隐诗集笺注》三卷、《李商
隐诗话》一卷。

许承尧《歙县志》载："两淮八总商，邑人恒占其四。"程梦星的曾祖父程量入
（1612～1694 年）、祖父程之韺（1624～1693 年）均为两淮盐业总商，程量入，字承
之，号上慎，"综理盐筴，有功两淮"[20]。程之韺，字象六，出任总商 20 年，最大的功
绩是组织盐商捐输金钱，支持清廷平定了以吴三桂为首造反的"三藩之乱"，"之韺特
赐五品服，为诸商冠"[21]。他天性慷慨，持身正直。助人利物，不博轻财好施之名；暇
日观书，尤精史鉴。

富裕的家境为家族成员提供了求学的物质基础和保障，程梦星的父辈们便开始从

直接业盐的行列里分离出来。程梦星之父程文正（1661～1704 年），原名渭熊，字笏山，号范村。康熙三十年（1691 年）进士，翰林院庶吉士，官水部主事。著有《仁庄集》十卷、《仁方集》、《水部遗诗》一卷、《江村阁诗》。

商人与文人的交往，不乏附庸风雅者，但也有商人随着文化修养和品格的提升，与文人无异。程梦星正是后者，其诗酒风流，宾客云集。作为扬州文坛的领袖之一，程梦星与扬州文坛的关系，可以视为 18 世纪士商互动的一个缩影。程梦星也是陈撰的第二位艺术赞助人。

《扬州画舫录》卷十五载："陈徵君撰，来扬州初主鋬江项氏。……后馆于筱园十年，举鸿博。晚年江鹤亭延之入康山草堂，杭董浦太史为徵君小传，中只述其主项、江二家，而不及筱园，是未知之深也。"据胡艺先生考证："陈撰馆于程梦星之筱园，未有明确记年，今据《扬州画舫录》所记，当在项氏玉渊堂之后，江氏康山草堂之前。兹据丙辰年举博学鸿词事推之，十年前约在此顷。"时间是清雍正四年（1726 年），陈撰四十九岁时。陈撰在这里结识了许多文人雅士。其中，流寓扬州的丹徒画家许滨，常来筱园。陈撰曰："玉几兄遗孤女，慧而贤，嫁南徐许滨江门。滨亦雅士，画入神品。"

四、陈撰馆于江氏康山草堂

江春出身盐业世家，自祖父江演起三代长期担任两淮总商，扮演着官府与众商联系的信息传递者和沟通者的角色，至江春时家族财力发展到顶峰。他们或经商，或入仕，或著书立说，但都具有颇高的文化素质。

曾祖父江国茂（1597 年生），商人江希贤之孙，字公乔，一字承甫，号二如，郡学诸生。明亡后，他"弃儒服理盐荚业"[22]，开始重操祖辈旧业，遂占籍江苏仪征。虽未取得经营上的成功，但对后代经营盐业打下了很好的基础。

祖父江演（1637～1710 年），字次羲，号拙庵，太学生。清初随父迁居扬州，"以盐筴起家"[23]，他"处家极俭，然扶危济贫，一掷千金。曾捐银数万两，开凿绩溪县镇头至孔灵约 30 里道路；重修金陵燕子肌关帝庙；捐金疏梭扬州下河等。康熙南下，奏对问答，颇受赞赏。由太学生考授同知，赐宸翰，敕封征仕郎、内阁中书"[24]。

江承瑜（1695 年生），江演四子，江春之父，协助其父处理盐务。清雍正三年（1725 年），"择家道殷实者，点三十人为总商，承瑜以其财力雄厚，点为总商。未久，总商设置有所改变，两淮设四大总商，十二小总商"[25]。承瑜又以资引多成为四大总商之一，每年运销盐引 15 万引。

江春，补邑学生员出身，"善属文工诗，与程编修梦星齐名"㉖，"江都自马氏曰琯兄弟外能读书好客者，推江鹤亭"㉗。他著述颇丰，著有《黄海游录》《随月读书楼诗文集》《水南花墅吟稿》和《深庄秋吟》等。

江春热情好客，公务之余常热衷交游，"尤好客，招集名流，酒赋琴歌，不申旦不止"㉘。他们中有州县官吏，有巡盐御史，有画家文人，也有科举精英，涉及各个阶层的饱学之士等。"一时文人学士如钱司寇陈群、曹学士仁虎、蒋编修士铨、金寿门农、方南塘贞观、陈授衣章、陈玉几撰、郑板桥燮、黄北垞裕、戴东原震、沈学子大成、江云溪立、吴桥亭烺、金棕亭兆燕"㉙等与之交游。

江春还缔造一段"以布衣上交天子"的历史佳话。他"理薩务四十年中，凡祗候南巡者六、祝皇太后万寿者三、迎驾天津山左者二，最后入京赴千叟宴"㉚。

陈撰最后馆于江氏康山草堂。陈撰入馆江春家的准确时间尚难以确定，胡艺《陈撰年谱》将其定在乾隆九年（1744 年），即陈撰 67 岁。江春"喜吟咏，好藏书，广结纳，主持淮南风雅"㉛。康山草堂也是清代中叶文人雅集之地，陈撰在"随月读书楼"与江春吟诗作画、谈养蟋蟀。在这里陈撰遇到了厉鹗等老友和袁枚等新朋。江春为了能更好地照顾年事已高的陈撰，邀请许滨夫妇一同入住康山草堂。但陈撰的侄女去世后："（翁婿）意见渐致参差，不可解也。"㉜乾隆二十二年（1757 年）陈撰在江氏兄弟的资助下归老武林，江春为筑寿藏于南屏之阳，陈撰卒归葬于此㉝。作为共同爱好的朋友、艺术赞助人，不仅为他养老，而且为他送终，这种友情确实超乎寻常。

江春留馆供食的还有吴梅村之孙吴献可，江苏太仓州人，"通经史，究名法之学，方伯延于家二十年"㉞；方贞观，字南塘，安徽桐城人，"鹤亭方伯延之学诗字，寓秋声馆二十年，论诗多补益，有小行偕唐诗十二帙，方伯刊于石"㉟；程兆熊，字孟飞，号香南，江苏仪征人，工诗词，画笔与华嵒齐名，"晚居随月读书楼"㊱；蒋士铨"常主其园中之秋声馆"㊲，金兆燕、蒋宗海"皆馆于秋声馆"㊳。

五、陈撰与马氏小玲珑山馆

其间，陈撰还常常到马氏小玲珑山馆参加那里的诗文酒会。马曰琯（1668～1775 年），安徽祁门县人，扬州著名盐商，著有《沙河逸老小稿》六卷、《嶰谷词》一卷。马曰璐（1695～1769 年），著有《南斋集》六卷、《南斋词》二卷。时人尊称"扬州二马"。其兄弟研习经史，俱有诗名，又致力于刻书、藏书等文化事业。小玲珑山馆中有聚书楼，惠及学林甚广。马曰璐之子马裕在清乾隆修《四库全书》时献书数量居第一，超过了传是楼和天一阁。他们虽然富可敌国，但所结交者却多为布衣寒士、罢官文人，成为足能影响一地文艺潮流的儒商。二马还留馆供食，如名士杭大宗、厉樊榭、全谢山、陈授衣、闵莲峰等都曾常住其小玲珑山馆，"四方之士过之，适馆授餐，终身无倦色"[39]。众多文人雅士结邗江吟社，经常在小玲珑山馆聚会，切磋学问，赋诗联句，留下了多少脍炙人口的诗篇。时人谓："其园亭曰小玲珑山馆、曰街南老屋，四方名士过邗上者，觞咏无虚日。时卢雅雨都转提唱风雅，全谢山、符幼鲁、陈楞山、厉樊榭、金寿门、陶篁村、陈授衣诸君来游，皆主马氏，结邗江吟社，与昔之圭塘玉山博。"[40]陈撰在小玲珑山馆画过鹤，清乾隆十九年（1754年），马曰璐为其赋诗《画鹤——为陈玉几作》云：

> 陈君山泽臞，与鹤一标格。本此尘外心，写出云中翮。
>
> 天机妙以元，窗户虚而白。当其下笔时，沧海与宽窄。
>
> 惟愁老邱樊，飞鸣俱寂寂。磊落青田真，何人知爱惜。[41]

六、总　结

陈撰在扬州流连于玉渊堂、筱园、康山草堂、小玲珑山馆等名园，得到徽商的赞助并度过了他人生的大部分时光，这里也成为他的第二故乡。上述名园丰富的收藏为陈撰的学术研究提供了必要的物质支持和精神滋养，陈撰为这些园子的主人校订古籍、鉴定古玩书画、吟诗作画，也为扬州这座城市留下了可贵的文化遗产。

作者单位：扬州大学美术与设计学院

注释

① ［清］惺庵居士：《望江南百调》。

② 李铸晋：《中国画家与赞助人》，天津人民美术出版社，2013 年，第 5 页。

③ ［清］蒋宝龄：《墨林今话》。

④ 清道光《重修仪征县志》卷三十九卷《陈撰小传》。

⑤⑦⑨⑲㉜㉝［清］杭世骏：《玉几山人小传》，《道古堂全集》，光绪十四年（1888 年），钱塘汪氏振绮堂补刻乾隆本。

⑥［清］李斗：《扬州画舫录》卷十五。

⑧《清史列传》卷七一，北京：中华书局，1987 年，第 5865 页。

⑩ 安徽休宁《茗州吴氏家典》。

⑪ 清道光《休宁县志》卷二。

⑫ 清嘉靖《婺源县志》卷四《风俗》。

⑬［明］汪道昆：《太函集》卷 五十二。

⑭ 余英时：《儒家伦理与商人精神》，《余英时文集》，广西师范大学出版，2004 年，第 178 页。

⑮［清］梁启超：《清代学术概论》，上海古籍出版社，1998 年，第 117 页。

⑯ 启功：《扬州晚报》2002 年 4 月 29 日。

⑰ 胡艺等：《扬州八怪年谱》下，江苏美术出版社，1993 年。

⑱ 清道光《重修仪征县志》卷三十九卷《陈撰小传》。

⑳㉑［清］程梦星：《乾隆新安岑山渡程氏支谱》卷四，影印本。

㉒ 清嘉庆《两淮盐法志》卷四十六《人物·文艺》。

㉓ 清嘉庆《两淮盐法志》卷四十六《人物·才略》。

㉔ 戎毓明主编：《安徽人物大辞典》，北京：团结出版社，1992 年，第 27 页。

㉕［清］王定安等：《两淮盐法志》卷十《王制门》，清光绪三十一年（1905 年）刻本。

㉖㉙㉚㉛［清］阮元：《淮海英灵集·戊集》卷四《江春传》，清嘉庆三年（1798 年）小琅嬛仙馆刻本。

㉗［清］王昶：《湖海诗传》卷十九，清嘉庆刻本。

㉘［清］袁枚著，周本淳标校：《小仓山房诗文集》卷三十一《诰封光禄大夫奉宸苑卿布政使江公墓志铭》，上海古籍出版社，1988 年，第 1862 页。

㉞㉟㊱㊳㊴［清］李斗：《扬州画舫录》。

㊲［清］梁章钜：《浪迹从谈》卷二，北京：中华书局，1981 年，第 21 页。

㊵［清］李元度：《国朝先正事略》卷四十一，清同治刻本，第 825 页。

㊶［清］马曰璐：《南斋集》卷六。

明清两朝两淮盐税制度演变及比较分析

荆晓宇　荣晓峰

内容提要：明清两代盐税在国家税收中占有重要地位，而两淮盐税在全国盐课中一直占有很高的比重。因此对两淮盐税制度的梳理和分析利于进一步廓清盐业史和财政史研究的相关问题。该文运用比较研究的视角，从管理机构、税种变化、税负等方面对两淮盐税制度演变进行阐释，通过对比明清两朝盐税制度，进一步探讨这些变化产生的背景因素及其与社会经济发展的关系等问题，以期为深入研究两淮盐税及其影响提供借鉴。

关键词：两淮　盐税　税种　税负

明清两淮盐业的研究历来受到国内外众多学者的重视和关注，研究领域也涉及到盐业政策、盐业经济、盐业法律、盐业历史、盐商、盐官、盐与地方社会等诸多方面。两淮盐税作为一个重要研究方向，已有不少学者对其加以研究阐述。其中有关明朝两淮盐税的研究成果主要有汪崇篔的《明清两淮盐利个案两则》[1]，林枫的《明代中后期的盐税》[2]，刘利平的《明万历初粤、淮盐业利润率及盐利分配比较研究》[3]；有关清朝两淮盐税的研究成果主要有陈锋的《论清顺治朝的盐税政策》[4]和《清代盐政与盐税》[5]，倪玉平的《清嘉道时期的两淮盐政与盐税》[6]，汪崇篔的《清嘉道时期淮盐经营成本的估算和讨论》[7]。这些研究对于明清两淮盐税都分别有较为透彻的说明，陈锋的文章以更加宏观的视角对清朝的盐政盐税加以阐述，其余几篇文章则偏重于对盐商经营成本和利润进行估算并加以对比分析，但这些研究都局限于一个朝代或一个朝代的某一阶段，对于明清两朝的两淮盐税缺乏贯通性、总体性研究。本文尝试在借鉴国内外研究成果的基础上，运用有关史料，从管理机构、税种变化、税负等方面对明清两朝两淮盐税制度加以梳理说明。

一、盐税管理机构比较分析

　　明代制盐业是由户部直接管理的官营手工业，明朝政府根据各产盐区的地位，在盐场设有都转运盐使司和盐课提举司，是明政府设在产盐区的最高盐政盐税的管理机构，下设分司和盐课司。每个都转运使司控制一个主要产区，每个盐课提举司控制一个略小的区域。盐课司设在各盐场所在地，直接管理灶丁和盐业生产及盐课征收。明太祖洪武二年（1369 年）两淮设立都转运使司，司署在扬州，设都转运使一人，负责掌管盐法和税收，为三品官，设同知一人，副使一人和判官。盐运司下设通州、泰州、淮安三个分司。分司代行盐运司管辖盐场与纠察之责。各分司又在各基层盐场设盐课司，在盐场设大使一人，负责场课收纳和缉私等。泰州分司下辖富安、栟茶、安丰、角斜、梁垛、东台、何垛、丁溪、小海、草堰 10 个盐课司；淮安分司下辖白驹、刘庄、伍佑、新兴、庙湾、板浦、莞渎、徐渎、临洪 9 个盐课司；通州分司下辖吕四、余东、余中、余四、西亭、金沙、石港、掘港、丰利、马塘、天赐 11 个盐课司。两淮盐区还设有仪征、淮安两个批验所负责盐场掣盐验引，配大使、副使各一人。成祖永乐十三年（1415 年）两淮设巡盐御史。两淮巡盐御史的主要职责是掌巡两淮盐课，统辖盐引、督销、缉捕私贩，官为三至五品。两淮巡盐御史和都转盐运使的职官，一直沿用至清代道光年间。

　　清沿袭明朝制度，户部山东清吏使司是盐务管理的最高行政机构，清顺治二年（1645 年）设两淮巡盐御史，驻扬州，职司巡视两淮盐课，统辖江南、江西、湖广、河南各府、州、县，额定引盐销售，监督所属运司、分司的场灶生产和运输管理等事宜。两淮盐运司负责食盐的运销、征课，钱粮文兑拨解，以及盐属官吏的升迁降调和缉私考核等。盐运司设置吏房、户房、礼房等 19 房承办公事。盐运司下设通州、泰州、淮安三分司，分司下辖 30 个盐场，之后先后裁撤渎场、临洪、兴庄等盐场，至乾隆三十三年（1768 年）剩余 23 场成为定制。顺治十三年（1656 年）两淮停差巡盐御史，盐务责成各运盐司管理。康熙十一年（1672 年），盐、政合并，两淮巡抚停差，巡盐为安徽巡抚兼管。康熙十二年（1673 年）复差两淮巡盐御史。乾隆二十八年（1763 年），淮安分司改称海州分司，迁灌云县板浦镇。道光元年（1821 年），两淮盐务专设巡盐御史，管理盐务，并兼管江西、江南、安徽等处销盐事宜。道光十年（1830 年），裁两淮巡盐御史职，以两江总督（正一品官）兼理两淮盐政，总督府在扬州。道光十七年（1837 年）两淮盐政由两江总督兼理改为两江总督^⑧专管。

在官督商销制下，清朝盐商组织在盐务管理中占有重要作用。康熙十六年（1677年）在两淮盐商组织"盐商公所"中设置总商，负责承办报效、摊派杂费、纳课杜私、制定盐策等。两淮盐区在行盐口岸设立匣商和总巡商人，匣商负责督查销盐和"支解各官养廉及各项生息"，总巡商人负责缉查私盐。

二、盐税税种比较分析

（一）生产环节的税种

明朝制盐业的管理机构、生产过程、生产者灶户都是在中央政府的管理之下。明初，全国推行"配户当差"的括户制度，即将社会上的人户按其职业技能划分为名目不同的"户役"。居住在沿海产盐区的人户被定为灶籍，即灶户。灶户与其他官手工业行业的军匠、民匠一样，属"役皆永充"，灶户一旦被登记注册，就永久地保留其户籍，原则上不能改变职业和籍贯。这些灶户是专门为朝廷提供盐课收入的差役户。而且灶户煎盐，官府支给工本与生产工具，免除杂役。从事盐业生产的灶户需要按照"计丁办课"向两淮转运使署缴纳正课即按规定数量生产的盐课。明代中期两淮征收折色，但主要征收的仍然是本色盐。盐课折纳指朝廷将灶户缴纳的实物盐课，按一定比例折成米、谷、布或金、银、钞、钱等实物或货币上纳，与民户折租相似。明代盐课的折色，早期以布帛为多，盐课折纳最早见于洪武四年（1371年）山东盐运司，大同都指挥使耿忠奏请"以山东、山西盐课折收绵布、白金，赴大同易米，以备军饷。从之"^⑨。但明初的盐课折纳并未形成制度，仅见行于个别盐运司，且仅限某一年度的盐课折纳。成化以后盐课折银逐渐盛行，弘治年间大部分盐运司、提举司本色盐课和盐课折银已构成一定比例关系。

清朝沿用明朝灶籍制，凡身属灶籍的盐丁，子孙皆以盐为业。清代放松了生产管制，灶户拥有相对独立的经营权。"官煎之法废弛已久，所以多寡听其自烧，官私由其自卖"^⑩。清朝对食盐生产者征税称为场课，又称灶课，分仓盐折价、沙荡、仓基等。仓盐折价指灶户按人丁缴纳官盐储仓以备调拨，后按引折价缴银，仓基指盐仓地基岁课，沙荡指晒盐的海滩地租。

(二) 流通环节的税种

明朝的食盐专卖制度主要有开中法、户口食盐法、商专卖法三种。洪武三年 (1370 年) 两淮推行开中法，招募商人输粮草等军用物资到边区，政府发给商人盐引，商人凭盐引到盐场支盐，再到指定区域销售。开中法有纳米中盐、纳马中盐、纳布中盐、纳钞中盐、纳铁中盐等形式，食盐产销形式是：民产、官收、商运、商销。开中法下的商人逐渐细分为边商、内商和水商。边商专责在边防军镇上纳粮草，得到仓钞和勘合之后到盐产地扬州换取盐引并将盐引卖给内商。内商买到边商盐引后在盐运司衙门以盐引换取食盐，运到批验所后再卖给水商。两淮水商则负责将食盐分装成小包盐，运盐到湖广、江西等地销售给各州县的盐店。明朝边商在运司换取盐引时需要向官府缴纳引价、投验勘合费、纸费等。内商下场支盐时需要向政府缴纳杂费，杂费包括赈济银、挑河、备荒银、科罚银、割没银、开炉费等，嘉靖六年 (1527 年) 开始，内商还需缴纳余盐银。水商在销售食盐时还需要根据销售额向牙行交纳牙税。其中引价和余盐银是朝廷向盐商征收的正税。投验勘合费（办理登记勘合的手续费）和纸费是行政费用。备荒银、挑河、科罚银、割没银、开炉费是盐政机构向内商征收的附加税。水商的牙税是地方政府征收的交易税。

明中后期开中法逐渐遭到破坏。明万历时，由于积引甚多，淮南积引 200 余万引，淮北积引 140 万引，灶户生产的食盐不足，商人无法领到食盐，因此万历四十五年 (1617 年) 实行纲法。在淮南以"圣德超千古，皇风扇九围"十字将商人所领的盐引编为十纲，每年以一纲行积引，九纲行新引，每纲盐引为 20 万引；淮北以"天杯庆寿齐南岳，帝藻光辉动北辰"十四字将商人所领的盐引编为十四纲，每纲盐引 10 万引。称为"窝本"。纲册许各商永远据为"窝本"，每年按册派行新引，尤名不得加入，"窝"是皇帝特批开中的敕书，也就是说食盐的收买运销权由商人独揽，并得到世袭，一般商人失去了自由开中的权利。在纲法实施不久后开中法就逐渐消亡了，新引的发放不再以边镇纳粮为依据，而以纲册名单为依据。纲法制下的食盐产销形式是：民产、商收、商运、商销，盐商直接与灶户进行交易，官府不再向灶户收盐，登记在册的商人向政府认引，按引征课，然后凭引到盐场直接向灶户购盐，再到指定引地销售，朝廷征收的基本盐税税种与前述一致。

为了从商人身上征收更多税款，明朝还通过增引、加斤、加价的方法在原有定额之上增加盐的课额及行销量，并借超定额的行销盐课以重税，以增加朝廷的银两收入。增引指在原额引盐之上增加的引目。除正余盐加斤外，万历十九年

（1591 年）两淮又实行加带割没盐。"万历十九年二月，户部言：两淮巡盐御史徐图议称开存积、引价二事难行，佥宜停免，其所议加带割没盐斤，淮南每引带盐十斤，征银五分，共十六单；淮北每引带盐二十斤，征银一钱，共八单，暂行二年另议。诏可。"[11]

　　清朝前期两淮食盐产销制度沿袭明朝纲法，主要实行的是官督商销制，也称引岸制。在官督商销基础上，清朝政府还丰富发展出官运商销、官运官销、商运商销、商运民销、民运民销、官督民销六种形式[12]。官督商销制下，清朝把全国划分为若干行盐区域，每一区域内收盐、运盐、销盐事项，都由若干商人专利把持，官府则向专商征税。每年由清政府根据两淮盐产量、销售量多少来确定发售引数，订为"纲册"，每年一纲，招商认引，额满为止。清朝的盐商分为场商和水商。场商和运商即相当于明朝时的内商和水商。场商负责收购食盐，盐场所产食盐除交税和支付灶户灶粮等外全部归场商所得；运商也称岸商，负责运输销售食盐，运商须先付银 1000 到 2000 两加入"商籍"，登记入册后发给窝单，获得专卖经营特权，根据窝单按年领购盐引，并按引向国家纳税。这种制度下清朝盐税主要分为场课和引课两部分。引课是盐课中的主要部分，也是食盐专卖制之下按引征纳的正税。引课的纳税人是场商和运商。引课按盐引征税，主要包括正课和杂课。

　　正课是按盐引向运销商所征收的税。清朝历代统治者为了避免社会矛盾的加深，对田赋的加征比较谨慎，而往往对盐课进行加征。每遇大工大需，各种名目的盐课加征，也成为朝廷筹措经费的惯用手段。宁馐和滴珠就在顺治年间重新加入课额征收。顺治十七年到康熙十二年（1660～1673 年），国内安定，康熙十二年（1673 年）三藩之乱爆发，盐课有许多名目的加征，盐课额大幅增加。

　　杂课是盐税的附加，是各种名目的杂款累积，因各种名目的需款而课纳，包括铜斤、河工、营饷、经费等。大多按引摊征，为地方衙门、盐政官府、显宦大员承担各种支出，成为盐课的一个重要组成部分。陶澍在言及两淮杂项时即云"两淮杂费，有外支、办贡、办公等款，在科则内带征，为文武衙门公费并一切善举、辛工、役食、杂费等用"[13]。两淮盐区杂项款目仅"不入奏考杂项"和"不入奏考杂款"两类就达54 项。其中，铜斤是户部、工部铸造铜钱需要的大量铜料摊派给各省购办，盐区摊派的铜料价款加入盐课征收；河工银是整修河道河堤而摊派的费用；引费是商人领取盐引购买食盐时缴纳的各种手续费；盐务官员的办公费用和地方官员养廉办公费等行政经费也由盐商按引分摊；巡缉私盐产生的费用场灶巡费、州县巡费、兵役巡费也有盐区摊派。清嘉道时期两淮详细杂项款目及银额见下表（表 1）。

表1 两淮杂项款目及银额

款 目	银额（两）	款 目	银额（两）	款 目	银额（两）
栟茶场折价	1840	普济育婴等堂经费	6460	水兵工食	2969
织造水脚饭食	6829	督院书吏廉工饭食	700	书院义学膏火	12694
铜斤水脚饭食	1500	淮北例贴淮南杂项	22000	扬州教场地租	1117
节省河饷水脚	783	领引并解残引饭食	1830	纸朱	5056
核减江光匣费	80000	余平	56590	淮南匣费	61689
泰州等处引费	6620	归公盐规引费	67830	仪征匣费	6024
仪征军器牙税	492	苏藩库不充饷盐规	7018	池太引费	5230
盐务道养廉	3000	院司节省	50811	屯船归公	27318
三江营兵役	13960	京协各饷饭食	30540	湖广匣费	132218
各场火伏工费	35089	山阳普济堂经费	300	布税充公	28000
盐义仓工食	1101	倾销元宝耗费	55440	江西匣费盐规	61844
范堤堡夫工食	2136	外支不敷	40000	江西引费	22080
户部提行饭食	850	山清巡费场船水脚	5691	外支公费	48000
淮北贴费	13980	漕河两院养廉饭食	7291	淮关盐钞	10000
裁减匣余平色	4980	淮北盐掣养廉	2400	海州盐规	700
涟关充公掣费	17073	奏销户部都察院解费	1985	户部都察院六科衙门规费	14460
板中临三场书院膏火	360	海州分司等衙门饭食	829	巡缉弁兵薪盘饭食	22422
裁归办贡委员等项	29131	淮安府等衙门归公引费	2020	吉安饶州盐规引费	7059

　　盐商除按规定纳税之外，在国家有重大事件发生或者清王朝的重大节日里，盐商要向朝廷捐输报效。乾隆时期商人在捐输的过程中加价、加耗逐渐破坏了清朝的盐法。

　　帑利银是清朝朝廷勒索商人的又一手段。朝廷向盐商索取"帑本"，再将"帑本"以高利贷的形式借给商人，向商人收取高额利息。"众商情愿每年公捐银十万两，公领生息，以五年为率，连年息归入本内，一并运营。年满之后，遵照王大臣原议留银六十万两，永作本银生息，余银解交内库"[14]。

　　浮费不在正杂课范围内，是各级官吏在食盐生产运输销售的各个环节对商人进行的勒索，浮费没有固定比例，也无法考察具体数额，但给商人造成了不小的负担。捆盐出场后，有引费、程费、捆费，另有监掣、监仓、传旗、叫牌、填封、发封、催掣、摆帮等浮费；在运盐途中，地方官员借故盘查、勒索；在行盐口岸中有的借端收费，有的以向商人借贷为名借故索取。

道光十二年（1832 年），陶澍开在淮北推行票法，取消引商专卖制，招商行票，就场征税。具体做法是于淮北中正、板浦、临兴三场"分设行店，听小民投行购买，运往售卖。择各场要隘之地，设立税局，给以照票"⑮，"民贩纳税请票时，该大使于票内填注民贩姓名、籍贯、运盐斤数、往销州县，按道远近，立限到岸，听其销卖。运盐出场由卡验收，不准越卡，亦不准票、盐相离及侵越别岸，违者并以私论"⑯。票盐制的实行打破了以往引商的世袭制和销售的地域垄断，规定取得票商资格后，不管何人，经批准皆可承运，在销界以内皆可运销，并实行就场征税。"不论资本多寡，皆可量力运行，去来自便，使人乐于争趋"⑰。票盐法促进了中小商人的自由贸易和市场繁荣，致盐税税额猛增，成为最主要财政收入。

咸丰四年（1854 年）四月，盐厘在两淮盐区推行。《清史稿·食货志·盐法》云："道光以前，惟有盐课。及咸丰军兴，复创盐厘。"盐厘作为厘金的一种，是晚清盐课中的一个重要组成部分。盐厘的征收，完全是为了筹措军费的需要，即所谓"以抽厘为济饷之举"⑱。盐厘有引厘、关卡厘、包厘、私盐厘、正课厘 5 种，两淮盐区主要是关卡厘和私盐厘。关卡厘是食盐运销过程中抽收的厘金，由各行盐地方设立关卡抽收。一般在省城设立盐厘总局，各州县地方在交通要道设立局卡。在食盐运销中每过一卡，抽收一次，其设置既多且滥，造成盐厘抽收的苛重。私盐厘，是在两淮盐区抽取的另一种大宗收入。

清代中后期为筹款用于特定支出，在盐商购盐时加价与正杂课同时征收。嘉庆十四年（1809 年）之后，清廷财政困难，"用项迭增，入不敷出"，因而加价搜刮"以资经费"⑲。

（三）消费环节的税种

在上文已经提到明朝的食盐专卖制度，其中有一项是户口食盐法，它是明朝初期继承元朝的食盐专卖制度，其实质是官运官销的官卖制。这种制度实际上也是对食盐消费者强行征收的食盐税。户口食盐法是指令民缴纳米、粮或者钱钞以供军饷，有司根据所管辖的州、县的户口人数，派人到盐使司，领盐回县，然后配盐到各户人家，以偿其价。"有司开具户口名数，令人赴运盐使司关支回县，而计口给散"⑳，每户大口给盐一斤，小口给大口之半；输米的多少，按地理远近定等差。洪武三年（1370年）"令民于河南、开封等处输米以佐军食，官给盐偿之。每户大口月支盐一斤，小口半之"㉑，永乐年间（1403～1424 年）户口食盐法在全国推行，每年大口需要纳钞十二贯，支盐十二斤，小口半之。正统三年（1438年）后减半纳钞，大口年纳钞六贯，约合米六升。其后一直维持在这一水平。在明中期后，盐课司已停止食盐的供给，但民户依然需要向政府纳钞。"民纳盐钞如旧，但盐课司十年五年无盐给支"[22]，到明一条鞭法实施时，户口食盐法所需缴纳的盐钞并入地亩，由岁粮带征，户口食盐法彻底废止。

除此之外明朝还对渔民征收用于鱼类加工的盐税，即鱼盐课钞。钞即用宝钞缴纳，后改用白银征收。政府每年发放盐票6000张，根据渔船大小，增加税票。由于官盐价格高，政府还要征收鱼盐税，渔户腌制渔类的成本大大超过了渔户的承受能力，因此，渔户转而购买相对便宜的私盐，以逃避缴纳鱼盐税。到了清代，鱼盐课钞已经演变为众多盐税名目中的一种，向盐业生产者灶户或民户征收。

明清两朝两淮盐税税种如下所示（表2）。

表2 明清盐税税种

	生产环节	流通环节	消费环节
明朝	实物盐课和盐课折色	正税：引价和余盐银 其他：投验勘合费和纸费；备荒银、挑河、科罚银、割没银、开炉费等；牙税；增引（宁饷、滴珠、辽饷等）、加斤、加价	盐钞、鱼盐课钞等
清朝	灶课：分仓盐折价、沙荡、仓基	正课、杂课（铜斤、河工、营饷、经费等共54项）、捐输报效、帑利银、浮费（引费、程费、捆费等）、盐厘（私盐厘和关卡厘）、增引（宁饷、滴珠等）、加价、加斤	

三、盐税税负比较分析

（一）盐税总额的变化

明朝的盐课收入在国家财政中占有重要地位，《诸司职掌》《明史·食货志》《明会典》和《皇明世法录》等文献对明朝的盐课都有详细记载，虽然具体数字有所出入，但大致吻合。陈仁锡《皇明世法录》记载的盐课额为明朝应征额，而非实际征收额（表3），可以看出洪武到万历时期全国盐课保持4.5~5亿斤，而两淮盐课基本没有变化，在全国盐课中两淮盐课额占近30%。

表3　明朝实物盐课对比

时间	两淮盐课（斤）	全国盐课（斤）	占比
洪武时期	141030500	459491134	30.69%
弘治时期	141036949	500780395	28.16%
万历六年（1578年）	141036000	491839794	28.68%

明朝中后期由于商品经济发展等原因，盐课逐渐由实物向货币转换。"国家财赋，所称盐法居半者，盖岁计所入止四百万，半属民赋，其半则取给于盐荚"[23]。万历年间户部尚书李汝华的《户部题行盐法十议疏》中有详细的盐课收入数字："两淮岁解六十八万两有奇，长芦十八万，山东八万，两浙十五万，福建二万，广东二万，云南三万八千两。除河南十二万及川陕盐课，虽不解太仓，并其银数，实共核盐课银二百四十余万两。"[24]从上述记载可知，两淮盐课收入约68万两，全国盐课240万两，全国财政税收400万两，全国盐课收入约占财政总收入的60%，而两淮盐课约占全国盐课28.3%，这与两淮实物盐课占比也大致吻合。

清代的盐课岁入，在财政收入中也一直占有重要地位。据《清实录》记载，顺治初"量力行盐"盐课收入较少，一般在200万两左右；顺治后期全国盐课收入已达270余万两。康熙时期全国盐课收入岁入220~400余万两，雍正时期为380~440余万两。雍正以后《清实录》未再逐年记载，据《钦定大清会典事例》《清朝续文献通考》《石渠余纪》等官、私著作记载，历年的盐课岁入在500万两至700万两左右，清末盐课收入为1300余万两。

清朝前期两淮盐的正杂税大约在200万两左右，"查两淮奏销，历按正杂课银计算，分数造报。其努利、规费、荡价、杂项等银，向不核入奏销数内。癸已一纲两淮应征正杂课银二百十一万九千余两内，除淮北票盐年底奏销应征正杂课银二十九万三千余两，已全数征完造报外，计淮南正杂课银一百八十二万六千余两，上年六月，奏销报完银一百五十一万六千余两。"[25]清朝中后期两淮正杂课盐税成倍增长，由最初200多万两增加到乾隆时400多万两，嘉庆二十年（1815年）之后增加到800多万两。"国初淮纲正课原只九十余万两，加以织造、铜斤等款，亦只一百八十余万两，迨后盐规、匣费、节省等项，多由陋规改为额款，加赠一百余万，再加外支、兵饷、养廉、巡缉、辛工、书院、义举、办公等费与发交内外各衙门及地方公务各息本，按月生息，而科则数倍于原额，乾隆年间已及四百余万，至嘉庆二十年（1815年）后，而淮纲每年正杂内外支款，竟需八百万之多"[26]。道光十年（1831年）后，京外各衙门的解款及其他收入全部奏销户部。道光年间两淮盐税大致在六百万两左右。"淮南岁引一百三十九万五千五百有十，课银五百八十余万两"。淮北岁引二十九万六千九百八十有二，课银二十七万二千两有奇"㉗。根据历年清朝两淮盐税额及其在全国盐课中所占比例（表4），可以看出两淮盐课由顺治时期 100 多万两逐渐上涨到嘉庆时的 220 多万两，而随着清朝经济恢复和发展，两淮盐课占全国盐课收入比例也由一半以上逐渐下降并维持在 40% 的水平。清朝初期盐课收入最少时大约有 200 万两，低于明万历 240 万两的水平，但清初两淮盐课有 100 多万两，高于万历时 68 万两，足见两淮盐课在清朝财政中的重要地位。

表 4　清朝盐课对比

时间	两淮盐课（两）	全国盐课（两）	占比
顺治十年（1653 年）	1197090	2128016	56.3%
顺治十六年（1659 年）	1339846	2701124	50%
康熙三年（1664 年）	1768791	2743675	64.5%
康熙二十四年（1685 年）	2039285	3882633	52%
雍正四年（1726 年）	1759787	3866034	45%
乾隆八年（1743 年）	2568348	5560540	46.2%
乾隆十八年（1753 年）	2179264	5560540	40%
嘉庆五年（1800 年）	2202930	5652575	40%
光绪十七年（1891 年）	3112182	7398799	40%

资料来源：雍正《大清会典》卷四十九、乾隆《大清会典》卷十五、嘉庆《大清会典事例》卷一七七、光绪《大清会典事例》卷二二一和卷二二三、嘉庆《两淮盐法志》卷二十四《课程八·成本下》。

（二）盐税负担的变化

1. 生产环节

明宣德时，两淮灶户共 14104 户，灶丁 35259 丁㉘，灶户每丁岁办 20 小引，"本司所属富安等二十九场盐课司，岁办小引盐七十万五千一百八十引，灶户每丁岁纳盐二十引，引重二百斤"㉙，则灶户每丁每年盐课 4000 斤，两淮盐课每年应为 141036000 斤，灶户的负担即为两淮全部盐课。若按照清雍正每包盐 8.4 斤 1.2 钱计算，明宣德时，灶户每丁盐课 57.14 两，两淮盐课共合银 2014800 两，要远大于清朝两淮场课额。嘉靖四年（1525 年）两淮取消了"计丁办课"，而将灶户分为上中下三个等级，按照等级课盐。对灶丁多的场分，上户岁办每丁 20 小引合 4000 斤，中户每丁 10 小引合 2000 斤，下户每丁 6.67 小引合 1334 斤；灶丁少的场分，上户每丁 20 小引合 4000 斤，中户每丁 13.33 小引合 2666 斤，下户每丁 10 小引合 2000 斤。

《明会典》记载两淮在正德七年（1512 年）前推行折色盐，每引征工本银 0.35 两，七年后改为每引征银 0.2 两。弘治年间两淮盐课总额 141036000 斤，其中本色盐 125530800 斤，占 91.13%；折色盐 12497000 斤，占 8.87%[30]。

场课并不是清朝盐课收入的主要来源。清初两淮通州、泰州、淮安三分司所属三十场额征"折价银"68216 两。之后两淮场课又有所加征，"顺治十一年（1654 年）九月内尊奉部文加征额银 133 两"[31]。"康熙二十一年（1685 年）间，奉准部文，每亩增加银二分、三分至五分不等……"[32]到清光绪年间，两淮盐场灶课岁额为 94481.396 两。场课正额之外，场官还对盐场灶户有"规礼""陋规"等浮费勒索。

2. 流通环节

明朝边商在运司换取盐引时需要向官府缴纳引价 0.5 两每小引、投验勘合费 0.007 两每小引、纸费 0.008 两每小引，共 0.515 两每小引。内商下场支盐时向政府缴纳备荒银和挑河等费每年 20 万两，合 0.05 两每小引；科罚银 0.2 两每小引；割没银每年 10 万两，合 0.1418 两每小引；开炉费约合 0.0713 两；内商购买余盐的价格不是固定的，两淮余盐银每小引大约 0.6~0.8 两，取中间值 0.7 两，则内商共需向政府缴纳约 1.16 两每小引。水商在销售食盐时还需要根据销售额按每小引 0.0221 两向牙行交纳牙税[33]。

上述三商的各项税费是按 200 斤每引，每年行盐 705180 引计算的，但实际上行盐引数和规格并不是固定不变的，经常会有加斤和增引。明万历时期两淮盐课就加征了"宁饷"，"万历三十年（1602 年），户部尚书赵世卿言：两淮为宁夏哱拜反，添引八万，为辽东标兵添引四万四百有奇，又为防倭缺饷，添引三万，俱系额外，有妨正课，皆应停止。从之。"[34]万历末年，又有辽饷之派，岁 21 万两。又有预借商银，即运司征银于商以送太仓（而盐商支盐不得），万历三十年（1602 年）此项为 140 万两，至万历末达 400 余万两[35]。两淮每年额行盐引为 705180 引，连同增引 319400 引，万历时两淮实际行销引目则为 1024580 引。加斤指在每引额定重 200 斤、外加包索 15 斤的基础上，逐渐增加重量，使每引盐的斤数超过额定斤重。万历时期两淮盐每引已加至 570 斤[36]。"天启元年（1621 年），户部侍郎臧尔劝题准淮盐每引加盐十五斤，征银一钱，以充辽饷。"[37]"天启六年（1626 年），因大工紧急，每引加盐十三斤，纳银八分，崇祯二年（1629 年）停止。三年（1630 年），户部尚书毕自严以兵兴饷，棘题请改充辽饷。五年（1632 年），议照辽钞摊行之例，另行新引七万，又题增黔盐五万引。六年（1633 年），从抚臣唐晖请，又题准于湖广武昌、汉阳二府增行淮盐三万引。末年，复派练剿诸饷，浮课增而商资竭矣。"[38]加斤和增引是清明两朝统治者为解决财政问题常用的方法。现摘录部分年代的两淮销盐引数及规格变化（表5），可以从中大致看出两淮盐的增引和加斤趋势。随着增引和加斤的不断增加，两淮盐商的税费负担也随之成倍增长，尤其是明朝末期，为了筹集军饷频繁加斤增引，给盐商和普通民户造成了沉重的经济负担。

表5　两淮销盐引数及规格变化

	销盐引数	每引斤数
洪武年间（1368~1398年）	35300大引	洪武至成化年间400斤 弘治年间200斤
嘉靖二十六年（1547年）	696000引	嘉靖九年（1530年）之后550斤（正盐285斤，余盐265斤）
嘉靖三十二年（1553年）	1500000引	
顺治元年（1644年）	1410000引	万历纲法规定400斤 200斤连包索共225斤
顺治九年（1652年）	1577800引	
顺治十年（1653年）	1670000引	
道光年间（1821~1850年）	1690000引	康熙年间加盐44斤 雍正年间加盐50斤 乾隆年间加盐20斤，每引额重364斤 淮北500斤其中100斤带课，淮南400斤

资料来源：《江苏省志·盐业志》。

清朝顺治年间曾减免明末的各种盐课加征和加派，"止照旧额按引征收，本年（1645年）仍酌免三分之一"[39]。当时大部分盐区每引载盐200斤，各按不同的标准征收引课，两淮盐区"我朝新制，一引剖二，岁改小引1410360引，每引无论引价余课，无分淮南淮北，一例征银六钱七分五厘四毫零"[40]。

清朝顺治后期开始，各种名目的盐课加征又逐渐增多，税收负担逐渐加重。顺治九年（1652年）后，随着军费的增加、财政的困难，各项加征又重新开始，并实行盐务考核，全国盐课收入越来越多。宁饷和滴珠就在顺治年间重新加入课额征收："宁饷带盐并滴珠引课，行盐92697引，每引征银六钱七分五厘零，共该征银62610两。顺治十年（1653年）十一月二十六日开征起，至十二月止，共征过银34619两"[41]。两淮盐区原正课银为952590两，顺治年间增加盐课就有246720两[42]。顺治十七年到康熙十二年（1660～1673年），国内安定，康熙十二年（1673年）三藩之乱爆发，盐课有许多名目的加征，盐课额大幅增加，户部题明"因需用钱之际，每引加征银五分"[43]。

清朝盐商同时还要交纳各项杂款、浮费，大多按引摊征，为地方衙门、盐政官府、显宦大员承担各种支出，成为盐课的一个重要组成部分。乾隆五十九年（1794年）的一则上谕中提到，两淮盐政衙门"每日商人供应饭食银五十两，又幕友束修笔墨纸一切杂税银七十两，每日供应一百二十两，是该盐政一切用度，皆取于商人"[44]。每日消耗120两，则一年两淮盐政衙门就需用银43200两。随着时间的推移，杂项款目由少到多，原有款目也不断加征收额。清朝嘉道时期两淮盐区杂项合计每年征收额就达1048339两，甚至超过了两淮每年额征正课银952590两的水平。由于正课和杂课不断加征积累，至乾隆四年（1739年）时，每引盐征银已达7.114两[45]。而根据陶澍的几个奏折，"两淮盐务攸关六省民食。为引一百六十九万余道，为课四百余万两，加以外资各款，没岁不下三百余万两"[46]，淮盐销售"通计不过十数郡，而八九百万正杂课出焉"[47]。若按两淮正杂课9000000两，盐引1690000引计算，我们大致可以推算出在清嘉道时期，两淮所产食盐经运商运往口岸后需要缴纳正杂课约为5.33两每引。实际上清代两淮盐业在嘉道时期已经开始衰落。

正杂课之外的捐输、帑利银和浮费等没有固定比例，也无法确切计算，但这部分费用不能忽略。从雍正五年（1727年）到乾隆五十五年（1790年）乾隆80岁大寿，大的捐输约有15次，捐输总额达到950万两，两淮盐商在乾隆嘉庆时期报效总数达5400万两；据王守基《两淮盐法议略》记载，两淮地区每年帑利达500000两；康熙四十四年（1705年），李煦在奏折中指出，淮商的三大类浮费程仪、规礼和别敬共岁计"盈千累万"[48]。

道光十三年（1833年）改行票盐后，淮北每引400斤征正课银1.051两，经费银0.4两。道光三十年（1850年）淮南改行票盐后，每引600斤征正课银1.15两，杂课银0.96两，经费银0.329两，共2.439两。咸丰四年（1854年）在两淮盐区推行的盐厘成为盐商的又一沉重负担。两淮"（淮北）票贩运盐，五河为必经之处，于此设卡，每包抽厘钱五百文；运赴上游，正阳关为总汇，于此设卡，每包抽厘金五百文。核计每引抽钱四千文，较课几重两倍"[49]。淮南"贩户运盐出江，节节捐厘，摸重于本者数倍。统计自口岸至通江关，（每引）共银五两五钱零；其运赴楚西省，又须厘八九两不等，商本过重，以致转运维艰"[50]。咸丰四年（1854年）清政府在宜昌设卡，每斤盐抽取银1厘5毫，每年收银约20万两。咸丰六年（1856年）正月又改为每引征收银4厘4毫，年收银56万两。到光绪二十六年（1900年）每斤抽银1分6厘，比初抽时增加 10 倍多。

清代中后期为筹款用于特定支出，在盐商购盐时加价与正杂课同时征收。嘉庆十四年（1809 年）之后，清廷财政困难，"用项迭增，入不敷出"，因而加价搜刮"以资经费"[51]。道光五年（1825 年）为办理高堰工程，每引加价 0.34 两；光绪二十一年（1895 年）海防筹饷加价，每引加价 600 文；光绪二十七年（1901 年）赔款加价，淮北每引 800 文，淮南每引 600 文。

根据上文，归纳出明清两朝不同盐税制度下两淮盐课负担情况（表 6）。明朝盐课中相当一部分盐税来源于户口食盐法下民户缴纳的盐钞，而随着税收制度逐步发展完善，清朝时对于食盐消费者民户已不再征收直接税，清朝盐税收入主要来源于流通环节的课税。

表 6　明清两淮盐课对比

		生产环节课税	流通环节课税	消费环节课税
明朝	前期（开中法下）	141030500 斤	边商引价和手续费等 0.515 两每引；内商余盐银和科罚银、备荒银等共 1.16 两每引；水商牙税 0.0221 两每引	户口食盐法下大口年纳钞 6 贯，约合米六升，小口年纳钞 3 贯；渔民纳鱼盐课钞
	中后期（纲法制下）	交 9% 折色盐，91% 本色盐	新引 0.5 两每引、余盐银 0.8 两每引，外加各种行政经费手续费以及增引、加斤、加价等	盐钞并入地亩，由岁粮代征
清朝	前期（官督商销制下）	额征"折价银"68216 两	顺治初 0.6754 两每引，此后不断加征盐课，雍正乾隆年间盐商捐输 950 多万两；帑利每年约 50 万两，浮费每年上万两，外加杂课每年约 100 万两等；乾隆时每引征银 7.114 两	
	中后期（票盐法下）		淮北正课 1.051 两每引，经费银 0.4 两每引；淮南正课银 1.15 两，杂课银 0.96 两，经费银 0.329 两，共 2.439 两，外加盐厘、加斤等	

四、结　语

明清两朝盐课都面临着相似境况，明朝、清朝初期国家经历过战乱，百废待兴，为恢复生产，稳定社会，政府都制定了较为合理的盐税和收税规则，但从中后期开始，在原有收税项目上通过各种形式不断加征，盐税负担往往随之成倍增加，各种税费增加的后果就是盐政开始遭到破坏，私盐逐渐泛滥。不管是明清两朝前期的开中法、官督商销法的设立，还是中后期纲法、票法的改革，都无法改变国家所面临的经济政治环境，经济政治互为因果，将明清政权推向灭亡。在这其中一个重要的原因是开中法、纲法、官督商销法和票法均是政府或专商垄断食盐生产买卖，垄断高额利润。在此基础下，政府通过不合理的加征和摊派肆意勒索灶户、盐商和民户，违背经济规律与市场经济的发展趋势，必然刺激私盐、余盐打破官府垄断，加速专卖制下行政机构的腐败，激化社会政治危机。

明朝前中期盐课征收主要是在开中法框架下进行的，在开中法下，食盐的销售处于次要地位，明朝政府更加关注边防需要而忽视盐业的健康发展，政府常常过度开中，开中量远远超过食盐生产量；开中法循环周期较长，盐商经营成本和风险加大，加之后期守支困难，使得食盐生产销售环节出现间断，阻碍盐业经济的正常发展；同时，明朝户籍制度使得食盐生产销售具有强制性，盐商也只能到指定地区销售食盐，很大程度上抑制了灶户和盐商生产经营积极性。户口食盐法在明初部分地区实行，明永乐时期在全国范围内得到推广，对恢复战乱后经济和解决民生需要发挥了积极作用，但户口食盐法下支盐送纳路途遥远，费时费力，且所支食盐质量较次，民户逐渐放弃支盐。

从宣德年间（1426~1435年）开始，在商品经济发展的冲击下，政府对食盐产销的垄断开始被打破，余盐、私盐逐渐泛滥，官盐阻滞，大量盐引积压，盐商无盐可支，盐商纷纷转贩私盐，危及国家财政。虽然明朝政府一直严禁私盐，但在商品经济越来越发展的背景下，私盐屡禁不止，内商在盐场等候政府支盐却无法领到食盐，边商手中的仓钞不断贬值，开中法实难以为继，为了解决积引太多，明万历四十五年（1617年）开始实行纲法，淮南淮北分别花十年和十四年时间才基本解决积引。纲法一定程度上缓解了明朝中后期面临的守支困境和财政危机，但之前许多繁杂程序依然被保留下来，盐商经营仍然受到诸多限制，食盐的生产流通环节仍然具有强迫性。

明朝中后期，统治阶级日趋腐败，他们利用权力榨取百姓，对于两淮盐区更是如此。尤其是从万历开始，为了从商人身上征收更多税款，增加朝廷盐课收入，通过增引、加斤、加价来增加食盐行销量，以借此索取商人。税务的混乱势必造成税收低效，明后期战争、灾害频发，财政愈加困难，政府又加大税收征收，进一步成为明朝社会动荡的诱发因素，加速了明代商人纳课运盐体制的瓦解，又使朝廷失去课税来源，形成恶性循环。

　　明末清初的战争动乱严重破坏两淮盐区正常生产秩序，许多盐场遭到破坏，两淮运司所属淮北板浦、徐渎、临洪、兴庄四场，直接用来晒盐的卤池和盐池亦多残损，据统计，遭到破坏的卤池盐池均在五千面口以上；而淮南二十六场，用以煎盐的亭场则有五千五百余面，卤池六千余口遭到了破坏[32]。大量灶户逃跑流亡，许多在扬州的商人都家破人亡没能幸免。清朝继承了明朝纲法制，初期为了发展经济稳定社会，清政府在两淮地区实施了一系列举措，修复盐业设备，减轻灶户和商人负担，吸引灶户和商人重返两淮地区。到康熙二十四年（1685 年），淮南各场共计修复捻亭场 5528面，灶房 12444 间，卤池 6102 口，淮北除对防御潮灾的堤防修筑以外，对卤池、盐池、运盐河都进行大量修理。很快两淮地区"散者集，逃者复，贫者称贷，农贾徙业而至"[33]。两淮的盐产量大增，两淮盐课收入也成为清朝政府财政的重要来源。清前期盐课收入已经被视为仅次于田赋收入的第二大收入。

　　清朝盐税中最大的问题是大量的杂税和加派。清朝前期，每逢战争或是庆典均需要盐商纳捐报效，尤其是乾隆以后的浮费勒索日趋严重。商人在捐输的过程中加价、加耗逐渐破坏了清朝的盐法。食盐垄断专卖制度在空前活跃的商品经济下产生的高额利润促使盐政机构走向腐败，盐政中存在的诸多弊端日益显现。巨大的浮费开销、繁杂的手续以及各级官吏的层层盘剥，这些都成为盐商沉重的成本负担，而政府又对盐课征收不断提高，盐商只能通过提高盐价将成本转移到食盐消费者身上。高盐价带来的巨大利润、政府征收各种苛捐杂税、朝廷和盐政机构的腐败导致私盐在这一时期严重泛滥。私盐的泛滥使得纲盐运销困难，引额壅积。嘉庆二十四年（1819 年），淮北未销盐达 89769 引，占额销引数 296982 引的 1/3。次年，淮南所属的湖广、江西缺销亦高达 25 万引，占原额的 1/4。道光十二年（1832 年），陶澍开始在两淮推行票法，改革的同时，陶澍推行一系列措施来裁减浮费，整伤吏治，票法的实行效果明显，盐价大减，商贩争运盐课收入大增。明代以来的纲法中的诸多弊害也得到了较彻底的改变，两淮盐政呈现短暂生机。但此时清朝政治势力已经不断减弱，社会矛盾逐渐被激化，岌岌可危的清政府不断遭受着战争和动乱，道光二十年（1840 年）鸦片战争爆发，鸦片贩卖和战争赔款使大量白银的外流，国内资金紧缺，产业衰败。道光三十年（1850 年）太平天国运动爆发，两淮行盐范围遭到了战火的破坏，两淮盐的销售渠道几乎全部丧失，再度衰败。朝廷为了筹集军饷，又通过各种方法增加盐税。咸丰初年，为了镇压太平天国运动，创立"盐厘"筹集军饷，为筹集款项，曾国藩、李鸿章在两淮实行循环票法，令商"捐收票本"，实质上又恢复商人垄断专卖，盐政弊端随之复生。甲午战争后，盐税成了帝国主义掠夺的对象，盐税、盐厘成为外债的担保。庚子赔款后，盐税、盐厘也同关税一样，几乎尽数作为外债和赔款之用。从嘉庆到光绪年间（1796～1908 年），两淮盐商和两淮盐业由于大量的杂税、加派、报效和浮费等原因逐渐衰败，盐课剧减，对清朝的灭亡产生了重要的影响。

作者单位：山西大学、晋商学研究所

注释

① 汪崇筼：《明清两淮盐利个案两则》，《中国社会经济史研究》2000 年第 3 期。

② 林枫：《明代中后期的盐税》，《中国社会经济史研究》2000 年第 2 期。

③ 刘利平：《明万历初粤、淮盐业利润率及盐利分配比较研究》，《盐业史研究》2016 年第 4 期。

④ 陈锋：《论清顺治朝的盐税政策》，《社会科学辑刊》1987 年第 6 期。

⑤ 陈锋：《清代盐政与盐税》，郑州：中州古籍出版社，1988 年。

⑥ 倪玉平：《清嘉道时期的两淮盐政与盐税》，《盐业史研究》2016 年第 4 期。

⑦ 汪崇筼：《清嘉道时期淮盐经营成本的估算和讨论》，《盐业史研究》2002 年第 1 期。

⑧ 两江即指江西、江南两省，合称两江。康熙后，江南省虽已分为江苏、安徽、江西三省总督，但仍称两江总督。

⑨《明太祖实录》卷六二"洪武四年三月"条。

⑩《清盐法志》卷一《通例·场产门·场灶》。

⑪《续修四库全书》编纂委员会：《续修四库全书》卷八四三《史部·政书类》，上海古籍出版社，2002 年，第 14 页。

⑫《清史稿》卷一二三《食货·盐法》，第 3604 页。

⑬ [清] 陶澍：《会同钦差拟定盐务章程折子》，《陶文毅公全集》卷十二。

⑭ 清嘉庆《两淮盐法志》卷十七《转运·借帑》。

⑮ [清] 陶澍：《陶文毅公全集》卷十三。

⑯ 清光绪《两淮盐法志》卷五十二。

⑰ [清] 陶澍：《汇通钦差复奏体察淮北票盐情形折子》，《陶文毅公全集》卷十四。

⑱《清盐法志》卷三《通例·征榷门》

⑲ [清] 刘锦藻：《清朝续文献通考》卷三十七《征榷九》，第 7905 页。

⑳ [清] 顾炎武：《天下郡国利病书》原编二十一册《浙江上·兰溪志》。

㉑ [明] 王圻：《续文献通考》卷二十"征榷考·盐铁"条。

㉒《明英宗实录》，台北：中研院史语所影印本，1962 年。

㉓［明］孙承泽：《春明梦余录》卷三十五。

㉔［明］李汝华：《户部题行盐法十议疏》，《明经世文编》卷四七四。

㉕［清］陶澍：《陶文毅公全集》卷十六。

㉖［清］陶澍：《覆奏办理两淮盐务一时尚未得有把握折子》，《陶文毅公全集》卷十四。

㉗［清］葛士浚：《孙鼎臣"论盐"》之二，《皇朝经世文续编》卷四十三。

㉘㉙《明宣宗实录》卷三十三"宣德二年十一月丙申"条。

㉚《皇明世法录》卷二十八《盐法》。

㉛清顺治十五年三月二十九日，周宸藻呈：《两淮运司正杂盐课钱粮文册》，中国第一历史档案馆藏。

㉜清乾隆元年十月二日，张廷玉题：《为密请圣恩豁除场课加赠银两以广皇仁事》，中国第一历史档案馆藏。

㉝林枫：《明代中后期的盐税》，《中国社会经济史研究》2000年第2期，第19~26页。

㉞《康熙盐法志》卷十《诏敕》。

㉟《明经世文编》卷四七五《户部盐法议五》。

㊱《明世宗实录》卷五二一"嘉靖四十二年五月癸丑"条。

㊲㊳［明］王士桢：《历代盐法源流》引《盐政通考》。

㊴《清世祖实录》卷九"顺治元年十月甲子"条；《清盐法志》卷三《通例·征榷门》。

㊵清顺治八年五月二十八日，波洛题：《为淮北商困当苏，谨陈因革之宜事》，中国第一历史档案馆藏。

㊶清顺治十一年二月二十七日，梁凤鸣呈：《顺治十年分征解过正杂盐课钱粮数目文册》，中国第一历史档案馆藏。

㊷《盐课奏销黄册》1147号，中国第一历史档案馆藏。

㊸清康熙十九年八月二十七日，布哈呈：《两淮运司正杂钱粮文册》，中国第一历史档案馆藏。

㊹《清高宗实录》卷一四五八，第11~12页。

㊺清乾隆五年三月二十五日，郝玉麟题：《为调剂盐斤价值以利民食事》，中国第一历史档案馆藏。

㊻［清］陶澍：《恭报接受两淮盐政印务折子》，《陶澍集》，岳麓书社，1998年，第26页。

㊼［清］陶澍：《查覆楚西现卖盐价折子》，《陶文毅公全集》卷十五。

㊽［清］李熙：《李煦奏折》，中华书局，1976年，第26~27页。

㊾［清］王守基：《两淮盐法议略》，《清朝续文献通考》卷三十六《征榷八》，第7898页。

㊿［清］郭嵩焘：《税盐补救章程详》，《淮南盐法纪略》卷三，清同治年间刻本。

51［清］刘锦藻：《清朝续文献通考》卷三十七《征榷九》，第7905页。

52《两淮运司事迹文册》1185号，中国第一历史档案馆藏。

53［清］李发元：《盐院题名碑记》，清嘉庆《两淮盐法志》卷五十五《杂记·碑刻》。

参考文献

[1] 汪崇筼：《明末清初的两淮盐政状况》，《盐业史研究》2010 年第 2 期。

[2] 刘淼：《明代灶课研究》，《盐业史研究》1991 年第 2 期。

[3] 倪玉平：《清朝嘉道时期的两淮盐政与盐税》，《盐业史研究》2016 年第 4 期。

[4] 高晓慧：《我国盐税的演变过程》，《税收史话》2000 年第 12 期。

[5] 陈锋：《论清顺治朝的盐税政策》，《社会科学辑刊》1987 年第 6 期。

[6] 汪崇筼：《清嘉道时期淮盐经营成本的估算和讨论》，《盐业史研究》2002 年第 1 期。

[7] 孙晋浩：《清代盐政专商制度的危机与改革》，《晋阳学刊》1989 年第 3 期。

[8] 宋良曦：《清代中国盐商的社会定位》，《盐业史研究》1998 年第 4 期。

[9] ［日］佐伯富著，顾南、顾学稼译：《清代盐政之研究》，《盐业史研究》1993 年第 2 期。

[10] 宋华：《中国盐税、盐专卖制度的历史演变及财政意义》，《时代金融》2014 年第 6 期。

[11] ［美］黄仁宇：《十六世纪明代中国之财政与税收》，北京：生活·读书·新知三联书店，2001 年。

[12] ［韩］金钟博：《明代盐法之演变与盐商之变化》，《史学集刊》2005 年第 1 期。

[13] 方志远：《明代的户口食盐和户口盐钞》，《江西师范大学学报·哲学社会科学版》1986 年第 3 期。

[14] 朱宗宙：《明清时期盐业政策的演变与扬州盐商的兴衰》，《扬州大学学报·人文社会科学版》1997 年第 5 期。

[15] 鲁子健：《清代食盐专卖制度》，《盐业史研究》1991 年第 1 期。

[16] 沈敏、卢正兴：《清代及民国时期江苏的盐政盐税》，《盐业史研究》1995 年第 4 期。

[17] 陈昆：《从扶助之手到掠夺之手：盐引与明代金融市场》，《制度经济学研究》2015 年第 1 期。

[18] 卜永坚：《商业里甲制——探讨 1617 年两淮盐政之"纲法"》，《中国社会经济史研究》2002 年第 2 期。

[19] ［清］王铭慎撰，曹天生整理：《历代盐法源流考》，《盐业史研究》2002 年第 1 期。

[20] 江苏省地方志编纂委员会：《江苏省志》第 24 卷《盐业志》，南京：江苏科学技术出版社，1997 年。

[21] 郭正忠：《中国盐业史·古代编》，北京：人民出版社，1997 年。

[22] 唐仁粤：《中国盐业史·地方编》，北京：人民出版社，1997 年。

[23] 丁长清，唐仁粤：《中国盐业史·近代 当代编》，北京：人民出版社，1997 年。

[24] 陈锋：《清代盐政与盐税》，郑州：中州古籍出版社，1988 年。

[25] 刘利平：《明万历初粤、淮盐业利润率及盐利分配比较研究》，《盐业史研究》2016 年第 4 期。

[26] 汪崇筼：《明清两淮盐利个案两则》，《中国社会经济史研究》2000 年第 3 期。

[27] 陈涛：《明代食盐专卖制度演进研究——历史的制度分析视角》，沈阳：辽宁大学，2007 年。

［28］ 韩为静：《康乾两淮盐政研究》，长春：东北师范大学，2013 年硕士学位论文。

［29］ 林枫：《明代中后期的盐税》，《中国社会经济史研究》2000 年第 2 期。

［30］ 倪玉平：《政府、商人与民众——试论陶澍淮北票盐改革》，《盐业史研究》2005 年第 1 期。

清代徽商的人文情结与文化贡献

——以扬州和杭州为中心的考察

徐道彬　王　灿

内容提要：清代徽商因其特有的出生背景和价值理念，而与同时代的其他商人有所不同。通过梳理和展示他们崇尚文化和科举仕途的事迹，揭示这些"贾而好儒"的徽商家族在文化教育、学术研究及《四库全书》编纂方面所做出的杰出成就，探讨他们在经济富足之后内心传统观念和人文情怀的勃发，及其在士与商的互动中展现出的精神风貌和文化贡献。

关键词：清代徽商　文化贡献　人文情怀

皖南的徽州，虽然地处万山之中，但水路的四通八达，使其与外界始终保持着开放与互动的状态。南宋以后，政治文化中心的南移，又使皖南经济得以迅猛发展。随着明清时期商品经济社会的进一步繁荣，徽州商人阶层也日趋活跃，社会经济和文化地位也得以大幅度的提高，逐步形成以血缘和地缘为纽带的关系群体，"无徽不成镇"的俗谚成为明清徽商活动的特色标志。而徽商在成为江南社会经济的中坚力量之后，也缘于自己未了的"学而优则仕"的儒家功名情结，以及修齐治平的经世情怀，努力在思想文化方面竭力施展才华与抱负，于是在寓居之地修桥补路，构筑园林诗社，刊刻书籍，行医施药，为当地的城市建设和人文发展事业做出重要贡献，营造出丰富而深远的精神空间和文化氛围。这些旅外的徽商又非常尊崇乡邦圣贤朱熹，在所到之处建立紫阳书院或儒学会馆，用于交游和学习，不断提升自我修养和经营理念，相对于其他商帮崇拜关公和妈祖而言，在文化修养和人文关怀方面有所不同，故而博得"儒商"或"贾而好儒"之雅称。本文选取一些"亦儒亦贾"的旅外徽商家族，通过对他们的家族事迹、人文情怀和文化贡献等现象的揭示，借以探讨清代旅外徽商家族在士与官、商的互动中所展示出的时代氛围、儒学情结与人文镜像。

一、贫而从商　富而为文

明清时期的徽州，因历代避乱而汇集和繁衍的人口与有限的山地之间日益膨胀的矛盾，已经成为严重的社会经济问题。桐城方苞云："徽郡在群山中，土利不足以赡其人，故好贾而轻去其乡，自通都大邑，以及山陬海聚，凡便贾之地即家焉。"① 为了生存，科举仕途与四处经商就成为徽州人摆脱贫困、追求富贵生活的两个重要途径。如果儒而不成，则转而为贾，或亦儒亦贾，贾与儒相济，逐步融合成士商家族一体化和地域共同体的生存模式，故戴震曰："吾郡少平原旷野，依山为居，商贾东西行营于外，以就口食，然生民得山之气质，重矜气节，虽为贾者，咸近士风。"② 大量外出的人口也逐步形成了徽州"商成帮，学成派"的地域特色，而"无徽不成镇"和"徽骆驼"的风俗形象更是招摇商帮，享誉学界，于是也就有了所谓"小徽州"与"大徽州"的兴旺鼎盛之势。

拥有"钻天洞地遍地徽"之誉的徽商，主要以盐业、典当、茶叶、木材四业为经营主体，驰行于海内外。木材和茶叶是徽州山区的土特产，近水楼台，得天独厚；盐业和典当业一般是在他们资产富有之后，所进行的成规模和高回报的经营产业。据清光绪《两淮盐法志》和李斗《扬州画舫录》记载，两淮业盐者大多为徽商，在清中期八大盐业总商中，徽州商占其一半，歙县江村的江氏，丰溪和澄塘的吴姓、棠樾的鲍氏，几乎各姓续代，以家族轮值的方式成为两淮盐业的主管兼经营群体。他们打着为官方经营的招牌，从商业垄断中牟利牛财而渐至富足，"资产以千万计"，而后便援例捐官，议叙、候补和加顶戴者不在少数，如江春、汪森、鲍廷博、郑鉴元等等。清代的徽州盐商由此崛起，称雄商界，通过加强同乡联谊、姻亲攀带、官商互济的手段，逐步控制了运河沿线和江南地区盐业的产、供、销一条龙的经营特权，成为领袖中国商界一个时期的标志和奇迹。然而，这些"由儒而贾"的徽商家族，他们内心从未熄灭过"学而优则仕"的热情，此时也得以适合的土壤，由潜滋暗长到蓄势勃发，凭借着雄厚的经济基础，捐资助学，兴建书院，雅集文会，刊刻典籍，为江浙地区的学术文化事业输入了新的内容和活力，呈现出一派丰富而活跃的精神风貌和文化景象。

曾执两淮盐务牛耳四十年的商号江广达，其主人江春（1721～1789 年，字颖长，号鹤亭，诸生）即是歙县江村人，祖江演、父江承瑜皆先攻科举不成，转而经营盐业，以扬州为中心向四周拓展，至江春时，家业巨万，富甲一方。鹤亭"性警敏，少攻制举，为王己山太史弟子。辛酉乡闱，以兼经荐，额溢弗售，弃帖括，治禹策业。

练达多能，熟悉盐法，司盐政者咸引重之"。乾隆巡幸江南，尝于金山奏对称旨，解御佩荷囊，面赐佩带，晋秩内卿（"钦赏布政使衔，与千叟宴"）③。作为一介秀才，江方伯当时虽未能中举，但"少攻制举"的知识结构和"练达多能"的人生修养，也使他在发达以后更为"喜吟咏，好藏书，广接纳"，"一时文人学士，如钱司冠陈群、曹学士仁虎、蒋编修士铨、金寿门农、方南塘贞观、陈授衣章、陈玉几撰、郑板桥燮、黄北垞裕、戴东原震、沈学子大成、江云溪立、吴桥亭焴、金棕亭兆燕，或结缟纻，或致馆餐，虚怀卑节，人乐与游。过客寓贤，皆见优礼，与玲珑山馆马氏相埒。所著有《黄海游录》一卷、《随月读书楼诗集》数卷"④。江氏始终不泯的业儒情结，于此得以尽数展现。他在富甲一方后，延接名流，诗书风雅，盛极一时。并诚邀沈大成、杭世骏等主其家，常年诗酒唱酬，虽久"弃帖括"，但时刻不忘文人风雅。即使如戴东原、杭世骏之类的考据学家，他也欣然接纳，悉心交游，曾撰《人日集寓心堂送戴东原计偕北上》诗一首，云："客自逢人日，春风满户庭。谈经曾夺席，倾盖即忘形。瓶放梅花白，樽开竹叶青。榜头标第一，争识伍乔星。"⑤这种热心文化、崇仰学术的心态和行为，也是大多数徽商巨贾身上都存在的现象，只是江氏能够"奏对称旨""晋秩内卿"，官商互济而称雄一地，尤为突出而已。江方伯除了集会谈经、礼贤下士外，在乾隆朝编纂《四库全书》期间，他以总商之职，积极配合官府，联络四处徽商社群，笼络藏书之家，为两淮盐政李质颖、两江总督高晋，访求古籍，搜集图书，周旋调剂，出力甚多，因此也博得朝廷与盐政的特别赏识和嘉奖。

扬州的南河下街一带，为江氏家族在四处经营后的聚居之地，除了本土的江村，此处便是他们的第二故乡。江春从弟江昉，字旭东，"性好学，气度渊雅，所居紫玲珑阁，名流萃聚，诗酒盘桓。词学跻宋人阃域，与鹤亭方伯同为物望所归。一时广陵风雅之盛，自马氏后以二家为坛坫主。而居心仁厚，能周贫友，于乡间祠墓尤多捐助。尝综汉皋盐策，人以为利薮。公清洁自持，囊无赢蓄，至弃庐以偿宿逋，其素性狷介如此"⑥。江昉也是早年饱读儒家经典，因屡考不中转而弃儒经商，但仕途理想深埋于心，为日后的"士商合流"与"官商互济"埋下伏笔。著有《晴绮轩诗集》《练江渔唱》等，皆署名"歙江昉旭东著"，颇为世所传。自此以后，江氏家族繁衍，名流代出，坛坫无虚日。如鹤亭之子江振鸿也是"孝友勤慎，凡敬宗收族，嘘植贫寒，悉如其父"，喜与文人学士交，座中文人雅士常满，如钮树玉、吴嵩梁、郭麟等皆常下榻康山草堂，极一时文酒之盛，又曾延请朱文藻、张椿年馆于家，并资助其完成《山左金石志》，而"自君亡后，邗江无风雅总持之人矣"；江昉之子江振鹭，承袭父荫，凭借故旧姻亲，驰骋商界，声名远播，虽日进斗金却崇尚儒学，心仪文化，善交天下文士名流，建宗祠，整书院，且有专门藏书楼，"谨饬能诗，工楷法，克承家学"，著有《莺花馆诗抄》数卷行于世。江氏数代亦贾亦儒，在外则驰骋商海，于内则诗文盛会，确乎极一时之盛。据《扬州画舫录》所载，江春同宗者尚有江晟、江进、江立、江兰、江昱、江恂等，子孙辈如江振鹍、江士相、江士栻、江德量等，皆或仕或贾，或儒或艺，在两淮寓居之地蔚然成势。他们早年都饱读诗书，最终却无法通过科举而入仕途，故在"富成名就"之后，即以各种捐助赈济的方式向朝廷捐官纳衔，以"富而优则仕"来弥补自己的人生缺憾，慰藉祖宗谆谆教诲的仕途理想。由此可见徽州人向外图谋生计和事业的发展，打破了封闭的本土畛域，通过官、商、文的互助互济，加强了与外界的碰撞与交流。旅外徽商家族在江浙地区的经商和科举，一方面是寻找生存的路径，解决自身和家族的繁衍和发展，另一方面也给寓居之地的经济和文化带来新鲜血液，共同促进江南地区社会经济文化的富足与繁荣。

信奉"第一等好事只是读书"的徽州学子，自幼皆为科举仕途而奋斗，但因禀赋有差，多走"学而困则商"的治生之路，因此徽商大多具有较高的文化素养。他们在进入江浙富庶繁华之地后，寻找商机，勤苦经营，待立足已稳，家资富饶，即"以儒术饰贾事"，广交联谊，联姻攀附，逐步融合于土著，形成独有的关系网络。与歙县江氏一同在扬州经营盐业、且互为唱和的祁门马氏，也是"弃儒就贾"，以"计然之术，积其奇羡，遂至饶裕"，而"以高赀称里中"，有"扬州二马"之称。马曰琯（1688~1755年，号嶰谷，祁门人）和马曰璐（1695~1775年，字佩兮，号半槎）兄弟，虽不及江氏富饶，但"稽古能文""名闻九重"，对外开放"丛书楼"的珍贵藏书，编辑《韩江雅集》和《林屋唱酬录》，刊刻"马版"经史小学与古诗文集等，都深刻地影响到当时的江南学者与学风。马氏家族以盐业致富，以藏书起家，尤以"小玲珑山馆"为中心的"邗江诗社"，聚集了当时许多一流的文人和学者，他们或性耽山水，驰骋才艺；或澹泊仕进，酷嗜典籍，各呈才学，竞相争艳，促成了扬州在乾隆时代学术文化的核心地位与深远影响。阮元称"征君昆弟业鹾，资产逊于他氏，而卒能名闻九重，交满天下，则稽古能文之效也。当时拥重资过于征君者，奚翅什伯，至今无人能举其姓氏矣"[7]。可见"富在一时，名存后世"，徽商的人生观和价值观确乎与其他商帮不同。这就是儒家"三不朽"思想在徽商中的切实体现，也是为何徽商屡为今人着力研究的原因所在。

"二马"家族自祁门移居扬州做盐业生意，维持生计，因无法"寄籍"，故"二马"早年欲考秀才，还得奔回祁门应试。祖父马承运生三子：恒、谦、勋，皆继承父业，奋力从事"盐垞子"。其中，谦有四子：曰康、曰楚、曰琯、曰璐，皆少年苦读，以企隆起家声。曰楚贡入国子监，候选儒学教谕，娶妻汪氏，乃福建布政使汪楫之孙女，由此而成官商联姻之势⑧，马氏家族才逐渐富强起来，加之"二马"崇敬儒学，醉心文史，广延四方好学之士，由此而名满天下。据《清史列传》载：马曰琯，字秋玉，安徽祁门人，江苏江都籍，诸生，候选知州。性孝友，笃于学，与弟曰璐互相师友，俱以诗名，时称"扬州二马"。家有藏书楼，见秘本必重价购之，或世人所愿见者，不惜千百金付梓，藏书甲大江南北。四库馆开，进书七百七十六种，优诏褒嘉，赐《古今图书集成》一部，并《平定伊犁金川诗得胜图》。有园亭曰小玲珑山馆，四方名士过者，辄款留觞咏无虚日。全祖望、符曾、陈撰、厉鹗、金农、陈章、姚世钰皆馆其家，结"邗江吟社"。高宗南巡，幸其园，赐御书及诗，海内荣之⑨。马氏的小玲珑山馆是接待文人墨客的悠游场所，其藏书极富的"丛书楼"供文人学士浏览和研究之用。座中常客杭世骏尝称马氏不以俗学缘性而志不求时名，清思窈渺，超绝尘埃，亲贤乐善，惟恐不及。方闻有道之士过邗沟者，以不踏其户限为憾事。其创办的"韩江雅集"吸附文人，怀远学者达数十年之久，蔚成扬州文学群体的欣欣向荣之势。此外，"扬州二马"在文化上的贡献，除了博学而好古及考校文艺、嘉惠士林之外，他们对于《四库全书》的编纂，在当时起到了非常重要的带头和鼓动作用，充分表现出文化商人的儒学情怀与文化自觉。

自乾隆三十七年（1772 年）正月始，朝廷下诏从全国各地征求书籍，因多种原因而效果不佳。乾隆三十八年（1773 年）闰三月初三日，朝廷下旨"谕军机大臣著李质颖查访淮阳马姓等家藏书借抄呈进"中有：淮扬商人中颇有购觅古书善本弆藏者，而马姓家蓄书更富，于四库所储实有裨益。须派总商内晓事之人如江广达等，令其因亲及友，广为访借⑩。同月二十日又有"两淮盐政李质颖奏解送马裕家书籍折"，称马裕家族知悉征书之事，"欣喜踊跃，即将书目呈出"，并附马裕秉称：商人受皇上培养深恩，沦肌浃髓。今蒙购访遗书，商人家内所藏苟有可采，得以仰邀睿览，已为非分之荣，何敢复烦抄缮，致需时日，只求将原书呈进，便是十分之幸了。硃批：俟办完四库全书，仍将原本发还⑪。今若翻检《纂修四库全书档案》，我们可以看到前列数十条地方大员所上奏折中，涉及"马姓""马裕"或"江广达"者竟达十条之多，可知马氏当时也曾风云一时。据翰林出身的两淮盐政李质颖奏称，从马裕家藏的全部 1385 种图书中，分前后三次共择取 776 种，当为私人献书最多的纪录。马氏也以朝廷官府亲征自己的藏书为荣，于是"感激天恩，乐于从事"。据李氏奏报：传谕该商，即欣然将书目呈出，及至借抄之际，又再三禀请，恐稽时日，求将原书呈送，是其感激天恩，乐于从事，出自中心之所诚⑫。有幸的是，今天我们还可以在《四库全书》中经常翻到"两淮马裕家藏本"的字样，这便是对"扬州二马"的最好的纪念，也标示着旅外徽商家族对朝廷编纂《四库全书》所做出的重要贡献。因此，乾隆上谕予以嘉奖道："今阅进到各家书目，其最多者如浙江之鲍士恭、范懋柱、汪启淑、两淮之马裕四家，为数至五六七百种，皆其累世弆藏，子孙克守其业，甚可嘉尚。因思内府所有《古今图书集成》，为书城巨观，人间罕觏，此等世守陈编之家，宜俾专藏勿失，以裨留贻。"⑬其中鲍士恭和汪启淑皆歙县人居杭州者，私家献书最多者四家，而旅外徽商占其三⑭。此外尚有汪如藻、汪汝瑮、汪承需、程晋芳、吴玉墀等皆各有所献，也是徽商家族对于《四库全书》编纂以及典籍保护和文化传承的别一种贡献。

　　这些崛起于江浙地区的旅外徽商，因贫而从商，渐富而为文，凭借着才华与实力，不仅摆脱了物质生活之困与精神寄托之穷，也实现了自己人生价值的自足世界，甚至在一定程度上超越了科举仕途所能获取的物质需求和精神境界。这在清代社会经济史研究中确乎是个颇为引人瞩目的现象。余英时曾对此也有所探讨和阐释："十六世纪以后，商人确已逐步发展了一个相对'自足'的世界。这个世界立足于市场经济，但不断向其他领域扩张，包括社会、政治与文化；而且在扩张的过程中，也或多或少地改变了其他领域的面貌。改变得最少的是政治，最多的是社会与文化。"⑮文化商人在有了充裕的自足世界后，便要实现自我"士大夫化"，他们不可能在精神层面上始终做士大夫的"附庸"。因为"商人是士以下教育水平最高的一个社会阶层，不但明清时期弃儒就贾的普遍趋势，造成了大批士人沉滞在商人阶层的现象。而且，更重要的是商业本身必须要求一定程度的知识水平。商业经营的规模愈大，则知识水平的要求也愈高"⑯。如果说"官商互济"是徽商得以猎取财富的主要途径，那么"士商合流"则是徽商能够在思想文化界开疆辟土的重要因素，即使不排除他们"附庸风雅"的嫌疑，但"贾而士行"的结果，已经让他们进入到了文人与学者的领域，并为他们提供了足够的物质需求和精神支柱。所以，在清代的江南地区，士与商的界限已经非常模糊了：一方面是儒生大批地参加了商人的行列，另一方面则是商人通过财富的运作，也可以跑进学者文士的阵营里来⑰。

二、虽为贾者　咸近士风

　　汪氏是徽州声名最大的世家大族，不仅在徽州本土人丁兴旺，势力强盛，在江浙地区的旅外汪姓徽商也是人数众多，影响一时。尤其是在科举和教育文化方面，无论本土或寄籍士子，更是人才济济，蟾宫折桂者不乏其人。戴震一生素性狷介，矢志于学问，因与同族豪强结仇而终生流离失所，他与本土人士交往最多者即为汪氏，如汪梧凤、汪应庚、汪元亮、汪棣等。汪梧凤（1725～1773 年，字在湘，号松溪，歙县西溪人）家族经营盐业于江淮与京师，经其祖汪景晃、父汪泰安等数代家族的勤苦经营，终为巨富，并于本土建有私家园林"不疏园"，以为私塾教育和书院研究之用。至梧凤及其子孙辈，在四处经商之余，乃以不疏园为学术园地，购买和刊刻书籍，邀集本土学者江永、戴震、程瑶田、金榜、汪肇龙、汪梧凤、胡受毂、洪榜兄弟等一批崇尚实学的宿儒学子在此攻读经史之学，外地名流如郑虎文、刘大櫆、汪容甫、黄仲则等也曾聚集于此，逐渐成为"皖派"学术的发祥地。汪应庚（字上章，号云谷，歙县潜口人）侨居扬州，自祖父辈即业盐于两淮，积资巨万。应庚继承家业，而不忘修身，尤通晓经史文艺，道德学识皆有可称，且乐善好施，为扬州学宫出资修缮，并捐赠学田与银两，备制祭器、乐器，以田租充实学府膏火，剩余者贮于公府，在大比之年分发士子以为资斧。戴东原为之作《江氏捐立学田碑》以志表彰，朝廷援例赐光禄卿秩衔。其子汪起，孙汪立德、秉德皆富而好施，为众商所推重，"虽为贾者，咸近士风"，体现了旅外徽商家族对于慈善事业和传统学术文化事业的扶持与尊崇。

"贾而好儒"的汪棣（字韡怀，号对琴，歙县人）是一位寄籍仪征的徽州盐商，承继家业，刻苦读书，由廪贡生至刑部员外郎，著有《持雅堂集》。与卢见曾和李斗（1749～1817 年，字北有，号艾塘）为挚友。卢氏邀集宴饮，商人不得参与，惟汪棣与之。李氏载其事曰："工诗文，与公（卢氏）为诗友。虹桥之会，凡业鹾者不得与，惟对琴与之。多蓄异书，性好宾客，樽酒不空，一时名下士如戴东原、惠定宇、沈学子、王兰泉、钱辛楣、王西庄、吴竹屿、赵损之、钱蘀石、谢金圃诸公，往来邗上，为文酒之会。子晋藩、掌庭皆名诸生。"[18]汪棣学问虽非杰出，但善于经商，且雅好文章，对当时的饱学之士甚为关怀，对学术文化事业颇有贡献。《清稗类钞》记其事云："惠定宇尝病于扬州，医言欲饵参。定宇贫窭，不可得。时歙人汪对琴比部棣亦侨居邗上，雅重定宇品学，慨然购上品紫团参持赠，值千金。定宇病起，举所撰《后汉书训纂》初稿及善本尽以贻之。比部不欲攘美，什袭珍护，屡思梓行，而绌于力。以同里陈氏喜藏书，因付以善本，而自留原稿。后桐乡冯氏所刻《后汉书补注》，即此本也。"[19]可见汪氏施善不求报，重学不掠美，其学其行可与"扬州二马"相媲美，也直接影响到其家族子弟也多博雅好古，精于诗文。其子汪光羲（字晋藩，号芝泉）少承庭训，博览群经，俭而好礼，与弟汪掌廷同为名诸生，以文学知名当时，常与汪中、焦循、顾起尊等友善，往来谈艺，契若金石。汪氏一族亦贾亦儒，居心仁厚，敦本尚义，如此这般地崇儒重道之行为，乃欲在精神层面上达到更高层次的精神境界，知生之意义、活之追求，也是近世以来士、商格局上的一种新变化。因此之故，文人入商或者商人入文，都加速了士与商在各自发展层面上不自觉地互为转向与融合。

因新安江水路的畅通，徽商在浙江经营者尤多。如休宁溪口的汪淇行就在桐乡经营盐业多年，家资富饶且又瓜瓞绵绵，斥巨资聘请塾师培育子孙，逐步繁衍成一族在经济和文化上都有突出贡献的旅外徽商典范。其有子四人：鼎、文桂、文梓、文柏，皆儒雅好学，才华出众，尤以后三者为优，黄宗羲赞之为"汪氏三子"，并为之作《汪氏三子诗序》。据阮元辑《两浙輶轩录》载：汪文桂字周士，一字鸥亭，桐乡岁贡生，官内阁中书，有《鸥亭漫稿》《六州喷饭集》。汪森，又名文梓，字晋贤，一字碧巢，官户部郎中，有《小方壶吟稿》。汪文柏字季青，一字柯庭，桐乡人，官北城兵马司正指挥，有《柯庭余习》《古香楼吟稿》[20]。文柏著作由其子兆鲸、兆鳌刊刻，皆署名"练江汪文柏季青"。此家旅外汪氏由商贾转而好儒，以治盐兴家业，以科甲隆门第，至此走上了"富而能学，学优则仕"的光明前程。据《清史列传》载："（汪）森少工韵语，与嘉兴周筼、沈进相切磨。既复与黄宗羲、朱鹤龄、朱彝尊、潘耒诸大师商榷，艺业益进。乃营碧巢书屋以当吟窝，筑华及堂以宴宾客，建裘杼楼以藏典籍，海内名士，舟车接于远道，诗名籍甚。"[21]"裘杼楼"中贮书万卷，"四方名流企其风尚，挐舟至者履且满"。又，潘思榘为汪绮岩所作墓志铭载：汪氏系出唐越国公华，至君祖文桂，中书舍人。叔祖森，户部郎中，扬励风雅，藏书最富，海内诸名宿尝主其家，称为碧巢先生。中书子四，其次继燝，历官御史、给事，巡台湾有声，为后于碧巢，君考也。君讳上埥，字绮岩，号谢谷，授奉直大夫。子孟鋗、仲鈖、季铿，其箧所生则彝、铭也。孙二人：如藻、如洋[22]。汪氏家族虽然从休宁流寓桐乡，至汪上埥时又迁至秀水，多年后才正式得以占籍。汪森所著《小方壶存稿》和《文钞》皆署名"休阳汪森晋贤著"，可知其始终心怀乡情，不忘初心。汪氏历经数代盘桓于士商之间，能文者从儒，能算者经商，人各有志，各行其是，除了繁荣了当地经济和富足家产以外，在诗文创作、学术研究以及《四库全书》的编纂方面，都有积极而显著的成就。至汪如藻（翰林学士、四库馆提调及纂修官）和汪如洋（状元、四库纂修及分校官）时，汪氏家族达到了辉煌的时代，宗族的各个分枝中都有许多士与官人数的增加，应当与其自家建有"碧巢书屋"和"裘杼楼"的典藏文籍有着密切的关系。据《嘉兴府志》载："秀水汪孟鋗字康古，弟仲鈖字丰玉，家故饶，至孟鋗时渐落，而先世裘杼楼万卷之藏书故在，孟鋗兄弟搜讨其间。乾隆庚午，孟鋗兄弟举于乡，丙戌，孟鋗成进士，有《厚石斋诗集》，仲鈖有《桐石斋诗集》。孟鋗子如藻，字念孙，举人，值四库馆开，献家藏书一百三十七种。乙未成进士，入翰林，终山东粮道。如洋字润民，为仲铅后，乾隆庚子会试、廷试皆第一，授修撰，年四十卒。"[23]汪孟锔有子如藻、如澈、如洋、治猷、承泽，父子相承，兄弟蝉联，互为倚重，无论进学或经商，其家族人员在经济基础、社会地位、地方声望方面皆得以认同，尤其在藏书、刻书、献书及其子孙参与传统古籍的整理与研究方面，都为祖国的文化传承和发展做出了重要贡献。叶昌炽赋诗赞曰："绥若安裘晏若杆，揽环结佩君子居。司城岂必为贫仕，本读司空城旦书。"[24]这种因商而富学，以学而隆家，既可维持富裕的生计，又能获得社会地位和声望，成为无数家庭羡慕和追求的最佳生活范式。在一个世代繁衍的徽商大家族中，官吏与士农工商各色人等皆有，同宗之内父子、兄弟之间的相互资助和彼此扶持，又使这"亦儒亦贾"的复杂关系长期处于融合状态，"士商混一，官商不分"便是清代旅外徽商的一个重要特点。

　　与汪森同宗，且几乎同时到达杭州经商的还有汪启淑（字秀峰、慎仪，号訒庵，歙县绵潭人）家族。其祖父辈以经营盐业致富，建有"开万楼"，藏书甲江南，富而好学，贾而又仕，援例捐资为工部都水司郎中，迁兵部职方司郎中。又因工诗文，喜交友，常与杭世骏、厉鹗、程晋芳、翁方纲等文人学士相唱和。平素酷爱金石文字，搜罗周秦至宋明各朝印章数万钮，又建"飞鸿堂"贮之，自号"印癖先生"。著述有《水曹清暇录》《飞鸿堂印谱》《汉铜印丛》等，自署"古歙汪汪启淑訒庵撰"以示怀乡之谊。汪氏以一人之力，钤拓众多古印谱，又汇辑钤录当时篆刻，承继西泠印社诸子之轨，为繁荣清代艺术创作和浙派篆刻持续发展立下汗马功劳。《四库全书》开馆之时，汪氏又与马裕、鲍士恭等徽商一起，进奉"精醇秘本""并邀宸奖"，成为一时朝野遍知的佳话。其中《建康实录》和《钱塘遗事》两书，乾隆"亲题二诗以赐"，自然会对寓居之地的文化生活产生深切的影响。在汪氏家族之内，甚至闺门女士也钟爱文艺，喜好金石。其女汪玉英为大学者洪榜之妻，酷爱鉴赏，彬雅多闻，著有《吟香榭初稿》；婢女杨瑞云、金素娟，也善模仿，嗜古成癖，并能治印；其孙汪其佩醉心吉金乐石，擅长考订，望古遥集而思前哲风仪，曾辑《飞鸿堂小成》《集古小成印谱》等，皆由名士梁同书为之作序。综观汪氏一族，虽然未能如汪如洋家族以科举入仕而光耀，但仍能以"并邀宸奖"而驰名于学术文化界，"行则以商，处则以学"，同样实现了个人的理想人生和光宗耀祖的生命追求。故叶昌炽咏颂之曰："社散南屏寺里钟，年华终贾骋词锋。书船何似玉川子，雪压短篷过五茸。"[25]字里行间洋溢出真实的写照和真诚的赞誉，而从汪氏家族的人文情怀与精神修养上，我们也确实看不出他们是商人抑或是文人了。

　　诚然，在科举场屋中，并非每个应考者都能金榜题名；在激浪翻卷的商场里，能够像巨富二马和江春之辈者毕竟是极少数，绝大多数徽商既无世代积资，又无权贵相助，多半是以维持生存而图谋发展，如果略有结余便是幸运之家了。这些人都是先走读书科举之途，有着相当高的学识水平，进学不成而"弃儒就贾""从医""从艺"，但时刻不忘仕途功名，要么继续科举，或是纳钱捐个"候补主事""候铨教谕"之类的闲官虚职，借以光耀门楣和慰藉祖宗，而科举正途和翰林牌坊始终是徽州人永远的梦想和追求。今唐模村耸立的"同胞翰林"坊，即康熙皇帝旌表许氏兄弟所赐之恩荣，是许氏家族"学而优则仕"的历史丰碑，也是徽商"贾而好儒"的真实写照。《扬州画舫录》载其事曰："许承宣字力臣，江都人，康熙丙辰进士，官至给事中，首陈扬州水利赋役二疏。辛酉典试陕西，陈秦晋间利弊六事，请刊御制文集，悉见嘉纳。归卒于家，与其父明贤、弟承家并祀乡贤。承家字师六，康熙乙丑进士，授编修，辛未会试充同考官。诗文与齐名，著《猎微阁集》。"[26]许氏兄弟之父许明贤，字仲容，歙县唐模村人，少时刻苦读书，长则业盐于江都，虽为贾人而好儒术，为人敦笃恺悌，富而博施。又斥巨资延师课读家族弟子辈，于是科第蝉联，隆誉两地。其子承宣、承家兄弟二人俱中康熙年间进士，授翰林。兄承宣，字力臣，号筠庵，康熙十五年丙辰（1676 年）二甲第三十一名进士，授翰林院庶吉士，官工科给事中，典试陕西，著有《宿影亭稿》《青岑文集》《西北水利议》。弟承家，字师六，号来庵，康熙二十四年乙丑（1685 年）二甲第六名进士，授翰林院编修，曾充会试同考官，著有《猎微阁诗文集》。王渔洋有诗云"云间洛下齐名士"，即是赞誉许氏家族，一门风雅，父祖经商致富，子孙科举隆家。至清末，唐模许氏一族仍枝叶繁茂，俊才迭出，他们的祖先在商场激战后凯旋归里，或建书院，在书声琅琅中传道授业；或造庭庐，在白墙灰瓦间退隐自守，于万般喧嚣之后归于平淡。

与许氏同在扬州的同乡巴氏，拥有最知名的"巴总门"，此乃盐商巴慰祖、巴源绥的宅第，也是旅外徽商巴氏宗族的聚居地。巴氏一族原以家乡歙县渔梁坝之交通而四处经商，自巴廷梅始，寓居于扬州业盐，家业与人口逐渐壮大，或儒或贾，亦儒亦贾，渐至闻名。至巴慰祖（1744～1793 年，字予藉，号隽堂，歙县渔梁人）时，早年读书科举和中年经商营业皆未如意，不及其兄源绥经营顺畅，于是凭兴趣转而钻研书画篆刻，旁及钟鼎款识、秦汉石刻、古画器物，渐有所成，著有《四香堂摹印》《百寿图印谱》传世。因好古收藏和周济学友，加之捐官候补中书，由是大亡其财。晚年以替人作书治印维持生计，卒年五十。《扬州画舫录》载："巴慰祖字禹籍，徽州人，居扬州，工八分书，收藏金石最富"。"巴源绥字金章，歙县人，慰祖之兄。长来往于扬州，以盐策起家。好游湖上，家有画舫。子树恒，字士能，世其业，运盐场灶多奇计。"㉗其子侄辈巴树谷、巴树烜、巴树民及树恒，在经营生意之暇，皆以金石篆刻和书法绘画享誉周边。巴氏一族皆通文艺，精鉴赏，富收藏，慰祖治印尤宗程邃，喜用"涩刀"，印款多用行楷，清秀明快，冥合自然，字里行间力摹古玺汉印，仿制青铜彝器，能得汉印精髓，览之者不能穷其趣，今人名之为"皖派"㉘。巴氏是盐业世家，贾儒相通，迭相为用，他们展现出的商人"士大夫化"，抑或士大夫的"商人化"，已经不分彼此，模糊不清，颇令人回味。现今的巴总门地带已或存或毁，无法保有当年的盛况，但其幽长的巷道还可令人想象到昔日旅外徽商家族的鼎盛风貌。巴氏家族以商业经营兼及人文艺术的追求，尤其是在篆刻艺术上的成就至今影响不衰。

三、贾而好儒　留名青史

明清徽商的主要去处，是因水路交通之便而大多落实在江浙荆楚地区。扬州是水利交通枢纽，距江南乡试考棚江宁很近，又是两淮盐运漕运中心，自然成为徽州士子和商人的聚集之地。清末吴江陈去病曾在徽州任教职多年，竟称扬州是徽商的殖民地，自有其道理在。翻阅李斗《扬州画舫录》，所记人物及其轶事也多与徽州人士有关，所称"扬州诗文之会，以马氏小玲珑山馆、程氏篠园及郑氏休园为最盛"㉙，而此中三姓皆为徽商家族。

程氏为徽州大姓，寓居扬州"篠园"的程氏望族，以歙县岑山渡人程文正、程梦星"父子进士"最为显赫。文正祖父程量入、父程之模均在扬州从事盐商，家境富饶，资本雄厚，便着意于子孙由科举仕途而光宗耀祖。十数年后，族中士子科第簪缨，人才辈出。李斗《扬州画舫录》曾以长文铺陈梦星一家脉络曰："父名文正，字笏山，江都人。工诗古文词，善书法，康熙辛未进士，仕至工部都水司主事，著有诗文稿。公名梦星，字伍乔，一字午桥，号洴江，又号香溪。康熙壬辰进士第，官编修，著《今有堂集》。诗格在韦、柳之间，于艺事无所不能，尤工书画弹琴，肆情吟咏。每园花报放，辄携诗牌酒榼，偕同社游赏，以是推为一时风雅之宗。"梦星喜交游，善著述，为诗坛盟主数十年，著有《今有堂集》《李义山诗注》《平山堂志》等，主纂雍正《江都县志》。据家谱和村镇志资料载，程梦星的侄辈又有杰出之士，如程名世、程晋芳、程敔、程茂、程卫芳、程鸣、程志乾等等。程名世字令延，号筠榭，与杭世骏、厉鹗等为文友，宾客文酒之会，工诗文，著有《思纯堂集》《左传识小录》《国策取譬》等藏于家，曾与叔父梦星编辑《扬州名园记》。有子四：长赞和，字中之，丁酉选拔；赞宁，乙卯恩科副榜；赞皇、赞普皆名诸生。㉚程敔，字圣泽，以业盐而致富，工诗文。程茂，字尊江；程卫芳，字述先，皆工诗文，有专集行于世。程志乾，字学坚、书舸，工于诗词，因《七夕诗》句"人当别离真难遣，事纵荒唐亦可怜"而驰名于世。程鸣，字友声，邑庠生，工书画，深得王文简和朱彝尊的赞誉。至程梦星的孙辈人物，客居扬州者尚有"程沆，字晴岚，进士，官庶吉士。弟洵，字邵泉，官舍人，为午桥侄孙，皆工诗文"③。程氏"由贾而仕"，渐至于"亦贾亦儒"，程梦星时家族最旺，于是购筑二十四桥旁之篠园，广植芍药、荷花、翠竹，亭榭处处，乱石间之，马曰琯赠之以竹，方士庶为绘《赠竹图》，因以取名"篠园"，一时传为佳话。其后程姓人物多在此聚会游赏，推为一时风雅之所。程名世、程晋芳等常馆于此，而胡复斋、马曰琯、方西畴、余元甲等也常来雅集。

岑山渡人在扬州者以程梦星为核心，他承上启下于内，而又贯穿左右于外，无论是官僚商人，或是文人学者，经其笼络运作，逐渐构建起以篠园为核心的程氏家族经济发展网络和文化教育规模，尤其以诗文创作和学术研究为主要特色。袁枚称："淮南程氏虽业禺策甚富，而前后有四诗人：一风衣，名嗣立；一夔州，名釜；一午桥，名梦星；一鱼门，名晋芳。"③程嗣立，字风衣，号复斋，工诗文书法，康熙诸生，兼通医算，雍正时举博学鸿词不赴。程釜，字夔州，为康熙癸巳进士，官职方司主事，迁刑部郎中，著有《二峰诗集》。其兄程銮，字坡士，曾入于襄敏幕府，著有《岑楼咏物诗》。午桥事迹已见上，鱼门则稍后述之。可见程氏子弟不论经商或问学，在从商闲暇之时，大多酷爱文史，雅好诗文。他们既是两淮盐商群体的重要成员，也有以科举文章显名于时者，甚至有参与《四库全书》编纂之功臣。

如果说以程梦星为核心的士商兼顾的地方绅士，带动了旅外徽商家族在经济文化方面做出了显著成绩。那么，以程晋芳（1718～1784 年，字鱼门，号蕺园，岑山渡人）为代表的学者，又在更高层面上为国家学术研究事业做出了更重要的贡献。程鱼门为梦星之侄，承接祖上资产，以商养儒，以儒取仕，"问经义于从叔廷祚，学古文于刘大櫆，与商盘、袁枚唱和诗文，并擅其胜。江淮老宿咸与上下其议论"③。其祖父以盐策起家，家资殷富，重视子孙科举仕途。鱼门兄弟三人，"接屋而居，食口百人，延接宾客，燕集无虚日"。史料载："鱼门祖居新安，治盐于淮。乾隆初两淮殷富，程氏尤豪侈，君独惛惛好儒，罄其资购书五万卷。君耽于学，百事不理，又好周戚友，付会计于家奴，了不勘诘。以故虽有俸给，如沃雪填海，负券山积。赴陕谋于中丞毕公，索逋者呼噪随之。君已衰老，遂没于陕。"③鱼门曾以"岁壬午应召试列第一，授内阁中书，乃悉弃产，偿宿逋，携家北上。辛卯成进士，授吏部主事。癸巳岁，高宗纯皇帝允廷臣之请，特开四库全书馆，妙选淹通硕彦，俾司修纂，君与其列。旋以馆阁诸公校核讹错，皆罹薄谴，独君所手辑，毫发无疵。书成奏进，纯皇帝素稔君才，仰荷特达之知，改授编修"⑤。程氏喜招四方缀学之士，居家相与探讨，家中豪奢声华，每日出千进一，因多财好士，终罄家业，"才难问生产，气不识金银"，以至于祖业败尽，"无以举火"，最后财尽家散，债台高筑，避难于西安，以至穷老而死，由毕沅"经纪其丧，赡其遗孤"⑥。有幸的是，其子程瀚、程溎能够继起家声，重振门户，且将其父诗文著作汇集刊刻，广传于世。要之，程氏生性好谈学问，不善经商，却为学术研究赢得了充裕的时间和精力，其《礼记集释》《勉行堂诗文集》等许多著述都是在他"悉弃产"而痴迷于学问的情况下完成的。而他参与《四库全书》的编纂，且从家藏典籍中选出数种精秘之本奉献于朝廷，更体现出他对于学术文化事业的不懈追求和崇高的人生境界。

程晋芳属于典型的"亦贾亦儒"而又醉心学术之人，自言："余自壬午入都，与族叔绵庄先生别，嗣是一岁中必书问五六至，虽间隔数千里，不啻执手觌面之勤也。"⑦晋芳与绵庄为同宗之祖孙关系，由二人文集书信也可见其关系之密切。程廷祚（1691～1767年，字启生，号绵庄、青溪居士）寄籍江宁，其祖自新安之槐塘迁金陵。父京萼，字韦华，经营之暇外能诗工书。初时家极贫，恒书屏幅易薪米，日闭户课两儿，俾习洒扫应对之节。客来，进鸡黍，侍立左右，如古弟子职。凡十三经、二十二史、骚选、诸子百家之书无不读。程韦华虽为一介商人，在生存问题尚未优裕的情况下，却以极强的毅力和信心教育子孙懂得儒家诚正修齐之法，确乎与众不同。故廷祚与弟南耕治学，皆以经史为重，"恒自谓文所以辅道，自汉唐以来，儒生泥典故，为训诂学，而不能变化以随时，其高谈性命者，又或蹈空疏，罕裨实用。于是以博文约礼为进德修业之功，以克已治人为格物致知之要，天文、舆地、食货、河渠、兵农、礼乐之事，靡不穷委探源，旁及六通四辟之书，得其所与吾儒异者而详辨之。盖自国初黄黎洲、顾亭林两先生殁后百有余年，大儒统绪几绝，继之者惟先生"⑧。廷祚兄弟继承祖之业、父之志，一面以经商维持生计，一面也不忘立名德、建功业，思想上"以义为利"，行为上"贾道儒行"。弟南耕有经世之才，后"佐大僚幕数十年，所得脯脩与兄共之，无少别异"。廷祚则专心学问，著述等身，其《大易择言》《尚书通议》等皆为不朽之作，而《晚书订疑》即与阎氏《尚书古文疏证》一起，为《伪古文尚书》下定谳，在清代学术思想史上留下灿烂的一页。

徽商的"士大夫化"使得他们与众不同，其诗文博雅和经史才华已经充分展现于诗文创作、艺术鉴赏、学术研究和其他文化活动之中。尽管他们是"贾而士行"，抑或"士而贾行"，只要能将生存手段与文化贡献结合平衡到最佳状态，那就是人生之大成功。以刻书为生存职业，竟以《知不足斋丛书》而"奉旨赏给举人"的杭州大藏书家鲍廷博（1728～1814年，字以文，号渌饮，歙县长塘村人），就是这种典范。

鲍以文是一位地地道道的旅外徽商，虽然从其祖父辈皆长久寓居桐乡，但始终未得"寄籍"，故科举应试时还得返回原籍歙县。鲍廷博祖父鲍贵，经营冶铁生意；父鲍思诩，少喜读书，习会计，亦欲科举而未达，流寓浙中，继承冶坊家业，渐至富饶。因留意搜集图书，教育子女，于是逐渐发展成为图书收藏与刊刻书籍事业。至鲍廷博时，又"以父性嗜读书，乃力购前人书以为欢"，修建"知不足斋"以藏书，汗牛充栋，远近闻名，且题名郡望皆以"古歙"为标识，以示永远的乡梓情结。至朝廷为编纂《四库全书》而四处征集古籍时，廷博即以其子鲍士恭的名义进献图书数百种，故"以进书受知，名闻当世"。阮元曾叙其家世云："君字以文，号渌饮，世为歙人。父思诩，居于浙，娶于胡。胡卒，又娶于仁和顾，生君。君幼而聪敏，事大父能孝，念父游四方，恒以孙代子职，得大父欢。大父卒，既葬。君父携家居杭州。居事父又以孝闻。以父性嗜读书，乃力购前人书以为欢。既久，而所得书益多且精，遂蔼然为大藏书家。自乾隆进书后，蒙御赐《古今图书集成》《伊犁得胜图》《金川图》。四十五年，南巡狩，迎銮献颂，蒙赐大缎二匹，叠膺两朝异数，褒奖弥隆。君以进书受知，名闻当世，谓诸生无可报称，乃多刻所藏古书善本，公诸海内。至嘉庆十八年，年八十有六，所刻书至二十七集。未竣，而君以十九年秋卒。遗命子士恭继志续刊，无负天语之褒。君勤学耽吟，不求仕进，天趣清远，尝作《夕阳诗》甚工，世盛传之，呼之为鲍夕阳。元在浙常常见君，从君访问古籍。凡某书美恶所在，意旨所在，见于某代某家目录，经几家收藏，几次钞刊，真伪若何，校误若何，无不矢口而出，问难不竭。古人云读书破万卷，君所读破者，奚啻数万卷哉！"阮元所言对鲍氏家族史及其在杭州的发展特色颇为关注，并对鲍氏在学术文化上的贡献也记载周到，云："乾隆三十八年，高宗纯皇帝诏开四库馆，采访天下遗书。歙县学生鲍君廷博集其家所藏书六百余种，命其子仁和县监生士恭由浙江进呈。既著录矣，复奉诏还其原书。其书内《唐阙史》及《武经总要》皆圣制诗题之。皇上御制内府《知不足斋诗》云：斋名沿鲍氏，《阙史》御题诗。集书若不足，《千文》以序推。注云：斋额沿杭城鲍氏藏书室名。乾隆辛卯、壬辰诏采天下遗书，鲍士恭所献最为精夥。内《唐阙史》一书，曾经奎藻题咏，嗣后其家刊刻《知不足斋丛书》以《唐阙史》冠册，用周兴嗣《千文》以次排编。每集八册，今已十八九集，可为好事之家矣。"[39] 前述马裕献书最多，此则士恭"所献最为精夥"，一最多，一最精，也是对旅外徽商对文化贡献至为精当的评价。后来，鲍氏父子还在浙本《四库全书总目》的刊刻和文澜阁四库全书的校勘和维护过程中，不仅"输资鸠工"，且"司校雠之役"，与阮元和汪中等学者一起校订了阁本书中的许多错谬，使此项传世文化工程尽善尽美。

鲍氏家业由冶坊而逐渐转为书坊，不仅透露了一般徽商自幼熏染出的儒家人文情怀，而且对传统典籍的传承、保护和传播也具重要的文化贡献。特别是在《四库全书》编纂的征集阶段，杭州鲍氏与扬州马氏家族主动积极的献书，在一定程度上带动了江浙一带私人藏书家献书的积极性，因而也特别受到嘉奖。据《浙江巡抚三宝奏鲍士恭等五家呈献遗书等事折》载："兹据鲍士恭、吴玉墀、汪启淑、孙仰曾、汪汝瑮等呈称：士恭等生逢盛世，家守遗经，恭蒙我皇上稽古右文，特下求书之令，恩纶涣布，艺苑腾欢，窃愿以私箧所藏上充秘库。谨将书目开呈，伏祈恭进，等情前来。"⑩虽然朝廷明令"只取抄存，无须呈进"，但鲍氏等奉献之心确乎"芹曝之献，实出至诚"。至鲍士恭、鲍士宽以后，又以士宽之子鲍正言为核心，与鲍正身、正勋一起承继藏书和刻书的祖业，历经战乱与贫穷，直至清末而衰落。他们虽为书商，更是文人，不仅自己"好古绩学，老而不倦"，而且"世衍书香，广刊秘籍，亦艺林之胜事也"，已经完成了从商人到文人的完美转型。鲍氏献书之业绩与刊刻《知不足斋丛书》之艰辛，业已成为学术文化界代代相传的佳话，其成就和影响也足以代表了旅外徽商在两浙一带所创立的经济和文化业绩，体现出这群"贾而好儒"的旅外徽商充实而又极具意义的人生镜像。鲍氏的卓越成就也给徽州本土的居乡士子以极大的自豪和鼓励。许承尧曰："渌饮以巨富居浙，藏书、进书、被奖，皆与汪韧庵同。汪传印，而鲍刻书，同时所成就皆极大，真所谓乡里珍闻也。"⑪

四、结　语

清朝的盛世催生了经济的快速发展，各地商帮如雨后春笋般乘势而起。徽商相对于其他商帮而言，除了垄断两淮盐业的大部分营销权之外，他们在人文关怀和文化贡献等方面也优越于其他商帮。他们中的多数人因个人命运和家族经商原因，几乎终生"贾而好儒""亦儒亦贾"，即自幼苦读经史，以图"学而优则仕"；长大后或因科举不中，转而四处经商；或登上仕途后，面对家族利益而插手商业活动。因此，徽州的士子、商人和官僚三者是流动不居且混而不清的，但他们的共同点在于1. 他们大多是旅外徽商家族；2. 他们的文化程度都普遍很高。柯炳棣曾详细地考察过清代社会流动与科举文化的关系，还指出"从 1644 年到 1826 年，徽州府以 519 名进士而自豪，不过其中仅有 142 人是在本府注籍的。倘若将所有本地中式子弟包括在内，那么它无疑将名列前五或六名。然而，一旦寄籍他乡者不计在内，它便远远落后于全国的领先者"[42]。这说明徽州人通过经商、科举、出仕、游学、移居等诸多途径，在经历外界环境的激荡之后，能够在物质财富与精神追求两方面都得以更为全面的提高和发展，不仅带动了周边地区经济文化的共同发展，而且在学术文化、科学技术诸多方面都显示出丰厚的文化内涵，展示出时代的最高水平，引领时代风气之先。余英时也曾对这种士商不分的特殊现象有所论述，认为如果保留商人"士大夫化"的概念，那就必须加入士大夫的"商人化"概念，这在明清语言中本是同时出现的，即"贾而士行"和"士而贾行"。虽不免带有道德判断的意味，但我们无论是说商人"士大夫化"，或是士大夫"商人化"，也都只限于客观的描述，在道德上是完全中立的。如文人润笔费所涉及的辞受标准的修改，便是商人化的一个具体例证。士大夫商人化在当时也是一个无所不在的社会现象。不但小说戏曲的流行与之有关，儒家社会思想的新发展也在很大的程度上受到商人化的刺激[43]。这些旅外徽商摈弃了"以农为本，以商为末"的传统观念，凭借着顽强不屈的毅力、强力的经济基础和执着的文化追求，既为自己找到了生活门路、人生理想和价值观念，也为寄居地的学术文化的发展营造出浓郁的人文环境。"商成帮，学成派"乃至于"无徽不成镇"的民谚，都说明了徽州商人凭借着"徽骆驼"的实干精神和对学术文化的依恋和酷爱，在历经数十年的经营发展后，便逐渐融入土著，并以"士商异术而同志"的特性而获得多方面的提升与超越。今天我们研究这些旅外徽商，通过梳理和展示他们崇尚文化和科举仕途的心路历程，揭示这些徽商家族在文化教育、学术研究及《四库全书》编纂方面所做出的杰出贡献，对于今天我们如何继承传统，发掘徽商的文化精神，推动当代社会经济与学术文化的繁荣昌盛，都具有一定的历史借鉴价值和现实启示意义。

作者单位：安徽大学

注释

① ［清］方苞：《王彦孝妻金氏墓碣》，参见《方苞集》，上海：上海古籍出版社，2008 年，第 404页。以自署郡望来确定是否属于徽商之旅外者，不失为一种较为稳妥的办法。本文所论徽商多以其本人或子孙著述中的籍贯署名，如"古歙某某撰""新安某某记"等来定其为徽州人。其时应包括歙县、休宁、祁门、黟县、绩溪、婺源之所谓"一府六县"。

② ［清］戴震：《戴节妇家传》，《戴震全书》第六册，合肥：黄山书社，1995 年，第 440 页。

③〔清〕许承尧：《歙事闲谭》，合肥：黄山书社，2001 年，第 618 页。余金《熙朝新语》卷五记载："朱竹垞游扬州康山，有'有约江春到'之句。后六十余年，康山主人江颖长春修葺其地，恭迓翠华临幸，极一时之盛，其姓名恰与竹垞诗句合，亦奇。"

④钱仲联主编：《清诗纪事》，南京：江苏古籍出版社，2004 年，第 1865 页。

⑤〔清〕江春：《人日集寓心堂送戴东原计偕北上》，参见《随月读书楼诗集》卷上，嘉庆九年刊本。

⑥〔清〕许承尧：《歙事闲谭》，合肥：黄山书社，2001 年，第 619 页。

⑦〔清〕阮元：《淮海英灵集》乙集卷三之《马曰琯》，《丛书集成初编》本。

⑧汪楫字舟次，徽州人寄籍江都，工书法，举博学鸿词，授检讨，曾充封琉球正使，著有《琉球使录》，其子汪寅衷也因援例而候选儒学教谕。马曰琯则因入京祝皇太后生日而获候选主事，时人多称之为"主政""刺史"，其弟马曰璐为候铨知州。如此捐官得爵便是提高社会地位和晋升望族的重要途径之一。

⑨《清史列传》卷七十一《马曰琯》，北京：中华书局，1987 年。关于马氏的藏书、刻书、编书和著述，可参阅卞孝萱《从扬州画舫录看清代徽商对文化事业的贡献》和冯尔康《明清时期扬州的徽商及其后裔述略》（《徽学》2000 年卷，合肥：安徽大学出版社 2001 年版）等。

⑩中国第一历史档案馆编：《纂修四库全书档案》，上海：上海古籍出版社 1997 年，第 72 页。其他条目涉及马裕者还有：闰三月十五、二十、二十八日，四月初六、初八、十一、十三、十九日等诸条。

⑪中国第一历史档案馆编：《纂修四库全书档案》，第 87 页。

⑫中国第一历史档案馆编：《纂修四库全书档案》，第 103 页。马裕即为马振伯，"扬州二马"之后颇能隆起家声者。李斗《扬州画舫录》载其事曰："乾隆三十八年奉旨采访遗书，经盐政李质颖谕借，其时主政已故，子振伯恭进藏书，可备采择者七百七十六种。"

⑬参见《纂修四库全书档案》"乾隆三十九年五月十四日"上谕"内阁赏鲍士恭等《古今图书集成》"。关于旅外徽商几大藏书家事迹，可参阅叶昌炽《藏书纪事诗》卷五。又据《纂修四库全书档案》"乾隆四十二年六月十五日两淮盐政寅折"："李质颖先后进呈六次，共钞、刻本一千七百八部，内九百三十二部系总商江广达等访购，其七百七十六部皆商人马裕家藏。"又"乾隆三十八年四月十三日浙江巡抚三宝折"：吴玉墀家献书三百五种，汪汝瑮家献书二百十九种等。

⑭明清时期的徽州是一个输出性的社会，必然牵涉到科举考试的户籍问题，如"扬州二马"必回祁门原籍应试生员；杭州鲍廷博须回歙县"补县庠生"。在安土重迁的宗法社会里，"寄籍"士子相识即叙乡里，攀宗亲，明世系，后人可以从其著述所标"古歙""新安""海阳"等自署籍贯中，感受那永远抹不去的揪心记忆与无奈乡愁。

⑮余英时：《士商互动与儒学转向》，《士与中国文化》，上海：上海人民出版社，2003 年，第 542 页。

⑯余英时：《中国近世宗教伦理与商人精神》，《士与中国文化》，第 467 页。

⑰余英时：《士商互动与儒学转向》，《士与中国文化》，第 531 页。如果把学者文人和艺术家以知识能力获得经济收益（如润笔费、文物鉴赏、字画篆刻的鉴定费等），也视为商业行为的话，那么明清徽州"士与商的界限"确实非常模糊。

⑱〔清〕李斗：《扬州画舫录》，北京：中华书局，1960 年，第 231 页。

⑲ 徐珂：《清稗类钞》，北京：中华书局，2010 年，第 3746 页。

⑳ ［清］阮元辑：《两浙𬳵轩录》，杭州：浙江古籍出版社，2012 年，第 538～541 页。

㉑《清史列传》卷七一，北京：中华书局，1987 年，第 5781 页。

㉒ 潘思榘：《云南大理府知府汪君上堉合葬墓志铭》，《碑传集》卷一〇三，北京：中华书局，1993 年，第 2897 页。

㉓ 光绪《嘉兴府志》，《中国地方志集成·浙江府志集》，南京：江苏古籍出版社，1990 年。据今《四库全书》研究者的统计，汪如藻家献书实际上前后共计二百七十余种。

㉔ ［清］叶昌炽：《藏书纪事诗》，北京：燕山出版社，1999 年，第 334 页。

㉕ ［清］叶昌炽：《藏书纪事诗》，第 422 页。

㉖ ［清］李斗：《扬州画舫录》，第 224 页。

㉗ 参见 ［清］李斗《扬州画舫录》卷二和卷十。时人称徽州巴慰祖、程邃、胡唐、汪肇龙为“歙印四子”，今天皆已纳入清代著名篆刻家之列，有“皖派”之称。

㉘ 今人沙孟海所撰《印学史》，以一章内容为程邃和巴慰祖列传，并附以汪肇龙、胡唐、巴树谷及董洵为后学传承，确乎与极具特色的清代皖南学术思想之“皖派”同理同名，桴鼓相应。

㉙ ［清］李斗：《扬州画舫录》，第 180 页。此中所言“休园”，乃歙县长龄村人郑景濂、郑之彦、郑侠如三代人及同宗郑潮和郑澐、郑鉴元和郑钟山兄弟等所建，为扬州郑氏家族聚会之所。本文因篇幅所限，未做展开。

㉚㊱ ［清］李斗：《扬州画舫录》，第 346 页。

㉛ ［清］李斗：《扬州画舫录》，第 345 页。

㉜ ［清］袁枚：《随园诗话》卷十二，杭州：浙江古籍出版社，2000 年。

㉝《清史列传》卷七十二《程晋芳》。程晋芳的高祖程量入、曾祖程之韺、祖父程文阶、父程梦州；而程梦星的曾祖父程量入、祖父程之模，父程文正。从辈分字的排列上来看，也是丝毫不差的同宗同脉。对于晋芳的善交友而自毁家，有人戏言：自竹君（朱筠）先生死，士无谈处；鱼门先生死，士无走处。

㉞ ［清］许承尧：《歙事闲谭》，合肥：黄山书社，2001 年，第 70 页。

㉟ ［清］翁方纲：《翰林院编修程君晋芳墓志铭》，《碑传集》卷 50，北京：中华书局，1993 年。

㊲㊳ ［清］程晋芳：《程先生廷祚墓志铭》，《碑传集》卷一三三。

㊴ ［清］阮元：《知不足斋鲍君传》，《研经室集》，北京：中华书局，1993 年，第 494 页。有关鲍氏藏书研究，可参阅刘尚恒《鲍廷博年谱》和周生杰、杨瑞《鲍廷博评传》等论著文。

㊵ 中国第一历史档案馆编：《纂修四库全书档案》，第 97 页。

㊶ ［清］许承尧：《歙事闲谭》，第 308 页。

㊷ 参见何炳棣：《科举和社会流动的地域差异》，《历史地理》第 11 辑，上海：上海人民出版社，1993 年。

㊸ 余英时：《士商互动与儒学转向》，《士与中国文化》，第 542 页。余氏所论于明代歙县汪道昆所言应该有所借鉴。汪氏《太函集》有言：新安人三贾一儒，事儒不效则弛儒而张贾；既得其利则为子孙计，而弛贾而张儒，迭相为用，以成贾得厚利、儒获名高之效。

清代两淮盐业首总考

明　光

内容提要：清代两淮盐业于总商中，曾设首总，至迟起于乾隆中期，止于道光二年。首总之设，本便于盐运，盐臣不需要上报，任期也无限制。因嘉庆十年发生抬高盐价事件，遂于十一年规定，佥任首总需上报，任期三年。先有"两淮首总"之称，代表两淮盐商，后出现"淮北首总"，代表淮北盐商；原先的"两淮首总"之称亦逐渐变为"淮南首总"。两淮首总、淮南首总系统共有8任，其中黄至筠先后两次出任，实际为7人，分属6家商号；其中洪箴远为商号，具体人名暂无考。

关键词：两淮盐业　首总制度　首总人考

近三十年来，人们提及清代两淮盐商，必提及几位首总的财势、威风，但系统论述首总者，笔者仅搜检到王振忠发表于1993年《历史档案》的《清代两淮盐务首总制度研究》一文，此文后收入1996年出版的《明清徽商与淮扬社会变迁》一书。王振忠先生研究了首总制度的来源、6任首总、首总与两淮盐务腐败密不可分等问题，有筚路蓝缕之功。其他诸人零星论述，大致不出其右。但首总制度亡于何时？出任首总的条件什么，由谁决定？首总有任期吗？除了已知6任之外，还有其他人出任首总吗？等等问题，尚待研究。本文就此略作梳理，就正于大家。

一、首总之来龙去脉

清代两淮盐务，代表国家政府制定政策、行使行政管理、监督权力的是盐政、盐运使等官员及其衙门；他们通过管辖总商来实现盐运、完成盐课。康熙十六年（1677年）两淮巡盐御史郝浴说："臣受事后，传集众商用滚纲旧法，公取资重引多之人，佥二十四名，尽以散商分其下，一切纳课杜私皆按名责成。"①后逐渐形成三十名总商负责营运的格局，众散商分隶于总商之下，分别经营。两淮总商主要是掌握盐窝，经营制盐、运盐、卖盐，对下掌控散商，对上承包盐税。除了负责上述盐业产销、交税的中心工作之外，还有很多与盐业有关的事务需要处理。比如，协调处理盐商与朝廷的利益关系，平衡众商分工、利益，救济消乏盐商家族，组织社会救灾慈善等，起到民间行业组织的社会功能。

总商身份，由盐务衙门在资本雄厚的大商人中挑选确认。不久为办事方便，"两淮历年于三十总商之内，盐院择其办事明白者或二三人、四五人点为大总管事，一应匣费杂费皆由管事大总摊派，盐务中烦杂事务亦由管事大总料理"②，这些大总主名管事，实际成了两淮盐商经办盐运产销、完税的负责人。大概这就是产生首总的雏形了。但早在雍正二年（1724 年），就有户部侍郎李周望察觉其弊："两淮积蠹权归商总，商总虽多有主名管事之人，各项加派皆一手握定，为害最大"，建议"悉除去主名之人。"③朝廷接受其主张，除去管事大总，要求"盐政运司不时查访三十总商，之内遇有分外苛派无故私索者，一经发觉务行从重治罪。"④

但两淮盐务烦杂，许多事务不便由盐运使直接处理，关涉盐商整体利益和行动诸事，须众总商共同商议决定。而三十总商各行其事亦难统一步调，而三十总商全部聚齐，大概也不容易；同时与官方打交道，最好也要有固定的代表人物，便于沟通；当然此代表人物亦当获得官方认同，甚至点名委派。查雍正朝相关材料，两淮盐务官方奏折涉及商人群体时常用"黄光德等商"来表示，可知黄光德即为此时众总商的代表。

至迟在乾隆中期产生了首总，组织总商协调办事："两淮公事甚繁，向于总商之中，推老成谙练一人为首，并不奏咨。其承办公事，支销银两，仍与各总会齐商议，公同列名。"⑤道光二年（1822 年）两淮盐政曾燠说的这句话，解释了乾隆时首总人选的必备条件、程序、职能。

必备条件：老成稳重，熟悉盐务，办事干练，有担当。还有不言自明的前提：资本雄厚。因为对于盐官来讲，工作成果最终体现在完成额定盐课，资本单薄的盐商，无法承担起完课主角的使命。

程序："向于总商之中推一人"，谁推不很明确。众商推举吗？是盐政、盐运使推荐吗？是众商推举、盐务官员认可吗？我的理解，起始可能是众商推举、官员认可；因为这才与康熙朝"大总"产生是盐院选择主导有些不同，当然在实际操作中，官员有操纵空间。但为了盐务工作的总体成效，官方必然要考虑此人在众总商、尤其是众堂商中的名声和威望，否则无以服众，也不利自己履行职责。"并不奏咨"，是指无需上报朝廷批准，因为这并非朝廷官职，只是地域行业负责人而已，由官方行业管理者批准即可。嘉庆十一年（1806 年）后，增加了报部程序，盐官的意志成为决定因素。

职能：承办公事，负责决定相关事项，支配相关资金；对上代表众总商立场与利益，对下协调众总商利益，传达、组织落实官方意旨，承办盐运、完成盐课。

当时两淮盐商设有务本堂，"为淮商办公之所，一切出入费用皆聚于此，有堂商司其事"⑥。堂商，即被选为参与务本堂商议事务的总商，当非所有总商。乾隆朝传说有八大总商，似乎即为堂商中坚。从"与各总会齐商议，公同列名"之语看，各总当指堂商，上报诸事时众堂商"公同列名"，说明设立首总时，首总并不能高于堂商一等，只是堂商议事活动的组织者、主持者。

如此制度设计还是合理的。首总有事权，无特权；向上行文，必须众堂商署名，方能代表总商意愿。似乎避免了李望周所指陈的几个大总专权之弊；又有利于盐务官员的全局掌控。但有权就有地位，不久，首总实际成为盐商领袖，连官方也这样认为："两淮首总为众商领袖"⑦。首总在盐商中的实际地位，已是盐运使之下第一人。故首总，后来成为总商竞夺之职。

两淮首总之职起于何时，不见明确记载。两淮盐业的首总之名，最早见于阮元所写《江春传》中言及"两淮盐引案发，逮至群商，首总黄源德老疾不能言"⑧，见嘉庆三年（1798 年）刻印的《淮海英灵集》。两淮盐引案，发生在乾隆三十三年（1768 年），此时已有首总，该首总且已老疾，大概至迟在乾隆二十五年（1760 年）左右当已设首总，或可能更早。官方现存档案中，最早出现"首总"一词，为嘉庆十八年（1813 年）三月两淮盐政的奏折中"淮北首总程俭德、萧怡茂又相继病故"⑨。但道光二年（1822 年）五月二十六日曾燠的奏折回顾说"嘉庆十一年（1806 年），前盐政臣额勒布金令鲍有恒充当首总，定以三年一换，始行咨部"⑩。既"行咨部"，额勒布应当有相关奏折，但在《清宫扬州御档》嘉庆十一年前后时段中，未见额勒布此奏折。倒是在乾隆三十三年（1768 年）的两淮盐臣奏折里发现"（三十二年）又派给正副总商黄源德等二十七名膏火一万四千一引"⑪这句话，不知其"正副总商"何所指：三十二年的两淮盐商首总正是黄源德，这是指首总与堂商吗？嘉庆二十五年，两江总督的奏折又有往年"首总邹同裕、散总黄潆泰、张广德"⑫的说法，黄、张皆为总商无疑，则"散总"似指堂商诸人。

目前论者都知两淮盐商首总有 6 任：黄源德、江广达、洪箴远、鲍有恒、邹同裕、黄潆泰。为何乾隆一朝，三大首总声名赫赫，官方文件从未明确提及"首总"？此 6 任首总的各个时间段中，官方档案涉及此 6 人代表众盐商奏报诸事时，总是用"黄源德等商"、"江广达等众商"、"黄漾泰等"等来指称众盐商，显然，领衔者即为首总。笔者注意到，道光二年某御史上条折，称两淮盐务首总之设"系相沿积习，并非成例也"[13]，联系曾燠所说嘉庆十一年"始行咨部"的话，可知嘉庆十一年之前，"首总"一词确乎不宜进入公文。但在其后官方行文也很少明写"首总"，还是表述为"某某某等"，当是"公同列名"的成规制约和反映。

据曾燠所言，嘉庆十一年（1806 年），盐政"金令鲍有恒充当首总，定以三年一换"，推知之前首总之职，并无期限。此时为何要定三年一换？大概因为，首总之设，日久生弊。首总权力越来越大，谋利空间增加，加上首总个人素质亦不如从前，众商意见颇大而争首总者不乏其人。官方只好让众商利益均沾，首总三年一换，使竞争失利者寄希望于未来而和谐于目前；报部之举，乃在表明自己并非徇私，同时增加出任首总的法定威权。这个制度改革，反映了首总制度带来的矛盾及其和稀泥的解决方法。十余年后，道光二年（1822 年），因时任首总黄漾泰屡遭揭发，盐政曾燠果断取消首总之设。

两淮盐务奏折中，还出现了淮南首总、淮北首总的称呼，尽管很少。淮北首总已见前，时在嘉庆十八年（1813 年）；淮南首总初见似在嘉庆二十三年（1818 年）三月《奏报更换淮南首总事》，再见于道光元年（1821 年），"上谕：延丰奏淮南首总三年期满请再留办三年"[14]。这就产生问题：大家都提及的 6 任首总，是淮南还是淮北？还是两者都有？有无统辖两淮的首总？

查官方档案提及黄源德、江广达领衔报告诸事，多称"两淮盐商（或两淮总商）黄源德、两淮盐商（或两淮总商）江广达"等，有时淮北总商"程俭德"列名在江广达之后；这反映出此时人们心目中，承认他们是两淮首总的前提下，也视其为淮南盐商的代表；而程俭德列名则代表淮北众商。淮北盐商代表是否即乾隆时所称之"副总商"？

官方文件提及洪箴远，沿袭之前的表述外，多次明确出现"淮南总商洪箴远"的说法；至提及鲍有恒到末任黄漾泰，大多数情况下都称"淮南总商鲍有恒、淮南总商黄漾泰"等，而黄漾泰更被直接定性为"淮南首总"。而"程俭德"则多次分别与洪箴远、黄漾泰共同领衔，代表通河众商。程俭德、萧怡茂是嘉庆十八年之前的两任淮北首总。

嘉庆二十三年更换首总的奏折称："两淮首总为众商领袖，有督催课运之责。向定为三年更换，专案咨部。届今整饬鹾务之际，尤须首总得人。淮南首总邹同裕因年限已满，须另金。"[15]清楚表明，至少在嘉庆中后期，今人认为的两淮首总，实际则是淮南首总，须得淮北盐商代表列名，方能代表通河众商。

据此，简单的结论是：两淮盐务统辖淮南、淮北盐业；统则一体，分则两部。淮南经济体量大，总商多，资本厚，完成盐课亦多，故前两任首总是两淮首总，也都是淮南总商身份；后来渐起"淮北首总"之称，原两淮首总逐渐称为"淮南首总"。"淮南首总"的严谨说法主要见于官方文件，估计民间默认为两淮首总，因为它毕竟承两淮首总而来。不存在凌驾于淮南首总、淮北首总的两淮首总。

嘉庆十一年后，首总人选、三年一换，咨部备案乃至批准的规矩，只适用于两淮首总的后裔淮南首总，而与淮北首总无涉。想来是因为，"淮北首总"之称，行业里约定俗成而已，盐政认可就行了，基本不进入官方文件，前引"淮北首总"之谓，为仅见一例。而淮北首总，除知"程俭德、萧怡茂"两任之外，即使采用"某某某等"领衔来寻找，也没发现其他人。

二、诸首总小考

前述确知 6 任首总，看似姓名，实是商号。这些商号，有好几家存续近百年，经历了好几代掌门人，如"江广达"，前后至少有四代主事者，都称"江广达"；故须细辨任首总者究系何人，方不致混淆。

目前所指 6 任首总，起于乾隆中期，黄源德、江广达、洪箴远时间相接，至嘉庆九年（1804 年）。嘉庆十一年（1806 年）鲍有恒接任，三年后到期。邹同裕接任时间当为嘉庆二十年（1815 年），二十三年（1818 年）黄潆泰接任，道光元年（1821 年）留任，道光二年被撤。那嘉庆十年、嘉庆十四年到十九年，目前不知道谁为首总，应当不会首总空缺吧。根据官方档案皆以"黄源德等、鲍有恒等"来指称众盐商而领衔者确为首总的事实，那 6 任首总任期之外的空档时段内，若有领衔者奏事者，则可推论为首总。笔者循此思路逻辑，就乾嘉两朝的两淮盐业的首总略作小考，按时间先后论之。

1. 黄履暹（黄源德），任职时期为乾隆二十二年（1757 年）至乾隆三十三年（1768 年）

黄源德，阮元《江春传》称其为首总，《两淮盐法志》亦多次提及领衔捐输。

黄源德第一次领衔捐输的时间为乾隆二十二年（1757 年），大体断定至迟此年黄源德已为首总。但其本名为何？

查，乾隆帝二十二年第二次南巡，满意两淮盐商接驾，提出嘉奖意见。两江总督尹继善、盐政普福提出奖励等次名单：一等为黄履暹、江春、吴家龙、洪征治、汪廷璋、吴禧祖等6人，获赐奉宸苑卿衔；从江春、汪廷璋即可知道，此处皆为本人姓名，并非商号。二十七年（1762年）第三次南巡嘉奖盐商名单，第一名也是黄履暹，获奉宸苑卿加一级。乾隆三十年（1765年）盐引案发，被褫奉宸苑卿的3人中，只有一位黄姓，即黄源德。互相印证，黄源德就是黄履暹。

李斗《扬州画舫录》有"黄履暹"的记载：

> 黄氏本徽州歙县潭渡人，寓居扬州。兄弟四人以盐筴起家，俗有四元宝之称。晟，字东曙，号晓峰，行一谓之大元宝。家康山南，筑有易园。……履暹，字仲升，号星宇，行二谓之二元宝。家倚山南。有十间房花园。延苏医叶天士于其家，一时座中如王晋三、杨天池、黄瑞云诸人考订药性。于倚山旁开青芝堂药铺，城中疾病赖之。刻《圣济总录》又为天士刻叶氏《指南》一书。四桥烟雨、水云胜概二段其北郊别墅也。⑯

黄履暹于乾隆二十二年（1757年）之前已获候选道员衔，乾隆十六年（1751年）时加过三品顶戴；二十七年（1762年）获授奉宸苑卿衔。自二十二年领衔奏事，到三十三年（1768年），至少当了十一年首总。黄源德任期内，经历乾隆第二次至四次的南巡接驾，兴起修建园林的高潮。他修建了四桥烟雨、水云胜概两景，乾隆赐名"趣园"。

据郑志良先生介绍，清人应澧《江鹤亭传》云"淮南提引案发，商总牵连被逮时，首总黄元德以老疾笃癃不行"⑰，可知黄元德即为黄源德。元德、源德，是商号名称的异写。《扬州画舫录》记载，黄元德在乾隆时办有昆曲戏班，称黄班，为七大内班之一。该班以三面顾天一擅演武大郎而闻名。

2. 江春（江广达），任职时期为乾隆三十三年（1768年）至乾隆五十四年（1789年）

《清宫扬州御档》乾隆元年（1736年）某奏折列有一张21家商号的名单，中有：江广达。此时江广达，当是江春之父江承瑜，因为江春此时才16岁，正攻举业；而江承瑜病逝于乾隆三年（1738年）。

江春（1721～1789年），字颖长，号鹤亭。祖籍安徽歙县，曾祖江国茂来扬业盐，祖父江演、父亲江承瑜皆盐商。民国《歙县志》卷九有其小传云"少攻制举业，乾隆辛酉（六年，1741年）乡闱以兼经呈荐，因额溢见遗，遂弃帖括经商扬州。"⑱阮元说他"以五经应试未第，遂出奇才，治鹾业。"⑲

江春接过家族盐业重任，很快就担任总商。他虚心求教，受到亲戚、前辈总商汪廷璋的赏识和提携："我蒙结深知，况又忝姻睦。遇事每相咨，导我尽忠告。忆昔辛未冬，相携趋辇殿。……幸得比屋居，公余日征逐。"[20] 江春天资聪敏，又有文化，不到十年时间，就成为八大总商之一。江春参与了乾隆帝六次南巡的接驾工作。乾隆十六年（1751年）第一次南巡，"扬州迎驾典礼距圣祖（康熙帝）时已远，无故牍可稽，公创立章程，营缮供张，纤细毕举"[21]，赢得皇帝的欢心和盐务官员的赏识。二次南巡时后，江春因迎接有功，召对称旨，被授为正三品奉宸苑卿职衔。乾隆三十年（1765年），捉拿逃犯太监张凤。乾隆以为江春"非地方官有缉盗之责者可比，乃能留心盘获，实属奋勉可嘉"，下旨特别加恩，"赏给布政使衔以示奖励"[22]。这已是从二品的职衔了。

乾隆三十三年（1768年），盐引案发，一应盐务官员、总商均遭查处，江春被革去布政使衔。为核对卸职盐政高恒一笔贪污数目，朝廷决定让扬州原审官员和两淮盐商派两位代表赴京与之质对，即做证人。盐商本是涉案人员，类似于污点证人，稍有不慎，极有从证人变为犯人的危险；况且此番作证，势将指证高恒，而高恒却是皇亲，盐商既无法猜测乾隆皇帝究欲何为，也不想给外界造成盐商落井下石的印象，影响日后与盐官的关系；故此番进京之事，看似作证，其实危机四伏。此时，"首总黄源德老疾不能言"，其他人谁也不想承担，而又不能不落实圣旨。据阮元讲，江春"毅然请当其事"[23]，愿意进京。据笔者分析，应当是众总商协商的结果，因为高恒收钱之事本与江春有关，也因为乾隆帝比较赏识江春，自身保险系数较高；旁证是，朝廷要求两位代表，最终只是江春一人进京作证。江春证言果然巧妙："并非高恒尽行侵用，亦非商人托令代办"[24]，即袁枚所说"唯叩头引罪，绝无牵引"[25]。按理，这种含糊证词，是无法交差的，而朝廷居然认可了。此案，官员皆被治罪，众商仅革去荣誉职衔、分期追缴银两而已。盐商未太受损失，实质原因乃是朝廷不可能将众商一律治罪，否则，朝廷重要的收入来源——两淮盐运将陷于混乱；而流失的银两最终还要在盐商的经营活动中补回来。但乾隆对江春的眷爱及江春自身的表现也有相当作用，所以众盐商深感"大树之下，可借余荫"[26]，从而心悦诚服地唯江春马首是瞻，首总确也非江春莫属了。自此，江春任首总至去世。目前可查江春最早领衔，在乾隆三十六年（1771年），至于乾隆五十三年（1788年）九月。

江春修建江园，乾隆帝赐名"净香园"；购郡城名景康山并重修之，为游宴之处。乾隆帝最后两次南巡来扬，均游康山并题诗。

江春为首总，遇"国家有大典礼及工程灾赈兵饷捐输，上官凡有所筹划惟公是询。公才裕识超，专心国事，不顾私计，指顾集事。又更事久强记善用人，苟有益于各省转运者，知无不为规远利而不急近效。"江春为历届首总中最称职者，"上深知公诚荩有长才"，"每谳使者出都必谕曰江广达人老成可与商办"[27]。参与乾隆五十年的千叟宴，诰封为光禄大夫。

江春本为仪征诸生，"喜吟咏，好藏书，广结纳，主持淮南风雅"[28]，著有《随月读书楼诗集》行世。办有昆曲德音班，为七大内班之一，又组建花部春台班，影响很大。

阮元为之撰《江春传》，袁枚为之撰《墓志铭》。

3. 洪箴远（？），任职时间为乾隆五十四年（1789 年）至嘉庆九年（1804 年）

其人《两淮盐法志》述及多次，江春死后，领班捐输的盐商就是洪箴远，最早时间是乾隆五十三年（1788 年），他当是乾隆末年至嘉庆九年（1804 年）的扬州盐商首总。

林苏门写于嘉庆五年（1800 年）的《续扬州竹枝词》云："洪家首总派为之，丕振从前充实时；箴远领班公议事，争先恐后肖痴呆"[29]，全诗就是反映洪箴远做首总的威风。除领班奏事捐输外，相关资料甚少。只知道，在乾隆五十五年（1790 年）之前，洪箴远已获三四品职衔，该年因为乾隆祝寿又获颁耕织图诗画等物。当年，两淮盐商资助建造徽州紫阳书院，资助人列名 22 位，洪箴远为第一名；嘉庆四年（1799年），曾率众盐商在各城门设义学一所。

洪箴远的本名为何？郑志良以为当是洪征治长子洪肇根。理由是：据林苏门的诗，洪充实即为洪丕振，而盐商洪征治的父亲为洪玉振，与洪丕振同辈；箴远与充实，皆为商号，那洪征治就是箴远的老板；考洪征治亡于 1768 年，则任首总的洪箴远当是洪征治诸子中名气最大的洪肇根[30]。

但郑先生误读"丕振"二字。"丕振"为大振之意，非人名。"丕振从前充实时"意为 1800 年时，洪姓首总能够重振乾隆年间洪充实时候洪家的威风。据现有材料判断，洪征治为乾隆时洪充实。对比几张名单，便一目了然：

乾隆元年（1736 年），有一张 21 家两淮盐商商号名单，中有：

汪勤裕、江广达、徐尚志、汪启源、马裕、洪充实（21 家中，洪姓只有一家）。

乾隆二十二年（1757 年），奖励两淮盐商，所列是人名：

获授奉宸苑卿是：黄履暹、江春、洪征治、汪廷璋、吴家龙、吴禧祖。

获按察使司衔是：程钧、汪立德、程扬宗、黄履昂、徐士业、王勘。

乾隆二十七年（1762 年），奖励两淮盐商，所列亦为人名：

已加奉宸苑卿衔之黄履暹、洪征治、江春、吴禧祖各加一级。

已加按察使衔之徐士业、汪立德、王勘、俱著加奉宸苑卿衔。

乾隆三十三年（1768 年），盐引案被革职衔诸商，所列为商号：

褫奉宸院卿衔黄源德、徐尚志、王履泰。

褫布政使衔江广达。

褫按察使司衔程谦德、汪启源。

我们已知，黄源德为黄履暹，江广达是江春，汪启源是汪廷璋、汪焘父子，汪勤裕为汪立德，徐尚志为徐士业，马裕为马曰琯，程玓为程谦德。两位吴姓盐商与洪充实无关。我们发现，乾隆三十三年被革奉宸苑卿衔名单中没有洪充实，而洪征治已于当年二月去世，正好证明洪充实为洪征治。

洪充实与洪箴远，虽皆洪氏，但显为两家商号；洪征治为"充实"商号的主人，其子洪肇根一般情况下就不会是"箴远"的主人。除非，洪肇根从家里分出来另立门户，自号"箴远"，但目前尚无此资料。

嘉庆初，洪箴远独管两淮盐业义仓之贮粮一万石的石港仓；洪箴远商号，道光十九年（1839 年）还在经营。但洪箴远本名为何，尚待考。

4. 黄至筠（黄潆泰），此次任职时期为嘉庆九年（1804 年）至嘉庆十年（1805 年）

黄潆泰为嘉道时大盐商。清廷档案中有"黄潆泰的名黄至筠"[31]的明确记载，材料较多。

黄至筠（1770~1838 年），字韵芬，又字个园。原籍浙江仁和，因父亲家于扬州，自己又业盐，著籍扬州府甘泉县。一般以为他于嘉庆二十三年（1843 年）任首总，其实该年申报黄至筠为首总的奏折里说得明白："兹据运司刘沄详称，查有总商黄潆泰先曾充当首总，因年轻未孚众望，禀退另佥。"[32]

黄至筠本为官员之后，14 岁时父亡，因庶出遭兄长排挤，不几年经商失败，身无分文，约 19 岁只身进京，经父辈梁制军绍介，入两淮盐业。不几年，乾隆五十五年（1790 年），已身列"五六品职衔"的总商，为乾隆祝寿又受到赏赐。同年列名捐资建造徽州紫阳书院。

嘉庆元年（1796 年），湖北、陕西、四川有白莲教造反，黄至筠主动出资购军需装备，并运输到前线；三年（1798 年），又带头捐输银两赞助河工经费；至迟在嘉庆八年（1803 年）已获得道员的职衔，升为四品，该年又因捐输有功，从优议叙盐运使衔。此时的黄至筠，其财、势已进入一等盐商的行列，肯定已是务本堂的办事堂商，林苏门"黄瀛泰店总名排，小总当来奉宪牌"[33]的诗句就是写照。这是他能成为首总的基础条件。

查，洪箴远最后一次领衔奏事，是嘉庆九年（1804 年）八月。黄至筠首次领衔奏事为该年十一月。此时应获首总资格吧。但当年，就出现楚省岸商私抬盐价事件，次年案发。朝廷下旨两江总督铁保查处。铁保于十一月初五报称：嘉庆九年、十年，湖北岸商"将梁安等盐分别增减出售，以致牵扯合算，每包多卖银数厘"，两年合计多赚二十二万两；案发后，盐商愿意上缴多赚之款，并认罚同样数目。嘉庆帝批道："黄滢泰等任听岸商私自增减售卖，显违定例，实属不合。即责令倍罚革退，亦属咎有应得。第念事关通淮商力，特予格外体恤，著将此项多卖银二十二万两零，即在该商黄滢泰等名下照数于二年内缴完。免其革退。其认罚银二十二万两零，著将恩宽免。至恬山久任盐政，于此案抬价病民之处，毫无觉察，所司何事？恬山著交部议处。运司曾燠亦为查出，著交部察议。"㉞ "黄滢泰等听任"云云，证明黄滢泰正是领衔之首总，上缴抬价所得，也落实在黄滢泰等人名下。嘉庆帝的处理意见，有两点值得注意：

一是，薄惩盐政、盐运使。表明是因为管理责任。我意，盐价历来是盐官工作重要内容，盐商抬价抬价两年，岂能不知？抬价之初，有可能并不知情，事后必有察觉，怎会来年继续？只能说明此事实际得到盐官的默许。

二是，盐商免其革退，革退总商还是首总？当是免革首总之意。只是次年换了盐政，吸取教训，重新选择首总，并规定三年一换。

黄至筠不是短视的人，为何就敢"听任"抬价。大概黄至筠急于证明自己，对盐官要证明力排众议委职自己的好处，对众盐商要证明自己能为大家增利；所以上下勾结，增加盐价，指望瞒天过海，大家获利。他毕竟不够老道，太想证明自己了。

《（嘉庆）两淮盐法志》修成，十一年刻印，黄至筠以议叙盐运使列名"参校"。

5. 鲍有恒—鲍漱芳，任职时间嘉庆十一年（1806 年）至嘉庆十三年（1808 年）

鲍有恒任首总，见前引道光二年曾燠奏折："嘉庆十一年前盐政臣额勒布，签令鲍有恒充当首总，定以三年一换，始行咨部。"。

鲍有恒为安徽歙县鲍氏商号，第一代掌门人为鲍志道，他业盐致富，却以节俭闻名。他卒于嘉庆六年（1801 年），有二子：长子鲍漱芳，继承盐业；次子鲍勋茂，走仕途。那嘉庆十一年的鲍有恒掌门人则是鲍漱芳。任期内，就《清宫清宫扬州御档》所见，领衔奏事不多。嘉庆初，与黄滢泰同管两淮盐义仓之贮粮五万石之泰州仓。

鲍漱芳（约 1763～1807 年），字席芬，一字惜分。自幼随父在扬州经营盐业，嗣父为总商，嘉庆八年之前已捐职员外郎，八年与黄至筠一样议叙盐运使衔，十一年，《（嘉庆）两淮盐法志》以此衔列名"参校"。

鲍漱芳喜爱书画，搜集唐宋元明诸家书法墨迹，嘉庆四年（1799 年）择期精优者汇为一辑，以斋名命名为《安素斋法帖》，邀名家镌刻，后由儿子在道光九年（1829年）完成行世，为清代著名法帖。鲍漱芳卒后，鲍有恒掌门位置没有传给其子，而是传给侄子、鲍勋茂之子鲍崇城。此后十余年，鲍崇城作为总商独捐几十万，表现甚为积极，不知是否为竞争首总而为？

6. 江广达——江振鸿，任职时间嘉庆十三年（1808年）到嘉庆十八年（1813年）正月。

没有发现明确记载嘉庆年间江广达或江振鸿任首总的资料，此据《清宫扬州御档》此时江振鸿领衔奏事而推断。

《清宫扬州御档》嘉庆年间载明江广达领衔的档案，约八件，起于嘉庆十三年九月，至于嘉庆十八年正月。另据《那文毅公奏议》，谓嘉庆十三年闰五月江广达就已领衔[35]。江春已于乾隆五十四年（1789年）病亡，此时广达商号主事者为江振鸿。

江振鸿（？~1813年），字颉云，亦作吉云，一字文叔。江春之弟江昉次子，过继给江春为子。江春去世时，江振鸿尚幼，不能亲理盐运，直到嘉庆三年（1798年）才接充总商。承父荫，乾隆帝赏借给江春的二十五万银两和官买康山别业的五万两，都是经商的资本。盐政书鲁认为他"为人甚明白，于办公营运各事宜均能切实讲求"[36]，又请示获准赏借五万两支持他营运。嘉庆年间，与王履泰同管两淮盐义仓之贮宁粮六万二千石的盐城仓。

江振鸿工草书，善诗古文词，尤工山水、花卉，颇自矜重，不轻为人染翰。振鸿亦承父风，好延接名流，大抵凭借康山草堂，咏唱流连。他与本地名人焦循交好，焦循说："文叔抱缊渊逸，虽混迹嚣尘中，而性之所适如白云在空，非野马浮埃所能袭染。其吟咏高妙在孟东野、张文昌之间，故其座上之客多布衣野淡之士，口不道声华，身不谙周旋进退仪节，赋诗惟各本其性情，不知以名誉相标榜"[37]，评价颇高。

著有《莺花馆诗钞》，为江春、江昉刻印《新安二江先生集》行世。

7. 邹文琳（邹同裕），任职时期嘉庆十八年（1813年）至嘉庆二十二年（1817年）

邹同裕任首总，官方文件有记载："淮南首总邹同裕因年限已满，有须另金"[38]，此文时间在嘉庆二十三年（1818年）三月底，应是邹同裕卸任首总的时间。倒推三年，出任的时间大约在嘉庆十九年初。但查阅档案，邹同裕领衔奏事起于嘉庆十八年七月，止于二十二年六月。约七起，前后近五年。

据清宫档案资料，"邹同裕的名邹文琳，捐纳即用道"[39]。江苏省社科院王裕明先生出示《润州邹氏重修宗谱》，中有邹文琳的资料：镇江人，生于1746年，卒于1833年，"字景程，号晴舫，行八。太学生，候选盐运司运同，选补山西宁武府知府，……诰封通奉大夫，例晋资政大夫。嘉庆己巳、己卯两随盐政赴阙祝嘏，均蒙恩赏戏宴、上方珍物。"⑩

邹同裕嘉庆十年前后与庄玉兴同管两淮盐义仓之六万二千石的盐城仓；业盐外，他还兼办钱庄。卸任首总后，逐渐淡出，自己不亲办盐运事务，尚有很大影响，常借办公为名，摊派散商，坐享实利倍于散商，于道光十年（1830 年）被陶澍以"不办运，著即行革退（总商）"⑪，明禁其暗中干涉盐务。另，《仿寓意草》一书，提及邹同裕在淮北信阳、句容有盐店。

8. 黄至筠（黄漋泰），任职时间嘉庆二十三年（1818 年）至道光二年（1822 年）

黄至筠再任首总，起于二十三年邹同裕任职到期，两江总督孙玉庭、两淮盐政阿克当阿"据盐司刘澐详称，查有总商黄漋泰……老成练达，明白盐务，督率各商趱办课运，并无惰欠，通河悦服，堪以接充首总"⑫于三月二十九日上报，获准，五月则有黄漋泰领衔备银十万，供皇帝巡幸盛京佐赏之举。黄至筠时隔十余年，再做首总，应是实至名归。他本人是乾隆末年的总商，已有三十余年的盐运经验，在现任总商里面应该没有谁比他更有资格，其与官府交道的能力亦无人能出其右。一个实例是，道光七年（1827 年），他的儿子娶了刘澐的女儿。我相信，这婚事当在嘉庆二十三年（1818 年）前后就定下了；因为二十五年（1820 年）底，刘澐被参"卑庸不明大体"⑬，奏请勒令休致，黄至筠大概不会在此后巴结刘澐。

这一任内，黄至筠办公事大体不差。道光元年（1821 年）十二月，道光帝批准盐政延丰"淮南首总商人三年期满，请再留办三年以资熟手"⑭的奏请，黄至筠续任。但不久，有御史条陈两淮盐务事，中有涉及黄漋泰浮领银两事，提议取消首总。一年（1822 年）四月，新盐政曾燠到任，对御史条陈诸事逐一调查，五月即回复，认为黄漋泰"事事专擅、众人侧目、物议沸腾"，提出"应即先行单除首总"的处理意见⑮，并已经安排众堂商轮班值月，而黄漋泰经济问题待查；七月办事大臣同意，认为"设立总商，尽可轮流经理毋庸另金首总"⑯，首总正式消亡。

首总虽革，其案未消，几经查审，至道光三年（1823 年）十一月，道光帝上谕："黄漋泰审无侵欺实据，惟屡被讦控，众论不符，着即革退总商，作为散商，随同办运。"⑰这处分很严重，由总商退为散商，那只是底层盐商，也就失去大部分利益。

道光四年（1824 年）三月，两淮盐政奏：根据盐运使张青选报称，据众盐商公议，目前总商缺人，黄至筠原承办盐运额数无法替代，其名下散商也无法正常运行，黄某殷实谙练，为大局计，恳请让黄至筠复任总商。前后不到五个月，如此逆转，道光帝也觉得奇怪，发旨质问。两江总督孙玉庭做出回复，除盐政强调的经济理由之外，又加上四条理由：金充总商，本系盐政专政，我也知道此事；去年的处分决定，本非实犯应革；过去控告黄某，仅数人，今日恳请者有数十人，众情允洽；强调恢复总商，并非首总。孙玉庭的这份奏报，等于否定了去年给黄至筠的处分，又挤兑了皇上，文章做滴水不漏。道光帝只好同意，时在四年闰七月。不到一年，黄至筠就咸鱼翻身，重任总商。这一折腾，黄至筠在众总商、官方面前的地位提高了：少了我不行。两淮盐商实际进入无首总的黄至筠时期，直至其去世。文人笔记记载，陶澍搞盐务改革裁去根窝，黄至筠事先刺探到经济情报，"其时星使甫入奏，未知部议准否，大众尚在希冀，而黄则七日专足已先得信，乃令其夥往各处添购，人以为总商如此，必可居奇而窝价反增矣。及三日后信至，则黄已一引不存，盖明为买而暗则卖耳"㉔。可见其官商两界的地位。

笔者以为，黄至筠命运的起伏，除了经济原因之外，得力于孙玉庭的官场运作。皇帝一再要求严查黄至筠诸事，都被大事化小，虽则处分严重，但公文留下翻案余地。至于再充总商，公文明面是由下而上，俯顺众情，焉知不是孙玉庭从中暗示操作？只要看看盐政曾燠的结局，可知端倪。曾燠赴任之初，何等雄心，立马取消首总，消除病灶；但在黄至筠复出后，工作毫无起色，以至卸任回京，降级以五品京堂后补。曾燠上与总督孙玉庭不合，下遇背靠孙玉庭的黄至筠，工作难以开展，只好苟且因循了。

黄至筠擅画，喜竹，建园林植竹，名曰个园，今存。置办戏班，演员甚多，行头富丽，直追乾隆时七大内班。阮文藻、梅曾亮为之作传，唯阮《传》追求传奇，难以尽信，笔者已另撰文辨析。

上考8任首总，实为7人。嘉庆十一年（1806年）后，江振鸿、邹同裕大体皆是五年，可能是连任，而档案缺失；大体还是三年一届的规则。以上所论为两淮首总——淮南首总系统诸人，下附淮北首总二人：

9. 程易（程俭德），任职时间约在嘉庆十三年（1808年）之前？

程俭德，俭德为商号名。据王振忠介绍，本名为程易。程易，字圣则，徽籍，祖上已在两淮业盐；旗下有程德中盐商等。乾隆五十五年（1790年），已入五六品职衔盐商行列。乾隆五十三年（1788年），与江广达领衔公捐200万两，盐政"奉旨嘉奖，仍照例分别议叙"㊾。乾隆五十七年（1792年）、嘉庆四年（1799年）、六年（1801年），三次与洪箴远领衔捐输；九年（1804年），与黄潆泰领衔捐输河工。乾隆五十六年（1791年），与洪箴远领衔代灶丁纳银三万多，以清积欠，奉旨允行，为"禺筴中之铮铮者"㊿，曾参加嘉庆元年（1796年）的千叟宴。家在淮安河下，宅后有"寓园"，馆阁甚多，其题"揽秀"者，为"菊部征歌地"[51]。能诗，与文士多有交往。

10. 萧怡茂（？），任职时间约在嘉庆十三年（1808 年）至十八年（1813 年）之前？

萧怡茂，《韩大中丞奏议》卷七《审拟捐职理问徐淮京控疏》涉及萧怡茂任首总时分派引岸事。据王振忠介绍，即将出版的《徽州民间珍稀文献集成》中收录的资料中，有些萧怡茂的材料。

嘉庆十年（1805 年）前后，程俭德、萧怡茂共管两淮盐义仓之二万一千六百石之板浦仓。

首总前后存在近 80 年，前 60 年，首总之设，为两淮盐运发展贡献颇大，虽有弊端，尚无大碍；而后 20 年，人言啧啧，不得不取消。这印证了两个道理：一是，再好的制度，必须与时俱进，上层必须随时检点，防微杜渐；二是，制度是由人执行的，执行者的素质大有关系。首总前 3 人及江振鸿，大体能忠于盐事，如江春"卒之日，家无余赀"[52]，虽是夸张，但不甚贪婪是实。而后来鲍有恒、邹同裕尤其是黄潆泰，面对两淮日益困难的局面，不能尽心国事，总是过多地为自己利益精细盘算，欺上凌下，肆意侵蚀公款，加速了两淮盐业的衰败，也直接导致首总被革。

作者单位：扬州大学

注释

① 佚名：《两淮醝务考略》卷十，清刻本。

② ［清］噶尔泰纂辑：《（雍正）敕修两淮盐法志》卷一，于浩辑《稀见明清经济史料丛刊》第一辑第 1 册影印清雍正间刻本，国家图书馆出版社，2008 年，第 148 页。

③ ［清］噶尔泰纂辑：《（雍正）敕修两淮盐法志》卷一，于浩辑《稀见明清经济史料丛刊》第一辑第 1 册影印清雍正间刻本，国家图书馆出版社，2008 年，第 147 页。

④ ［清］噶尔泰纂辑：《（雍正）敕修两淮盐法志》卷一，于浩辑《稀见明清经济史料丛刊》第一辑第 1 册影印清雍正间刻本，国家图书馆出版社，2008 年，第 153 页。

⑤ ［清］曾燠：《奏报遵旨查议御史条陈两淮盐务各款事》，《清宫扬州御档》第 14 册，广陵书社，2010 年，第 9777 页。

⑥ ［清］谢元淮：《醝言二十二首》，《养默山房诗稿》卷二十四《胸海集》，清光绪元年刻本。

⑦ ［清］孙玉庭、阿克当阿：《奏报更换淮南首总事》，《清宫扬州御档》第 13 册，广陵书社，2010 年，第 9318 页。

⑧ ［清］阮元：《江春传》，《淮海英灵集》戊集卷四，清嘉庆三年小琅嬛仙馆刻本。

⑨［清］阿克当阿：《奏请借给淮北商人生意银两并壬申纲奏销展限事》，《清宫扬州御档》第 13 册，广陵书社，2010 年，第 8911 页。

⑩［清］曾燠：《奏报遵旨查议御史条陈两淮盐务各款事》，《清宫扬州御档》第 14 册，广陵书社，2010，第 9777 页。

⑪ 乾隆帝：《晓谕刘统勋查办两淮盐引事》，《清宫扬州御档》第 7 册，广陵书社，2010 年，第 4596 页。后此语又被引用在奏折中，见第 4600 页。

⑫［清］孙玉庭：《奏报审明长随茅二被控朦捐一案并劾参两淮运司事》，《清宫扬州御档》第 13 册，广陵书社，2010 年，第 9600 页。

⑬ 道光二年闰三月二十日《军机处发下有关两淮盐务御史条陈》，《历史档案》1991 年第 1 期，第 47 页。

⑭ 道光帝：《晓谕淮南总商黄潆泰三年期满留任事》，《清宫扬州御档》第 14 册，广陵书社，2010 年，第 9723 页。

⑮［清］孙玉庭、阿克当阿：《奏报更换淮南首总事》，《清宫扬州御档》第 13 册，广陵书社，2010 年，第 9318 页。

⑯ 李斗著、周光培点校：《扬州画舫录》，卷十二，江苏广陵古籍刻印社，1984 年，第 275、276 页。

⑰ 郑志良：《论乾隆时期扬州盐商与昆曲的发展》，《北京大学学报》第 40 卷第 6 期，2003 年，第 100 页。

⑱ 转引自张海鹏、王廷元《明清徽商资料选编》，辽宁教育出版社，1985 年，第 136 页。

⑲㉑㉓㉗㉘㊵［清］阮元：《江春传》，《淮海英灵集》戊集卷四，清嘉庆三年小琅嬛仙馆刻本。

⑳［清］江春：《哭汪敬亭》，《随月读书楼诗集》卷之中，《新安二江先生集》，清嘉庆九年康山草堂刻本。

㉒［清］佶山监修、单渠总纂：《（嘉庆）两淮盐法志》卷首，清嘉庆十一年刻本。

㉔《清实录·高宗实录》第 10 册卷八一八，高宗三十三年，中华书局，1986 年，第 1101 页。

㉕㉖［清］袁枚：《诰封光禄大夫奉宸苑卿布政使江公墓志铭》，《小仓山房诗文集》，上海古籍出版社，1988 年，第 1863 页。

㉙［清］林苏门：《续扬州竹枝词》，李坦主编《扬州历代诗词》（三），人民文学出版社，1998 年，第 409 页。

㉚ 郑志良：《论乾隆时期扬州盐商与昆曲的发展》，《北京大学学报》第 40 卷第 6 期，2003 年，第 100 页。

㉛ 无名氏：《奉旨奏报两淮商人历年公捐银两数及职衔事》，《清宫扬州御档》第十三册，广陵书社，2015 年，第 9460 页。

㉜［清］孙玉庭、阿克当阿：《奏报更换淮南首总事》，《清宫扬州御档》第 13 册，广陵书社，2010 年，第 9318 页。

㉝［清］林苏门：《续扬州竹枝词》，李坦主编《扬州历代诗词》（三），人民文学出版社，1998 年，

第 411 页。

㉞《清实录·仁宗实录》第 29 册卷一五二，嘉庆十年，中华书局，1986 年，第 31240 页。

㉟［清］那彦成：《那文毅公奏议》卷十八，清道光十四年刻本。

㊱［清］书鲁：《奏请借给淮商江振鸿库项照例按年纳息事》，《清宫扬州御档》广陵书社，2010 年，第 7735 页。

㊲［清］焦循：《学圃记》，《雕菰集》卷二十记，清道光岭南节署刻本。

㊳［清］孙玉庭、阿克当阿：《奏报更换淮南首总事》，《清宫扬州御档》第 13 册，广陵书社，2010 年，第 9318 页。

㊴无名氏：《奉旨奏报两淮商人历年公捐银两数及职衔事》，《清宫扬州御档》第十三册，广陵书社，2015 年，第 9460 页。

㊵《润州邹氏重修宗谱》卷二，清光绪二十六年刻本。

㊶［清］王先谦：《东华续录（道光朝）》道光二十二，清光绪十年长沙王氏刻本。

㊷［清］孙玉庭、阿克当阿：《奏报更换淮南首总事》，《清宫扬州御档》第 13 册，广陵书社，2010 年，第 9318 页。

㊸［清］孙玉庭：《奏报审明长随茅二被控朦捐一案并劾参两淮运司事》，《清宫扬州御档》，广陵书社，2010 年，第 9604 页。

㊹道光帝：《晓谕淮南总商黄潆泰三年期满留任事》，《清宫扬州御档》第 14 册，广陵书社，2010 年，第 9723 页。

㊺［清］曾燠：《奏报遵旨查议御史条陈两淮盐务各款事》，《清宫扬州御档》第 14 册，广陵书社，2010 年，第 9777~9778 页。

㊻［清］曹振镛等：《奉旨奏报两淮盐务情形事》，《清宫扬州御档》第 14 册，广陵书社，2010 年，第 190 页。

㊼道光帝：《晓谕两淮总商黄潆泰被控隐混欺朦事》，《清宫扬州御档》第 14 册，广陵书社，2010 年，第 9924 页。

㊽［清］金安清：《水窗春呓》卷下，中华书局，1984 年，第 76 页。

㊾估山监修、单渠总纂：《（嘉庆）两淮盐法志》卷四二，清嘉庆十一年刻本。

㊿㊿李元庚：《寓园》，《山阳河下园亭记》，郑晓霞、张智主编《中国园林名胜志丛刊》第 24 册，广陵书社，2006 年，第 54 页。

明清水商兴衰及历史作用探析

王瑞芬　晏雪莲*

内容提要：明初开中法的颁布，促使商人往边关运送大量粮食、银两，以换取盐引，但由于守支问题的存在和提高流通效率的需要，便出现了水商。本文主要分析水商产生的原因及在盐商中的地位和盐业经济中的作用，并通过比较分析方法，探讨水商的利润水平及变化趋势。同时分析水商所处的历史环境变迁和政策演变，揭示其最终衰败的历史必然性。

关键词：水商　开中法　盐引　利润率

到目前为止，学术界关于水商的研究成果非常少，学者们仅在研究盐商的过程中做简单的提及或介绍，而没有系统的论述。有涉及水商的研究成果主要有：薛宗正的《明代的盐法变革与商人资本》[①]、日本藤井宏的《明代盐商的一考察——边商、内商、水商的研究》[②]、林枫的《明代中后期的盐税》[③]、汪崇筼的《明清两淮盐利个案两则》[④]及《明万历淮盐梳理中的两个问题和利润分析》[⑤]、刘淼的《明代开中商人的食盐价格确定》[⑥]、韩国金钟博的《明代盐法之演变与盐商之变化》[⑦]。上述成果都是在分析盐商的基础上，简单介绍了水商在盐商中的地位，主要阐释了盐商三商中的内商与边商。而对水商，欠缺具体的论述和分析。本文通过对水商的产生、发展至衰败做一个较为系统的探究，以期引起学术界关于水商研究的足够重视。

一、水商的兴衰分析

（一）水商的兴起

明初，政府在北部设立九边重镇，用以抵御蒙古进犯。九边自建成以后，驻守军

---

* 国家社科基金青年项目《盐与区域社会的变迁》（12CJL011）的阶段性成果之一。

队庞大，形成巨大军事消费区，为满足其日常开销，明政府每年向边关拨运大量的粮饷，但效率低下，导致政府财政入不敷出。为了解决粮饷问题，洪武三年，实行开中法，即国家通过让商人运粮至边关，以解决九边驻防军队的粮食问题，这样，商人可以向政府换取贩卖食盐的专卖权，即盐引。然后凭盐引到指定的盐场支取食盐，再到政府指定的销盐区去销售食盐，以获取盐引。

明朝开中法的实施，解决了九边军队用粮问题，但由于食盐专卖获利颇多，引起商人们争先恐后的前往九边地区运粮换取盐引，使得北部边镇出现了粮食囤积过度现象，明政府为改变这一问题，逐渐转变为以白银代替粮食的折色制。最初，盐引的发放要根据各盐场每年产量来制定，但是由于政府开中度，最终盐引无法支取，出现了存积盐和常股盐，在此环境下，商人需要更多的时间去守支。这种长期待支的现象，使得两淮、江浙一带，出现了内商与边商分化。内商即在各有关运司纳银领取盐引的商人，边商指继续留在边境地方纳粮报中的沿边商人。由于边商在取得盐引的过程中，需负担收购粮食及运输途中的费用，资本容易匮乏；而内商需取得盐引，就必须与边商合作，通过收购其手中盐引，获取巨额利润。内商日益兴盛，但大部分内商不能自贩，因此出现一种为内商买引代行的水商。

最初的水商是由内商演化而来，由于内商需要取得边商手中的盐引，下场支取食盐，使得其对资本依赖大。当时，没有足够资金支撑内商运转的商人，逐渐的脱离出内商的行列，转变为从内商手中获取食盐，成为转运、行销食盐的小商人。水商还未正式脱离内商时，出现了代支制度（即明政府允许盐商可以不亲自到盐场支盐，而请代理人代为支取）与兑支制度（是指明政府允许盐商越场支盐），"旧例商人中盐至场，未支而死者，许妻子具奏行原籍及运司，核实方得代支余人，不许而山陕辽东路远者待报又难，今宜不拘故商妻子，但系父母、祖孙同居兄弟俱准代支，仍免其具奏止于巡盐御史告行运司，核实支给，通行各处。"⑧又"令永乐年间，两淮客商应支引盐以十分为率，支与淮盐四分，其六分兑与山东支给，不愿支者听守支四年。又令两淮、云南官盐客商中纳支给，不敷者许于河东、陕西、福建、广东兑支，河间长芦及河东、陕西官盐支给，不敷者许于广东海北兑支"⑨当时代支制度和兑支制度的出现，延长了内商的守支时间，增加了内商的运作成本，直接影响食盐的价格。在这种情况下，内商的成本逐渐的加大，无力支撑整个盐商的运作，于是，逐渐的分化出专门从事转运、发卖的水商。由此，水商逐渐兴起。

（二）水商的衰败

至清朝，三商立足的局面发生了变化。明万历年间，两淮盐商主要的是内商的运作，其为主要的资本主体，而水商则是由内商中演化而成并为内商服务的商人主体。清代时，盐商中的主体为运商，场商则是由运商雇佣转化而来，并为运商服务。当时的场商相当于明朝时内商的职能，运商相当于边商与水商的职能。在《中国盐政沿革史》中也谈到："明制边商中盐，内商出价。清时盐不边中，止（只）令内商照引纳价，内商即纲商也。后因减额按照丁口派发引数，于是内商之引转相租典……"⑩在清朝时，内商已转变为纲商，即总商存在于盐商中，起着重要的作用。

水商的衰败，可以说至清代就不复存在了。有学者认为，至盐商消亡，才是三商退出历史的舞台。笔者基于"水商"这一名词的研究，认为水商与边商职能的重组是另外一个商人群体的出现和发展，而不可以认为是水商的延续。虽然清朝时存在的盐商中包括场商与运商两种商人群体。职能上，场商相当于明时期的内商，运商相当于明时期的边商与水商的总和。但从清代运商的产生来看，到明代后期，边商逐渐的消失，这个商人群体都不复存在。而进行市易的水商，到了清朝以后，逐渐的都变成了散商，相当于退出了盐商。从事守支职能的内商，转变为运商，主要进行运输等职能，并在运商的基础上，延伸出场商。运商干预场商的生产，并垄断总商的运销。所以从运商的产生来看，笔者认为，水商在清朝初年就已经消失。薛宗正的《明代的盐法变革与商人资本》一文，对于清代总商、运商、场商的转变作过说明，认为用于报中的边商消亡，内商的发展壮大，使其发展为运商，在运商的基础上，出现了为之服务的场商，以及资本雄厚，垄断运销的总商。水商则逐渐的沦为散商，即水商淡出了盐商的舞台。

探究水商的衰败、没落其原因归结于以下三点：

首先，引法失败以及盐壅商困。明朝实行的开中制随着盐商的变化，最终失败。至万历年间，盐法改革出现了新的局面，"以旧引附现引行销，将商人所领盐引，编设纲册，分为十纲，每年以一纲行积引，九纲行现引，依照册上窝数，按引派行，凡纲册有名者，方可行盐。"⑪食盐的运销，使得政府逐渐放开食盐的管控，逐渐变为官督商办的性质，盐商也逐渐的发生变化，原先从事转运、行销的水商，随着行销垄断的破裂，逐渐失去了原有的地位，水商原本作为内商分化出来的商人群体，在利润方面，要远远的低于内商。水商的资本主要用于从内商手中购买食盐，而行销至盐场时，已经消耗了大量的资本。所以作为水商群体，其销售食盐已经没有了更大的利润空间。加之明后期，对于食盐的各种税费征收，使得水商资本日趋下降，最终入不敷出，无法继续经营，沦落为散商存在于盐商中；而部分有实力者，发展为自销自支的内商，脱离了水商的行列。

据记载，明代人口约 1.5 亿，食盐需求量更是巨大，超过了 18 亿斤，而官盐由于守支问题，《明史》所言："商人有自永乐中候支盐，祖孙相代不得者"。盐商当年报中，支盐却要等至三五十年之后，食盐的积滞，致使盐商出现了巨大的资金断裂，导致水商群体消失。

其次，囤商主体的出现。开中制实施以后，虽然边商、内商、水商在盐商中都扮演着重要的角色，有各自在盐商中的职责，但自盐商分化以后，边商纳粮获取盐引，资金需求庞大，路途花销也在逐渐加重，水商从内商中取得食盐，分销地方，需要耗费大量的精力，而内商则通过买引支盐，获取高额利润，逐渐成为了三商的主体。在内商中，资本实力雄厚者慢慢发展成为专门以囤积、倒卖盐引为主的囤户。囤户的出现使得边商所获盐引无法出售，积滞在手中，为了资金的周转，不得已向囤户贱卖，而内商"掣盐多压"，只能以临时高价买于囤户。致使整个盐业混乱。"祖宗行盐止有三商，边商中引者也，内商支掣者也，水商运买者也，此三商通则俱通，塞则俱塞。自淮上于三商外别添一囤户，不顾三商之安，乃尽资其膏髓，以自为盈丰。"⑫可知，囤户的出现导致了盐商内部的变化，使得囤户居于三商之上，阻碍了明代盐政的正常秩序，直接的影响了水商的销售。

"盖九边盐法之坏，因于两淮。……据节年各边镇督抚司道、咨揭申呈，盖未有不深愤淮盐之壅，殆害边储，因请本部亟为溶导者，今边商贫已撤骨，急已滨死，上著不完，至于拘刷屯余，屯余不足，至于仓钞抵饷。"⑬在叶琪变法后，边商逐渐丢失原有的职能，而取得盐引则通过向地方盐运司缴纳银两，再由地方盐运司统一押解运往中央，中央通过各边镇军队驻守情况，分发所需物资。而统一的管理，使得政府征收高额的盐税，盐商的利润随之逐渐下降。囤商由于其资本雄厚，且通过囤积居奇获取边商的盐引，不售于水商，从中取得了巨额的利润，而成为盐商中最大的获利者。

再次，私盐的泛滥。"商贩私盐数多，执难革而法难行，所以或奏请施行，或便宜处置，而有此盐利之征也。"⑭至明代中后期，私盐泛滥成灾，据记载，当时，三分之二的食盐市场被私盐侵占，给水商带来的冲击是巨大的。《明经世文编》中记载："令自首则私盐盛行，肆无忌惮。"⑮私盐在食盐的运销中，占到了主导地位，水商运销于地方的食盐由于取得成本高，且缴纳巨额的苛捐杂税，食盐的售卖价格更高。私盐由于无需缴纳各项杂费，售于地方以更低廉的价钱，百姓尽享追逐私盐，水商不得不一再压低食盐价格售卖，致使入不敷出，资本运营出现问题。

二、水商在流通中的作用和影响

水商的活动主要在两淮地区，"（汪世耀，休宁弘治－嘉靖时人）……贾盐于江淮间，艘至千只，率子弟贸易往来，如履平地。择人任时，恒得上算，用是赀至巨万。"⑯这是在两淮盐场的概况，商贾络绎不绝，而在两淮地区进行水运的主要是水商，他们多为徽州盐商，

明代盐场中，三商从支取盐引至食盐贩卖过程，都有明确的划分。《明经世文编》中记载：

> 边商某人中，到某年某项盐引，某官榜派，某字号榜簿。内商某人承买，某年某月日下场支盐，某年月日到桥上堆，某官验放，某月日过关抵所，某官掣挚。水商某人成交解捆，某官督捆，某月日江浦京掣，某官查验，某月日领水程至某省，某口岸发卖，某月日某府州县投验，某月日某府州县追缴讫，俱要逐行指项大字，开写明白。⑰

两淮内商从边商手中取得盐引，下场支取食盐后，按一定价格卖给水商，水商再通过解捆食盐，向当地驿盐道领取水程引票，行销府、州、县各地。两淮盐场的水运路线，主要依长江、淮河而行。因此，长江中下游及江淮地区，多是水商的销售地域。顾炎武的《天下郡国利病书》所言："盖内商之盐捆大，卖于水商，改小以便装运，谓之解捆。"⑱水商在解捆大包食盐后，以小包装运，与之相合。又有："于各边中引者，谓之边商，于内地守支者，谓之内商……专事运买者，谓之水商。"⑲由此看出，水商的形成，使报中、守支、市易有了明确分工，形成各自独立的环节。即边商纳粮于边关，领取盐引，将其售于两淮内商，内商获得边商之盐引，下场支取食盐后，按照一定的价格卖于水商，水商此时的职责多为运销，通过收取内商手中的食盐，解捆大包为小包，按照官府制定的水路行程，到指定的地点行销食盐。实则水商的主要作用是用于运送食盐，卖于地方。水商对于盐商来讲，是重要的一环。它以转运、销售的形式存在。

水商在盐商中的作用随着守支成本的加大而更为重要。在开中法的实施中，盐商从支取食盐，至售于各地的过程逐渐延长，盐商从边关纳粮、纳银后，取得盐引却无法下场支盐，皆因盐引的获取与场内的食盐数量不符，随之守支问题出现，使得内商更加依赖水商。"内商之盐不能速获，边商之引又不贱售，报中寝怠，存积之滞遂与

常股等。"[20]守支成本的加大，使得水商成为了不可或缺的一部分。

水商随着在两淮沿线地区的转销，逐渐的影响到了边、内商。转销至各地的内商，于市场行情最为熟知。

> 盖水商自仪所开价后，以定内商堆盐矣，然尚未掣挈解捆也，使内商能速掣变与，岂不两便。乃水商窥探行盐地方益贱，不欲运去，恐价值一时难增，直通内商使缓，待江广等处地方盐价踊贵，然后运去，且许以月纳利息，内商岂不乐从。故堆盐少有者，无复运足之期，未过桥壩者，无复急运之念。直至水商信到，而后急急运所，听掣解捆，使人人前此能以比急急解捆之心。早交水商，则单客何至壅滞乎。故痛惩月利，则前此而掣挈自速。[21]

水商在售卖食盐中，于内商，解捆为小包食盐，再售于其他地区。但商人追逐利益的本性，使得水商在销售中，与内商勾结在一起，探听所售之地食盐价格，为获取高额利润，在食盐价格便宜的地方，不急于运盐至此地，待食盐价格上升后，再通知内商解捆食盐，售于当地，获取高额利润。

水商的发展也不断的改变着政府的决策。史料记载："今禁采石之路，则一引不通，而藩篱复破，溧商谓两岁以来，所与浙商争诉不休，为欲通行于该县耳，遑暇往江广耶，此言极是。但采石之路不塞，则觉满江皆食盐，江楚水商不肯成交。今万不得已，永塞采石之路。"[22]采石之路与食盐运转之路的矛盾，使得水商的利益受损，阻隔了采石之路。水商在盐商中影响的加大，甚至影响到政府决策。

三、水商经营利润分析

明时，盐商作为专卖性质的商人，在交纳盐税及其他费税后，盐就开始通过市场流通。关于水商的经营利润变化，关乎其发展进程。现以水商在嘉靖年间和万历年间利润为例，简析水商的经营利润。

> 淮南之商，谓南北一体，何余盐价银，在南七钱，在北五钱。今卖于水商，南则折本甚多，而北则获利数倍。[23]

> 盖庞都御史因嘉靖末年，加增工本盐三十五万引，以至停绩宿引五百有余万乃权宜酌虑为疏通之术，比照嘉靖初年事例，改大包为小盐，每引止四百八十五斤，淮南纳余银五钱二分，淮北纳余银三钱七分三厘，淮南每单八万五千引，加

赠为十万四千引，淮北五万五千引，加赠为七万引，每年视常额多销引二十一万有奇，一则宽恤商人，一则疏通引目，此法于销引得矣。㉔

在万历年间，淮南每引余盐价银 0.7 两，淮北每引余盐价银 0.5 两，则水商在淮南成本明显高于淮北，出现淮南亏本而淮北获利的情况。而淮南每引纳余银 0.52 两，淮北每引纳余银 0.373 两。

然那移旧则，稍属纷更，况轻减盐斤，则水商不服，因而增加盐债，则地方生摄，所以难奉钦依，而竟未之能行，益法虽善而有未书善者存，是在酌量用之耳，夫两淮岁制十二单，既行九十万引矣，内除七十万五千一百八十引不可增减，一引者谓之正行见引，其余十九万四千八百二十引当以小盐之法，剖而分之，则倍行引三十八万九千六百四十引矣，盖今见行盐，则每包重五百七十斤。与水商开价得银三两二钱，每引一两。买盐一百七十八斤，此刊定例也，若少一斤必无以服水商之心。因少斤而欲加毫厘之价于地方。决至贻地方之害，皆不可行者。今以大包五百七十斤为准，再加盐一百四十二斤，则为一百七十八斤者。㉕

旧制每引食盐重 570 斤，水商成本为 3.2 两，1 两可买盐 178 斤，为安抚水商，长期控制每引 570 斤的定值。

夫每盐一引，从来五百七十斤，此定则也。每盐五百七十斤卖于水商，取直三两二钱，此定价也。水商以五百七十斤之盐，解捆七十余小包，每包取直六七分，便可得价四两之外。在水商之利厚，而在地方不苦于甚踊，此定例也。㉖

在万历前，水商从内商处取得食盐，每引 3.2 两，重 570 斤，解捆 70 余小包，每引售价 4 两之外，水商每引获利在 1 两左右。

今奈何以五百七十斤之盐，一旦改而为四百五十斤，每引遽少盐百余斤，即少捆小盐十四五包矣。余所捆抵五十余包耳。彼水商不肯亏本，只得增价以鬻，安得不至一钱内外。……夫五百七十斤，开价三两二钱，水商改捆小盐七十余包，卖与地方，每小包取直六分，尚有利矣，况七分乎。……盖内商每引成本常不下五六两矣，而今之三两二钱卖于水商彼肯甘心乎。故必观望月利，设法缓鬻不卖，至六两以外不止，水商以六两外买盐一引，又加以盘剥诸费，难解捆七十余小包。而令之六七分卖于地方，彼又肯甘心乎。故必关店抬价，犯禁熬刑不卖至一钱内外不止，加以京挈愆期，便有二三钱一小包之患。今自去年九月以至今年巳未，果犹卖七分不止，水商苦于盐壅不行，内商苦于纳课不前，部责边储难切隐忧，而地方已享贱盐之利矣。……其道何由，岂斤多反贵，斤少反贱欤。……⑳

万历年间改为每引450余斤，解捆50余小包，水商运输成本增加，为获利，摊于每小包的盐价随之上涨，内商见其获利，必然提高每引卖于水商的盐价。最终出现每引食盐称重减少而价格反而上涨的悖论，为此进行了以下调整。

而今之开价二两九钱，卖于水商，沾利几何。故价至此则减不去矣。然盐至四百五十六斤，若再增多，则二引必不能兼销，故盐至此则亦加不去矣。㉘

在调整后，每引重456斤，内商卖于水商每引2.9两，削减了水商的利润。

水商在嘉靖年间的获利情况为，水商从内商处取得食盐，每引3.2两钱，重570斤，解捆70余小包，每引售价4两之外，而其所出费用，皆为路途消耗。引汪崇筼的《明清两淮盐利个案两则》中，水商成本费用3.2两，加上路途消耗费用0.9263，其售价为4.6313两，则销售利润为0.505两。在万历年间：每引六两外，重四百五十余斤，每包售价七分不止。由此可知，水商成本费用6两，路途消耗费用1.14两，每引卖价7.8375两，则销售利润为0.6975两。在万历四十三年，盐法调整后，水商取得食盐每引二两九钱，重四百五十六斤。其买盐2.9两，路途消耗0.7962两，售价3.981两，则每引利润为0.2848两。根据此分析，则水商的纵向利润呈下降趋势（表1）。

表1　水商经营利润变化表　　　　　　　　　　　　　　单位：两

	嘉靖年间	万历年间	万历四十三年后
食盐	3.2	6	2.9
费用	0.9263	1.14	0.7962
收入	4.6313	7.8375	3.981
利润	0.505	0.6975	0.2848
利润率	10.90%	8.90%	7.15%

水商每引盐的利润率从嘉靖年间开始，至万历四十三年后不断下降。其原因主要在于：

盖内商权子母而难于亏本耳，即乙卯（万历四十三年）之贱，曾至五六分是强之也，而非过之也。是年，水商遂散。反为征贵之，则两淮之盐，恒以积滞为常。㉙

　　当时，水商的利润率之低，其缘由很多。从内商处取得的食盐成本价极高，内商为了其发展，提高了与水商的食盐价格，而食盐的苛捐杂税也是异常繁杂，内商取得食盐后，囤积居奇，并不售于水商，致使水商必须以更高的价格获取食盐，这样加重了水商的成本。《钦定续文献通考》记载："内商之盐不能速获；边商之引又不贱售，报中寝怠，存积之滞遂与常股等"③。因此边商之盐不愿贱售，内商囤积不愿出手，水商只得付出更大的代价。

　　以上对水商的兴衰、经营利润的变化趋势以及在食盐流通中的作用进行了分析。但关于水商这一独特盐商群体的研究，囿于史料记载的有限和存续时间较短，对其进行全面的研究和深入探讨还需要更多的学者从不同领域付出更多的研究努力。

作者单位：山西大学、晋商学研究所

注释

① 薛宗正：《明代的盐法变革与商人资本》，《盐业史研究》，1990 年第 2 期。

② ［日］藤井宏著、刘淼译：《明代盐商的一考察——边商、内商、水商的研究》，《徽州社会经济史研究译文集》，黄山书社，1987 年。

③ 林枫：《明代中后期的盐税》，《中国社会经济史研究》2000 年第 2 期。

④ 汪崇篔：《明清两淮盐利个案两则》，《中国社会经济史研究》2000 年第 3 期。

⑤ 汪崇篔：《明万历淮盐梳理中的两个问题和利润介析》，《盐业史研究》2001 年第 4 期。

⑥ 刘淼：《明代开中商人的食盐价格确定》，《盐业史研究》2003 年第 2 期。

⑦ ［韩］金钟博：《明代盐法之演变与盐商之变化》，《安徽大学学报》2005 年第 2 期。

⑧《明孝宗实录》卷二三〇，弘治十六年九月癸巳条，台湾历史语言研究所，1962 年。

⑨ 清高宗敕撰：《钦定续文献通考》卷二十《征榷考》，《文渊阁四库全书》。

⑩ ［清］顾炎武：《天下郡国利病书》第 12 册《盐法考》，《续修四库全书》，第 596 页。

⑪ 刘德仁：《略论清政府对盐商的控制与利用》，《盐业史研究》，1998 年第 2 期。

⑫《明神宗实录》卷五五五，万历四十五年三月壬午条，台湾历史语言研究所，1962 年。

⑬ ［明］陈子龙：《明经世文编》卷四七四，袁世振：《两淮盐政编》，中华书局，1997 年，第 5204 页。

⑭⑮ ［明］陈子龙：《明经世文编》卷二三五《两淮盐政编》，中华书局，1997 年，第 2464 页。

⑯《休宁西门汪氏宗谱》卷六，《益府典膳福光公暨配金孺人墓志铭》

⑰㉑㉒㉓㉔㉕㉖㉗㉘㉙ ［明］袁世振：《两淮盐政编》，［明］陈子龙：《明经世文编》卷四七四，中华书局，1997 年。

⑱ 左树珍:《中国盐政沿革史》,盐务署印行,1915 年,第 40 页。

⑲⑳㉚ 清高宗敕撰:《钦定续文献通考》卷二十《征榷考》,《文渊阁四库全书》。

参考文献

［1］［明］袁世振:《两淮盐政编》,《明经世文编》,中华书局,1997 年。

［2］［清］顾炎武:《天下郡国利病书》,《续修四库全书》,上海古籍出版社,2013 年。

［3］［韩］金钟博:《明代盐法之演变与盐商之变化》,《安徽大学学报》2005 年第 2 期。

［4］［日］寺田隆信,张正明等译:《山西商人研究》,山西人民出版社,1986 年。

［5］刘建生、刘鹏生:《晋商研究》,山西人民出版社,2002 年。

［6］汪崇筼:《明清两淮盐利个案两则》,《中国社会经济史研究》2000 年第 3 期。

［7］汪崇筼:《清代徽州盐商的文化贡献之二:著述》,《盐业史研究》2005 年第 1 期。

［8］刘德仁:《略论清政府对盐商的控制与利用》,《盐业史研究》1998 年第 2 期。

［9］赵杰:《论中国古代盐专卖制度中国家与盐商的法律关系》,《湖北教育学院学报》,2003 年第 3 期。

［10］刘德仁:《略论清政府对盐商的控制与利用》,《盐业史研究》1998 年第 2 期。

［11］薛宗正:《明代的盐法变革与商人资本》,《盐业史研究》1990 年第 2 期。

［12］左树珍:《中国盐政沿革史》,盐务署印行,1915 年。

［13］林枫:《明代中后期的盐税》,《中国社会经济史研究》2000 年第 2 期。

［14］孙明:《清朝前期盐政与盐商》,东北师范大学,2012 年。

［15］［清］纪昀等:《文渊阁四库全书》,上海古籍出版社,2003 年。

《橙阳散志》编修及其研究价值

康　健

内容提要：《橙阳散志》是歙县江村的村志，是该村族人江登云、江绍莲父子用半个多世纪时间，潜心搜集各种资料的基础上，编修而成的方志。该方志体例完备，内容丰富，为集中探讨江氏宗族的商业史、移民史和社会史提供重要资料。

关键词：《橙阳散志》　江登云　江绍莲　歙县江村

在传统中国文献体系中，方志与正史、文集、族谱等皆为重要文献载体。方志作为一种重要的地方文献，主要有一统志、省志、府志、县志、乡镇志和专志等类型。一般来说，府县级以上的方志多由官方倡修，举凡一地的山川水系、风土民情、社会经济、教育文化、地方望族等都包含在内。而乡镇志作为乡村社会最为直接的文献记载，则多为民间乡绅编纂，最能反映基层社会实态，其文献也是编纂府县志的重要资料来源，故而乡镇志具有重要研究价值。

在传统社会中，徽州素有"文献之邦"的美誉，如今遗存有数以万计的文书，数以千计的族谱、文集，数以百计的方志。这些资料是支撑徽学这一门新兴学科的重要基石。方志为历史研究之重要史料，在徽学研究中亦得到广泛运用。徽州方志众多，目前存世的有数十部，但目前出版的甚少，仅有《中国地方志集成·乡镇志专辑》①对遗存至今的《橙阳散志》《丰南志》《孚潭志》《善和乡志》《西干志》《岩镇志草》和《沙溪纪略》等七部徽州乡镇志影印出版，但未能进行整理。虽然刘道胜《徽州方志研究》②一书，对传统时期徽州方志的编纂、流变、内容与价值有所探讨，但从现有的研究来看，徽州方志的整理与研究还存在很多不足。就整理而言，目前仅有万历《歙志》③《新安志》④《紫阳书院志》⑤等少数几部方志（含专志）被整理出版，这与存世数量众多的徽州方志而言，显得十分不足。这也在相当程度上影响徽州方志的开发利用。《橙阳散志》为清代徽州著名的乡镇志之一，为歙县江村人江登云始纂，共有十二卷；其子江绍莲续辑，共有十五卷，卷末"备志"一卷。明清时期，其村仕宦辈出，商业兴盛（尤其是盐商），文风昌盛。该方志内容丰富，详细记载了清中叶以前，该村落社会自然地理环境、风俗民情、商业发展、地方望族和乡村社会组织及其运作实态，具有较高的研究价值。

一、著者生平

《橙阳散志》为江登云始辑，其长子江绍莲续辑。前者成书于乾隆四十年（1775年）（以下简称乾隆本）内容为十二卷；后者成书于嘉庆十四年（1809年）（以下简称嘉庆本），内容为十五卷，末一卷。下面对该书两个不同作者生平事迹分别介绍。

江登云（1717～1778 年），字舒青，号爱山，一号步蟾，原名嘉诙，字鸣和。出生于歙县北乡江村。该村为江氏世居之地，北宋初期始迁祖江汝刚迁居该村，其生嶧、炭、岩三子，不久便人丁兴旺，枝繁叶茂，逐渐形成嶧、炭、岩三大派。随着世系的推衍，三大派支下又形成若干门房支派，江登云属于炭公分下桂一公支的东皋堂门，为江村始迁祖江汝刚第二十四世孙[⑥]。

明清时期，江氏科第发达，文风昌盛，仕宦辈出，商业兴盛，已成为当地望族。江登云出身于书香门第、商贾世家。其高祖父江国宪（1581～1652 年），"居躬孝友，德重乡间，族人奉为矜式"[⑦]。其曾祖父江懋犖（1604～1669 年），覃恩驰赠武翼大夫、湖广襄阳游击，懿德孝友[⑧]。其祖父江承元（1648～1715 年），为当地著名商贾，尝倡修叶坝岭古道、修建东皋堂，捐引道庵田产，义举甚多。其父汀嗣仑（1685～1749 年），字英玉，号星源，邑庠生，中康熙戊子科举人，生六子，登云为其第三子。江嗣仑在江西饶州府经营盐业，年老之时，在皖城经营中经济拮据，遂将盐业交给其长子江嘉谟打理。江嘉谟"力担家计，往服其劳"。江登云十六岁便到饶州府鄱阳县佐助其长兄业盐，很快恢复商业元气，后来其长兄在扬州业鹾，从此商业兴盛[⑨]。登云虽身处商海，但却胸怀大志，于是在乾隆四年（1739 年）弃商从武，进入武庠。乾隆丁卯乡试二十七名举人，戊辰会试二十五名进士，殿试二甲第六名，钦点御前侍卫，赏戴花翎，管理銮仪卫事[⑩]。登云仕途颇为顺利，为官清廉，颇有政声，屡受提拔。初任湖北襄阳左营游击，署郧阳副将、均州参将，调湖南镇箄左营游击署沅州副将，升江西南安参将、袁临副将，累官至南赣（吉袁临宁）总兵[⑪]。

江登云为官三十载，晚年自言："直内廷者八年，外任二十余载，位忝封疆，秩跻上品，天恩高厚，图报靡涯。"其族侄江洵在为其撰写的传记中也称："为国家宣力三十年，终老故土，完人也。"⑫虽然一生大半十年在官场，但笔耕不辍，著有《圣贤同归》《素壶便录》《爱山诗草》《修本堂集》《僚友良朋宴集》等书。

此外，江登云热心于地方文化事业，积极参与《江阳江氏族谱》编纂，出力甚多，可惜的是，他在该谱刊刻前一年病逝，未能见到该谱面世。尤为值得一起的是，潜心搜集乡土文献，积数十年之功，辑《橙阳散志》一书，为一村文献⑬。《橙阳散志》于乾隆四十年（1775 年）刊刻，江洵在为该志书所写的序文中评价说："纪载之详，搜罗之广，考核之确，则他志所不逮。虽一家言，若徽郡诸大族，准此而家各为志，则合而成一邑一郡之志。"⑭

江绍莲（1738～？ 年），字宸联，号梅宾，原字依濂，江登云长子，邑庠生。嘉庆辛未科会试，特赐国子监学正。嘉庆十五年（1810 年），采访儒行，太守成履恒以品端学富，详报备奏荐⑮。他在其父《橙阳散志》基础上，续辑《橙阳散志》，内容共有十五卷⑯。

其实，在《橙阳散志》撰写过程中，江绍莲就参与不少资料搜集的工作。在其父病逝后，他又用三十几年时间，广泛搜集各种文献，尤其是利用新刊刻的《江阳江氏族谱》，增补该方志，将内容扩充至十五卷，并新增《备志》一卷。正如其《续编引言》中所言："敬谨发册，详审玩绎，广采见闻，旁征博雅，举志中己见者续之，未及者增之，有因时日孔迫，夙未详尽者，则采掇以补之，广为十有五卷，诸条目惟益恩褒，盖昔无今有者。余一遵原本，罔敢更易。若夫村隶于邑，邑之疆围形势、山脉水源、建置沿革、城郭乡隅、风俗礼教，实村之统会，有不可不知者，撰为五考，曰备志。厕于卷末，以备参证，非另开生面也。"⑰除《橙阳散志》外，江绍莲著有《梅宾诗草》《蟾扶文萃》《闻见闲言》《芸窗半稿》等诸书。

总之，《橙阳散志》作为歙县北乡江村的乡土文献，其编纂经历半个多世纪的过程，是该村族人江登云、江绍莲父子毕生心血的结晶。其父子两代人在长期的编纂过程中，潜心搜集文献，认真考证，不仅使得该方志的内容十分丰富，而且具有很高的研究价值。

二、版本、内容

关于《橙阳散志》馆藏情况，据《中国地方志联合目录》记载，该志分别收藏在国家图书馆、上海图书馆、广东省立中山图书馆、中国社会科学院历史研究所和南京大学图书馆等单位。具体来说，该志乾隆本分别收藏于国家图书馆、广东省立中山图书馆，嘉庆本分别收藏于中国社会科学院历史研究图书馆（存前十卷）、上海图书馆（缺卷九、卷十）、安庆市图书馆（不全）。为便于论述，现将两种版本内容列表1。

表1 《橙阳散志》不同版本内容一览

卷次	乾隆本	嘉庆本
序	刘宗魏序、杨祈迪序、徐光文序、江恂序	江兰序、刘宗魏序、杨祈迪序、徐光文序、江恂序、续编引言（江绍莲撰）
卷一	舆地志 村图、疆界、地脉、山名、水源、地名、井塘、官堨、古迹、胜景	村地志 村图、地界、地脉、山名、水源、土名、井塘、官堨、古迹、胜景
卷二	选举志 科第、荐辟、殊恩、明经、舍选、封赠、乡宾、文学、武库	选举志 科第、荐辟、恩褒、殊恩、明经、舍选、封赠、乡宾、文学、武库
卷三	人物志上 宦业、忠节、孝友	人物志一 官业、忠节、孝友、义行、隐德、儒林、士林、隐佚、风雅、名艺
卷四	人物志下 义行、隐德、儒林、士林、隐佚、风雅、名艺、烈女	人物志二 烈女
卷五	物植志 五谷、瓜菜、果木、花卉、畜养、禽鱼、古树	物植志 五谷、瓜菜、果木、花卉、畜养、禽鱼、古树、药材、颜料
卷六	礼仪志 祭祀、岁时、冠婚、丧葬	礼仪志 祭祀、岁时、冠婚、丧葬
卷七	风俗志 灯事、游神、还烛、保安	风俗志 灯事、游神、还烛、保安
卷八	舍宇志 社坛、公所、祠堂、书院、园馆、庵观	舍宇志 社坛、公所、祠堂、书院、园馆、庵观
卷九	营建志 社仓、坊表、邱墓、桥梁、道路、路亭	营建志 社仓、坊表、邱墓、桥梁、道路、路亭
卷十	艺文志上 书籍、碑记	艺文志一 书籍、碑

续表

卷次	乾隆本	嘉庆本
卷十一	艺文志下 序文、诗歌	艺文志二 记
卷十二	别志 村考、氏族、邻贤、旅客、附居、仙释	艺文志三 序文
卷十三		艺文志四 诗歌
卷十四		艺文志五 诗歌
卷十五		别志 村考、氏族、邻贤、旅客、附居、仙释
卷末		备志 疆圉形势考、山脉水源考、建置沿革考、城郭乡偶考、风俗礼教考
跋	江廷泰、江监载	江廷泰、江监载、江廷霖
合计	十二卷，纲十，目六十九。	十五卷，卷末一卷，纲十一，目七十。

从上表可以看出，与乾隆本相比，嘉庆本无论在卷数，还是在具体篇章方面，都有所增加，而且其内容的次序安排与前者也略有差异。具体来说，嘉庆本为十五卷，卷首为序言；卷一至卷十五分别为，村地志、选举志、人物志一、人物志二、物植志、礼仪志、风俗志、舍宇志、营建志、艺文志一、艺文志二、艺文志三、艺文志四、艺文志五、别志；卷末为备志；最后为跋文。

江绍莲续辑之时，不仅将烈女、序文、诗歌单独成卷，而且增加不少篇章文字。这是一大变化。此外，在原有内容中，也增补了一些子目，如在卷二"选举志"中新增"恩褒"子目，在卷五"物植志"新增"药材、颜料"两个子目。但最大的特色是，新增卷末"备志"，其疆圉形势考、山脉水源考、建置沿革考、城郭乡偶考、风俗礼教考等五个篇章内容，则是从全县乃至府域的视角来叙述，具有超越江村一隅之乡镇志的特色。备志的史料价值甚高，近代徽州著名学者许承尧在其撰写的《歙事闲谭》一书中，大量抄录、节选《橙阳散志》内容，尤其是节录的《歙风俗礼教考》[18]一篇，详细介绍歙县各乡风俗民情、商业经营、日常生活等内容，使得其史料价值备受关注，后来被学界广为征引[19]。但学者在引用时，多是转引《歙事闲谭》，并未查阅《橙阳散志》原文，从而产生不少讹误。很多学者不仅将该篇作者张冠李戴，而且对该方志的版本缺乏认识。

值得关注的是，江绍莲在续刊之时并非简单的将十二卷增加三卷内容，使之成为十五卷本，而是对整部方志从头到尾皆有改动、增减、补充、考证，这就使得该方志的编纂过程较为复杂。

学界无论在《橙阳散志》的资料梳理，还是在具体研究方面，都取得一定的成果。但目前对针该方志文本本身的研究，则尚付阙如，这是造成目前对该方志的版本和卷数方面存在分歧的重要原因，亦在一定程度上影响了对该方志的运用。

基于上述认识，笔者试图通过系统校勘，对《橙阳散志》全面整理，纠正学界目前的错误认识，试图以此来复原该部方志的编纂实态，以便人们更好的利用之。

笔者在整理点校时，以上海图书馆收藏之嘉庆十四年（1809 年）文本为底本，同时辅之以中国社会科学院历史研究所收藏的文本，来校国家图书馆收藏的稿本和《中国地方志集成·乡镇志专辑》（南京大学图书馆藏）、广东省立中山图书馆藏文本等乾隆四十年（1775 年）刻本，相互参照，进行比勘。试图通过这样精细的研究，厘清《橙阳散志》版本、卷数及其编纂实态问题，从而全面认识对其方志编纂学上的意义。

三、研究价值

方志为历史研究之重要史料，在徽学研究中亦得到广泛运用。《橙阳散志》为清代乾隆、嘉庆时期徽州歙县江村之村志，其村盐商辈出，文风昌盛。该方志内容丰富，详细记载了清中叶以前，该村落社会风俗民情、江氏商业发展和基层社会组织运作实态。具体来说，从事该方志的整理具有以下意义：

（一）古典文献学上的意义

虽然学界对《橙阳散志》的运用较多，但在其版本和卷数方面存在严重分歧，尚未明晰其版本和具体卷数。这在相当程度上影响了对该方志的运用。目前学界对该方志版本方面，存在乾隆四十年刻本和嘉庆十四年刻本等不同观点，卷数则有十二卷和十五卷之别。那么，《橙阳散志》在编纂的实态是什么呢？因而对其文本本身之编纂实态进行研究，就显得十分必要了。

管见所及，学界之所以存在几种不同说法，与《中国地方志联合目录》著录时的错误不无关系。学者们在研究中，多是选取馆藏的一种文本进行研究，而对其他馆藏单位收藏的文本尚未进行查阅，未能相互比照，故而造成错误认识。

《中国地方志联合目录》将《橙阳散志》著录为十五卷，实误。而且，该书将南京大学图书馆和广东图书馆藏之《橙阳散志》著录为嘉庆刻本，亦为错误。有鉴于此，笔者广泛查阅国家图书馆的稿本、上海图书馆、《中国地方志集成·乡镇志专辑》（南京大学图书馆藏）、中国社会科学院历史研究所和广东省立中山图书馆等馆藏文本，相互比对，纠正了以往认识中的错误，指出上海广东省立中山图书馆和南京大学图书馆藏文本皆为乾隆四十年刻本，其卷数皆为十二卷。上海图书馆、中国社会科学院历史研究所（缺卷十三至卷十五）等收藏之文本，皆为嘉庆十四年刻本，卷数为十五卷。

笔者在综合比勘各种版本的基础上，仔细校正，做出大量校记，以便明晰该方志动态编修过程。同时，在校勘的过程中，为厘清《橙阳散志》的史源问题，还将该方志与该村族人编纂的《歙县济阳江氏族谱》（乾隆四十三年刻本）、《瑞阳阿集》（江东之撰）等典籍进行比对，并出注释，以明晰《橙阳散志》的史源。

（二）丰富的史料价值

《橙阳散志》为清代乾嘉时期歙县江村之村志，详细记载了从宋至清前期，该村的社会经济、商业、风俗民情、民间组织运作、基层社会变迁等实态，亦从长时段的角度集中反映了江氏宗族崛起、发展演化的历史，具有十分重要的文献价值。具体来说具有以下史料价值。

第一，商业史研究。如众所知，歙县江村江氏为扬州盐商的主体力量之一。对此，民国《歙县志》记载：

> 邑中商业以盐典茶木为最著。在昔盐业尤兴盛焉。两淮八总商，邑人恒占其四。各姓代兴，如江村之江，丰溪澄塘之吴，潭塘之黄，岭山之程，稠墅潜口之汪，傅溪之徐，郑村之郑，唐模之许，雄村之曹，上丰之宋，棠樾之鲍，蓝田之叶皆是也。彼时盐业集中淮扬，全国金融几可操纵。[20]

《歙县志》虽然将歙县从事盐业经营的几个主要宗族罗列出来，但只是宏观层面的描述，而关于每个宗族的盐业经营的资料是县志无法提供的。《橙阳散志》作为歙县盐商主体之一"江村之江"江村的村志，详细记载该宗族从事盐业，尤其是两淮盐业经营的资料。这些资料不仅对于集中探讨江氏商人的盐业经营具有重要意义，而且对于从微观层面、个案角度研究徽州盐商亦有所裨益。

从《橙阳散志》内容来看，江氏商人主要集中在两淮地区经营盐业。这些内容多是"业鹾维扬""业鹾广陵""业鹾扬州"等。现将主要情况列举如表2。

表2　《橙阳散志》所见江氏盐商行盐情况一览

序号	姓名	行盐区域	活动时间	备注
1	江光禄	业鹾扬州	明初	卷首江洵序
2	江南能	业鹾淮南	明末	同上
3	江昉先祖	追先祖兄弟,业鹾扬州	明末清初	卷十二《艺文志三·存志户墓祀序》
4	江演	浚扬州伍佑东河二百五十里,及开安丰串场官河,盐艘免车运之劳,商民受益	清顺治、康熙年间	卷三《人物志一·义行传》
5	江昉	汉皋盐荚	清前期	卷三《人物志一·孝友传》
6	江嘉谟	嗣业扬鹾	清前期	同上
7	程镐	业鹾维扬	清前期	卷三《人物志一·义行传》
8	江人龙	业鹾广陵	清前期	同上
9	江承瑜	客居维扬	清前期	同上
10	江春	治禺荚业,练达多能,熟悉盐法,司鹾政者咸引重	清前期	同上
11	江蕃	治鹾广陵	清前期	同上
12	江禹治	总司汉鹾	清前期	同上
13	江嘉霖	尝客广陵	清前期	同上
14	江承封	为族人代理鹾务	清前期	卷三《人物志一·隐德传》
15	江嘉培	客处维扬	清前期	同上
16	江嘉霈	承办泰坝鹾务	清前期	同上
17	江邦铎	业鹾宁波	清前期	同上
17	江绍芳	尝客西江,经营鹾务	清前期	同上
19	江勉亭	司饶埠鹾务	清前期	同上

表2中列举出的江氏商人经营盐业共有19人,这些族人多在两淮行盐,尤其是集中在扬州地区。笔者罗列出的这些江氏盐商仅为《橙阳散志》中记载的部分内容而已,从中可知,自从明初开始,该村族人就从事两淮盐业的经营,到清代康熙、乾隆

年间，达到鼎盛，尤其是“以布衣上交天子”的江春为代表，他担任两淮总商四十年，可谓是“身系两淮盛衰垂五十年”。

《橙阳散志》除了记载江氏经营盐业的内容外，还收录不少江氏商人在其他地区经商的事例。如江清代康熙年间，江承东“作客汉阳，遇民间灾患，恒多佽助”[21]。江承燧“尝客武陵，见洞庭风涛之险，修建冷饭、舵杆二洲，以泊行舟，开岃崱山险道，以便商旅，凡诸善行，不可枚举”[22]。江羲龄“尝贸易芜湖，有误投多金者，却弗受，人称江公道云”[23]。江羲龄的儿子江有容“甫弱冠，随父羲龄公客鸠江，同栖冷庙中。危桥隔市，父体怯畏渡，公晨起进餐毕，负以度桥，贸易于市，日晡待诸河上，又负以归，弥年不倦”[24]。江瑞珙“性好善，贸易台儿庄，周恤贫困，不令人知。每除夕，以馒头钱物，暗投贫家屋院。荒年广施绵衣，煮糜赈饿，全活甚众”[25]。江廷祥“办公汉上，利人济物，绝尽营私，当路尽目为长者”[26]。江谟“性诚实，恒客江右、燕京，与人交公正不欺，人目为长者，于里邻亦多补助”[27]。江兆炜“作客吴门，声望日著，四方游士，恒乐与交，人有识韩之慕”[28]。江煜“作客吴门，公平正直，人咸信服”[29]。江以塙“公慎无欺，客寿春数十载，人号长者，乡人往来，频沾厥惠”[30]。

第二，移民史研究。明清时期徽州是一个“商贾之乡”，大量民众外出经商，而歙县在万历时期已是“十三在邑，十七在天下”了，入清以后民众外出经商之风更盛。伴随着商业经营的需要，很多徽商及其子弟不断在侨寓地定居，开始繁衍生息，逐渐在新的居住地实现“在地化”。而这种在地化的动因，多半是因长期在外经商所致。

歙县北乡江村江氏是著名的商贾世家，他们经商人数众多，经营行业广泛，活动具体广袤，从而使得江氏族人侨寓地也十分广泛。但《橙阳散志》内容来看，盐业是江氏族人经营的最为主要行业，其族人多在两淮行盐，在这些地区侨寓的族人也最为集中。下面进行具体分析。

侨寓扬州地区。扬州作为两淮盐业的“大本营”，是徽州盐商麇集之地，江氏商也多在此侨寓，并世代繁衍，逐渐在地化。如生活于清代康乾时期的江注，“侨寓维扬，志笃根本，尝修葺许村青山头祖墓，建碑以垂久远”[31]。江允升“乾隆辛未，郡邑大饥，公客维扬，捐千余金，首倡义举，买谷以赈，村党扬寓诸贤仿其事，醵金数万，建惠济官仓，俾六邑凶荒有备，实公之昆季启其端也”[32]。江世栋“侨居维扬，凡事关故乡宗党，实力举行，视亲支如一体，间遇困乏，分财周恤，倾橐弗惜”[33]。程淳“客扬数十年，乡人往来，每多佽助，尝捐缗助建都天神庙”[34]。江永交“生平好义，厚待亲支。客居维扬，里党公事，恒多倡助，族戚往来其间，缓急并蒙嘘植”[35]。江承联

"寄居扬州，国子生，敦本尚义。里中社坛建自前明，岁久倾圮，公捐金倡建"㊱。

《橙阳散志》中关于江氏族人侨寓扬州的例子还有很多，不再逐一列举。这些侨寓扬州的江氏族人要么为徽商，要么就是徽商子弟。他们在扬州定居，其子弟在当地占籍，或寄籍，并以此在当地参加科举考试。《橙阳散志》"选举志"中，有很多族人在扬州、仪征、江都等地参加科举考试，以"科第""文学""荐辟""拔贡""舍选""殊恩"等功名、官职或殊荣。侨寓扬州的族人，随身在异乡，但不忘桑梓，热衷于家乡的社会公益事业。如乾隆年间，"寓居扬地支丁"的江氏族人输赀重修江村祠赍成堂。又风雨侵蚀，到嘉庆七年（1802 年），侨寓扬州的族人再次捐资进行维修，"凡添换梁柱，并一切工料，共用二千数百余金，工程巩固，祠宇改观"㊲。

侨寓无为州。除了扬州以外，江氏族人在侨寓无为州也较为集中。明中叶，江若蘷就曾"作客无为州"，在当地经商，当时"有同渡遗金三十，铤追而还之。又尝典铺被盗，恐多牵累，隐不呈报，会盗贼为缉捕所获，呼公质证，公绝不认，盗得免死，寻为良善，一时传颂高义"㊳，因多善举，被世人称颂。明代嘉靖、万历年间，江元鼎因在无为州经商，遂"占籍庐郡"。元鼎公的元孙江家祚认为其先祖到无为州侨寓的原因是经商所致，其言曰："自吾支祖之迁淮西也，多历年所向，以淮为贸迁地，寄寓其间"㊴。

随着无为州经营贸易的发展，江氏族人在当地定居日益增多，尤其入清以后，江氏族人在无为州在地化十分明显。江政观"居无为州，再迁桐城周家潭"㊵。江泉龙、江维浩、江仕侠祖孙三代人皆定居无为州。因族众定居无为州日益增多，每年往返故里歙县江村祭扫路途遥远，多有不便，江氏族人在元鼎公之孙江泉龙的带领下，于顺治十七年（1660 年）在无为州南圩头创建支祠笃本堂，当时"爰建祠堂，各分老幼，春秋偕至，祭奠一堂，欢欣鼓舞，免歙州千里之劳，节往返之费，于间岁一返故乡，较昔良便"。祠堂建立后，邀请族人"聘龙及孔龙、胤龙诸公准诸体制，定以祠规"㊶。

随着世系推衍，族人在无为州定居的人数众多，在雍正初年，就达到"丁口数千余人"的规模，这些族众在无为州分布十分广泛。对此，《橙阳散志》记载：

> 正二公分祠，亦名笃本堂，在无为州南乡南圩头，希曾、千里两门建。支下分处，共十一村：曰桥西，曰张三渡，曰清水凹，曰官田河，曰俞家渡，曰潘思滩，曰南圩头，曰东湖，曰前竹园，曰八里坂，曰鹤毛河，胥以此为总汇。每岁三月初一日春祭，冬至日冬祭，诸族毕集。祠建于顺治十七年，康熙三十九年增建祠廊，乾隆四十年间毁，四十五年重建。㊷

根据上引资料可知，从明代中叶，到清代乾隆年间，歙县江村正二公派下的族众迁居无为州已有两百多年，这些族众分布在十一个村落，并建立的笃本堂作为支祠，并规定每年举行春秋二祭。为保证祠堂的日常运作，族众还积极捐资田产，作为日常开销之资。江光祖，"承先志，尝捐田入无为州支祠，以助祭祀，族人感其谊"[43]。因人丁兴旺，甚至形成了希曾、千里两大支派。

虽然定居在无为州，但族众不忘桑梓乡情，定期回歙县江村展墓。江权龙不仅在无为州创建支祠，还在故里江村"立祠规于故乡祠墓，定以三岁一归祭扫"[44]，以表尊祖敬宗之情。此后，族人时常返乡祭扫祖墓。如江以宥，"字之三，里村人，居无为州南圩头。性诚朴，笃志根本，年七十外，犹率领宗支，时归故里，展谒先墓，不惮千里跋涉，孝思真挚，近俗所不多觏"[45]。

为开展日常礼俗活动需要，同时也为加强对族众的管理，定居在无为州的江氏族人，不仅兴建祠堂，而且开始编修族谱。雍正年间，江氏族人"将迁淮以后二百余年丁口数千余人，叙其世次，志其里居，汇为善本，藏之各分"[46]，编修支谱。

在侨寓地无为州，创建支祠，编修族谱，是江氏族人在侨寓地在地化的重要表征。他们还在当地参加科举考试，获得功名。在《橙阳散志》"选举志"中，清代前期，就有不少族人在无为州入学、获取功名的事例。如江俊、江祚长、江世桢、江家澍、江之南、江必禄、江三奇等人，就在当地以"文学"名义获得科名[47]。

其他地区。明清时期，徽商足迹遍天下，所谓"钻天洞庭遍地徽"，就是对这种情况的绝佳描述。在这样的商业大潮下，歙县江氏宗族不仅集中在扬州、无为等地经商，侨在当地侨寓，而且在宿迁、桐城、六安州、嘉善、淳安威坪、海州、徐州等地经商，因而侨寓这些地区的也很常见。江道远，"居桐城枞阳镇，膺岁荐，受知于巡按御史蔡公国用，以宏文博学荐于朝，……值兵乱皆未履任，流寓淮北，卒于宿迁之洋河，子孙遂家焉"[48]。江德震，"寓宿迁洋河，工诗善书，尤精韵学，著有《五声韵定》[49]"。江淑，"寄居宿迁洋河，由国子生授州同，简发四川，改补吏目"[50]。江瑞琪，"贸易台儿庄……土人为立碑记，有江善人之目，后裔居宿迁洋河"[51]。江之湘，"先世自汝修公子跻公宋御史直言忤旨，罢职，避居新安，历数世复归常山，后迁桐城，至公兄弟情殷一本，谊切宗盟，往来村中不绝"[52]。江政观，先在无为州经商，后转至桐城周家潭经营，因而侨寓于此。[53]江光祖在无为州定居，其后裔迁居于六安州苏家埠。[54]江惟棐，"侨居嘉善，尤多善行，有长者之称"[55]。江仕球，"字佩玉，牌镇人，寄居威坪。少有至性，孝事媚母。乾隆甲子岁凶，承母命煮糜救饥，威坪富户仿其事，更相捐赈，合镇得免于馁"[56]。江瑄，"性旷达，遨游四方，文人才士恒乐与交，江阴刘君风汉尤称莫逆。后占籍海州，遂家于新安镇"⑤。江嘉楠的妻子孙氏，"随夫侨居徐州夏镇。明末，夫遭寇乱死，孙矢志殉烈，同瘗夏镇"⑧。

第三，社会史研究。该方志中的《艺文志》收录很多有关该村落的资料，其中收录的明代嘉靖时期乡约的碑记，是进一步认识明代徽州乡约推行情况的重要史料。艺文志中还收录不少祠堂记、桥梁道路碑记、庙宇碑记、会社（如聚星文社、蟾扶文会）等序文。这些资料都是研究江村社会文化建设、社会组织的宝贵资料，对于深入探讨基层社会日常生活、民间信仰、村落治理等具有重要意义。又如，方志中收录的江氏族人在书画造诣、村落建设（如园馆、书院、祠宇、牌坊、道路、桥梁等）和祭祀、会社、婚丧风俗等社会史方面资料，亦十分丰富。这是全面认识江氏宗族在社会文化发展方面的重要史料。

总之，深入剖析《橙阳散志》具体内容，为全面、深入探讨歙县江村村落社会史、文化史和江氏商业史提供重要资料基础。

结　语

《橙阳散志》作为徽州 7 部乡镇志之一，其编纂者为清代乾隆、嘉庆时期的江登云、江绍莲父子，他们先后利用半个多世纪时间，潜心搜集有关其桑梓之邦的江村的各种资料，并相互校勘，在长期积累基础上，完成这部方志编修。然而，对于该方志长期的编纂过程，以往学界关注较少，从而造成在利用方面出现不少讹误，尤其是将《歙风俗礼教考》一文作者张冠李戴。笔者在系统搜集该方志各种版本的基础上，相互比勘，进行点校，基本厘清该方志的动态编纂过程，并对其史源问题也作了有益的探讨。

明清时期徽州既是个"文风昌盛之地"，又是个"商贾之乡"，"崇儒重教""故贾而好儒"是徽州重要风气。歙县作为徽州首邑，其地文化更为兴盛。科举尤为发达，富商大贾尤为众多。江村江氏是就是典型代表。其宗族在科举、文化（文学、书画等）和商业经营方面都有突出表现，尤其是盐业经营最为突出，在歙县首屈一指。这些丰富的资料都可以在《橙阳散志》中得到集中体现。因此，《橙阳散志》具有商业史、社会史、文化史、移民史等方面的研究价值。

作者单位：安徽师范大学

注释

① 《中国地方志集成·乡镇志专辑》，江苏古籍出版社，1998 年。

② 刘道胜：《徽州方志研究》，黄山书社，2010 年。

③ ［明］谢陛撰，张艳红点校：万历《歙志》，黄山书社，2013 年。

④ ［明］罗愿撰，肖建新、杨国宜整理，《〈新安志〉整理与研究》，黄山书社，2008 年。

⑤ ［清］施璜编，陈联、胡中生点校：《紫阳书院志》，黄山书社，2010 年。

⑥ 《济阳江族谱》卷首《源流世系》，乾隆四十三年刻本。

⑦ ［清］江登云：《橙阳散志》卷四《人物下·隐德》，乾隆四十年刻本。

⑧ 《济阳江族谱》卷首《源流世系》，乾隆四十三年刻本。

⑨ ［清］江绍莲：《橙阳散志》卷三《人物一·孝友》，嘉庆十四年刻本。

⑩ 《济阳江族谱》卷五《世系·□公分桂一公派》，乾隆四十三年刻本。

⑪⑫⑬《济阳江氏族谱》卷九《清覃恩累晋武功大夫袁临副将署南赣总兵官登云公原传》，乾隆四十三年刻本。

⑭ ［清］江登云：《橙阳散志·江序》，乾隆四十年刻本。

⑮ 民国《歙县志》卷七《人物志·文苑》，民国二十六年刻本。

⑯ 《济阳江族谱》卷五《世系·□公分桂一公派》，乾隆四十三年刻本。

⑰ ［清］江绍莲：《橙阳散志·续编引言》，嘉庆十四年刻本。

⑱ 许承尧撰，李明回、彭超、张爱琴校点：《歙事闲谭》卷十八《歙风俗礼教考》，黄山书社，2001年，第 601～612 页。

⑲ 20 世纪 80 年代，张海鹏、王廷元等率领的徽商研究团队，在安徽省博物馆查阅《歙事闲谭》的稿本，最早将该书第十八册书稿中《歙风俗礼教考》的商业史料编入《徽商资料选编》（黄山书社，1985 年）一书，从而使得《歙风俗礼教考》的史料价值逐渐为学界所知，此后学界征引的绝大多是转引《徽商资料选编》摘抄的内容，并未取查阅《歙事闲谭》一书，更遑论去查阅《橙阳散志》一书的原文了。

⑳ 民国《歙县志》卷1《舆地志·风土》，民国二十六年刻本。

㉑㉒㉛㉜㉝㊱㊳㊵㊸㊹㊾㊿ ［清］江绍莲续辑：《橙阳散志》卷三《人物志一·义行传》，嘉庆十四年刻本。

㉓㉕㉖㉗㉘㉙㉚㉞㉟㊺51㊽㊻ ［清］江绍莲续辑：《橙阳散志》卷三《人物志一·隐德传》，嘉庆十四年刻本。

㉔ ［清］江绍莲续辑：《橙阳散志》卷三《人物志一·孝友传》，嘉庆十四年刻本。

㊲ ［清］江绍莲续辑：《橙阳散志》卷十一《艺文志二·修赀成堂记》，嘉庆十四连刻本。

㊴㊶㊾ ［清］江绍莲续辑：《橙阳散志》卷十一《艺文志二·淮西两门建祠记》，嘉庆十四年刻本。

㊷［清］江绍莲续辑：《橙阳散志》卷八《舍宇志·祠堂》，嘉庆十四年刻本。

㊼［清］江绍莲续辑：《橙阳散志》卷二《选举志·文学》，嘉庆十四年刻本。

㊽㋒［清］江绍莲续辑：《橙阳散志》卷三《人物志一·宦业传》，嘉庆十四年刻本。

㊾㋗［清］江绍莲续辑：《橙阳散志》卷三《人物志一·风雅传》，嘉庆十四年刻本。

㊿［清］江绍莲续辑：《橙阳散志》卷三《人物志一·忠节传》，嘉庆十四年刻本。

㋘［清］江绍莲续辑：《橙阳散志》卷四《人物志二·列女传》，嘉庆十四年刻本。

清代扬州徽商子弟的教育科举问题*

梁仁志

内容提要：扬州是清代徽商侨寓最为集中的地方之一，侨寓扬州的徽商子弟的教育遂成为了亟待解决的问题。徽商或设立专门的书院、义学和社学，或让他们附学当地官学，或入籍扬州以为他们在当地直接就学和参加科举创造条件等途径，有效地解决了其子弟的读书和科举问题。清代侨寓扬州的徽商子弟的教育呈现出科第繁盛、分布不均、出路多样等特点，既使得徽商子弟人才辈出，也促进了扬州文教事业的发展，但同时也加深了徽商与封建势力的关系，对徽商的长远发展产生了一定的消极作用。

关键词：侨寓　徽州　扬州　盐商　教育

清代商人在经商之地侨寓①的现象十分普遍②。作为一个特殊的学生群体——侨寓商人子弟的教育问题却没有引起学术界应有的重视③。对此问题的系统讨论，不仅能深化清代商业及教育史研究，还具有十分重要的现实意义。扬州是明清两淮盐业的中心，也是清代徽州盐商侨寓最集中的地方。近人陈去病说："扬，盖徽商殖民地也，故徽郡大姓，如汪、程、江、洪、潘、郑、黄、许诸氏，扬州莫不有之，大略皆因流寓而著籍者也。"④张海鹏先生等也指出：清季，"扬州本地人口仅二十分之一，而外地流寓人口为二十分之十九，造成这样的人口结构主要是因为徽州盐商聚集的结果。"⑤故本文拟以寓居扬州的徽州盐商子弟为中心对此问题作一考察。

一、解决的途径

清代寓扬徽州盐商子弟接受教育的首要目的乃是为了应付科举考试，以进身仕

---

* 〔基金项目〕国家社科基金重大招标项目"六百年徽商资料整理与研究"（13&ZD088）。

途、光大门楣。明以降"科举必由学校"⑥，为子弟成名计，这些徽州盐商首先必须解决其子弟的就学问题，其具体途径主要有三：

一是设立专门的书院、义学、社学等供其子弟就读。徽州盐商在扬州所设书院以安定、梅花、乐仪等为代表。"东南书院之盛，扬州得其三焉。其附郭曰安定、曰梅花，其在仪征者曰乐仪。"⑦此三所书院皆由两淮盐政或盐商公捐而建，作为两淮盐业中坚的徽州盐商出力尤多。安定书院在扬州府东北的三元坊，康熙元年（1662 年）由鹾使胡文学创建，后因年久倒塌；雍正十一年（1733 年），鹾使高斌、运使尹会一"以广陵名郡，人文渊薮，亟宜振兴，议即旧址重建，谕商公捐。凡工费白金七千四百两有奇，经始十三年春二月，冬十月落成"。梅花书院原名崇雅书院，在广储门外，明巡盐御史朱廷玉建，雍正十二年（1734 年）徽州盐商马曰琯"独立兴建，更名为梅花书院"；乾隆四年（1739 年）巡盐御史三保因运使徐大枚请，重请诸生膏火"亦于运库公支项下动给"；乾隆八年（1743 年）梅花书院并附安定书院，乾隆四十二年（1777 年）马曰琯之子振伯请求将其归公，"运使朱孝纯以广陵为人文之薮，书院旧址未便任其倾圮，谕商捐修，并定每年经费，更新其制。"乐仪书院在仪征县治天宁桥坊，乾隆三十二年（1767 年）由县令卫晞骏建，"盐政普福、淮南监掣同知苏尔通阿、宋维奇、权监掣事解韬，皆捐资以助落成。"⑧因这些书院兴建、维护及膏火之费等多由盐商特别是徽州盐商捐助，故何炳棣先生就指出，此三所书院乃专为盐商子弟而设⑨。

拥有雄厚资财的盐商的竭力支持，使安定、梅花等书院业绩骄人，"迄乎清代，江北文化以扬州安定、梅花两书院为最著，乾嘉以来，掌院如姚鼐、陈祖范、杭世骏诸儒皆一时之选，而四方来肄业者亦多瑰玮博雅之士。"⑩柳诒征先生也赞曰："江宁布政使所属各府之文化以扬州称首。两淮鹾利甲天下，书院之膏火资焉，故扬州之书院与江宁省会相颉颃，其著者有安定、梅花、广陵三书院，省内外人士咸得肄业。"⑪

除书院外，侨寓扬州的徽州盐商在当地捐建或创办社学、义学等教育机构也不遗余力。嘉庆四年（1799 年），徽州盐商洪箴远在扬州捐资兴建了著名的十二门义学，再如掘港场、扬州营、何垛场、角斜场等义学、社学的建设，也都凝聚了徽州盐商的心血。

从义学、社学到书院，这些专门的且教学体系较为完备的教育机构的设立，初步解决了侨寓扬州的徽州盐商子弟的就学问题。清代徽州盐商在扬州创办或参与兴建的书院、社学、义学等情况，可参见表 1。

表1 1647~1799年徽州盐商创建或参与兴建的扬州书院、义学情况一览表

名　　称	创办时间	地　　址	创办者	创办者身份及备注
何垛场社学	顺治四年	何垛场	张禹	巡盐御史
安定书院	康熙元年	府东北的三元坊	胡文学	鹾使胡文学谕商捐建
敬亭书院	康熙二十二年	府治北桥	两淮盐商	俾士子诵读其中
梅花书院	雍正十二年	广储门外	马曰琯	徽商马曰琯独立兴建
金沙场社学	雍正十三年	金沙场	王馨重	盐课司大使
余西场社学	乾隆四年	余西场	王嘉俊	盐课司大使
余中场社学	乾隆四年	余中场	张廷璇	盐政分司
南河书院	乾隆五年	场署西范公祠	姚德	盐课司大使
刘庄场社学	乾隆五年	刘庄场	丁灿	盐署大使
掘港场义学	乾隆十二年	掘港场	程公能、吴振公	徽商
正心书院	乾隆二十一年	草堰场	郝月桂	盐课司大使
乐仪书院	乾隆三十二年	仪征县治天宁桥坊	卫晞骏	1787年归并盐务
扬州营义学	乾隆三十八年	旧校场东营马王庙	李质颖	盐政
文正书院	乾隆五十八年	石港场	九场商	以为九场生童肄业之所
十二门义学	嘉庆四年	扬州十二门各一所	洪箴远	徽商

资料来源：嘉庆《两淮盐法志》卷五十三《杂纪二》。

二是附入当地官学就读。两淮盐商子弟的就学问题在明代即已受到统治者的特别关照，"明万历中定商、灶籍，两淮不立运学，附入扬州府学。"[12]徽州盐商子弟因无"商籍"，故并不在关照之列，这使得侨寓扬州的徽州盐商子弟无法通过正常途径就读当地官学，故只能争取附学就读。康熙年间，巡盐御史李煦因徽商之请上奏朝廷：

窃两淮商人原籍，或系山西、陕西，或属江南之徽州。其西商子侄随父兄在两淮，不能回籍考试，因另立商籍，每逢岁考，童生取入扬州府学，定额十四名。徽商子侄因原籍在本省，不得应商籍之试。但徽商行盐年久，大半家于扬州，故徽州反无住居，且自扬至徽道途千里，回籍考试甚属艰难。今徽商将子侄照西商例，亦于扬州府学额十四名，免回籍应考。[13]

此奏得到了朝廷的准许，没有"商籍"的徽州盐商子弟因而取得了附学扬州地方官学的资格，他们往往附入扬州府学、江都县学、甘泉县学、仪征县学等读书。

必须指出的是，清代寓扬徽州盐商子弟附学资格的获得是以徽州盐商对扬州教育

机构的大力投入为前提的。徽州盐商在扬州积极创办或捐助梅花、安定、乐仪、敬亭等书院的同时，对扬州地方官学机构的建设也是尽心尽力，如仪征文庙的修缮就出现了侨寓扬州的徽州盐商及其后代"五世建学"的壮举：康熙十四年（1675 年），徽州盐商许承远修缮大成殿及两庑，后病卒，临终前命其子许松龄续建明伦堂；康熙二十三年（1684 年），松龄与其舅重修明伦堂；康熙二十八年（1689 年），松龄与知县马章玉、原籍徽州的乡绅郑为旭、许桓龄等共捐银 1550 两，其他徽州盐商等捐银 l600 两，重建大成殿；康熙四十七年（1708 年），松龄建堂成，并葺居仁、由义二斋；康熙五十三年（1714 年），松龄之子许彪重建尊经阁，制藏书之构数十，购经贮之；雍正十三年（1735 年），松龄孙华夫重修学宫；同年，华夫子天球又增葺之[14]。再如徽州盐商汪应庚，"自高祖以来即事两淮鹾务，遂侨居于扬……乾隆元年（1736 年）见江甘学宫岁久倾颓，出五万余金亟为重建，辉煌轮奂，焕然维新；又以二千余金制祭祀乐器，无不周备；又以一万三千金购腴田一千五百亩，悉归诸学，以待岁修及助乡试资斧。且请永著为例……士人称为'汪项'"[15]。

三是入籍扬州，为其子弟在当地直接就学和科举创造条件。"明制设科之法，士自起家应童子试，必有籍……以试于郡，即不得它郡试。"[16]清因明制。"因徽州府与两淮盐运司在明代同属南直隶，后同归江南省，至清康熙六年（1667 年）始分治，故作为徽商中坚的徽州盐商始终未在其最大侨寓地——两淮获得'商籍'"[17]。这就意味着清代侨寓扬州的徽州籍盐商子弟在当地，既不能到官学正常就读，也不能参加科举考试[18]，其麻烦可想而知。恰逢入清以后户籍管理制度逐渐松动，"如人户于寄居之地置有坟庐逾二十年者，准入籍出什。"[19]于是许多在扬州侨寓已久的徽州盐商遂利用新的政策直接入籍扬州，其子弟也就顺理成章地成了地道的"扬州人"，从而获得了在扬州当地官学正常读书和参加科举考试的资格。据冯尔康先生的研究，清季入扬州籍取得科举功名的徽州盐商子弟人才济济[20]。

二、教育的特色

由于徽州盐商的多方努力及其子弟自身的勤勉为学，清代寓扬徽州盐商子弟的教育取得了较大的成功，并形成了自己较为鲜明的特色，主要表现三个方面：

一是科第繁盛。仅据《（嘉庆）两淮盐法志》卷四十六《科第表上》、卷四十七《科第表下》、卷四十三《行谊》、卷四十四《才略》、卷四十五《政绩》、卷四十六《文艺》；道光《徽州府志》卷九《选举志·进士》；民国《歙县志》卷四《选举志·科目》;道光《休宁县志》卷九《选举·进士》等资料所作的保守统计,清代两淮徽州盐商子弟中中进士者多达81名,且仕途状况及学术成就颇为突出,其基本情况见表2。

表2 1647～1805年两淮徽州盐商子弟进士表

姓 名	原籍	中进士科次	历 官	著述及备注
朱庭瑞	歙县	顺治四年丁亥科	广东参议	
张广祁	歙县		知邓州	
张习孔	歙县	顺治六年乙丑科	山东提学道	
汪继昌	歙县		湖广江防道	
洪 琮	歙县	顺治九年壬辰科	陕西提学道	
吴雯清	歙县		江南道御史	《寒浔吟》《星槎草纪游》《雪啸轩集》
王仕云	歙县		衡州府推官	《论史》《同异》
吴晋剡	歙县		广州府推官	
闵 叙	歙县	顺治十二年乙未科	广州提学道	《高活堂集》
郑嗣武	歙县		盐山县知县	
金怀玉	休宁		泉州府推官	嘉庆《两淮盐法志·政绩》有传
程 瀚	歙县	顺治十五年戊戌科	安仁县知县	
罗苍期	歙县		中书科中书	
项时亨	歙县		常山县知县	
江 皋	歙县	顺治十八年辛丑科	陕西参议	
程 涞	歙县		平谷县知县	
方秉桢	歙县			
胡士著	祁门	康熙三年甲辰科	右春坊右庶子	
洪 玕	歙县	康熙六年丁未科	吏部主事	
汪懋麟	休宁	康熙六年丁未科	中书舍人	嘉庆《两淮盐法志·文艺》有传
汪 錞	休宁	康熙九年庚戌科	吏部郎中	
汪 虬	歙县		刑部主事	
谢玉成	祁门		鹿邑县知县	
汪鹤孙	歙县	康熙十二年癸丑科	翰林院庶吉士	汪继昌子
汪 霦	歙县	康熙十五年丙辰科	祭酒	
程 濬	歙县		大名府知府	
许承宣	歙县		翰林历官工科给事中	与弟承家合称"江都二许",世业盐江南

续表

姓　名	原籍	中进士科次	历　官	著述及备注
汪晋征	休宁	康熙十八年已未科	户部侍郎	
吴　苑	歙县		翰林历官国子祭酒	嘉庆《两淮盐法志·文艺》有传
汪兆璋	休宁	康熙二十一年壬戌科	中书舍人	
汪士楚	休宁		内阁典籍	
孙　皋	休宁		中书舍人	
黄梦麟	歙县		左春坊左中允	探花
汪　薇	歙县		福建提学道	《经概诗论》
许承家	歙县	康熙二十四乙丑科	编修	嘉庆《两淮盐法志·文艺》有传
江朝宗	歙县		汉中府知府	
江广誉	歙县		临邑县知县	
张　瑗	祁门	康熙三十年辛未科	御史	会元
程文正	歙县		都水主事	祖、父为商总
吴　岳	歙县			
汪　潆	休宁	康熙三十三年甲戌科		汪錞子
程　湜	歙县		黄县知县	
程　湄	歙县		崇安县知县	程湜弟
朱其昆	休宁			
许迎年	歙县	康熙三十六年丁丑科	中书遹中道章	嘉庆《两淮盐法志·文艺》有传
吴澹淇	歙县		翰林院庶吉士	吴苑子
吴蔚起	歙县	康熙四十二年癸丑科	户部改官御史	父从殷业盐
方　觐	歙县	康熙四十八年已丑科	以翰林督学四川	祖秉翰业盐
程　嗜	歙县	康熙四十八年已丑科		嘉庆《两淮盐法志·才略》有传
程梦星	歙县		编修	嘉庆《两淮盐法志·文艺》有传
汪　樴	休宁	康熙五十一年壬辰科	衡永郴道	
洪　泽	歙县		工部员外郎	
程　鉴	歙县		刑部郎中	
洪　勋	歙县	康熙五十四年乙未科	会同县知县	
洪肇楙	歙县	雍正元年癸卯恩科	莱州府知府	
谢朋庚	休宁	雍正二年甲辰科	翰林院庶吉士	
项　樟	歙县	雍正十一年癸丑科	凤阳府知府	
金门诏	休宁	乾隆元年丙辰科	翰林院庶吉士	

续表

姓　名	原籍	中进士科次	历　官	著述及备注
洪本仁	歙县	乾隆二年丁巳恩科	主事	
郑捷甲	歙县	乾隆七年壬戌科	应山县知县	
谢溶生	歙县	乾隆十年乙丑科	礼部左侍郎	
张　文	歙县	乾隆十三年戊辰科	山东海丰县知县	
吴以镇	歙县	乾隆十七年壬申恩科	编修	
程　瑄	歙县		利川县知县	
刘　标	歙县		开封府知府	
吴玉镕	歙县	乾隆十九年甲戌科		
郑　爔	歙县	乾隆二十二年丁丑科	山西道御史	
汪廷泰	歙县		泌州知州	
洪瑞璋	歙县	乾隆二十六年辛巳恩科		
程　沆	歙县	乾隆二十八年癸未科	翰林院庶吉士	
程晋芳	歙县	乾隆三十六年辛卯恩科	吏部郎,修四库	程文正从子
郑宗樊	歙县	乾隆三十七年壬辰科	浙江道御史	
吴绍澯	歙县	乾隆四十年乙未科	翰林	世业淮盐
吴绍浣	歙县	乾隆四十三年戊戌科	中书舍人、翰林	吴绍澯弟
江德量	歙县	乾隆四十五年庚子恩科		榜眼
郑文明	歙县	乾隆五十二年丁未科	刑部湖广司郎中	
黄　洙	歙县	乾隆五十五年庚戌恩科		
吴　榜	歙县	嘉庆七年壬戌科	编修	
程赞清	歙县		贵州按察使	
程元吉	歙县	嘉庆十年乙丑科	翰林院庶吉士	
黄承吉	歙县		分发广西知县	

　　扬州是两淮盐业中心,更是徽商盐商侨寓和入籍最为集中之地,故清代两淮徽州盐商子弟傲人的科第成绩可以充分说明清代寓扬徽州盐商子弟科第之繁盛。

　　二是分布不均。通过上表可以发现,以扬州为中心的清代两淮徽州盐商子弟中,中进士者原籍多为徽州的歙县和休宁两县,参见表3。

表 3　清代两淮徽州盐商子弟进士原籍分布表

县　名	歙县	休宁	婺源	祁门	绩溪	黟县	总计
进士数	66	12	0	3	0	0	81
比　例	81.48%	14.81%	0	3.70%	0	0	100%

资料来源：依据表 2 所作统计。

那么出现这种情况的原因何在呢？我们知道，所谓"新安大贾，鱼盐为业，藏镪有至百万者，其它二三十万则中贾耳"[21]。盐商是徽商的中坚，而徽州盐商又多出自于歙县、休宁两县，尤以歙县为多，加之歙县距离扬州较近，交通相对便利，故歙县盐商在扬州势力最大，所谓"内商多徽歙……之寓籍淮扬者"[22]。

此外，据李琳琦先生的统计，明清两代徽州文进士中，歙县、休宁两县籍的合计，比例高达 78.8%[23]，这与清代两淮徽州盐商子弟的进士分布状况存在较大的一致性。

三是出路多样。由于"明清科举考试录取率不仅很低，而且一直不断下降。"[24]至清季，士子考中功名的机会越来越小。何况扬州又是人文昌盛之区，科举竞争更加激烈。故蟾宫折桂的徽州盐商子弟必定是少数，那些落第者除一部分继续备考之外，还有很多则选择了子承父业或者从事文化及艺术事业等。由于传统四民观的影响，清代商人实际社会地位依然较为低下，因此，选择从事文化或艺术事业的徽州盐商子弟甚至较子承父业者为多，以致"新安程氏多诗人，侨居淮扬，有专集行世者，指不胜屈"[25]。"乾嘉时期，虽有不少徽人寓于扬州，但并非都是在经营商业，有些人不是手批口吟，便是致仕归来的官宦。"[26]侨寓扬州并接受过系统教育的徽州盐商子弟出路的多样化，特别是他们对文化或艺术事业的热衷，对推动清代扬州文化事业的发展作出了贡献，张海鹏先生等指出，乾嘉时期扬州"在经学、文学、医学、绘画、书法、金石、考古、戏剧等领域盛极一时，而每一个领域也都不乏徽人的踪影"[27]。此外，这些盐商子弟中的一些落第者，如程嗣章、汪由敦、吴定、鲍桂星、齐彦魁、汪家禧等，还走上了游幕的道路，与"扬州二马"相交甚欢的两淮盐政卢见曾的幕府中就聘有许多[28]。

三、教育的影响

就当时或从一个较短的时间段来看，清代寓扬徽州盐商子弟的教育对于徽商发展的影响是积极的，但从长远发展的角度来看，这种影响也是一把"双刃剑"，它加强了徽商与封建势力之间的黏合。其具体影响可以从三个方面来观察：

一是使清代寓扬徽州盐商子弟中人才辈出。通过检阅清代现存的扬州方志和《两淮盐法志》等文献可以发现，徽州籍盐商子弟在当地中举人、进士以及入仕者比比皆是。何炳棣先生就指出："从明代中叶以来，安徽就是最重要的人才输出省份之一，这一事实却未在其不太大的进士数额中反映出来。该省对江苏南部和浙江北部科甲鼎盛，实际上起了相当大的作用，这两个地区聚集了皖南一批富有而且通常是深有文化修养的徽州商人。1827 年刊行的徽州府志，列有本地区自 1647～1826 年的 142 名进士，而寄籍他省获得功名的本地子弟后裔至少有 377 名。在此同时的 180 年间，江苏产生一甲进士 94 名，有 14 名出自徽州府；浙江一甲进士 59 名，有 5 名是徽州人。我们有理由相信，府志所列的这份名单并不完整，事实上，苏南和浙北的科第盛况，徽州在其中的贡献更为巨大。"[29]这表明徽州盐商子弟在扬州乃至江南地区科举的实际成绩，比我们在史料中发现的更为突出。

二是促进了扬州的教育文化建设。首先，清代寓扬徽州盐商子弟教育对扬州本土教育有着良好的示范作用。如扬州梅花书院自姚鼐始，也多名流博学掌院，并同安定书院一起成为了当时扬州学术文化传承发扬的基地，从而对扬州书院文化的繁荣乃至整个扬州教育事业的发展起到了很大的推动作用。其次，徽商在扬州的成功经营，也吸引徽州本土学者纷纷走出家门，频繁往来于扬州求学、讲学、著述和从事学术交流活动，这不仅扩大了徽州学者的学术视野，为徽州学术的发展提供了新鲜血液，而且他们的学术思想和治学理念也对侨寓扬州的徽州盐商子弟乃至扬州当地士子的学术成长发生了深刻的影响。如祖上即为徽商的大思想家戴震与扬州等地徽商往来密切、互动频繁，侨寓扬州府江都县的徽州盐商子弟程晋芳等即深受戴震思想浸润，成为皖派朴学的重要代表人物。歙县学者吴殿麟也曾居梅花书院研究学问，并与姚鼐相交甚深[30]。日本学者大谷敏夫在《扬州、常州学术考——有关其与社会之关联》一文中认为：来自皖东南的徽商对江南社会与学术生活产生过至关重要的影响，商业联系是徽学向扬州（通过戴震）、常州（通过戴震的弟子）传播的社会背景。常州地区学者转向汉学，也是同苏州学者对北方的影响、扬州学者对南方的冲击分不开的[31]。

三是加强了徽商与封建势力之间的黏合。教育的成功推动了侨寓扬州的徽州盐商子弟的入仕，从而加强了徽商与封建势力之间的黏合，这一方面对维系徽商在两淮盐业上的垄断地位无疑是有益的，但另一方面它不利于徽商的长远发展，究其原因有三：

其一，清代寓扬徽州盐商子弟的教育并非以传授商业知识和技能为目的，甚至还阻碍了商业知识和技能的积累。李琳琦先生指出："经商谋利并非徽商的最高价值追求，在他们的内心深处，业儒入仕才是他们的终结关怀。"[32]徽州盐商子弟接受教育的主要目的就是为了应付科举考试，其父辈创办或参与兴建的书院、义学等也多为科举的附庸，虽也兼或传播一些学术知识，但对于商业知识和技能的培养则很少涉及。而他们因一心忙着应考，便无从商热情和时间可言，更奢谈通过"传帮带"的方式跟随其父兄或长辈学习、积累从商技能或经验了。

其二，清代寓扬徽州盐商子弟的文人化不利于徽商事业的传承和队伍的壮大。何炳棣先生在论及扬州盐商时说："虽然因为缺乏详尽的资料而无法统计出有多少比例的盐商家庭成员成为士大夫，然而有足够的证据可以呈现出他们社会流动的一般趋势。"因此，"我们可以保守地说，平均商人家庭经过二代或三代之后，即非原先同样的社会身份。事业上几乎当盐商家庭达到小康时，年轻的成员就被鼓励从事学术方面，最终是从政，结果使得商人家庭的商人成份愈来愈淡。"[33]这与张海鹏先生等的观点不谋而合："徽商中的富商之家，经过一两代之后，其子孙大多不是加入儒林，就是荣膺仕宦。他们所追求的不再是'财源茂盛'，而是显名于时，甚至是扬名后世。"[34]徽商子弟特别是富有知识和能力的徽商子弟与商业渐行渐远，对于徽商事业传承和队伍的更新发展显然是颇为不利的，这也是徽商渐渐落后于时代发展甚至最终衰落的一个重要原因之一。

其三，清代寓扬徽州盐商子弟进入封建统治阶层，不仅未能在统治阶层内部酝酿新思想，反而阻碍了徽商对于新技术等的运用。德国学者魏特夫认为，科举为高级官场增加了不同数量的"新血液"，但是，他们并没有破坏支配着这个集团的思想和行动的社会政治方面自我延续的趋势[35]。徽州盐商子弟进入官僚队伍只能导致官商结合、凭借特权获取厚利，而这种经商方式却堵塞了徽商利用新的科学技术手段提高生产效率的可能渠道。王方中认为："既然榷盐制度给了场商以垄断盐的收买的特权，场商就不可能有组织生产的积极性，场商经济中也不可能有资本主义生产关系的萌芽。"[36]科举入仕的徽州盐商子弟无疑是徽商与封建势力勾结最好的黏合剂。

作者单位：安徽师范大学

注释

① 本文所谓"侨寓"是指在异乡侨居或寄居之意，对侨寓者的籍贯是否发生改变因史料之限制，暂不作考虑。故文中"徽州盐商子弟"既包括徽州籍徽商子弟，也包括已入籍扬州，但祖籍徽州且自我认同为徽州人的徽商子弟。

② 关于清代商人侨寓化的状况，可参见龙登高：《从客贩到侨居：传统商人经营方式的变化》，《中国经济史研究》1998 年第 2 期；王日根：《论清代商人经营方式转换的若干趋向》，《浙江学刊》2001 年第 1 期。

③ 据笔者所见，关于侨寓商人子弟教育的相关研究成果仅有李琳琦《徽商与清代汉口紫阳书院——清代商人书院的个案研究》（《清史研究》2002 年第 5 期）、汪庆元《明清徽商与杭州崇文书院考述》（安徽大学徽学研究中心编：《徽学》第 3 卷，合肥：安徽大学出版社，2004 年）、周惊涛《明清徽商与江浙地区的文教事业》（安徽师范大学硕士学位论文，2005 年）及拙作《明清侨寓徽商子弟教育的特色》（《安徽史学》2008 年第 5 期）等，均在讨论明清徽商时有所涉及，专题性和系统性的研究成果尚付阙如。

④ 陈去病：《五石脂》，南京：江苏古籍出版社，1985 年，第 309 页。

⑤ 张海鹏、王廷元主编：《徽商研究》，合肥：安徽人民出版社，1995 年，第 522 页。

⑥ 《明史》卷六十九《选举一》。

⑦ 《（嘉庆）重修扬州府志》卷十九《学校》，嘉庆十五年（1810 年）刊本。

⑧ 以上均引自嘉庆《两淮盐法志》卷 53《杂纪二·书院》，同治九年（1870 年）扬州书局重刊本。

⑨ Ping – ti Ho, *THE LADDER OF SUCCESS IN IMPERIAL CHINA：Aspects of Social Mobility，1368 – 1911*，New York and London：Columbia University Press，1962，p. 202.

⑩ 徐谦芳：《扬州风土记略》卷之中，南京：江苏古籍出版社，2002 年，第 44 页。

⑪ 柳诒徵：《江苏书院志初稿》，《江苏省立国学图书馆第四年刊》（1931 年 10 月），第 49 页。

⑫ 《（嘉庆）两淮盐法志》卷四十七《科第表上》。

⑬ ［清］李煦：《李煦奏折》，北京：中华书局，1976 年，第 242、243 页。

⑭ 王鸣盛：《仪征县许氏五世建学记》，焦循辑：《扬州足征录》，扬州：广陵书社，2004 年，第 428 页。

⑮ 《汪氏谱乘·光禄寺少卿汪公事实》，转引自张海鹏、王廷元主编：《明清徽商资料选编》，合肥：黄山书社，1985 年，第 321 页。

⑯ 许承尧：《歙事闲谭》卷二十九《吴宪》，合肥：黄山书社，2001 年，第 1041 页。

⑰ 王振忠：《明清徽商与淮扬社会变迁》，北京：三联书店，1996 年，第 61 ~ 62 页。

⑱ 如曾独立兴建梅花书院的扬州大盐商马曰琯因未获"商籍"，遂在康熙四十九年（1710 年）时不得不"归试祁门"。杭世俊：《道古堂文集》卷四十三《朝议大夫候补主事加二级马君墓志铭》："（马曰琯）年二十三，归试祁门，充学宫弟子。"

⑲ 《清史稿》卷一二〇《食货一·户口田制》。

⑳ 参见冯尔康：《明清时期扬州的徽商及其后裔述略》，安徽大学徽学研究中心编：《徽学》2000 年卷，合肥：安徽大学出版社，2001 年。

㉑ 谢肇淛：《五杂组》，上海：上海书店出版社，2001 年，第 74 页。

㉒ 顾炎武：《天下郡国利病书》原编第 12 册《扬州》，四部丛刊本。

㉓ 参见李琳琦：《明清徽州进士数量、分布特点及其原因分析》，《安徽师范大学学报》（人文社会科学版）2001 年第 1 期。

㉔ 李伯重：《八股之外：明清江南的教育及其对经济的影响》，《清史研究》2004 年第 1 期。

㉕ 许承尧：《歙事闲谭》卷 8《续录程氏诸人诗》，合肥：黄山书社，2001 年，第 244 页。

㉖ 张海鹏、王廷元主编：《徽商研究》，合肥：安徽人民出版社，1995 年，第 218 页。

㉗ 张海鹏、王廷元主编：《徽商研究》，合肥：安徽人民出版社，1995 年，第 193 页。

㉘ 关于徽州盐商子弟从事游幕或这些幕僚与徽商之间的关系，在尚小明的《清代士人游幕表》（北京：中华书局，2005 年）中多有记载，可参见本书第 62、88、88、100、106、114、116、124、140、154、182 页。此书的相关记载还表明，侨寓扬州的徽州大盐商如江春等本人也有徽州籍幕僚。其实《扬州画舫录》所载与扬州徽商相交的很多士人实际上也担负者这些徽州盐商的幕僚的角色。

㉙ Ping – ti Ho, *THE LADDER OF SUCCESS IN IMPERIAL CHINA : Aspects of Social Mobility , 1368 – 1911* , New York and London：Columbia University Press，1962. p234.

㉚《清史稿》卷四八五《文苑传二》："吴定，字殿麟，歙县人。举孝廉方正。与姚鼐相友善，论文严於法。"陈用光：《太乙舟文集》卷 3《姚先生行状》："居扬州时，（姚鼐）与歙吴殿麟定同居梅花书院，尝以所作视殿麟。"（续修四库全书本）

㉛ 转引自［美］艾尔曼著，赵刚译：《经学、政治和宗族：中华帝国晚期常州今文学派研究》，南京：江苏人民出版社，1998 年，第 3 页。

㉜ 李琳琦：《徽商与明清徽州教育》，武汉：湖北教育出版社，2003 年，第 134 页。

㉝ 参见何炳棣：《扬州盐商：十八世纪中国商业资本的研究》，《中国社会经济史研究》1999 年第 2 期。其所举程量、江广茂、江春、曹景宸等家族均为歙县盐商及其后裔。

㉞ 张海鹏、王廷元主编：《徽商研究》，合肥：安徽人民出版社，1995 年，第 213 页。

㉟［美］卡尔·A·魏特夫著，徐式谷等译：《东方专制主义：对于极权力量的比较研究》，北京：中国社会科学出版社，1989 年，第 369 页。

㊱ 王方中：《清代前期的盐法、盐商与盐业生产》，中国社会科学院历史研究所清史研究室编·《清史论丛》第 4 辑，北京：中华书局，1982 年，第 36 页。

"扬州二马"刻书考辨

陆惠敏

内容提要：雍乾时期，"扬州二马"凭借雄厚的财力，活跃于江浙文化圈。"二马"不仅热衷藏书，同时耗费巨资雕刻古籍，所刻古籍装订考究、字体娟秀、墨色匀称、讹误极少，有"马版"之称。为推动"二马"刻书研究，夯实文献基础，详细考辨"二马"刻书书目，共辑录"二马"刻书书目 26 种，确定由马家独立刊刻的有 19 种 81 卷。其中，集中考证《说文》《玉篇》《广韵》《字鉴》，推断"二马"应于家塾翻刻过此类字书、韵书，但刻本量较少、影响也小。此外，考姚世钰文集《孱守斋遗稿》又名《莲花庄集》，或因其住宅名为"莲花庄"，或因同乡赵孟頫而得此名。

关键词："扬州二马" 刻书 丛书楼 马版

扬州刻书业在清朝发展至鼎盛时期，并且成为江南地区三大刻书中心之一。此得益于当时一批致力发展文化事业的盐商巨贾。在这批盐商中，有马曰琯、马曰璐昆仲。马曰琯，生于康熙二十六年（1687 年），卒于乾隆二十年（1755 年），字秋玉，号嶰谷，著有《沙河逸老小稿》《嶰谷词》。马曰璐，生于康熙三十四年（1695 年），卒年不早于乾隆四十一年（1776 年），字佩兮，号南斋、半查、涉江，著有《南斋集》《南斋词》。

马曰琯、马曰璐筑造"小玲珑山馆"（又名"街南书屋"），中有丛书楼，藏书颇丰，并与厉鹗、全祖望、杭世骏、姚世钰、卢见曾、"扬州八怪"等四方名流之士来往密切，交情甚笃。乾隆纂修《四库全书》时，马家献书 776 种。当时献书多至五六百种及以上的，只有浙江鲍廷博、范懋柱、汪启淑及两淮马家。兄弟二人不仅热衷藏书，同时投入大量人力、物力、财力刊刻典籍，所刻书有"马版"之称。曰琯、曰璐由此名扬四海，时人称之"扬州二马"①。

学者围绕"二马"的生平家世、藏书刻书、园林建筑、业盐情况等进行过多角度探究。但是在其"刻书"部分的研究专题下，仍缺乏可靠的"二马"刻书书目以及详细的考辨依据。考证并整理"二马"刻书书目应是开展其刻书专题研究的第一步。

一、"二马"刻本探析

部分学者曾简单罗列过"二马"刻书书目，其中，王桂平、方盛良二者的梳理成果最为齐全。笔者先整理呈现此二者并逐一考辨；与此同时，再依据相关文献史料，增补"二马"刻书书目。

王桂平《清代江南藏书家刻书研究》列举"二马"刻书 12 种[②]（表 1），并提供刻本馆藏信息。王桂平所列 12 种刻书中包括《小玲珑山馆丛书》（6 种）：清代吴镐撰《汉魏六朝志墓金石例》（附唐人志墓诸例）、唐代张参撰《五经文字》、唐代唐玄度撰《新加九经字样》、唐代刘庚撰《稽瑞》、宋代娄机撰《班马字类》、明代叶秉敬撰《字孪》，因此更精确地说，王桂平实则列出"二马"刻书 17 种。方盛良《清代扬

表 1　王桂平所列"扬州二马"刻书书目表

序号	书名	作者	卷数	刻书时间	馆藏
1	《宋本韩柳二先生年谱》	《韩》吕大防等撰，魏仲举辑刻；《柳》文安礼撰，马曰璐辑刻	八卷	雍正七年（1729 年）	存北图
2	《困学纪闻》	王应麟	二十卷	乾隆三年（1738 年）	存南图
3	《九经字样》	唐元度	一卷	乾隆五年（1740 年）	见辞典[⑤]
4	《班马字类》	娄机	二卷	乾隆五年（1740 年）	见辞典
5	《沙河逸老小稿》	马曰琯	六卷	乾隆二十三年（1758 年）	存北图
6	《嶰谷词》	马曰琯	一卷	乾隆二十三年（1758 年）	存北图
7	《南斋集》	马曰璐	六卷	乾隆二十六年（1761 年）	存北图
8	《南斋词》	马曰璐	二卷	乾隆二十六年（1761 年）	存北图
9	《经义考》	朱彝尊	三百卷	乾隆年间	见补正[⑥]
10	《五经文字》	张参	三卷	乾隆年间	见辞典
11	《宋诗纪事》	厉鹗	一百卷	乾隆年间	存南图
12	《小玲珑山馆丛书》（六种）	马曰璐	未知	乾隆年间	见辞典

州徽商与东南地区文学艺术研究》以王澄《扬州刻书考》为底本③，统共罗列"二马"刻书21种（表2），并将刻书分为四类："自己创作或参与创作的诗词集""参辑的年谱和诗话""汉唐等善本书籍"以及"资助刊刻时贤学术专著和作品集"④，但未提供馆藏信息。

表2　方盛良所列"扬州二马"刻书书目表

序号	刻书时间卷数作者书名
1	乾隆十二年（1747年）十二卷马曰琯、全祖望等《韩江雅集》
2	乾隆十三年（1748年）不分卷马曰琯等《焦山纪游集》
3	乾隆二十一年（1756年）不分卷马曰琯等《摄山游草》
4	乾隆二十三年（1758年）六卷马曰琯《沙河逸老小稿》
5	乾隆二十三年（1758年）一卷马曰琯《嶰谷词》
6	乾隆二十六年（1761年）六卷马曰璐《南斋集》
7	乾隆二十六年（1761年）二卷马曰璐《南斋词》
8	乾隆年间一卷马曰琯等《林屋酬唱集》
9	雍正七年（1729年）八卷《韩》吕大防等撰，魏仲举辑刻；《柳》文安礼撰，马曰璐辑刻《宋本韩柳二先生年谱》
10	乾隆十一年（1746年）一百卷厉鹗《宋诗纪事》
11	康熙年间一卷颜元孙《干禄字书》
12	康熙年间三卷张参《五经文字》
13	康熙年间（一作乾隆五年）一卷唐玄度《九经字样》
14	康熙末年五卷娄机《班马字类》
15	乾隆三年（1738年）二十卷王应麟《困学纪闻》
16	乾隆年间三十卷许慎《说文解字》
17	乾隆年间三十卷顾野王《玉篇》
18	乾隆年间五卷陈彭年《广韵》
19	乾隆年间五卷李文仲《字鉴》
20	乾隆年间四卷、补遗一卷卢见曾《渔洋感旧集小传》
21	乾隆年间四卷姚世钰《孱守斋遗稿》

　　综合整理二表可知：学界认可的"二马"刻书不少于24种。那么，这24种典籍是否确实为"二马"家刻？笔者查阅相关文献，参照张之洞《书目答问补正》、丁仁《八千卷书目》、瞿镛《铁琴铜剑楼藏书目录》及《四库全书总目提要》等书，确认"小玲珑山馆"（或称丛书楼）刊刻过《经义考》《干禄字书》《五经文字》《九经字样》《班马字类》《韩柳年谱》《小玲珑山馆丛书（6种）》；又据周中孚《郑堂读书记》、袁翼《邃怀堂全集》、丁丙《善本书室藏书志》，确定马氏丛书楼于乾隆三年（1738年）刻《困学纪闻》二十卷。同治九年（1870年）秋，扬州书局重刻马版《困学纪闻》。

　　关于"马氏是否刊刻《字鉴》《玉篇》《广韵》"，《书目答问补正》及《四库全书总目》在谈及《玉篇》《广韵》《字鉴》时，未曾讨论马版，仅见李斗《扬州画舫录》卷四："又刻许氏《说文》《玉篇》《广韵》《字鉴》等书，谓之马板。"[⑦]因此直接确认刻书事实，证据稍显单薄。如果从版本源流的角度加以深入考察，会有如下发现。

　　第一，关于《玉篇》。

　　魏晋南北朝时期，文字大变革，诞生了一大批异体字。在这样的时代背景下，顾野王在梁大同九年（543年）完成了《玉篇》。但是由于规格庞大，不便传抄，到了唐朝，处士孙强增字减注，之后又出现了《像文玉篇》《玉篇解疑》《玉篇钞》等一类的删改节选本。大约于唐末时期，顾野王所撰原本《玉篇》在国内散佚。至宋朝，陈彭年、吴锐、邱雍等奉命重修《玉篇》，即《大广益会玉篇》，又称今本《玉篇》。今本《玉篇》在流传过程中，又出现了多种刻本，实则只有两种版本系统：元建安郑氏本（元本）和清张士俊翻刻"宋埏上元本"（宋本）。《四库全书》所收纪昀家藏本《玉篇》即为元本。宋本有张士俊泽存堂本，此本由朱彝尊从毛氏汲古阁处借得，交给张士俊翻刻，且为之作序，因而此本世称"朱序本"，《小学汇函》重刻张本，邓显鹤重刻张本并附《札记》，曹寅《楝亭五种》刻宋本，《四部丛刊》影印元本并附宋本《总目》一卷。日本存有原本《玉篇》的钞本，黎庶昌《古逸丛书》影日本旧钞原本《玉篇》残本三卷半，罗振玉亦影印此残本。笔者遍查现存书目著录，未曾发现马氏翻刻《玉篇》的记载。

　　第二，关于《广韵》。

　　该书版本众多。最早于隋仁寿元年（601年），陆法言撰成《切韵》五卷；唐仪凤二年（677年），长孙讷言为之注；至唐玄宗天宝年间，孙愐承袭陆氏《切韵》而扩修重刊，命名为《唐韵》。他书称该书，或称《切韵》，或称《广切韵》，乃至简称

《广韵》。该书于宋真宗景德四年（1007 年）校定时，仍用陆氏韵书之旧名，即称《切韵》。至宋大中祥符元年（1008 年），陈彭年、邱雍等人奉诏以《切韵》《唐韵》及唐、宋各韵书为基础而重新修撰，并将书名改为《大宋重修广韵》。何谓"重修"？"盖据《宋史》卷四百四十一《句中正传》云，太宗雍熙间，句中正、吴铉、杨文举等撰定《雍熙广韵》，故景德、祥符间陈氏等所修本，名为《大宋重修广韵》，以辨前书；后又简称为《广韵》，且孙书终归于原名矣。"⑧《广韵》流传至今，共有八十种堑及钞本，且书版大致可以分为四大类：详本、略本、略多本、前详后略多本。其中，详本多刊于宋、元、清；略本多镂于元、明；略多本（注解较之略本更加少），端行于元朝；前详后略多本（前四卷从详本，后一卷从略本），始出于清朝。由此可知，清朝的刻本基本都是详本或者前详后略多本。至清代，常见的本子有张氏泽存堂本、邓显鹤重刻张本、黎氏《古逸丛书》覆宋刊、元刊两本、康熙元年山阳张弨刻顾炎武校本、曹寅刻《楝亭五种》本、涵芬楼覆印黎氏宋刊巾箱本、《小学汇函》重刻张本、明本两本（张本较胜）、《四部丛刊》影印宋刊巾箱本。张亮、谭晓明撰《善本古籍＜广韵＞版本考》，梳理了三十五个单位现今收藏《广韵》各版本的情况⑨，其中并未出现马氏丛书楼刻本，只提及有清康熙四十五年（1706 年）扬州使院刻本。

第三，关于《字鉴》。

该书是元李文仲撰。据《四库全书总目》评价，此书"刊除俗谬，于诸家皆有所驳正"，能纠《干禄字书》《五经文字》《佩觿》之失，同时"深得变通之宜，亦非泥古骇俗者所可比也"⑩。清康熙年间，朱彝尊从古林曹氏抄得，并交付张士俊刊行。而现存最早的本子就是张士俊刊刻的泽存堂五种仿元本。除此之外，常见的本子还有杨氏重刻本、长洲蒋氏铁华馆影元本。同上，现存的目录文献中也未曾载入马氏翻刻本。

综上可知，讨论《玉篇》《广韵》《字鉴》版本的文献里均未谈及"二马"丛书楼版。因此对于李斗所云"二马"刻《玉篇》《广韵》《字鉴》，可以提出质疑。

关于李斗所言马版《说文》。《书目答问补正》中谈南唐徐锴所撰《说文系传》曰："《小学汇涵》重刻祁本。汪本、马本不善。"⑪许慎撰《说文解字》，现存最早版本有唐写本两种：《木部》残卷和《口部》残卷。宋代徐铉校订《说文》后，其他版本的《说文》均散佚，除徐铉于宋太宗雍熙三年（986 年）奉敕校订的《说文》（世称"大徐本"），只存有五代南唐时徐锴所撰《说文解字系传》，（世称"小徐本"）。那么，李斗所说的《说文》是徐铉校订《说文解字》，还是徐锴校订《说文解字系传》？《书目答问补正》中的"马本"是否就是指"'二马'刻本"？查阅

《说文解字系传》馆藏各版本并考察其版本源流，发现这里的"祁本"指的是道光十九年（1839 年）寿阳祁隽藻刻仿宋本，"汪本"是指乾隆四十七年（1782 年）新安汪启淑刻大字本，"马本"指乾隆五十九年（1794 年）石门马俊良大酉山房刻本，即《龙威秘书》小字本，且"马本"是取"汪本"重刻之。据此可以推知"二马"未刻《说文解字系传》。再查阅徐铉校订《说文解字》的馆藏情况并考证其版本源流，则出现与《玉篇》《广韵》《字鉴》相同的情况：没有任何文献提及马氏丛书楼版《说文解字》。

据此，关于"二马"是否刊刻《说文解字》《玉篇》《广韵》《字鉴》，仅从文献记载、馆藏信息的角度而言，可以做出否定。但是，如果直接推断李斗所言有误，亦有不当。原因有二。

其一，李斗活动于清乾嘉时期，距离"二马"生活的时代相当近，且李斗与袁枚、阮元、汪中、金兆燕等人交好，出现记录错误的情况应该微乎其微。

其二，《四库全书》收录"二马"家藏《广韵》《字鉴》，能够确定的是"二马"具备翻刻它们的客观条件。周京《无悔斋集》卷十四有《寄扬州马秋玉乞许氏说文诸书》，诗中写道："先生宏览绝尘寰，不数淮南大小山。怜我读书求识字，莫教鼓箧笑空还。"[12]同时，《四库全书采进书目》中记载征借了马家《说文》《玉篇》。

因此，可以做出的恰当推测是："二马"于家塾翻刻过这些字书、韵书，但刻本量很少，在后世传播中产生的影响也较小。

此外，仍有两个问题需要进一步讨论：第一，"二马"是否为姚世钰刻《孱守斋遗稿》，《孱守斋遗稿》与《莲花庄集》之间是什么关系。第二，需要厘清哪些是马氏主持开雕的刻本，哪些仅是马氏赞助刊刻的刻本。

《扬州画舫录》称："丗钰客死扬州，马氏为之经纪其丧，刻其《莲花庄集》。"[13]全祖望《姚薏田圹志铭》称："吾友马曰琯、曰璐、张四科为之料理其身后，周恤其家，又为之收拾其遗文，将开雕焉，可谓行古之道者也……所著有《莲花庄集》四卷。庄，故松雪王孙之居也。"其中，严元照注："姚先生诗文，张四科为之付梓，名《孱守斋遗稿》，诗文各二卷。"杨凤苞评："薏田著《孱守斋遗稿》四卷，非《莲花庄集》也，谢山何以讹谬如是。案《莲花庄集》或是初名，当再考。"[14]四库馆臣于《孱守斋遗稿》下作提要，言全祖望《圹志铭》"又称所著为《莲花庄集》八卷"[15]，则推说《圹志铭》所言与四库所收江西巡抚采进本《孱守斋遗稿》名称与卷数互异，称遗稿末有张四科《跋》，《跋》交代勒为诗文各二卷，则总计四卷，从而提出了"无所阙佚，不知何故"的疑问。《全祖望集汇校集注》中所收的《圹志铭》，原文记载《莲花庄集》四卷，并不是馆臣所说的八卷。很有可能是馆臣记错，则卷数上就不存在争议。名称上的差异，应正如杨凤苞推测，《莲花庄集》乃初名，《孱守斋遗稿》是姚世钰离世后编者拟定的名字。全祖望与姚世钰交好，自然明晓其生前所撰文集的本名。至于"莲花庄"蕴含何意？全祖望曰："庄，故松雪王孙之居也。"此松雪是元代书画家赵孟頫之号，他与姚世钰同为湖州归安人。赵孟頫曾于今湖州市东南隅建造别业，因其三分之一为水面，又称"水晶宫"，而园内堆叠大量太湖石，将水面连缀成片，风景幽丽。此外，马曰璐有诗《题姚薏田莲花庄图》："寄我烟舍图，即此慰离析。秋窗眼为明，碧浪涤花魄。雪来莲影凉，风过莲叶白。想见千聘婷，中有微咏客。况兹胜地初，昔贤有陈迹。"⑯由诗可知姚世钰将自己乡间的住居命名为"莲花庄"。至于命名之缘由是否与赵孟頫有关，还是仅仅因其住居周围有莲花，则需再考。

厉鹗曾充分利用"二马"小玲珑山馆藏书，并由曰琯、曰璐协助撰《宋诗纪事》，该书篇幅较大，刻板费用多，于是厉鹗撰《征刻宋诗纪事》云："虑抄誊之难，为力必授梓以广其传，头白而伫望汗青，囊涩而惟余字饱用。告海内名流共襄盛举，捐十金而成一卷，谨录芳名垂不朽，以附古人胜为佛事。"⑰"二马"虽未主持刊刻，但慷慨解囊，捐金助厉鹗刻成《宋诗纪事》。同时，协助卢见曾刊刻王士禛《渔洋感旧集小传》与朱彝尊《经义考》。卢见曾编辑整理王士禛《渔洋感旧集》，并替集中每位作者附上小传，马曰琯在刊刻上予以帮助。朱彝尊《经义考》三百卷，其家刊刻了一部分，后由卢见曾向马曰琯提议协助朱氏后人补刊《经义考》，曰琯慨然接下剞劂之事，倾囊相助，造福于世人。

二、"二马"刻书书目新辑

根据上文相关讨论，可以重新梳理"二马"刻书书目（表3、4）。就此二表，有三点需要说明。首先，表3中所列刻本皆可确认为马氏丛书楼所刻，表格按《四库全书》分类法对刻书进行分类罗列；表4补辑了极有可能为"二马"所刻的四种古籍。其次，"二马"创作文集以及与友人之间的唱和集，伍崇曜编《粤雅堂丛书》已辑录，本文不展开论述，直接编入表格。最后，根据《书目答问补正》，补充黄宗羲撰《金石要例》一卷。该书既有小玲珑山馆本，也有卢见曾雅雨堂合刻本，亦予著录。综上，共辑出"二马"丛书楼刻本26种，确定由马家独立刊刻的19种81卷，另有4种字书、韵书仍有待更深入的考证。

表3 新辑"扬州二马"刻书书目

分类	书名	作者	卷数	时间	馆藏
经	《经义考》	朱彝尊	三百卷	乾隆二十年（1755年）	南大、北大等
	《五经文字》	张参	三卷	乾隆五年（1740年）	人大
	《九经字样》	唐玄度	一卷	乾隆五年（1740年）	人大
	《干禄字书》	颜元孙	一卷	康熙年间	国图
	《班马字类》	娄机	五卷	康熙年间	河南大学、复旦、北大等
史	《韩柳年谱》	《韩》吕大防等撰，魏仲举辑刻；《柳》文安礼撰，马曰璐辑刻	八卷	雍正七年（1729年）	国图
子	《困学纪闻》	王应麟	二十卷	乾隆三年（1738年）	北大、南图等
集	《韩江雅集》	马曰琯等	十二卷	乾隆十二年（1747年）	清华、北师大、复旦等
	《焦山纪游集》	马曰琯等	一卷	乾隆十三年（1748年）	南图
	《摄山游草》	马曰琯等	一卷	乾隆二十一年（1756年）	南图
	《沙河逸老小稿》	马曰琯	六卷	乾隆二十三年（1758年）	复旦、国图等
	《嶰谷词》	马曰琯	一卷	乾隆二十三年（1758年）	复旦、国图
	《南斋集》	马曰璐	六卷	乾隆二十六年（1761年）	复旦、国图等
	《南斋词》	马曰璐	二卷	乾隆二十六年（1761年）	复旦、国图等
	《林屋酬唱集》	马曰琯等	一卷	乾隆年间	北大
	《宋诗纪事》	厉鹗	一百卷	乾隆十一年（1746年）	南图
	《屏守斋遗稿》	姚世钰	四卷	乾隆年间	复旦
	《渔洋感旧集小传》	卢见曾	四卷补遗一卷	乾隆年间	南图
	《金石要例》	黄宗羲	一卷	乾隆二十年（1755年）	人大
丛书	《小玲珑山馆丛书（六种）》：吴镐《汉魏六朝志墓金石例》、张参《五经文字》、唐玄度《新加九经字样》、刘庚《稽瑞》、娄机《班马字类》、叶秉敬《字孪》	马曰璐	十一卷	乾隆年间	北大

表4 新辑"扬州二马"刻书书目补（疑）

序号	书名	作者	朝代	卷数	备注
1	《说文解字》	许慎	汉	三十卷	四库收通行本，三十卷
2	《大广益会玉篇》	陈彭年等重修	宋	三十卷	四库收兵部侍郎纪昀家藏本
3	《广韵》	陈彭年等重修	宋	五卷	四库收录于经部四十二·小学类三
4	《字鉴》	李文仲	元	五卷	收录于经部四十一·小学类二

三、"二马"刻书价值与影响

中国丰厚的历史文化以及伦理价值促成人们形成这样一种文化心理，即叶德辉概括的："积金不如积书，积书不如积阴德，是固然矣。今有一事，积书与积阴德兼之，而又与积金无异，则刻书也。"[18]鉴此，可以洞悉古人花费钜金刻书的心理动因。譬如，"二马"费千金为朱彝尊刻《经义考》。"二马"有刻书之心、刻书之力，再加上二人在艺术审美上有较高的品味，其所刻古籍装订考究、字体娟秀、墨色匀称，世人称为"马版"。

《广陵诗事》形容"二马"刻书："装订致精，书脑皆用名手宋字，数人写之，终年不能辍笔"[19]。《语石》讲到马氏重刻《五经文字》《九经字样》，给出了"气动墨中，精光四射，视西安原本，几几青出于蓝"[20]的评价（图1）。钱泰吉给"二马"所刻《班马字类》作跋，写道："余尝假录于丛书楼所刻，字类眉间，丛书楼一字一行，视《倪氏经粗》、楼本为疏爽省目力。"[21]今人谢国桢曾阅马氏所刻《韩柳年谱》，称赞是"一部雕刻精美的书籍"。明光阅此本书影，赞"其笔画有力、字迹秀美，阅来醒目清爽，心情愉悦"[22]。扬州雕版印刷博物馆展出"二马"所刻《韩江雅集》，以楷书写刻，字体秀劲，因其刻书字体选字画圆活的楷书而非字画方板的宋体，所以即使刻本行密，阅之仍感到齐整悦目（图2）。

一个精美的本子，不仅有优质的纸张、悦目的装帧、疏朗的排版、秀丽的字体，而且在内容上，应做到精心雠校、讹误极少，同时刊本本身要具有弥补缺漏等较高的出版价值。相较于书籍的形式要素，读者一般更注重后两者。

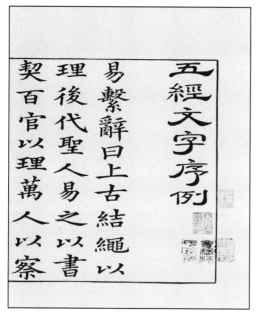

图1　"二马"所刻《五经文字序例》

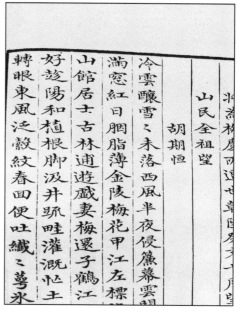

图2　"二马"所刻《韩江雅集》

年谱体例，始于宋人。当时，"刻韩、柳集者，俱不刊谱。故韩谱散见于方崧卿《举证》及朱子《考异》所援引，而不见其全；柳谱则未有言及者矣。"[23]雍正年间，马曰璐于藏书家处得宋人魏仲举编《韩文类谱》，此书辑自吕大防、程俱、洪兴祖三家所撰《谱记》，并与宋椠《柳集》残帙中文安礼所撰《柳先生年谱》合刻，称之《韩柳年谱》，以此为清代学者开展韩愈、柳宗元研究提供了极大的便利。被全祖望称为"碎金所萃"的《困学纪闻》[24]，初刻于元泰定二年（1325年），有牟应龙、袁桷各为之序，清初阎若璩对元木进行校勘注释，后何焯进行增补，四库馆臣丁《提要》中评价阎、何二人的评注，认为阎若璩考证之功力十倍于何焯，而于后世注解本中，若阎注与何注互异，则采阎去何。马氏丛书楼乾隆戊午年（1738年）专载阎批付梓，且对照元刻本再雠校。刻本前有牟应龙、袁桷、陆晋之序、王厚斋自序、阎咏记，后有阎咏序、马曰璐识，其中王厚斋自序用其亲笔所书文字上版，与元刻本亲笔所书文字相同。有学者对比阎校元刻本与丛书楼刊本发现，元刻本有脱刻及被剜之处，马氏能够在其条目之下分注说明，显较阎校更为细致。再谈"二马"所刻字书，《干禄字书》《五经文字》《九经字样》都是唐代的精善本，这些书流传至清，则日渐稀见。《干禄字书》于大历九年（774年），颜真卿官湖州时，是编勒石，开成四年，杨汉公复摹刻于蜀中。而后湖本泐缺、蜀本仅存，宋宝祐丁巳，衡阳陈兰孙始以湖本锓木，马曰璐得湖本宋椠翻刻。《五经文字》一开始书于屋壁，后易木板，再易石刻，曰璐旧购宋拓石经中，恰有此本，遂依样缮写，刊刻于家塾。与《五经文字》相辅相行的《九经字样》，因明嘉靖乙卯地震，书与石经并损，曰璐得宋拓本而刊行。广州刻《小学汇函》时，《五经文字》与《九经字样》皆采用了马版。

总的来说，马氏丛书楼刻本形式上精美古朴，内容上也具有较高的价值，特别是在以朴学为风尚的清中叶，马家刻书为学者开展学术研究提供了可靠的文献资料。但是，客观评价"二马"刻本，一些本子仍有讹误。譬如，四库馆臣以蜀本校马曰璐翻刻宋椠《干禄字书》，改阙文八十五字，改讹体十六字，删衍文二字㉕。

作者单位：丽水职业技术学院

注释

① ［清］李斗著，陈文和点校：《扬州画舫录》卷四，广陵书社，2010 年，第 46 页。

② 王桂平：《清代江南藏书家刻书研究》，凤凰出版社，2008 年，第 283、284 页。

③ 王澄：《扬州刻书考》，广陵书社，2003 年。

④ 方盛良：《清代扬州徽商与东南地区文学艺术研究》，人民文学出版社，2008 年，第 179、180 页。

⑤ "辞典"指瞿冕良《中国古籍版刻辞典》，齐鲁书社，1999 年。

⑥ "补正"指［清］张之洞撰、范希曾补正《书目答问补正》，广陵书社，2007 年。

⑦ ［清］李斗著，陈文和点校：《扬州画舫录》卷四，广陵书社，2010 年，第 46 页。

⑧ 朴现圭、朴贞玉：《广韵版本考》序论，学海出版社，1984 年，第 1 页。

⑨ 张亮、谭晓明：《善本古籍 < 广韵 > 版本考》，《图书馆学刊》2010 年第 3 期。

⑩ 《四库全书总目》卷四十一《字鉴》，中华书局，1997 年，第 547 页。

⑪ ［清］张之洞：《书目答问补正》，广陵书社，2007 年，第 44 页。

⑫ ［清］周京：《寄扬州马秋玉乞许氏说文诸书》，《无悔斋集》卷十四，《清代诗文集汇编》第 239 册，上海古籍出版社，2011 年，第 76 页。

⑬ ［清］李斗著、陈文和点校：《扬州画舫录》卷四，广陵书社，2010 年，第 49 页。

⑭ ［清］全祖望：《姚薏田圹志铭》，《全祖望集汇校集注》卷二十，上海古籍出版社，2000 年，第 360 页。

⑮ 《四库全书总目》卷一百八十五《孱守斋遗稿》，中华书局，1997 年，第 2588 页。

⑯ ［清］马曰璐：《题姚薏田莲花庄图》，《南斋集》卷一，《丛书集成初编》第 2299 册，中华书局，1985 年，第 11 页。

⑰ ［清］厉鹗：《樊榭山房文集》卷七，《樊榭山房集》，上海古籍出版社，1992 年，第 806 页。

⑱［清］叶德辉：《书林清话》，扬州：广陵书社，2007 年，第 2 页。

⑲［清］阮元撰、王明发点校：《广陵诗事》卷三，广陵书社，2005 年，第 39 页。

⑳［清］叶昌炽撰、王其点校：《语石》卷十，辽宁教育出版社，1998 年，第 262 页。

㉑［清］钱泰吉：《班马字类跋》，《甘泉乡人稿》卷六，《清代诗文集汇编》第 572 册，上海古籍出版社，2011 年，第 64 页。

㉒ 明光：《清代扬州盐商的诗酒风流》，社会科学文献出版社，2014 年，第 150 页。

㉓［清］章学诚：《韩柳二先生年谱书后》，《韩愈年谱》，中华书局，1991 年，第 227 页。

㉔［清］全祖望：《翁注困学纪闻三笺序》，《困学纪闻》，商务印书馆，1935 年，第 11 页。

㉕《四库全书总目》卷四十一《干禄字书》，中华书局，1997 年，第 540 页。

浅析两淮盐商衰败的原因

方　晔　张　斌

内容提要：本文结合历史文献和研究资料，通过数据和事例对两淮盐商盛极而衰的原因进行探讨，说明财力雄厚、富可敌国的两淮盐商，作为封建政府特许专卖的商人群体，不可避免地受到封建官僚集团层层压榨。从代表国家的课税、捐输到各级官吏的敲诈盘剥，直至资本主义侵略造成的银贵钱贱，最终退出历史舞台。

关键词：两淮盐商　衰败原因　分析

盐是人类生活必不可少、需求量极大的日用消费品。盐业行商历久，自宋初，行类似"开中法"[①]，商人在"输粟塞下"或"京师"时，可"增其置令江淮、荆、湖给以颗末盐"，"优其值给江淮茶盐"因了丰厚的盐利，"商旅皆愿得盐"[②]。自元代始，扬州即设立两淮都转运盐使司，作为两淮盐业运营中心，一时舟车辐辏，万商云集，正所谓"扬州繁华以盐盛"。尤其清代康雍乾年间，扬州盐业达到历史顶峰，以乾隆三十七年（1772 年）为例，这一年中国的经济总量是全世界的 32%，扬州盐商提供的盐税占了全世界 8% 的经济总量。

两淮盐商财力雄厚，富可敌国，汪崇筼先生《乾隆朝徽商在淮盐业经营中的获利估算》，仅乾隆朝盐商实得利润即 12427.947 万两，年均实得利润 207.13 万两。一方面，他们将部分资金用于浚河筑堤，资助亭灶，巩固两淮盐业生产基础设施建设；另一方面，他们治坏道，葺废桥，修码头，促使经历明末清初浩劫的扬州城重现壮观繁华。同时，他们有着中国富商大贾长久以来的通病，"夸奢而斗靡，居处饮食服饰之盛甲天下"[③]。匹夫无罪，怀璧其罪。作为封建政府特许专卖的商人群体，两淮盐商专营盐业的丰厚利益，自然被封建政府的重重机构，各级盐务官员视作可啖之物。两淮盐商不仅要缴纳激增的税课，应付频繁的捐输，还要承受各级官吏的敲诈盘剥。终于，两淮盐商随着资本主义的冲击，在嘉、道年间，经历了一个盛极而衰的剧烈变化，被迫退出历史舞台。

一、课税激增

盐课岁入，是历代封建王朝除田赋之外最重要的财政收入之一。两淮盐业，根据记载可上溯到西汉吴王刘濞"煮海水为盐，以故无赋，国用富饶"④。"自唐注意东南，东南尤重江淮"⑤。到了明清时期，两淮盐业达于极盛，"两淮岁课当天下租庸之半，损益盈虚，动关国计"⑥，清朝最高统治者顺治、康熙对盐课收入极为关注，声称"盐课钱粮，关系军国急需"，"盐课关系国赋，最为紧要"⑦。

清初，由明代沿袭的"淮南北正纲引课银""原只九十余万两"，清代加以新增正课款目，"亦只一百八十余万两"，到乾隆中，"已及四百余万"⑧，到咸丰三年（1853年），"两淮盐课，正杂各项，每岁共银六百余万两"⑨。盐课如此迅猛增长，大大加重了盐业的成本，盐商为了求得生意亨通，财源茂盛，只有另辟蹊径，通过"捐输"依附于封建势力。

二、捐输频繁

两淮盐商不同于其他商行之处，在于他们的政治抱负。受徽州传统思想的影响，盐商虽富而"交通王侯"，但对官职仍是"心窃慕之"。一方面，两淮盐商投入巨资兴办书院、学堂，鼓励子弟业儒取什；一方面，通过"捐输""报效"获得荣衔。《清盐法志》载："盐商夙号殷富，而两淮尤为天下甲。当乾嘉盛时，凡有大工、大役，靡不输将巨款，以得邀赏收为荣。"

凡遇天灾大作、军兴旁午、圣驾南巡、登位庆典、太后寿辰、工程兴修等大事，盐政就会上呈盐商情愿捐输公银的条陈，盐商们动辄几十万，甚至数百万的捐输，还"不敢摊入成本，不敢仰邀议叙"。据嘉庆《两淮盐法志》记载，康熙至嘉兴年间，两淮盐商捐输助军 16 次、银 2233.5 万两、米 2.15 万石。其中，自乾隆十三年（1748年）征讨大金川开始，到乾隆六十年（1795 年）镇压湖南苗民石三保起义，两淮盐商捐银 8 次、1510 万两；嘉庆年间为佐平川陕楚起义军，两淮盐商捐银 5 次、700 万两。捐输助赈灾济 24 次、银 227.9596 万两、谷 22.946 万石。其中，乾隆年间为济扬州等地水旱灾害，两淮盐商捐银 11 次、242.2114 万两、谷 2.946 万石。捐输佐修河工城工 8 次、511.76 万两、谷 10 万石。其中，嘉庆年间佐修黄河等 6 次、捐银 310 万两、谷

10 万石。此外，乾隆年间，以南巡赏赉、太后巡游、寿诞、内府公用等名义，两淮盐商捐输 13 次、银 927 万两。累计乾隆朝两淮盐商捐输银两达 2880.9714 万两，占乾隆朝两淮盐商实得利润 23.18%。两淮盐商为一己私利，刻意逢迎讨好统治阶级，甚至有的盐商一边借着皇家帑银，一边捐输报效，以致积重难返。虽得优叙嘉赏，沐浴天恩，"以布衣交天子"，然而更多地仍是被各级官僚机构百般盘剥，甚至覆于兵祸。顺治二年（1645 年），清兵南下，祁门盐商汪文德偕弟文健以 30 万金犒师，"乞王勿杀无辜"⑩。结果扬州城 80 万生灵惨遭屠戮，而且寸丝粒米皆被搜刮殆尽，两淮盐商撤业奔逃，扬州城满目疮痍，遍地荆棘。

三、盘剥日盛

为保证盐课收入，历代封建王朝设置各种机构和官员加强征收。唐宝应间（762~763 年），刘晏任度支盐铁转运使，乃于"淮北列置巡院，搜择能吏以主之，广牢盆以来商贾。凡所制置，皆自晏始"⑪。明朝，中央户部主管全国盐务，山东司具体分管盐务。洪武、永乐年间常派巡盐御史巡视盐课。各盐区具体盐务又有隶属户部的都转运盐使司掌理。万历年间，两淮又特置盐监，多了中官监督。清承明制，中央仍由户部职掌，地方巡盐御史名为"盐差"，康熙后改为"盐政"。其下更层层叠叠分设有都转盐运使司、盐法道，盐务分司，盐课司、批验所、巡检司等众多盐务衙门⑫。这些衙门最终都成为娄索盐商的机关。嘉庆《两淮盐法志》中，除正纲税课外，盐商承担的各种杂费多达 92 种。《魏源集·筹鹾篇》罗列出这些巧立名目、名色百出的费用："钱粮分四次完纳，又有窝单，有请单，有照票，有引目，有护照，有椓封，有水程，有院司监掣批验子盐五次公文，委屈烦重，徒稽守候，而滋规费，及商盐到岸也，有各衙投文之费，有委员盘包较硱之费，有查河烙印编号之费，守候经年，然后请旗开封。又有南北两局员换给水程之费，三关委员截票放行之费，不可胜胪"。以致嘉庆皇帝都意识到："从前两淮盐务浮费每年不下数百万两。近年虽节次裁禁，若盐务各官不能洁己自奉，则浮费仍属不少，于商力未免有亏。"⑬

在这样一个体制崩坏，政府贪渎的社会环境下，"官以商之富也，而朘之，商以官之可以护己也，而豢之。"⑭两淮盐商"挟其重资交结权贵"，或"伙本行盐"，或"联姻换帖"，共同取利。不仅参与地方政治决策执行，甚至阻扰干预盐法整顿。终于在乾隆三十三年（1768 年）爆发两淮盐引案。

四、银贵钱贱

就在私盐冲击市场，纲盐积重难返，盐商计利"什不能一"的困境中，西方资本主义的入侵和鸦片输入中国，大量白银外流，造成各地市场银钱比价剧烈变化，从乾隆中每一两银兑钱一千文，到道光二十六年（1846 年）每一两银兑钱二千文。银贵钱贱给清政府财政和社会经济造成极大混乱，"鹾务易盐以钱，而交课以银，盐商赔累甚重，各省鹾务，俱形疲敝。"⑮两淮盐商在重税和盘剥之下，本已"出费日重，成本愈亏，以至获利无多，不能源源转运"，又遇上"银价加往日一倍"，登时陷入进退失据的局面。仅道光元年至十年（1821～1830 年），两淮盐课就欠银 2100 多万两。不少盐商无力支撑，出现"商逃灶困，场池荒废大半"的局面。

两淮盐课无从着落，严重影响了内忧外困的清政府财政收入，清政府不得不放弃纲盐制度，实行"票盐法"。这一制度使"盐如百货之流通"，手续减省，化整为零，一般商人也可行盐，不仅降低成本，更减少中间盘剥，解决了纲盐大批积压滞销的问题。两淮盐商却就此失去了赖以生存的土壤，尤其是原本专靠垄断根窝坐收盐利，或者设立公账，摊派散商取利的总商，更是走向了穷途末路。

总之，两淮盐商走向衰败，其内因主要是纲盐制——这一封建商业专卖制度的丧失，导致盐商专利权的丧失。而这一专利权的丧失，又是因吏治腐败，引盐制度积弊日甚，盐商专利被封建统治阶级和各级官僚机构瓜分所致。当嘉庆年间，清政府将严重的财政危机也转嫁到盐商头上时，频繁的捐输报效和加重税课，造成两淮盐商行盐已基本无利可图。

其外因则是西方资本主义利用鸦片输入，大量侵吞中国传统的白银市场，造成银贵钱贱的货币危机，使得封建商帮性质的两淮盐商，赔累深重，亏及国课，最终被清政府舍卒保车。

作者单位：安徽中国徽州文化博物馆、黄山市地方志办公室

注释

① 张海鹏、王廷元主编：《徽商研究》第四章，人民出版社，2010 年。

② ［元］脱脱等：《宋史·食货志下四》。

③［清］李澄：《淮鹾备要》卷七。

④［西汉］司马迁：《史记·吴王刘濞列传》。

⑤《（嘉庆）两淮盐法志》卷一《历代盐法源流表·序》。

⑥《（嘉庆）两淮盐法志》卷五十五。

⑦《（嘉庆）两淮盐法志》卷首《制诏》。

⑧［清］陶澍：《覆奏办理两淮盐务一时尚未得有把握折子》，载《陶文毅公全集》卷十四。

⑨《皇朝政典类纂》卷七一。

⑩《（嘉庆）两淮盐法志》卷四十四《人物》。

⑪［北宋］欧阳修：《新唐书·食货志下》。

⑫曾仰丰：《中国盐政史》，上海书店，1984 年。

⑬《清仁宗实录》卷一八一，第 11 页。

⑭［清］杨钟羲：《意园文略》卷一。

⑮［清］包世臣：《致前大司马许太常书》。

试论扬州盐商之徽商崛起原因

姚文孙

内容提要：食盐事关千家万户，盐业事关国计民生。本文梳理了两淮盐业及其徽州盐商对于扬州城市繁荣的重要意义，重点分析了徽商何以在明清时期诸多扬州盐商中异军突起的主要原因。

关键词：两淮盐业　扬州盐商　徽州徽商

扬州所在的两淮盐业生产历史悠久。史载，黄帝时代即已"以海水煮乳成盐"，夏禹时代已开拓盐田，教民制盐。《史记·货殖列传》记载："东南有海盐之饶。"西汉初年，扬州开始经销食盐。吴王刘濞曾经"煮海为盐"，并开凿运盐河（茱萸沟），将海盐集中运到扬州，再分运各地。隋唐以来，劳动人民创造了新的"煎煮"法，大大推动了海盐的生产，扬州也是淮盐的集散地之一。中唐，盐铁使第五琦、刘晏先后致力于发展两淮盐业，所产盐色以洁白著名，备受当时推崇，号为"吴盐"。《宋史·食货志》曰："元祐间，淮盐与解池等，岁六百万络，此唐举天下之赋，已三分之二。"宋代两淮盐场规模不断扩大，场下设灶，形成了较为完整的生产技术，两淮地区成为了全国最大的盐业中心。到了元代，两淮盐区共 29 个盐场，约占全国总数的 1/4，但两淮盐产量高居全国首位，故有"两淮盐税甲天下"之说，"国家经费，盐利居十之八，而两淮盐独当天下一半。"扬州则成为两淮盐业的转运中心。明朝统治阶级对两淮盐区的开发颇为重视，将盐业管理机构设在扬州，采取鼓励盐业发展的政策，使盐业开发得到了巨大发展。据《明会典》载："淮盐居天下之半"，两淮盐区无疑是最重要的盐区。纵观整个清朝，两淮盐区一直是清代最重要的盐区，体现在面积最大、产量最丰、机构最全、行销最广、盐课最繁、报效最多等方面。作为全国首屈一指的大盐区，两淮承担了河南、江苏、江西、湖北、湖南六省大多数民众的食盐重任，而且还用巨额课税支撑着国家财政。尤其是至清中叶，两淮盐区迎来黄金时期，并在乾嘉年间达到全盛[①]。因此，汉朝以来，以扬州为中心地处江苏沿海淮河南北的两淮盐场便成为古代中国盐产量最大、销路最广的地区之一，也成为当时封建王朝借以立国的"财赋之源"，历史上一直流传着"两淮盐，天下咸"的民谚[②]。从唐宋到明清，作为帝国命脉的食盐财政使运河中枢的扬州成为东方大都市。尤其是明清时期，因为盐引政策的实行，铺就了扬州发达之路，扬州成为全国最大的盐业经销中心、全国金融中心，仅盐课一项就占国家财政收入的四分之一（全国盐业税收占国库总税收二分之一）。诚如清人黄钧宰所言："扬州繁华以盐盛。"

扬州盐商也称两淮盐商，并不都是扬州人，而是指侨寓在扬州、从事盐业的各地商人。扬州盐商的历史或可追溯至汉初，两千年来，他们承办作为国家专卖产品之两淮食盐的收购、转运和分销，以买卖两淮食盐专卖许可证（盐引）和赚取食盐购销差价牟利，获得了惊人财富，成为显赫一时的盐商家族。元代杨维桢《盐商行》诗："人生不愿万户侯，但愿盐利淮西头。""盐商本是贱家子，独与王家埒富豪。"不过，盐商势力得以迅速膨胀，还要到明朝中后期"折色制""纲盐制"的确立。明清两代，尤其是乾嘉年间，扬州盐业鼎盛，作为两淮盐业的营运中心，当时国家盐运使公署设在扬州，而当时中国最大的商业资本集团也都是麇集扬州的两淮盐商，有"两淮盐课甲天下"之说[③]。因之，以扬州为中心，在"开江"之后，盐船扬帆而去，白银源源而来。乾隆时，两淮每年的赋税占全国商业税收的一半，其中主要是盐税，可谓"关系国库，最为紧要"。依靠盐业暴利，据守京杭大运河的扬州成为富庶天下的大城市。当时扬州城内富商云集，侨居者达数万之众。"富者以千万计，百万以下者皆小商。"乾隆多次南巡扬州，也不禁感叹："扬州盐商拥有厚资，其居室园囿无不华丽崇焕。"[④]明代万历年间，有人估计扬州盐商资本约为3000万两，清代有人估计为七八千万两，这与乾隆时国库存银数大致相等。扬州盐商是清朝最大的财阀，与广东行商（买办）和山西票商（金融资本）并称为清朝三大资本集团。乾隆三十七年（1772年），扬州盐商年赚白银为1500万两以上，上交盐税600万两以上，占全国盐课的60%左右，而这一年，中国经济总量是世界的32%，扬州盐商提供的盐税占了世界8%的经济总量。用富甲天下形容扬州盐商，是一点也不为过的[⑤]。毫无疑问，两淮盐商已经是"十八世纪中国无可匹敌的商业钜子"了[⑥]。由于淮扬自古就是税赋重地，凭借特权，他们获得了苏皖豫赣鄂湘六省的巨大市场，这几乎覆盖了当时中国经济最发达、人口最稠密的地区，由此成就了扬州盐商的鼎盛，也造就了扬州的繁荣。然至道光十二年（1832年）以后，清政府在两淮改纲盐制为票盐制，扬州盐商失去了对盐业贸易的垄断地位，扬州盐商及其扬州城市渐趋衰落。

　　徽商崛起于"八山一水一分田"的徽州府。东晋以降，面对日趋严峻的地狭人稠的矛盾，许许多多的徽州人不得不放弃中国小农男耕女织的传统生活方式，纷纷走出群山，四处经商，以求生存，以谋发展。进入明朝，徽商势力迅速发展，成为资财雄厚、人数众多的地域性商人群体，即商帮。从明朝中叶到清朝中叶的三四百年间，徽州商帮称雄商界，领尽风骚。正是在这一鼎盛时期，徽商在全国市场大舞台上，长袖善舞，四处货殖，其活动足迹遍布全国，甚至海外。"钻天洞地遍地徽"，"无徽不成镇，无镇不成街"，一时成了民间谚语。历史上徽商以经营盐、典（当铺）、木、茶为四大主业，其次为米、谷、棉布、丝绸、纸、墨、瓷器等。其中的前三项，号称"闭关时代三大商"，尤以盐业为最。明代大徽商后裔、名宦、文人汪道昆《太函集》曰："吾乡贾者，首鱼盐，次布帛，贩缯则中贾耳。"明朝初期，扬州民谚"秦腔翕语满街巷"，意即在扬州做生意的大多是山西人、陕西人和徽州人，西商领先。然至万历时，徽商已在扬州商界所向披靡。修撰于万历三十七年（1609 年）的《歙志》记载："今之所谓大贾者，莫有甚于吾邑。虽秦、晋间有来贾淮扬者，亦苦朋比而无多。"同一时期的《扬州府志》也记载，扬州的盐商，"新都（徽州）最，关以西、山右次之"。关于徽州的富名，明人已艳称之。据明谢肇淛《五杂俎》记载，此时"富室之称雄者，江南则推新安，江北则推山右。新安大贾，鱼盐为业，藏镪有至百万者，其他二三十万则中贾耳"[⑦]。汤显祖的"欲识金银气，多从黄白游。一生痴绝处，无梦到徽州"也算是一个佐证。清代，徽商几乎垄断了两淮地区的盐业，扬州盐商大多出自徽州，徽商进一步成为两淮盐商的主流，执诸盐商之牛耳。在两淮总商中，以徽州人所占比例最大，势力亦最强。故淮扬的盐业，几为徽商独霸的天下，而徽人实居于盐商的领袖地位。乾嘉道三朝的盐务首总几乎是清一色的徽商，如黄源德、江广达、洪箴远、鲍有恒等，因此，徽商在两淮盐务中占据了首要的地位。就以歙县的盐商而论，"两淮八总商，邑人恒占其四"。"鹾客连樯拥巨资，朱门河下锁葳蕤。乡音歙语兼秦语，不问人名但问旗。"这首《扬州竹枝词》是描写那些"拥巨资"的盐商在扬州的活动情况操"歙语"的是徽商，操"秦语"的是西商（晋、陕商人）[⑧]。徽州盐商控制了淮盐产、供、销等特权。当时在扬州的徽州盐商，或为场商，或为运商，或为散商，或为总商，各有其生财之道。据光绪《两淮盐法志》记载：自明嘉靖至清乾隆期间，在扬州的著名客籍商人共 80 名，徽商独占 60 名，山、陕各占 10 名。由此可见，徽商在两淮盐业界的显赫地位，扬州无疑是徽州富商大贾最为集中的城市。16 世纪之后的扬州，几乎完全成了徽商的第二个家乡。近人陈去病在《五石脂》中说："扬州之盛，实徽商开之，扬盖徽商殖民地也，故徽郡大姓，如汪、程、江、洪、潘、郑、黄、许，扬州莫不有之，大略皆流寓而著籍者也。而徽扬学派，亦因以大通。"把扬州说成是徽商的殖民地虽有偏颇，但也道出了徽商在扬州的人数之多⑨。徽商在扬州无论是在商业经济，还是政治、文化等方面显现出的优势，都是徽商涉足的其他地区无可匹比的。

当时扬州的商帮甚多，为什么徽商就能异军突起，压倒其他商帮呢？

一是地缘优势。就地理位置来说，徽州虽地处山区，但它北靠长江，南联赣粤，下通苏杭，距离全国经济和文化最发达、人口最稠密的一个大市场——长江三角洲地区并不遥远。甚至可以说，明清时代的徽州，也是处在以苏杭扬为中心这一最为发达的经济文化圈之内的。这样的地理位置对徽商的兴起和发展无疑是有利条件⑩。再者，徽州与淮扬同属南直隶，比起山西、陕西等地"边商"过来要近的多，水陆交通更为便利。既可走陆路，绕芜湖，经南京，可抵扬州；更可走水路，沿新安江顺流而下可至杭州，经京杭大运河北上可直达扬州；除了新安江水系外，在徽州西部，与外界沟通的主要水道就是由祁门经阊江（江西境内称昌江）到江西鄱江转长江，通往扬州。"开中折色法"的实行，为近水楼台且嗅觉敏锐的徽商打开了进军两淮的方便之门，果断利用地理位置和民风商俗相近，大举涌至扬州经营盐业，并很快融入当地，最终力压西商，形成垄断，以至于后来一般人提及扬州盐商历史，大都"只知有徽，不知山陕"了。

二是文化优势。徽州"儒风独茂"，崇文重教的儒家传统在徽州十分突出。宋代以后，徽州乃为"程朱阙里"，号称"东南邹鲁""文献之邦"，是当时文化教育最为发达的地区之一。史载"十户之村，不废诵读"，"人文辈出，鼎盛辐臻，理学经儒，在野不乏"（道光《重修徽州府志》），即表明了当时徽州教育普及的程度。正是由于教育普及程度高，从而培养了从事经商活动所必须具备的文化基础。作为中国古代著名商帮，徽商与陕商、晋商等商帮不同，徽商作为民间商帮有着深厚的文化底蕴，他们谈吐不俗，风度儒雅，且手腕灵活、善于交际，故驰骋商界而游刃有余。事实上，徽商中不少人是"弃儒从贾"的，从事商业活动之前就熟读诗书，粗通翰墨。经商以后，仍然好学不倦，诗书相伴。《丰南志》说歙县商人吴彦先在两淮经营盐业，"虽隐于贾，暇则流览书中，与客纵谈古今得失，即宿儒以为不及"。在徽州盐商中既饱有学识又富有艺术修养者不在少数，如人称"扬州二马"的马氏兄弟（马曰琯、马曰璐），是江南大藏书家、校雠学家和艺术收藏家，小玲珑山馆之丛书楼，藏书有"甲大江南北"之称，乾隆帝编纂《四库全书》马氏家族献书最多；江春、江昉兄弟（人称"二江先生"）是扬州著名诗人；而查士标、汪之瑞、江韬等人，则为自成一体的画家，同时都是扬州最富资财的大盐商。总之，徽州盐商共同的特点——"贾而好儒""亦贾亦儒"，敬重文人雅士，流连诗词书画，素以"儒商"著称。徽人身上更具有一种吃苦耐劳、艰苦奋斗的品质，即所谓徽骆驼精神。明中叶后，徽州盐商正是凭借自己读书人身份，或高于其他商帮的文化修养而地位日升、生意兴隆。

三是宗族优势。徽州大多聚族而居，一村或数村就是一姓、一族。徽州宗族势力极为强大，最重宗法，是保留传统最多的一个地方[11]，是中国封建社会后期宗族制度最为强固和最为典型的区域之一。在这种社会环境中成长起来的徽商，其宗族乡土观念极强，外出经商常常是同族或同乡一起出发，相互照应，依托宗族势力开展商业活动，治理商帮内部的代理关系。傅依凌很早（1956 年）就发现徽商多具有宗族合伙的特点。当营业规模较小时，父子、兄弟、叔侄合伙最多。很多徽学研究者都提出，徽商的治理模式与徽州发达的宗族制度密切相关。众所周知，徽商在经商活动中举族迁居经商地的现象比较普遍。比如，休宁盐商汪福光"贾盐江淮间，艘至千只，率子弟贸易往来，如履平地"。康熙年间编纂的《徽州府志·风俗》称"徽之富民，尽家于仪、扬、苏、松、淮安、芜湖、杭、湖诸郡，以及江西之南昌，湖广之汉口，远如北京，亦复挈其家属而去。甚至舆其祖、父骸骨，葬于他乡，不稍顾惜"。可见，徽商在经营活动中对宗族高度依赖，通过举族迁移来继续维系传统的宗族治理。徽商在经商地安居以后，往往又着手修谱牒、建宗祠、祭先祖，联属经商地的族众。这些祠堂不仅是祭祀场所，也是徽州商人集会、议事的地方；族长不仅是宗族首领，往往又是商人组织的头目。举族迁居异地经商，又在侨居地建祠，可以通过尊祖敬宗来强化商帮的凝聚力和竞争力[12]。据民国《歙县志》卷一《风土》记载，清康乾时期在扬州的歙籍盐商，就有"江村之江，丰溪、澄塘之吴，潭渡之黄，岑山之程，稠墅、潜口之汪，傅溪之徐，郑村之郑，唐模之许，雄村之曹，上丰之宋，棠樾之鲍，蓝田之叶，皆是也。彼时盐业集中淮扬，全国金融几可操纵。致富较易，故多以此起家"[13]。徽州的大姓家族，如汪氏、程氏、洪氏、潘氏、黄氏等，都在扬州落户，繁衍子孙，人丁兴旺。这些大姓宗族都聚居于此，并且有相当大的规模，甚至在侨寓地的宗族成员的人数超过了祖籍地。明清时期的两淮，徽州以歙县为首，各县均有商人在这里经营盐业，徽州盐商已形成了一支以家族为核心，以乡谊为纽带的大型商业团体。乾隆年间设立的扬州务本堂正是这一新形势下的产物。务本堂的主要功能是司理两淮盐务"一切出入费用"，包括办公办贡费用、各级官员日常开销所需费用以及各类应酬的花费等。除了负责商业运营外，商业会馆设立的另一个目的是联系乡谊。会馆这一建筑物本身就是乡情、亲情的表象符号，从"务本堂"名称之由来可见端倪[14]。由是，宗族、乡谊犹如一条纽带，将徽商之间、徽商与徽州乡土以及扬州等侨居地之间紧紧连接，不仅营造出一种和谐的人际关系，而且借此来共同面对残酷的商业竞争，化解种种意外的商业风险，从而成就了徽商在扬州的辉煌。

四是政治优势。盐商具有官商性质,尤其是明代实行纲法,引商编入纲册,世袭专利,其官商一体的特权性质尤为显著。有清一代,盐商垄断盐引的情况远比明代严重得多。依靠对食盐的特许经营权,盐商完全有别于普通商人,与朝廷和官府的关系要密切得多,时时要看朝廷的政策变化和各级盐政官员的脸色行事。因为盐业专卖制度,徽商与官府自然结成利益共同体。两淮盐业兴盛时,徽州盐商靠朝廷的宠惠和地方官府的庇护,凭借与官方的良好关系,富可敌国,成了中国社会最为显赫的阶层之一,不仅控制着关系国计、民生、军需的盐业经济命脉,而且对其所在的地区和城市经济起着举足轻重的作用,成为地域经济的操纵者。清代惺庵居士的《望江南百调》中有一首写道:"扬州好,侨寓半官场。购买园亭宾亦主,经营盐典仕而商,富贵不归乡。"由于盐业始终为朝廷所把控,徽州盐商为获取高额利润,便将主要精力放在了疏通官府关系上。除以"急公议叙""捐纳""读书登第"作为攫取官位的途径外,还以重资结纳,求得部曹守令乃至太监、天子的庇护,享有官爵的特权。一些徽商本人不能跻身官僚行列,就督促子弟应试为官,自己也就成为官商。自明而清,无论是在京官员,还是过往名士,或者是当地大小官僚、文人骚客,都与徽州盐商互有往来,甚至不少徽州盐商还成了当朝权贵的入幕之宾。如乾隆年间在扬州最为风云的人物,非徽州盐商江春莫属。江春集官员、商人、文人的气质于一身,在担任"两淮盐业总商"的 40 年中,先后蒙乾隆赏赐"内务府奉宸苑卿""布政使"等头衔,荐至一品,并赏赐顶戴花翎,受邀出席"千叟宴",为当时盐商仅有的一例。因其"一夜堆盐造白塔,六次接驾乾隆帝",而被称为"以布衣结交天子"的"天下最牛徽商"。清中后期的政局中,出身徽商的官吏群体已经崭露头角。如出身盐商的曹文埴、曹振镛父子,二人都曾担任军机大臣,并历经乾隆、嘉庆、道光三朝[15]。自程文正登科以后,从康熙四年(1665 年)到乾隆二年(1737 年),旅居扬州的新安岑山渡程氏盐商家族涌现出 16 位太学生以及 10 位州府同知,共得到 44 道朝廷诰敕。这样的家族,在封建社会是相当显赫的,可以谓之商儒互动的典范[16]。官商一体、官商结合,士商互动,与官僚、权贵之间这种种盘根错节的特殊关系,正是促成徽州盐商在短时间内富甲天下的重要原因[17]。

总之,明清时期徽州盐商在扬州的政治、经济、文化生活中影响极大,占据举足轻重的地位。徽州盐商既推动了以扬州为中心的两淮地区社会各项事业的建设和发展,创造了丰富的、独特的、高品位的物质遗产和文化遗产,丰富了扬州园林建筑、书画、学术、教育、戏曲、旅游、饮食、服饰与民俗文化,对扬州这一历史文化名城格局的最终形成,也作出过不可磨灭的贡献。

从"扬州二马"的"小玲珑山馆"到黄至筠的"个园",从原籍徽州的马氏后人易手给汪氏（汪雪礓）、蒋氏，最后转让给原籍浙江仁和（今杭州）黄氏，从一个侧面反映了徽州盐商的没落，甚至扬州城、清王朝、传统工商业的衰落。

200 年后的今天，当徽商的足音远去，我们只能在扬州城内寻觅瘦西湖畔白塔、大虹桥、小玲珑山馆、巴总门、许氏盐商住宅、汪鲁门故居等历史遗迹，藉以神游一个城市、一个商帮拥有的荣光和浮华。

作者单位：中国徽州文化博物馆

注释

① 夏咸龙：《清代两淮盐区中心地位探析》，《鸡西大学学报》2016 年第 16 卷第 3 期，第 150、151 页。

②③ 赵爱民：《两淮盐商文化遗迹旅游开发整合研究——以扬州为例》，《盐业史研究》2011 年第 3 期。

④ 杜君立：《盛极而衰说徽商》，《企业观察家》2017 年 3 月 24 日。

⑤ 于继勇：《扬州，盐商们的一宵春梦》，《今日生活报》2016 年 3 月 8 日。

⑥ 于颖：《一代富贾：成也盐败也盐》，《文汇报》2014 年 12 月 19 日，第 19 版。

⑦ 张小平：《徽州文化中的"工匠精神"》，《安徽日报》2016 年 8 月 8 日。

⑧ 张海鹏：《徽商在两淮盐业经营中的优势——"明清徽商与两淮盐业"研究之二》，《明史研究第 4 辑——庆贺王毓铨先生 85 华诞暨从事学术研究 60 周年专辑》，1994 年。

⑨ 黄继林：《徽商与扬州文化》，长三角旅游网，2010 年 10 月 2 日，http：//csjlvyou.com/yangzhou/minsuwenhua/201010021236.html

⑩⑪ 栾成显：《经济与文化互动——徽商兴衰的一个重要启示》，《安徽师范大学学报》（人文社会科学版）2005 年第 33 卷第 4 期。

⑫ 蔡洪滨、周黎安、吴意云：《宗族制度、商人信仰与商帮治理：关于明清时期徽商与晋商的比较研究》，《管理世界》2008 年第 8 期。

⑬ 傅依凌：《明代徽州商人》（上），《明清时代商人及商业资本》，人民出版社，1956 年。

⑭ 李建萍、樊嘉禄：《从清代扬州务本堂看徽州盐商商儒价值观的内涵》，《安徽史学》2010 年第 6 期。

⑮ 杜君立：《盛极而衰说徽商》，《企业观察家》2017 年 3 月 24 日。

⑯ 桑良之：《商人、官吏、学者程梦星叔侄》，桑良之博客，2012 年 6 月 6 日，http：//blog.sina.com.cn/s/blog_6492290f0101430u.html

⑰ 顾晓绿：《盐商与淮扬味儿》，《中华遗产》2015 年第 1 期。

成型但不成熟：明代的盐法道制度

夏　强

内容提要：明廷出于打击私盐、监督盐场官吏、整顿盐法的现实需要而设立盐法道。盐法道始现于成化时期，至嘉靖年间遍设于各省。明代的盐法道略有四类，职权不尽相同。盐法道多因缺乏管理体系的支持、职任不专、因循贪墨等原因而导致成效未必尽善。盐法道是由中央管盐到地方管盐转变的关键职设，为清廷所继承和发展。

关键词：明代　盐法道　盐道　盐政

盐法道，又称"盐道"，是专职管理盐务的官员。该职产生于明代，为清代所沿用。关于明代的盐法道制度，以往学界或着眼于明清道制的整体探讨，而忽视了对于盐法道的具体分析，既不能详厘其类别，又不能细纠其职任；或专注于盐业经济的探究，对盐法道虽屡有涉及，但均是寥寥几笔，难窥其的利弊[①]。有鉴于此，笔者拟从设置、类型、职权、效能等方面对明代盐法道制度详加探讨，以期展现该制的全貌，并揭示其对明清盐政的影响。

一、盐法道设置与发展

盐法道是明代道制中的专务道的一种，在探讨盐法道问题之前，有必要介绍一下明代的道制情形。一般认为，"道"之称谓源自唐代，明代的道制在沿袭了元代分道按察举措的基础上形成的，是布、按二司派出机构[②]。后来，随着明代道制的发展，出现了多种道，可做以下分类："就派出机关而言，可分为藩司之分守道与臬司之分巡道；就巡察对象而言，可分管通省某事务的专业道，如盐道、驿道及管若干府州县之地方道……就本职衔而言，有参政道、参议道、副使道、佥事道，甚至加藩臬衔而有藩道、臬道"[③]。盐法道属于专务道（或称"专业道"）的一种，明代的盐法道制度大致经历了以下三个发展阶段。

1. 明初地方道与盐政

明初，各地盐场由户部统管，地方分巡、分守道属于监察区性质，各道对于盐场事务只有建议权，纵使属于其辖区之内，也无法直接插手。如循吏王伯贞在分巡雷州时，发现当地盐政管理混乱，也只能"上疏，请拯盐法"④，并不能直接处置盐场官吏。

明中以后，各地都转运盐使司（简称"运司"）和盐课提举司的腐败非常严重。景泰时期，明廷开始赋予按察司分巡官监督盐场官吏的权力。四川"兵粮仰食于盐"，但由于各盐场"有司因循，课日以亏"，景泰七年（1457 年）代宗"命四川按察司各道分巡官兼督盐课"，并令"满考以之课其殿最"⑤。天顺四年（1460 年），英宗又"令山西按察司分巡该道官兼巡视河东盐池"⑥。此时，各道官员"兼督盐课"还属于偶然现象。

由于分巡、分守官的本职是"遍历所属，接受词讼，禁革奸弊"，加之他们每年中的大部分时间都处于"在路上"的状态⑦，两种因素叠加决定了他们不可能常驻盐场，所谓"兼督盐课"只可能是监察盐场官吏而已，很难深度干预盐政。

2. 成化年间盐法道制度初步形成

成化以后，各地盐场的问题更为严重，各地盐场均出现了灶户逃亡、官盐不足，私盐横行等乱象。成化四年（1468 年），明廷被迫赋予各地按察司分巡官诸如如监管盐场官吏、保护灶丁、打击私盐和调节盐场纠纷四个方面的权力⑧。当时各道官员对于盐场事务没有独立执法权，需要与巡盐御史等官员合作执行，但这仍是盐法道的出现的前兆。另外，为了稽查私盐，明廷在成化初又有令各地分巡官员"带管盐法"。如"陕西所属关内、关南、关西、河西、庆阳等道，河南所属河北、汝南、河南等道"的分巡官都被要求"带管盐法"⑨，这是不产盐地区设置盐法的先兆。

藩臬衙门官员开始独立介入盐场的管理始于成化十七年（1481 年），由于云南"各井盐课经年不纳，贩卖私盐，略无忌惮"，宪宗"改命云南布政司提督银场参议金酝专理黑、白、安宁等井盐法。"次年参议金酝升为右参政，"仍旧管理盐课"⑩。这是盐法道演进的重要一步：明廷开始以藩司或臬司的官员专职于盐务管理，不再负责地方守、巡，这可视为盐法道制度的初步形成的标志。

如果说河南、陕西等地的分守、分巡道"带管盐法"多是因为打击私盐的需要，那么云南以藩台官员"专理盐法"则是出于监管盐课提举司的考量。正是由于以上两种原因，弘治、正德年间，各地或专设盐法道，或以地方道带管盐法的做法更为普遍。弘治六年（1493 年），仿云南例，"添设广东按察司佥事一员专理盐法"⑪。正德二年

（1507 年），两浙盐场"濒海军民任意兴贩，虽有军卫、有司、巡司等官巡捕，或势力不敌，或得赂纵弛"，户部请求于浙江屯田水利金事敕书中"增入提督巡盐，以便行事"，事实上赋予了其兼任盐法道的身份。值得注意的是，此时他们尚未被冠以"盐法道"之名，"盐法道"或"盐道"的称谓出现于嘉靖时期。

3. 盐法道制度的成型及设置情况

至嘉靖时期，盐法道制度趋于成型和稳定。嘉靖八年（1529 年），朝廷"令云南巡抚都御史于布政司参政、参议官员内定委一员专管盐法"[12]，云南盐法道的成例变为明确的制度。嘉靖之前，盐法道多设于产盐之地方，嘉靖三十一年（1552 年），经两淮巡盐御史黄国用在奏请，明廷令"湖广、江西、河南行盐地方，专敕该道金事"兼管[13]。

至嘉靖三十九年（1560 年）三月，经大臣奏请，明廷敕令"浙江、江西、湖广、河南、山东、山西、陕西屯田金事各兼管盐法，两直隶则巡盐御史责成于府、州、卫、县官，其金事等官俱听都御史、御史节制。"[14]明廷的这个举措有三重意义：其一，使得各省基本上都遍设盐法道。除了之前已设盐法道的川、黔、粤、闽四省之外，浙、鲁、晋等产盐省份也开始设立盐法道，再加上江西、河南等不产盐省份新设的盐法道，使得盐法道基本上已经遍布海内。其二，将各省分巡、分守带管盐法之权并于盐法道一职，使得职任更为专一。其三，盐法道的兼职得以统一。盐利和屯田是明代军需的主要来源，以一人统摄，便于管理。至此，盐法道制度可谓成型。

此后，明廷为压缩官员数量对各道多有合并，盐法道不时与其他道合并，但其盐业职能并不被取消，甚至有的还强化了职权。如隆庆二年（1568 年），明廷设"定边兵备盐法副使"一员"专管大、小二池盐法及休伤边事"[15]；次年，"以四川按察司屯盐、水利、茶法，二道合为一道。"[16]隆庆四年（1570 年），又"议准裁革广东屯盐金事，并其事于清军副使、南韶兵被副使"[17]；隆庆五年令山东盐法道"稽核一切盐法事务"[18]，大大加强了山东盐法道的职权。万历六年，山西清军驿传道不再兼管解盐，而以分守河东道就近"专管东西二池盐务"[19]。

明代，辽东、北直隶、贵州三地未设盐法，两淮在万历末才设盐法道。辽东之盐均产自沿海各卫，由辽东都司代管[20]，不设盐法道。贵州因课少事简单，至万历中叶，贵阳府设有管盐通判一员，"驻扎省城，专理盐法"[21]，也未设盐法道。北直隶先是由"大名兵备官统理顺天等北四府，及彰德、卫辉二府盐法"[22]，万历二十一年（1593 年），朝廷又命其奏报"各行盐地方有司许开、贤否"[23]，事实上赋予了长芦运使部分盐法道的权力，因而北直隶也没有盐法道。位于南直隶的两淮盐场起初也没有盐法道，万历末，又因两淮盐政弊端丛生，朝廷设盐法道加以整顿，"原设有整饬盐法道一员，复有疏理道一员，继因一柄两持，遂将两道并为一道。未几，以疏理道原属暂遣，并议裁革，而盐法归并海防道带管"[24]。

总的来说，明代的盐法道是随着地方道的发展而出现的，其根源在于盐运并提举司等盐业管理机构的窳败。盐法道是在分巡道介入盐场事务的基础上，逐步发展形成的。盐法道的职能起初主要是监察盐场官吏。成化之后，盐法道职能开始偏转，行政职能逐步加强，产生了负责兼管私盐的分巡道和专门管理盐场事务的盐法道，嘉靖年间盐法道制度成型，后来有了专门整顿地方盐法的盐法道。在制度运行的过程中，盐务道既可来自于按察司系统，也可来自于布政司系统，并不严格界定藩臬衙门的归属，体现了盐法道制度灵活变通的特点。成化十七年（1481年），云南管盐参政的设置标志着盐法道制度的初步形成，至嘉靖三十九年（1560年），各省遍设屯盐佥事可视为该制成型的标志，前后历时共计恰好100年，这也是明廷在一个世纪的时间内不断选择、放权的结果。

二、盐法道类型与职权

关于明代盐法道的职权，学界多引用万历《明会典》的记载：万历六年（1578年），明廷令"各省盐法道专管验引、稽拨事宜，一切囤积、夹带私盐之弊严行禁治"[25]。这条敕令规定了盐法道在销售官盐和稽查私盐方面的职能。实际上，万历《明会典》所载只是各地盐法道所普遍拥有之权，而明代盐法道制度在发展的过程中，形成了形成了四种不同的类型（表1）。

表1　明代盐法道分类表

序号	类别	举例
1	巡盐御史所在地的盐法道	两淮盐法道、浙江盐法道、山东盐法道、山西盐法道
2	次要盐场的盐法道	福建盐法道、广东盐法道、云南盐法道、四川盐法道等
3	不产盐地区的盐法道	河南盐法道、湖广盐法道、江西盐法道等
4	特殊职能的盐法道	整饬两淮盐法道、疏理两淮盐法道等

根据地域和职能的不同，各地的盐法道被划分为上表的四种类型。明廷根据各地的实际情况而赋予各不相同的职权。概而言之，巡盐御史所在地的盐法道的目的是为了协助巡盐御史而设；次要盐场的盐法道是为了解决盐政管理的问题；不产盐地区的

盐法道的责任主要是销售官盐；疏理、整饬盐法道则被赋予整顿盐法的特殊功用。以下是为此问题展开讨论。

（1）巡盐御史所在地的盐法道

两淮、两浙、长芦、山东、河东等为主要盐场，明初置运司管理之，成化以后巡盐御史逐渐凌驾于运司之上，成为五大盐场的主管官员㉖。至晚明，两淮、两浙、山东、山西又皆设有盐法道。那么既然主要盐场已经有巡盐御史管理，为何还要再设盐法道？盐法道在与巡盐御史并设之下还能有哪些职权？他们与巡盐御史又是一种怎样的关系呢？以下下面将就三个问题进行探讨。

首先，明廷"以御史风宪体尊，时而出巡，一旦商有迫切，下情不能一时上达。运司虽终日与商灶接见，威不能及远，疏不能叩阍。故又设道臣以为承上接下，达情助理，亦恤商之所便也"㉗。可见，出于巡盐御史需要时常外出巡历，而运司颓败不能承事的现实原因才设立盐法道，主要盐区的盐法道一职是作为巡盐御史的的助手和补充而被设立，主要负责上承下接工作。

其次，盐法道受到巡盐御史的节制。如万历十一年（1583 年），山东盐场进行灶户"重并差徭"的改革，是先由盐法道马某"案验"，后经长芦"盐院黄批准"㉘，才得以施行。又如万历末，明廷于两浙盐课多有加派，两浙巡盐御史崔尔进为厘清加派，"行盐法道委官亲身清查"㉙。这些案例都说明了盐法道受到巡盐御史的领导。

第三，盐法道的地位稍低于巡盐御史，但高于运司。以山东盐场的票盐销售为例，"盐院苏（士润）题行票盐，万历十三年（1585 年）盐院黄（师颜）批允：本司刷印盐票先截一角，解赴盐法道挂号，印发各郡县。到场截一角，至运盐地方掌印官验票盘包，发卖后，截一角银票解缴本府。仍解运司将票又截一角缴道、院二衙门"㉚。可见票盐的销售环节均有盐法道参与，运司需要配合盐法道行事，运司为盐法道和巡盐御史所共管，即天启初两淮巡盐御史房可壮所称的：盐法道"与臣共以守运司为事者也"㉛。

最后，盐法道监控着食盐的销售，从侧面对巡盐御史形成一定的制约。盐法道本为地方藩、臬衙门的外派官员，巡盐御史是中央都察院监察御史的外差，二者皆为外派，巡盐御史对于盐法道虽有节制之名，但无统属之实，盐法道甚至对于巡盐御史起到了一定的制约作用。在明末更为明显。如崇祯二年（1629 年），两浙运司失火，大量盐引被烧毁。"据称焚毁引目一百五十八万有奇，关系非小，第征课行引运使为政烧毁存留，亦惟院、道查核。今据盐院疏开所毁引目，已行盐法道查有勘合宪单，并榜派册籍可稽。"㉜明廷令盐法道勘合巡盐御史所奏之事，可知盐法道并非是巡盐御史完全意义上的下属，二者共管盐务彼此当有制衡监督之意。

总体而言，两淮、两浙、长芦、河东等的盐法道地位仅次于巡盐御史，盐法道虽受巡盐御史节制，但不统属，有较强的独立性。二者是一种合作关系，他们被并称为"院道"、即"盐院"与"盐法道"之合称。盐法道与巡盐御史均凌驾于都转运盐使司之上，"都转运使共奉巡盐御史或盐法道臣之政令"[33]，巡盐御史有缺，其职责则由盐法道代摄[34]。

（2）次要盐场的盐法道

明中叶以后，福建、广东、云南、四川、陕西等相对次要的产盐地区的盐务均交由盐法道负责，此类盐法道是明廷为解决次要盐场的监管问题而设立的。

成化年间，此类盐法还仅仅只是监督盐业生产。此后，盐法道职权不断扩张，其角色也逐渐"由监变管"。到嘉靖之时，此类盐法道已有相当之权。如嘉靖二十年（1541 年），四川屯盐佥事陆时雍就曾施行"稽灶丁、宽新井、酌归并"等事，"民甚便之"[35]。可见陆时雍已有权处理四川的多种盐务。天启六年（1626 年），林绍明出任福建屯田、盐法兼管水利道右布政使，朝廷在敕书中赋予其盐务方面的职责如下：

> 尔宜查照该部先今事理，提调运司官吏人等，催征盐课，禁革奸弊。其各行盐地方缉捕私贩之徒，照例问罪发落，盐没入官；巡捕官军人等，敢有与兴贩之徒通同作弊者，一体治罪；运司官吏人等，若因循怠忽、旷职废事、贪鄙贿赂致损盐课者，许尔指实参呈究治。尔受兹委任，须持廉秉公，正己率下，务俾屯粮充足、水利兴举、盐法梳通，斯为称职，如或因循怠玩，责有所归，其尔慎之！故敕。[36]

根据敕书，大致可将福建盐法道之权分为三个方面：一、提调运司官吏，完成盐课；二、打击私盐，监管缉捕官军；三、监督、举劾运司官吏。若以此来看，各盐场的大小官员的监管和日产事务的管理皆为盐法道所，福建等地的盐法道实际上已经成为运司等盐务部门的上级主管官员，次要盐场的各项事务实际上皆由盐法道操持。以广州盐法道施政为例，便可见次要盐场的盐法道之权。香山场盐课司所在本为重要的产盐地区，正统年间"苏有卿、黄萧养寇劫盐场"，盐丁被杀害或四处散逃，正统年间，盐法道吴廷举上任之后，"奏奉勘合，查民户煎食盐者，拨补灶丁，仅凑盐排二十户，灶甲数十户，分上、下栅。许令筑漏煮盐，自煎自卖，供纳丁课"[37]，使得香山的盐业生产部分恢复。据《粤大记》载：官寨丹兜场盐课司"每被奸徒私贩卖"，嘉靖二十四年（1545 年），广东盐法道议行新规，堵上了这一漏洞；广东盐课提举司有"经纪三十人，周年一换"，其佥选也属于盐法道负责[38]。另外，盐法道还曾负责盐场教育，如有盐法道曾在大小英感恩场设立社学㊴。不难看出，次要盐场的盐法道对盐场的管理是多方面的，包括盐政和盐商管理，甚至还有盐场的学校建设等事项均属于他们的职权范围。

如果说两淮等地盐法道有一定的独立性的话，那么次要盐场的盐法道们则完全是总督、巡抚、巡按的下属，特别是需要接受巡按的领导。造成这种局面的原因是多方面的，首先从管理体制方面而言，抚按凌驾于三司之上，盐法道出自藩臬衙门，自然需要听命于抚按；其次，从财政方面来看，盐利攸关军需，故督抚有一定的盐务之权，甚至有兼管盐法者，如两广总督就"兼理粮饷，带管盐法"㊵；第三，从管理方面来说，各产盐之地除设巡盐御史之外其它皆由巡按御史负责督理盐课。"国初于天下省直置运盐司六，而御史专督盐课者四，长芦、河东、淮、浙外，皆以巡按监察御史兼之。"㊶各地的巡按御史对所在省份的盐政事务有最高的决定权。

次要盐法道是抚按之下负责盐场管理的专职盐务官员，在制度运行的过程中，他们逐步与抚按形成了完善的分工。万历三十年（1602 年），陕西三边总督李盛曾在奏疏中说：陕西盐池"总之者督臣，分之者抚臣，稽之者按臣、盐臣，恭亲捞探则有盐法兵备以及管盐府州佐贰官。上下综核，彼此提防"㊷。明代其他次要盐场皆略如此制，有的只是或有损益。这样一来，各地构建起一套全新的、颇为严密的盐务管理体系：盐场日常事务由盐法道操办，受抚按等督饬，抚按忙于本务无暇侵夺盐道之权，既保证了盐法道行事之独立，又使之受到了一定的监管，明代中央政府事实上也放弃了对这些次要盐场的直接管理。

（3）不产盐地区的盐法道

明代河南、湖广、江西、广西四省皆不产盐，是食盐的主要销售地区，四省各设有盐法道一员，再加上陕西盐法道㊸，共计五人，他们同属于不产盐地区的盐法道。

长期以来，各地的盐务管理部门对行盐地方的食盐销售鞭长莫及，而这五位盐法道是为了解决这一问题而设立的。这也就决定了他们必然受到各盐场盐务主管部门，特别是巡盐御史们的节制。此类盐法道的职责主要是保证官盐销售，打击私盐，他们尤需稽查水商的销售情况㊹。这五位盐法道还有督促地方政府完成食盐销售任务的职责，以两淮盐场为例，江西、湖广、河南盐法道需要"严行监督各该有司以销引之多寡，别功过之殿最。其有不及数者，即考满给由、严行查核、参问、住俸，各有明条。而该道之举劾，两淮巡盐御史实柄之"㊺。可见，此类盐法道在监督地方有司的同时，也接受巡盐御史的节制。

盐价贱则亏商，贵则病民，此类盐法道负责管理盐业的终端市场，有稳定盐价的责任。万历末，江西南康府因为"奸商、囤户每借口波涛之险，赴省告改（引盐），惟有零星小贩，以致盐价腾涌，民苦淡食"，该府推官李应升便就此事上书盐法道，恳求其下令"坐拨南康商盐不得托故告改别府"⑯。可知此类盐法道有权对省内各地的食盐销售数额进行调整，并有义务稳定与民众生活息息相关的盐价。

（4）特殊职能的盐法道

特殊职能的盐法道主要有清理盐法道、整饬盐法道、梳理盐法道、整饬梳理盐法道四类。清理、整饬、梳理三词，皆有清查、整顿之意。弘治之时，朝廷为整顿地方盐政便已有派盐法道整顿地方盐务之举，如弘治十三年（1500年），"增设陕西按察司副使一员整饬环庆等处兵备兼理盐法"⑰，又如弘治十七年（1504年），明廷又升冯爰为广东按察司佥事，"清理盐法兼管屯田"⑱。但此时盐法道制度尚不稳定，"清理""整饬"盐法的名目也很快也就被取消了，直到万历时期才在两淮盐场正式实施。

明代有每隔一、二十年派遣巡盐部院赴各地整顿盐法之例，至隆庆间庞尚鹏去职之后，巡盐部院长期不遣⑲，各地盐法废弛不堪，两淮尤甚。万历四十二年（1614年），以明廷选派有盐务经验的广西佥事吴撝谦寄衔河南盐法道佥事，实际负责整饬两淮盐法，次年升"为参议，照旧管事"，到万历四十六年（1618年）离职⑳。吴撝谦在任整饬两淮盐法道期间似无作为。万历四十五年（1617年）四月，户部又"请以本部郎中袁世振加升山东副使兼右参议，专管两淮运使事，疏理盐法"㉑。以下便是当时明廷所授予他的敕书。

> 敕梳理两淮盐法、山东按察司副使，兼布政使司右参议袁世振。近该户部题："据部酌议：迩年两淮盐政壅塞，国课逋欠数多，乞如先朝差官清理故事。"兹特敕尔前往梳理。尔宜远考旧规，深求时弊。详查近日壅阻之故，皆因正引久滞、私贩盛行，必须痛革陋规、追复成宪，九边岁钞额中七十万五千一百八十引，务令全数及时售卖；抚恤内商，尽解套搭，仍查积岁纳过余银，挨次疏导。务使新旧之引并行不悖，春秋二运俱要以时征解。商灶人等如有消乏逃亡，即为设法查补。……军卫有司、该两淮行盐处所，俱照别省守巡道体统，临莅所属官员；事干盐法、有犯应拏问者，就便拏问；应照参奏者，具实参奏施行。尔为宪臣，受兹特简，尤须持廉秉公，为盐官表率，整于极蔽之后，创可守之规，使百蠹咸清，三商均利，内裨国计，外裕边储，斯副委任。如或沿袭弊规，疏通罔效，简书俱在，责有攸归。疏通事竣，巡盐即为核实，奏缴敕印，毋稽简命。尔其慎之，慎之！故敕令。㉒

跟据敕令可见出三点情况：其一，因为两淮盐课逋欠，明廷为清理两淮盐法才决定任命袁世振为盐法道，他责任重大，需要“整于极蔽之后，创可守之规”。其二，其职权相当广泛，事无巨细，皆有权处置。其三，袁世振与吴撝谦由地方官转任的情况不同，他是由户部郎中的外派，代表中央权威，这使得他能够独立于巡盐御史，不受其节制。以上三个原因，使得袁世振较之于吴撝谦有更多的作为。崇祯四年（1631年)，宋之普在上疏中曾云：“疏理盐法道臣袁世振创十议，立纲法，解套搭，行超掣，补借库，未两期而入太仓者二百二十万，给各边者一百二十万。”(53)可见袁世振的改革迅速扭转了两淮盐课逋欠的局面，他所创立的“纲盐”制度更是影响深远。袁世振在整顿盐法的过程中，离不开盐政长官巡盐御史的配合，如纲盐制度就是他在得到巡盐御史龙遇奇的支持后，才于万历四十六年才开始实行的(54)。

天启二年（1622年）正月，袁世振因受宦官排挤而去职(55)，随后，明廷并整饬盐法、梳理盐法二道为“整饬梳理盐法道”一道，调广东参政马从龙寄衔浙江，担任该职(56)。马氏与吴撝谦相似，无甚权威，亦难有作为。马从龙成为时任巡盐御史房可壮的副手，听命于房，接受其劾举，此后的郭士旺、周汝玑等人也是如此(57)。成为即本文所论第一类型的盐法道，整顿盐法的作用消亡。

不难看出，明廷设立此类盐法道的主要目的是为了整顿地方盐法，负责整顿两淮盐场的多位盐法道就是在巡盐部院长期停派，盐课逋欠的背景下任命的。整顿的成效与盐法的权威以及个人的才具有直接的关系，二者缺一便不能成事，无权威则依附于巡盐御史，不敢擅作展布；无才具则临事畏缩，难免愚惑失措。袁世振幸而兼具有权威和才具，方有此番之变革。但这也只是一时一地的改善，成果不能长久的维持，两淮盐场“凋敝之际，幸得一袁世振为疏理两淮盐法道，与巡盐御史龙遇奇推广部议更单法为纲法，盐法为之大苏，商困为之立起。无何，日久弊生，奸人并作，旋复壅滞，而事不可问矣”(58)。

总的来说，《明会典》所载缉私和负责官盐销售之职任为各地盐法道所共有，但明廷根据各地盐务环境和背负使命的不同，而另赋予各盐法道不同的职权。根据职任的差异，可略将其分为四类。其中不产盐地区的盐法道事务最简，特殊职能的盐法道职责最重，而以福建、四川等次要盐场的盐法道职权最广，其制度体系也最为严密，以抚按督饬盐法道的管理盐务的模式实为最优。

三、盐法道制度功效与缺陷

明中叶以降，特别是嘉靖以后，福建、四川、云南等地的食盐产销实际是由盐法道所管理，河南、江西等省的盐务销售也长期分隶于盐法道之手，五个主要盐场也设盐法道以辅助巡盐御史，还不时派出盐法道以整顿盐务。明代的盐法道是在监察机构行政化的背景下形成的，明初所设立的运司、盐课司等衙门腐败不堪，且已经丧失其权威，无法有效地管理盐务。而明代道制具有极强的灵活性，以道员专管盐法，既有一定的权威，又可以约束盐场官吏，恰好弥缝了这一缺陷。不存在只有好处没有缺点的制度，明代盐法道制度在其演进的过程中，有以下三个显著的缺陷始终未能解决。

（1）缺乏管理体系支持，成效难彰

盐法道是明廷为了补充原有盐政管理体系的不足而设立的，明廷在制度上仍有很多问题未能加以厘清，使之更像是一件"半成品"。例如，盐法道虽受巡盐御史有节制，但由于并非统属，御史监管盐法道往往流于形式，至于"举刺该道，则寂乎未闻"[59]。这样一来，各地盐法道唯赖抚按纠察，除边境省份因盐利事关军需，督、抚、巡按对盐法道较为关心之外，内地省份的抚按对于其施政成效往往全不在意。又如，不产盐省份虽设盐法道总管，但并未形成系统的盐政管理体系，所有事情皆有赖于地方府卫州县的配合，然而"各省府州郡县辽邈，独以盐法道一人兼督，虽称事有专职，其实势难必行。遇智巧有司，辄以空文相蒙蔽，岂能一一就近察之？"[60]因而往往会出现虽设有盐法道其官，却因制度上的不完善而导致不得举其职的局面。

（2）盐法道职任不专，势难周全

明代，各地盐法道鲜有专职于盐法者，加之所兼职任安排不合理，往往导致顾此失彼。嘉靖三十九年（1560年），虽然有令各省佥事专责屯田、盐法二事，但明廷此后为压缩官僚队伍、节省开支，各地屡将盐法道与其他道进行合并，至晚明各地盐法道的职任一般同时兼有三四项，如上述福建盐法道林绍明便负责"屯田、盐法，兼管水利"。还有更多的，万历四十七年（1619年），四川盐法道杜诗的全部职位为是"四川等处提刑按察司提督学校带管军驿屯盐茶水道副使"[61]，他一人竟兼有提学、清军、驿传、屯田、盐法、茶法、水利七项职任。人之精力有限，盐法道身负兼职过多，势必难以周全。如两淮盐法道"归并海防道带管"之后，由于职任合并不合理就出现了很多问题："该道驻扎泰州，距维扬辽迥，且治兵防海是其专责，陪巡各院又无暇晷。若非仍设道臣专理盐法，如清夹带、禁私贩、革浮课，查给库价，严核考成等项，不几方圆并画，顾此失彼乎？"[62]两项职任尚不能兼顾，更遑论多职并举者。

（3）因循官场人情，贪墨不职

明中叶以后，吏治渐趋昏暗，至万历末更是不可收拾，盐法道们虽为宪臣，但也和其他官员一样，或因循官场人情，或贪墨不职，鲜有独善其身者。明代官盐贵而私盐价廉，不少地方官为沽取"爱民之名"以图升迁，便无视私盐横行，甚至"不令官盐入境"，这正是需要盐法道出面严禁的，但各地盐法道臣"见其官望之卓然，且迎而相许，安能出一语诘问耶？"[63]另外，食盐夙称利薮，盐法道有不少的灰色收入，甚至不乏大肆贪墨者。嘉靖时期，广东盐法佥事王朝臣就因"贪婪"而被广东抚按弹劾处理处理[64]。万历间，陈于王在任湖广屯盐道时，就曾发现"额有余盐若干，旧例供主者私囊"[65]。湖广一省不产盐，尚有"余盐若干"入盐道腰包，产盐省份的利益就可想而知了。在晚明吏治窳败的背景下，产盐地区的盐务就更加有利可图，两淮盐法道衙门的书办顶首银达到八千两之多，明人陈仁锡对此曾论道："静想此辈重赀钻入，诚为何意？"[66]答案不言而喻。书办刨去如此高的成本，必然还能有丰厚的收益，更遑论其主官盐法道了。

由于以上这三个原因，明廷所设盐法道虽无法根本解决私盐之类的难题，但如若没有盐法道，明朝中叶的盐务问题只可能会更为严重，各地的盐务产销或部分、或全部地维系于盐法道一职，盐法道成为盐务管理系统中至关重要的角色，诸种制度的弊端只是降低盐法道们的施政效能而已。总的来说，明代的盐法道制度是一个成型，但不甚完备的制度。

余　论

明代，各地的盐法道皆为藩臬衙门官员，承担具体的盐政管理工作，是各省抚按之下一个职能部门，为前代所未有，可以被视为近现代省级职能部门的先声。入清之后，清廷继承并发展了明代盐法道制度，使之更为完善。具体来说，清廷继续在次要盐场设盐法道以监管盐务，在不产盐地区设盐法道以保护官盐的疏销。清廷为解决制度的弊端，先是规范了盐法道的兼职，又令盐运使与盐法道"职责雷同或彼此兼任"[67]，两职实际上合二为一。清中叶废巡盐御史后，各地盐场的事务均交由督抚督饬盐法道办理。在此过程中，清廷中央在明代放弃对次要盐场的直接管理权的基础上，进一步将盐法道管理盐务的模式推行到全国，即各地的盐场都转为地方管理。在此背景下，明清盐政逐步实现了自唐宋以来由中央政府直接管理到地方政府管理的变革，制度的演进并未因明清鼎革而中断。

作者单位：南京大学历史学院

注释

① 关于盐法道的研究不多，学界屡有明清道制的整体探讨，而缺失了对明代盐法道的专门研究，纵有涉及也是笼统而宽泛。何朝晖在《明代道制考论》（《燕京学报》新六期，北京：北京大学出版社，1999 年，第 58 页）一文中对明代盐法道的渊源和职责所做的盘点较好，他强调了盐法道在"盐引发放的监督和私盐的查禁"的作用。从事盐业史研究的学者对于明代盐法道也没有全局性的研究，即使涉及，也是仅就个别盐法道及其举措进行探讨。如盐法道袁世振所推行的"纲盐"制度多受学界关注，徐泓（《明代后期的盐政改革与商专卖制度的建立》，《台大历史学系学报》第 4 期，1977 年，第 299～311 页）、刘淼（《明代盐业经济研究》，汕头大学出版社，1996 年，第 281～293 页）和卜永坚（《商业里甲制——探讨 1617 年两淮盐政之"纲法"》，《中国社会经济史研究》2002 年第 2 期；《明末两淮盐政功臣袁世振之研究》，《第十届明史国际学术讨论会》，2004 年）等学者均对此做了十分详细的研究。

② 李国祁：《明清两代地方行政制度中道的功能及其演变》，《中央研究院近代史研究所集刊》第三期，1972 年，第 139～158 页。

③ 缪全吉：《明清道员的角色初探》，《近代中国初期历史研讨会论文集》，"中研院"近代史所编，1989 年，第 153 页。

④ 何乔远：《名山藏》卷六一《臣林记》，《续修四库全书》第 426 册，上海：上海古籍出版社，2002 年影印本，第 617 页。

⑤《明英宗实录》卷二六六，景泰七年五月壬辰，"中研院"史语所，1962 年校印本，第 5660 页。

⑥［明］申时行：万历《明会典》卷三十四《户部二十一》，《续修四库全书》第 789 册，第 607 页。

⑦ 明代分巡、分守官有"肃清郡县"之责，需"常川在外"，"每年春二月中出巡，七月中回司，九月中出巡，十二月中回司"。参见龙文彬《明会要》卷四十《职官十二》，中华书局，1956 年，第 715～716 页。

⑧《明宪宗实录》卷五十一，成化四年二月丙辰，第 1047～1049 页。

⑨［明］申时行：万历《明会典》卷二一〇《都察院二》，《续修四库全书》第 792 册，第 487 页。

⑩《明宪宗实录》卷二一二，成化十七年二月庚申，第 3690 页；卷二二八，成化十八年六月癸亥，第 3916 页。

⑪⑫［明］申时行：万历《明会典》卷三十四《户部二十一》，《续修四库全书》第 789 册，第 607 页。

⑬［清］汪砢玉：《古今鹾略补》卷三《职官门·名宦传》，《续修四库全书》第 845 册，第 170 页。

⑭ 按，"俱听都御史、御史节制"，都御史是指清理盐法都御史，御史是指巡盐御史。《明世宗实录》卷四八二，嘉靖三十九年三月乙酉，第 8052 页。

⑮［明］徐日久：《五边典则》卷一八，《四库禁燬书丛刊》史部第 26 册，北京：1997 年影印本，

第 461 页。

⑯《明穆宗实录》卷三十九，隆庆三年十一月乙酉，第 976 页。

⑰［清］龙文彬：《明会要》卷四十《职官十二》，第 718 页。

⑱［明］查志隆撰、徐琳续补：《（万历）山东盐法志》，《四库全书存目丛书》史部第 274 册，第 455 页。

⑲《明神宗实录》卷七十七，万历六年七月己巳，第 1660 页。

⑳ 辽东盐课产量不多，主要供应各卫所军民食用，盐课银仅有二百三十九两。明初置辽东煎盐提举司，正统间废，令"岁办盐课令辽东都司带管"。参见毕恭等《（嘉靖）辽东志》卷三《兵食志·财赋》，《续修四库全书》第 646 册，第 560 ~ 562 页；《明英宗实录》卷八十二，正统六年八月癸酉，1638 页。

㉑［清］郭子章：《题买楚蜀盐鱼以饷新兵疏》，《明经世文编》卷四一九，北京：中华书局，1962 年，第 4557 页。

㉒ 按，明代南、北直隶无藩、臬衙门，两京各道皆寄衔他省。［明］申时行：万历《明会典》卷三十四《户部二十一》，《续修四库全书》第 789 册，第 607 页。

㉓［清］段如蕙：《（雍正）新修长芦盐法志》卷四《职官》，台北：学生书局，1966 年，第 261 页。

㉔［明］毕自严：《度支奏议·堂稿》卷一五《题遵奉圣谕议修盐政疏》，《续修四库全书》第 843 册，第 671 页。

㉕［明］申时行：万历《明会典》卷三十四《课程三·盐法三》，《续修四库全书》第 789 册，第 603 页。

㉖ 夏强：《明代的巡盐御史制度》，《史学月刊》，2017 年第 8 期。

㉗［清］雷应元：《（康熙三年）扬州府志》卷十二《盐法志》，《扬州文库》第 1 辑第 2 册，扬州：广陵书社，2015 年，第 216 页。

㉘ 按，"盐院"即巡盐御史；明代长芦巡盐御史负责管理长芦、山东两运司事务。［清］莽鹄立：《（雍正）山东盐法志》卷六《灶籍》，《四库未收书辑刊》史部第 1 辑第 24 册，北京：北京出版社，1997 年影印本，第 412 页。

㉙［清］延丰：《钦定重修两浙盐法志》卷二十八《艺文二·揭·奉蠲浮课以苏商灶揭》，《续修四库全书》第 841 册，第 659 页。

㉚［清］莽鹄立：《（雍正）山东盐法志》卷七《商政》，台北：学生书局，1966 年，第 503 页。

㉛ 按，书中将两淮巡盐御史房可壮的的官职误作直隶巡按。［明］房可壮：《房海客侍御疏》不分卷，《四库禁燬书丛刊》史部第 38 册，第 512 页。

㉜［明］毕自严：《度支奏议·山东司》卷二《题覆两浙盐院吴之仁请补烧毁引目疏》，《续修四库全书》第 487 册，第 623 页。

㉝［清］张廷玉等：《明史》卷七五《职官四》，北京：中华书局，1974 年，第 1847 页。

㉞［明］赵世卿：《司农奏议》卷二《复陕西总督盐法疏》，《续修四库全书》第 480 册，第 176 页。

㉟〔清〕丁宝桢等：《（光绪）四川盐法志》卷二十九《职官三》，《续修四库全书》第 842 册，第 478 页。

㊱按，此敕录于《鹾政全书》之中，是书仅记福建盐法道姓氏为林，查检史料得知其为林绍明。参见周昌晋《鹾政全书》卷上《盐敕》，《续修四库全书》第 839 册，第 349 页。

㊲〔清〕陈澧等：《（光绪）香山县志》卷七《经政·盐法》，《中国地方志集成·广东府县志辑》第 32 册，上海：上海书店出版社，2003 年，第 110 页。

㊳〔明〕郭棐：《（万历）粤大记》卷三十一《政事类·盐法》，《日本藏中国罕见地方志丛刊》第 8 册，北京：书目文献出版社，1990 年，第 515 页。

㊴〔明〕欧阳璨等：《（万历）琼州府志》卷六《学校志》，《日本藏中国罕见地方志丛刊》第 6 册，第 191 页。

㊵〔明〕申时行：《大明会典》卷二○九《都察院一》，《续修四库全书》第 792 册，第 471 页。

㊶〔明〕周昌晋：《鹾政全书》卷上《盐官》，《续修四库全书》第 839 册，第 353 页。

㊷按，"盐臣"是指巡盐御史。〔明〕吴亮：《万历疏钞》卷二十七《钱盐类·西北重镇兵戎盐法规制犁然乞杜衅萌以安极边疏》，《四库禁毁书丛刊》史部第 59 册，第 326 页。

㊸按，陕西产盐之处的盐务由当地兵备道等官兼管，陕西屯盐道负责陕西省内的食盐销售。

㊹〔明〕庞尚鹏：《清理盐法疏（疏通引盐）》，《明经世文编》卷三五七，第 3850 页。

㊺〔明〕庞尚鹏：《清理盐法疏（疏通引盐）》，《明经世文编》卷三五七，第 3839 页。

㊻〔明〕李应升：《落落斋遗集》卷七《理署书牍上·上盐法道》，《四库禁毁书丛刊》集部第 50 册，第 276、277 页。

㊼《明孝宗实录》卷一六一，弘治十三年四月丁未，第 2896 页。

㊽《明孝宗实录》卷二一六，弘治十七年九月乙卯，第 4076、4077 页。

㊾〔清〕张廷玉等：《明史》卷八十《食货四》，第 1947 页。

㊿据《明神宗实录》载：万历四十二年十月，"铸给新设两淮盐法道关防一颗"；次年七月，"升河南盐道佥事吴撝谦为参议照旧管事"；万历四十六年十一月，"原任两淮盐法参议吴撝谦上《屯田御戎策》"；可知万历四十二年，吴撝谦出任新设的两淮盐法道，他在万历四十六年末已经离任。据万历四十三年出版的《（扬州）重订赋役成规》的序中有吴撝谦对该书出版的批示，当时他的职位为整饬两淮盐法右参议，则可排除吴撝谦自河南盐道调任两淮的可能，推知吴撝谦是以寄衔河南的方式出任两淮盐法道，而吴的职责是整饬两淮盐法。另据《钦定重修两浙盐法》载："吴撝谦，字汝则，江西临川人，隆庆辛未进士。万历十六年，任两浙监运司判官。"参见《明神宗实录》卷五百二十五，万历四十二年十月甲辰，第 9887 页；卷五百三十四，万历四十三年七月丁卯，第 10122 页。〔明〕熊尚文：《（扬州）重订赋役成规》序，《续修四库全书》第 833 册，第 208 页。〔清〕延丰：《钦定重修两浙盐法志》卷二十一《职官一》，《续修四库全书》第 841 册，第 464 页。

○51《明神宗实录》五五六，万历四十五年四月戊申，第 10488 页。

○52〔清〕噶尔泰：《（雍正）敕修两淮盐法志》卷十六《艺文》，《扬州文库》第 1 辑第 29 册，第

475 页。

(53)［明］毕自严:《度支奏议·山东司》卷五《覆宋礼科条议屯盐并复疏理道疏》,《续修四库全书》第 488 册,第 44 页。

(54) 按,学界普遍认为袁世振所推行“纲盐”制度是在万历四十五,实际上万历四十六年四月,巡盐御史龙遇奇才“奏立盐政纲法”。这此背后,袁世振和龙遇奇必然会反复交流,考虑成熟之后,才由龙遇奇出面上疏。参见《明神宗实录》五百六十八,万历四十六年四月乙巳,第 10687 页。

(55)《明熹宗实录》卷 18,天启二年正月辛亥,第 919 页;［清］顾景星:《白茅堂集》卷三十八《传》,《四库全书存目丛书》集部第 206 册,第 334 – 335 页。

(56) 据“明实录”载:马从龙万历四十七年出任广东参政,天启二年六月又由浙江参议升为湖广按察使。房可壮称马从龙为“盐法道参政”。房自天启元年六月出任两淮巡盐御史,由于巡盐差期一年,至二年六月房可壮才解任。可推知马从龙应由广东参政调往两淮任盐法道,寄衔浙江。《明神宗实录》卷五百七十九,万历四十七年二月癸亥,第 10956 页。《明熹宗实录》卷二十三,天启二年六月己卯,第 1140 页;卷十一,天启元年六月己卯,第 557、558 页。

(57)［清］噶尔泰:《(雍正)敕修两淮盐法志》卷二《职官》,《扬州文库》第 1 辑第 29 册,第 57 页。

(58)［清］雷应元等:《(康熙三年)扬州府志》卷十二《盐法志》,《扬州文库》第 1 辑第 2 册,第 211 页。

(59)(60)［明］庞尚鹏:《清理盐法疏(疏通引盐)》,《明经世文编》卷三五七,第 3839 页。

(61)［清］黄廷桂等:《(雍正)四川通志》卷十四《盐法》,《景印文渊阁四库全书》第 559 册,台北,台湾商务印书馆,1986 影印本,第 591 页。

(62)［明］毕自严:《度支奏议·堂稿》卷一五《题遵奉圣谕议修盐政疏》,《续修四库全书》第 843 册,第 671 页。

(63)［明］袁世振:《盐法议八》,《明经世文编》卷四七六,第 5235 页。

(64)《明世宗实录》卷一二九,嘉靖十年八月丙午,第 3079 页。

(65)［明］过庭训:《本朝分省人物考》卷四十五《浙江嘉兴府二》,《续修四库全书》第 534 册,第 210 页。

(66)［明］陈仁锡:《无梦园初集》劳集二《两淮盐政》,《续修四库全书》第 1382 册,第 336 页。

(67) 陈锋:《清代盐运使的职掌与俸银、养廉银及盐务管理经费——清代盐业管理研究之四》,《盐业史研究》2016 年第 4 期。

征稿启事

《江淮文化论丛》是由扬州博物馆编辑、文物出版社出版的专业性论文集，现征集文稿，望惠赐大作。征文相关事宜说明如下：

一、选题范围：①文物法制建设；②江淮地区历史文化研究；③江淮地区考古；④江淮地区文物研究；⑤博物馆学研究；⑥博物馆陈列展览；⑦大遗址保护；⑧古籍雕版研究等。

二、投稿须知：

1. 作者确保稿件的原创性，请勿一稿多投。来稿若 3 个月内未有编辑部答复，可另投他处。文章一经录用，我馆将于文集出版后，寄出稿费。

2. 投稿人请留准确联系方式，包括姓名、工作单位、电话、地址、电子信箱、身份证号及银行账号等。

3. 论文字数原则上不超过 5000 字，文章须加关键词及 200 字以内的内容提要，署名请用实名；文中可以配图，图片不超过五张，且确保较高像素。论文中凡涉及有关引文、数据的，应注明出处。未公开资料建议不引用，如需引用，须先取得资料所有者的授权。

三、论文要求：

1. 所有注释采用尾注，全文用阿拉伯数字连续计码。注码置于引文结束的标点符号之后右上方，并在 word 文档中以插入的方式植入，以便编辑。

2. 论文应做到如下规范：

（1）朝代或年号后的公元纪年，公元前的，加"公元前"，公元后的，省略"公元"，直接标注，如：元狩二年（公元前 121 年），唐（618～907 年）。跨公元的，全标明：公元前 8 年～公元 25 年。

（2）公元纪年和公制单位的数字，用阿拉伯字，叙述句里的数字尽量用汉字。

（3）单位名称，尤其是首次出现时，用全称。

（4）章节分隔用"·"，如《汉书·地理志》。

（5）另起段的引文，全部低两格（悬挂缩进），字体不变。

（6）各级标题的数字及其标点：

一、

（一）

1.

（1）

①

注码用圈码①

考古地层层位依考古习惯，用圈码①

（7）计量单位用汉字，如公里、米、厘米、平方米。

四、投稿地址：

来稿请发电子邮件至 4466040@ qq. com，并注明《江淮文化论丛》投稿字样。

本刊编辑部地址：扬州市文昌西路 468 号扬州博物馆研究室

邮政编码：225125

联系人：谈长峰

电话：0514 – 85228130

本征稿通知长期有效，欢迎广大文博工作者积极投稿。

扬州中国雕版印刷博物馆

扬州博物馆